四川省哲学社会科学研究规划项目

《四川省耕地保护激励约束机制的构建与完善》成果

（项目编号SC12B031）

严守耕地保护红线的激励机制研究

——基于四川省改革实践的思考

高林远　杜伟　黄敏　彭亮　张贞　郑涛　王淑　著

人 民 出 版 社

责任编辑:李之美

图书在版编目(CIP)数据

严守耕地保护红线的激励机制研究:基于四川省改革实践的思考/
  高林远 等著. -北京:人民出版社,2013.6
ISBN 978-7-01-012243-4

Ⅰ.①严… Ⅱ.①高… Ⅲ.①耕地保护-研究-中国 Ⅳ.①F323.211

中国版本图书馆 CIP 数据核字(2013)第 132632 号

严守耕地保护红线的激励机制研究
YANSHOU GENGDI BAOHU HONGXIAN DE JILI JIZHI YANJIU
——基于四川省改革实践的思考

高林远 杜伟 黄敏 彭亮 张贞 郑涛 王淑 著

人民出版社 出版发行
(100706 北京市东城区隆福寺街 99 号)

北京瑞古冠中印刷厂印刷 新华书店经销

2013 年 6 月第 1 版 2013 年 6 月北京第 1 次印刷
开本:710 毫米×1000 毫米 1/16 字数:300 千字 印张:21.25

ISBN 978-7-01-012243-4 定价:49.00 元

邮购地址 100706 北京市东城区隆福寺街 99 号
人民东方图书销售中心 电话 (010)65250042 65289539

目　录

导　论

一、耕地保护激励机制研究的背景

(一)耕地保护激励机制的缘起

土地资源是人类赖以生存和发展的物质基础,是社会生产的劳动资料,是一切生产和一切存在的源泉,是不能出让的生存条件和再生产条件。耕地资源是土地资源的精华部分,是最为基本的农业生产资料,关乎国家粮食安全和社会经济的可持续发展。尽管我国实行"最严格的土地管理制度,坚守 18 亿亩耕地红线",但国内耕地保护的形势依然十分严峻,特别是经济高速发展引发大量的建设用地需求对耕地保护发起了挑战。为落实"最严格的耕地保护制度",国土资源部决定从 2010 年起实施"保经济发展,保耕地红线"的"双保工程"。可见,耕地保护工作是我国土地调控工作的重中之重,严控"地根"已经成为我国广大民众生存和发展的根本。

2011 年 8 月 23 日,胡锦涛在中共中央政治局第三十一次集中学习时就完善我国土地管理制度问题强调:"强化耕地保护责任制度,健全耕地保护补偿机制,从严控制各类建设占用耕地,完善耕地占补平衡制度,加快农村土地整理复垦,大规模建设旱涝保收高标准农田"①,表明中央当前对于耕地保护

---

① 胡锦涛:《珍惜每一寸土地　促进发展与土地利用相协调》,新华网,http://news.xin-huanet.com/politics/2011-08/23/c_ 121900853. htm,2011 年 8 月 23 日。

工作方式转变高度重视。建立耕地保护的激励机制,旨在通过弥补耕地保护主体因参与耕地保护而产生的机会成本,确保耕地保护中的利益分配公平,使耕地保护由"被动"变"主动",以此激励政府和社会组织及广大公众积极参与耕地保护,共同确保国家粮食安全、社会经济安全和生态环境安全。

党的十八大报告明确提出,大力推进生态文明建设,把生态文明建设放在突出地位,融入经济建设、政治建设、文化建设、社会建设各方面和全过程。"优化国土空间开发格局","严守耕地保护红线,严格土地用途管制","全面促进资源节约",是大力推进生态文明建设的重要内容。近年来我国面临资源约束趋紧、生态系统退化、粮食安全压力巨大的严峻形势,各地城镇化、工业化建设的快速推进导致人地矛盾十分尖锐,耕地流失趋势没有得到根本性扭转,耕地数量和质量安全受到严重威胁。由于各地耕地保护与经济发展存在较为突出的地域矛盾,耕地保护的重点区域与经济发展的核心区域在空间上高度重叠,受后备资源的数量、质量以及环境效应的影响,我国未来耕地补充能力有限,耕地保护形势严峻,全面促进资源节约和大力推进生态文明建设的任务十分繁重。

大力推进生态文明建设,既需要物质支撑和精神驱动,更需要深化改革和制度创新。党的十八大报告强调,"保护生态环境必须依靠制度",并将"完善最严格的耕地保护制度"作为"加强生态文明制度建设"的重要内容。"严守耕地保护红线"的关键在于"完善最严格的耕地保护制度"。只有通过制度创新与优化,形成完善的耕地保护的激励约束机制,强化耕地保护行为主体的经济激励与责任约束,才能有效提高各参与主体的积极性,切实提高耕地保护绩效。

四川省是我国西部地区最大的商品市场、要素市场和西南地区重要的物资集散地,四川省耕地资源的安全对全国社会经济的健康持续发展具有重要意义。国务院要求"四川的粮食基本上应做到自给",即四川要以占全国 4.2% 的耕地养活占全国 6.8% 的人口。四川省耕地承载着巨大的压力:一方面,城市、工业和交通等占用耕地,致使耕地数量不断减少;另一方面,人口基数大,人口增长快,使人均耕地不断下降。四川省总面积 48.5 万平方公里,居全国第 5 位,但由于人口众多,人均土地面积低于全国平均水平,人多地少的矛盾十分突出。随着国家"西部大开发"战略的逐步推进,四川省作为西部地区经济发展的重要"加速器",经济迅速发展的同时资源环境的压力与日俱增,资源相对不足和生态环境恶化对区域经济发展的负面作用日益凸显。2001—2010年,是四川省城市化建设和城乡一体化建设的重点时期。据统计,10年间,省内建筑面积增长迅速,城市建设用地面积年均增长率为2.79%,特别是在21世纪初期,由于非农人口的迅速增加,以及房屋建筑市场的逐步开放,城市建设用地增长非常迅速。人口总量的不断增长和耕地资源的稀缺使四川人地矛盾十分尖锐,目前,四川省人均耕地已由解放初的1.73亩减少到0.67亩,大大低于全国平均水平,低于联合国粮农组织提出的人均0.8亩的警戒线。人均耕地不断减少,耕地质量不断恶化令人担忧。

面对严峻的耕地保护形势,为严守耕地保护红线,四川省综合运用行政、经济和法律手段,积极探索推进耕地保护工作的制度创新,取得了一系列重大成果。2005年启动的"金土地工程"以保护耕地、实现占补平衡、保证粮食安全为目标,从单纯的土地整理发展到土地整理与挂钩项目相结合的土地综合整理,在土地整理过程中提高了社会效益、经济效益和生态效益。2008年正式实施的耕地保护基金制度在城乡统筹、以城带乡、以工补农原则指导下,通过多渠道筹集资金,建立耕地保护补偿机制,提高农民保护耕地的积极性和主动性,使广大农民享受保护耕地的部分成果。据统计,到2010年年底,四川省耕地保有量实际达671.4万公顷,基本农田实际保护面积为521.8万公顷。"十二五"期间,四川省计划进一步提高耕地数量和质量,在19个市(州)的100个县(市、区)建设高标准农田1000万亩。要完成这一目标,转变耕地保护工作方式是关键,在现有耕地保护措施的基础上,四川省需要进一步响应国家耕地保护的政策导向,积极探索建立耕地保护激励机制,使耕地保护由"被动"变"主动",逐步建立起耕地保护与利益公平的联动机制。

(二)耕地保护激励机制的研究现状

1. 关于耕地保护的理论研究背景

国内学者对耕地保护的研究主要集中于四个方面:一是我国耕地保护

的水平是处于何种状态,是否能有效地保护现有的耕地。二是关于耕地保护的内容形式是什么,是否仅集中于耕地保护的数量方面。三是如果耕地保护处于低效运行状态,低效运行状态的原因又源于何处。四是对于我国耕地保护改善措施集中于哪些方面,是否仅局限于政府的保护力度的提升。本书拟从四个方面,对耕地保护的研究现状进行综述分析:

(1)关于耕地保护现状的研究

关于耕地保护的现状研究亦经历了从局部到整体、从数量到质量研究角度的转变,因此,我国耕地保护的研究呈现出渐趋完整的特点,较全面分析了我国耕地保护的现状。国内学者关于耕地保护的研究可以概括为以下四个方面:第一,从整体分析,我国的现行耕地保护政策还不够完善,而进一步强化耕地保护政策实施效果的难度较大;[1]同时,我国耕地保护政策运行效果欠佳,运行效率不高,且呈逐年下降的趋势;[2]第二,从区域角度,基于PSR分析,耕地保护的区域差异明显,耕地保护绩效与区域经济发展的外在压力和耕地资源禀赋具有较强的相关性;[3]第三,从数量分析,我国耕地保护政策除了2002年之外,在耕地总量平衡、耕地基本数量维持、建设占用耕地趋缓、耕地违法减少等方面有明显效果,但耕地保护政策的绩效有明显的年度差异,[4]耕地保护制度对经济建设占用耕地速度具有明显的遏制作用;[5]第四,从质量角度分析,有学者认为,耕地数量是耕地质量的前提,而耕地质量是耕地数量的保障,[6]但是,我国耕地质量在近三十年来呈现持续

① 参见翟文侠、黄贤金:《我国耕地保护政策运行效果分析》,《中国土地科学》2003年第4期。

② 参见朱红波:《我国耕地保护政策运行效果与效率分析》,《地理与地理信息科学》2007年第11期。

③ 参见吴泽斌、刘卫东、罗文斌、汪友结:《我国耕地保护的绩效评价及其省际差异分析》,《自然资源学报》2009年第10期。

④ 参见谭术魁、张红霞:《基于数量视角的耕地保护政策绩效评价》,《中国人口·资源与环境》2010年第4期。

⑤ 参见汪阳洁、姜志德、王继军:《耕地保护制度供给实施绩效差异研究》,《公共管理学报》2010年第7期。

⑥ 参见王洪波、程锋:《正本清源,看耕地质量》,《中国土地》2011年第4期。

下降的状态,体现在耕地的肥力减退、耕地的污染、耕地的沙化等方面。①

（2）关于耕地保护形式的研究

对耕地保护的形式的研究是多样化的,并不只局限于传统的从数量方面的研究,而是从质量、生态、经济发展等多方面研究耕地保护的形式。一些典型观点认为:①我国耕地保护的形式数量不足与质量不高并存;②耕地的后备资源严重不足;③农业内部结构调整使近年来耕地减少问题严重;④耕地退化严重;⑤生态环境保护使既有耕地减少,补充耕地的难度进一步加剧;⑥城市化、工业化进程致使耕地污染加剧;⑦经济建设的快速发展造成对大量耕地资源的占用。⑧

（3）关于耕地保护低效率的研究

大多数学者都认为我国耕地保护处于低运行状态,并从多个角度探讨了我国耕地保护运行低绩效的原因。大多数学者认为主要原因在于市场失灵和政府失灵,最主要表现在耕地保护产权不清。⑨ 耕地保护运行低绩效的政府失灵主要表现为经济制度、耕地保护的法律制度、政治制度、土地利用管理制度四个方面,⑩而耕地保护运行绩效的市场失灵主要表现为土地市场建设和市场机制存在的问题。⑪ 我国耕地保护制度的低绩效的原因具

① 参见杨帆:《统筹耕地数量与质量》,《北京观察家》2011年第3期。

② 参见蒋满元:《我国耕地资源现状及可持续利用的理性选择分析》,《农村经济》2005年第9期。

③ 参见成婧:《我国耕地资源流失的原因及耕地保护对策研究》,《山东国土资源》2006年第9期。

④ 参见张元红:《我国耕地保护的现状、症结与出路》,《中国科技论坛》1998年第1期。

⑤ 参见吴东旭:《现阶段中国耕地的现状、分类及保护措施》,《产业与科技论坛》2009年第5期。

⑥ 参见邵琛霞:《现阶段耕地资源的保护》,《城乡建设》2003年第12期。

⑦ 参见何格:《耕地总量失衡的经济学分析》,《云南农业大学学报》2007年第11期。

⑧ 参见朱礼龙:《耕地总量动态平衡的相关问题研究》,《华中农业大学学报》(社会科学版)2004年第1期。

⑨ 参见张效军、欧名豪、李景刚:《我国耕地保护制度变迁及其绩效分析》,《社会科学》2007年第8期。

⑩ 参见吴次芳、谭永忠:《制度缺陷与耕地保护》,《中国农村经济》2002年第7期。

⑪ 参见钱文荣:《试论我国农地利用及保护中的市场缺陷与政府不足》,《浙江社会科学》2000年第9期。

体表现为:政府独立于市场的作用不明确;①土地市场的不完善,造成耕地价格被过度低估,从而造成耕地保护政策的效用不能充分发挥;②地方政府是耕地非农化的主要供给者,③现行土地收益分配办法形成了多占耕地的机制;④多功能外溢引发的耕地利用低收益和耕地农化的低成本以及耕地保护的巨大机会成本是耕地转用的根本所在;⑤当前农户的耕地保护的积极性并不高,且处于一种被动状况,⑥其主要原因是农户耕地保护的外部效益被忽视。⑦

(4)关于进一步完善耕地保护制度的研究

针对市场失灵和政府失灵引起的耕地保护运行的低绩效状态,大多学者认为应从以下三个关系的处理着手,切实提高耕地保护的绩效水平:首先要处理好保护耕地与经济建设的关系,在发展是硬道理的前提下,既要保护好耕地,又不能影响经济发展;⑧其次,引导耕地保护的内在制度建设,减少制度弱化力;⑨最后注重提高一些政府官员和广大农民耕地保护意识,使他们真正将耕地保护落实在行动上。⑩ 具体操作为:提高农业的比较经济效益是建立保护耕地的经济机制的根本;⑪建立耕地保护基

---

① 参见蔡运龙:《中国经济高速发展中的耕地问题》,《资源科学》2000 年第 3 期。

② 参见吴静:《耕地保护中的市场机制》,《合作经济与科技》2006 年第 9 期。

③ 参见蔡运龙、霍雅勒:《耕地非农化的供给驱动》,《中国土地》2002 年第 7 期。

④ 参见包纪祥、姜爱民:《耕地保护:现状、情况、特点与原因分析》,《湖北社会科学》1998 年第 5 期。

⑤ 参见姜广辉、孔祥斌、张凤荣、李翠珍、郑红斌:《耕地保护经济补偿机制分析》,《中国土地科学》2009 年第 7 期。

⑥ 参见陈美球、周丙娟、邓爱珍等:《当前农户耕地保护积极性的现状分析与思考》,《中国人口·资源与环境》2007 年第 1 期。

⑦ 参见孙海兵:《农户对耕地外部效益支付意愿的实证分析》,《中国农业资源与区划》2010 年第 8 期。

⑧ 参见范译文:《对耕地保护理论与实践的思考》,《北京交通管理干部学院学报》2004 年第 2 期。

⑨ 参见张吉献、秦明周、张启珍、卢红岩:《我国耕地保护制度的经济学分析》,《地域研究与开发》2010 年第 4 期。

⑩ 参见艾大宾、廉伟:《影响我国耕地有效保护的诸因素及对策探讨》,《国土与自然资源研究》2001 年第 3 期。

⑪ 参见蔡运龙:《中国农村转型与耕地保护机制》,《地理科学》2001 年第 2 期。

金制度,①完善征地制度和程序;②完善地方政府行为的约束机制和加快建立地方政府保护耕地的激励机制;③明确各区域应该保护的耕地面积④,建立耕地利用多功能外溢效应补贴的农户补偿机制和基于发展机会成本补偿的耕地保护区域平衡机制;⑤实施耕地保护的社会补偿机制,体现耕地的完整价值,⑥建立耕地保护的区域补偿机制的重要工作是确定完整的耕地价值;⑦加强耕地保护的目标管理,确定耕地保护重点,加强科学配合和多部门综合研究等行政管理体制改革;⑧完善耕地保护的公众参与机制;⑨完善现行政绩考核制度,注重政绩考核的"绿色化"。⑩

2. 关于耕地保护的激励机制的研究

(1)关于耕地保护激励对象的研究

实施耕地保护激励机制的本质是真正激励所有者、使用者和管理者去保护耕地,增加耕地保护的微观动力和积极性。⑪目前理论界所涉及的耕地保护补偿对象有:一是耕地的直接利用者,即农民;二是耕地保护的权利

---

① 参见吴东旭:《现阶段中国耕地的现状、分类及保护措施》,《产业与科技论坛》2009年第5期。

② 参见李宏:《完善我国耕地保护制度的研究》,《特区经济》2004年第11期。

③ 参见张飞、孔伟、陈传明:《我国耕地保护中政府行为特征分析》,《金陵科技学院学报》(社会科学版)2007年第6期。

④ 参见张效军、欧名豪、李景刚:《我国耕地保护制度变迁及其绩效分析》,《社会科学》2007年第8期。

⑤ 参见姜广辉、孔祥斌、张凤荣、李翠珍、郑红斌:《耕地保护经济补偿机制分析》,《中国土地科学》2009年第7期。

⑥ 参见郑娟尔:《耕地保护的多层次性与制度创新》,《城乡建设》2004年第12期。

⑦ 参见张效军、欧名豪、高艳梅:《耕地保护区域补偿机制之价值标准探讨》,《中国人口·资源与环境》2008年第5期。

⑧ 参见陆文彬、吴群、郭贯成、倪羌莉:《我国耕地变化及其成因研究——从耕地保护的体制与政策角度分析》,《资源调查与评价》2007年第2期。

⑨ 参见朱新华、梁亚荣:《耕地保护制度中的利益冲突与公共政策选择》,《海南大学学报》(社会科学版)2008年第5期。

⑩ 参见李广东、邱道持、王平:《耕地保护机制建设的机理、特征与挑战探讨》,《中国农学通报》2010年第11期。

⑪ 参见姜广辉、孔祥斌、张凤荣、李翠珍、郑红斌:《耕地保护经济补偿机制分析》,《中国土地科学》2009年第7期。

人或责任人,即耕地所在区域财政。① 首先,农民是耕地保护的直接承担者,其补偿应包括基本生活费用和生产费用;②其次,耕地保护会导致的地方经济损失并增加地方开支,在耕地保护政策安排中应该适当考虑地方政府的利益诉求;③再次,耕地未承包到户的集体经济组织是其耕地的产权主体,必然成为耕地保护激励的对象,集体经济组织得到补偿金后,再在本集体成员之间进行二次分配。④

(2)关于耕地保护激励范围的研究

从损益角度来讲,耕地保护会侵害或转移农地发展权,同时又具有社会效益外部性、生态效益外部性和实现粮食安全的外部性,应给予耕地保护者发展权益补偿、生态效益补偿和农业支持。⑤ 从耕地价值角度来讲,耕地总经济价值包括:①耕地市场价值;⑥②耕地发展权价值。⑦ 耕地市场价值是耕地的商品纯收益;⑧耕地发展权价值是属于土地所有者的管理调控权价值。⑨ 耕地的外部性价值包括:①耕地生态价值;⑩②耕地社会价值。⑪ 据

---

① 参见马文博、李世平:《我国耕地保护经济补偿机制初探》,《乡镇经济》2008 年第 12 期。

② 参见卢艳霞:《我国耕地保护经济补偿初步设想》,中华人名共和国国土资源部,www. mlr.gov.cn/ zt /2006tudiriluntan/ luyanxia.htm,2006 年 6 月 25 日。

③ 参见吴泽斌、刘卫东、罗文斌、汪友结:《我国耕地保护的绩效评价及其省际差异分析》,《自然资源学报》2009 年第 10 期。

④ 参见雍新琴、张安录:《耕地保护经济补偿主体与对象分析》,《安徽农业科学》2010 年第 38 期。

⑤ 参见王宏利:《我国基本农田保护的补偿机制研究》,《生产力研究》2011 年第 4 期。

⑥ 参见何格:《耕地总量失衡的经济学分析》,《云南农业大学学报》2007 年第 11 期。

⑦ 参见洪辉、杨庆媛、陈展图:《论主体功能区的耕地保护——基于农地发展权转移视角》,《农村经济》2009 年第 5 期。

⑧ 参见张效军、欧名豪、高艳梅:《耕地保护区域补偿机制研究》,《中国软件科学》2007 年第 12 期。

⑨ 参见臧俊梅、王万茂、陈茵茵:《农地发展权价值的经济学分析》,《经济体制改革》2008 年第 4 期。

⑩ Cf.Tumer K.,"Economics and wet land management",Ambio,Vol.20,1991.

⑪ 参见蔡运龙、霍雅勤:《中国耕地价值重构方法——案例研究》,《地理学报》2006 年第 10 期。

此,可以将耕地保护的激励范围整理为:①经济总价值激励;①②外部性价值激励。② 目前,西方理论界关于耕地生态价值的研究理论有:自然服务价值评估理论,③自然资本与生态系统服务价值分类理论,④自然资本价值理论⑤等。在此基础上,国内学者也开始呼吁在我国建立耕地保护的生态补偿机制。⑥ 对于耕地社会价值的研究主要体现在:社会保障价值、国家粮食安全战略价值。⑦ 我国人地关系紧张,建立耕地保护的社会价值补偿机制显得非常迫切。⑧

(3)关于激励指标与度量技术的研究

耕地保护的补偿指标可以分为:土地数量(面积)指标和土地质量指标。耕地质量指标是耕地面积指标核算的基础。⑨ 政府对耕地的保护和补偿政策,不仅要考虑耕地数量,更要考虑耕地利用效益状况,实行高效益高保护高补偿。⑩ 片面强调数量(面积)指标是我国耕地保护政策低效率的根

---

① 参见臧俊梅、王万茂、陈茵茵:《农地发展权价值的经济学分析》,《经济体制改革》2008年第4期。

② 参见王雨濛:《耕地利用的外部性分析与效益补偿》,《农业经济问题》2007年第3期。

③ Cf.Westman W.,"How much are nature's services worth?",*Science*,Vol.197,1977.

④ Cf.Pearce DW.,"Moran D.The Economic Value of Biodiversity",*Cambridge*:*Earthscan Publications* 1994.

⑤ Cf.Costanza R,d'Arge R,de Groot R,et al.,"The value of the world's ecosystem services and nature capital",*Nature*,Vol.387,1997.

⑥ 参见田春、李世平:《论耕地资源的生态效益补偿》,《农业现代化研究》2009年第1期;姜广辉、孔祥斌、张凤荣、李翠珍、郑红斌:《耕地保护经济补偿机制分析》,《中国土地科学》2009年第7期。

⑦ 参见张效军、欧名豪、高艳梅:《耕地保护区域补偿机制研究》,《中国软件科学》2007年第12期。

⑧ 参见陈丽、曲福田、师学义:《耕地资源社会价值测算方法探讨——以山西柳林县为例》,《资源科学》2006年第11期。

⑨ 参见张效军、欧名豪、望晓东:《耕地保护区域补偿机制之面积标准探讨》,《安徽农业科学》2008年第36期。

⑩ 参见林庶民:《耕地利用效益时空差异:基于山东省的实证研究》,《内蒙古农业大学学报》2007年第2期。

本原因。① 而提高耕地保护激励制度的运行效率必须遵循的原则和途径有:①保护优质耕地;②②改善土地质量;③建立耕地的质量衡量标准和检验机制;③④采取动态补偿方式。④ 另外,度量技术为耕地保护提供技术支持,在各个耕地保护区域采用不同的度量技术有助于提高耕地保护的绩效。⑤ 现阶段,理论界所采用的度量技术主要有:①基于 GIS 的空间相连性计算方法;⑥②CA 元胞自动机模型;⑦③ARCGIS 空间分析法;⑧④最大化的土地总经济价值标准;⑨⑤条件价值评估法(CVM);⑩⑥农地分等划分法⑪等。

(4)关于耕地保护激励资金来源的研究

---

① 参见王梅、曲福田:《关于耕地总量动态平衡的思考》,《中国人口·资源与环境》2004年第 3 期。

② Cf.Hong Yang & Xiubin Li., "Cultivated Land and Food Supply in China", *Land Use Policy*, Vol.17, 2000.

③ 参见崔邢涛、许皞、薛保民等:《耕地质量占补均衡评价方法探讨》,《河北农业大学学报》2004 年第 11 期。

④ Cf.Tavernier, Edmund M.& Li Farong & Temel, Tugrul T, "Search Theory Risk Preference And Farmland Preservation", *Northeastern Agricultural and Resource Economics Association*, Vol.25, 1996.

⑤ Cf.Joshua Duke & Lori Lynch, "Gauging support for innovative farmland preservation techniques", *Policy Sciences*, Vol.40, 2007.

⑥ Cf.Nikolakaki P, "A GIS site-selection process for habitat creation:estimating connectivity of habitat patches", *Landscape and Urban Planning*, Vol.68, 2004;周尚意等:《基于 GIS 的农用地连片性分析及其在基本农田保护规划中的应用》,《农业工程学报》2008 年第 7 期。

⑦ Cf.Couclelis H., "From Cellular Automata to Urban Models:New Principles for Model Development and Implementation", *Environment and Planning B*, Vol.24, 1997;陈健、吴群、郑明媚等:《矢量 CA 支持下的耕地补偿空间决策模型研究》,《中国土地科学》2007 年第 10 期。

⑧ Cf.Dumanski J., "Pieri C.Land quality indicator:research plan", *Agriculture Ecosystems & Environment*, Vol.81, 2000;农肖肖、何政伟、吴柏清:《ARCGIS 空间分析建模在耕地质量评价中的应用》,《水土保持研究》2009 年第 2 期。

⑨ Cf.Eric J. Heikkila, "The Economic of Planning Rutgers, Center for Urban Policy Research", *The Stated University of New Jersey*, 2000.

⑩ Cf.De Groot & Rudolf S.& Matthew A., "A Typology for The Classification, Description and Valuation of Ecosystem Fuctions", *Goods and Services.Ecological Economics*, Vol.41, 2002.

⑪ 参见吴克宁、赵玉领、吕巧灵等:《基于等级折算的宜农未利用地方等及应用》,《资源科学》2007 年第 9 期。

我国耕地保护补偿属于财政直补形式,补偿资金缺口较大。① 耕地保护的激励资金可以概括为两种形式:一是财政转移支付形式。资金来源包括:①农业补贴,如粮食直补、农资综合直补、粮食综合补贴、农田水利建设及农业综合开发等资金;②②土地资金投入,如土地出让金、土地开发整理、基本农田专项保护等资金;③③财税资金,如耕地占用税、城镇土地使用税、土地增值税等。④ 二是区域补偿方式,具体分为区际经济和区内激励。⑤首先,区际激励主体是发达地区,即占用耕地区或粮食直销区,⑥其补偿资金主要来源于:①发达地区的财政支付;⑦②耕地保护受益个人、企业、农林机构和农户;⑧③农地及农产品价格。⑨ 其次,区内激励是由地方政府和当地居民共同来支付,⑩其补偿资金主要来源于:①当地政府的财政补贴;⑪②建设用地价值增值剩余和存量建设用地不动产的税收扣除;⑫当地受益

① 参见唐建:《基本农田保护——问题与对策》,《中国土地》2004 年第 7 期。

② 参见黄富祥、康慕宜、张新时:《退耕还林还草过程中的经济补偿问题探讨》,《生态学报》2002 年第 4 期。

③ 参见李子田、郝瑞彬:《土地整理与生态环境保护》,《农机化研究》2007 年第 6 期。

④ 参见孙海兵、张安录:《农地的外部效益与补偿》,《生态经济》2006 年第 4 期。

⑤ 参见牛海鹏、张安录、李明秋:《耕地利用效益体系与耕地保护的经济补偿机制重构》,《农业现代化研究》2009 年第 3 期。

⑥ 参见张效军、欧名豪、李景刚等:《对构建耕地保护区域补偿机制的设想》,《农业现代化研究》2006 年第 27 期。

⑦ 参见汪阳洁、张静:《基于区域发展视角的耕地保护政策失灵及对策选择》,《中国人口·资源与环境》2009 年第 1 期。

⑧ 参见甄霖、闵庆文、李文华等:《海南省自然保护区生态补偿机制初探》,《资源科学》2006 年第 11 期。

⑨ Cf. Nickerson, Cynthia J, "Capitalization Of Farmland Preservation Programs Into Farmland Prices, Agricultural and Applied Economics Association", 1998, Annual meeting, August 2-5, Salt Lake City.

⑩ Cf. Lynch, Lori & Duke, Joshua M, "Economic Benefits of Farmland Preservation: Evidence from the United States", Department of Agricultural and Resource Economics in its Working Paper, 2007.

⑪ 参见田春、李世平:《论耕地资源的生态效益补偿》,《农业现代化研究》2009 年第 1 期。

⑫ 参见王宏利:《我国基本农田保护的补偿机制研究》,《生产力研究》2011 年第 4 期。

个人、企业、农林机构和农户;①③社会资金,诸如募捐、专项基金、彩票等。②

(5)国内外关于耕地保护激励问题研究的述评

目前国内外学者关于耕地保护制度的研究主要集中在耕地保护制度体系构成、制度实施绩效、制度改革等方面,对国家有关政策的制定和调整起到了重要参考作用,但还存在研究覆盖面较为狭窄、研究方法较为单一、研究应用性不强等问题,比如,从政治经济效益的角度分析耕地保护制度的研究较多,从社会生态效益的角度分析耕地保护制度的研究较少;对耕地保护政策失灵的影响因素和主体行为研究较多,对在耕地保护过程中如何保证行为主体权益的研究较少;对耕地数量保护的研究较多,对耕地质量保护的研究较少;等等。

综合国内外有关耕地保护的激励机制的相关文献,其研究主要存在以下几方面的问题或不足:①研究覆盖面窄,对耕地价值的研究多属于自然资源价值的理论研究和生态环境功能的价值研究,而对耕地经济价值和社会价值的研究则很少;②研究方法不完善,在激励标准的研究中多采用自然资源价格度量技术,而耕地质量衡量和检验技术尚未运用到补偿标准的研究当中;③研究应用价值不强,对耕地价值的研究大多属于纯理论研究,而对激励机制的研究则多采用政策诠释的思路,这导致耕地价值研究与激励机制之间缺乏衔接机制,使众多优秀的理论研究成果无法应用到实际的耕地保护的激励机制的构建中。③ 同时,由于我国地域辽阔,各地自然资源状况和社会经济发展水平差异很大,相关研究如果不紧密结合地方区域经济发展实际情况,研究其区域性和特殊性,有关研究的现实针对性和应用性就会大打折扣,所提出的改革建议也无法有效应用于具体的改革实践。

---

① 参见方斌、倪绍祥、邱文娟:《耕地保护异地补充的经济补偿的思路与模式》,《云南师范大学学报》2009 年第 1 期。

② 参见孙海兵、张安录:《农地的外部效益与补偿》,《生态经济》2006 年第 4 期。

③ 参见杜伟、黄敏:《关于耕地保护补偿问题的研究述评与建议》,《西华师范大学学报》(哲学社会科学版)2010 年第 7 期。

二、耕地保护激励机制的探索

（一）严守耕地红线激励机制探索的方向

严守耕地保护红线，坚持最严格的耕地保护制度，关键在于形成完善的耕地保护激励机制，强化耕地保护行为主体的经济激励，有效提高各参与主体的积极性，切实提高耕地保护绩效。目前耕地保护激励机制的研究内容、研究体系尚不完善，在研究方法上还有待创新，耕地保护激励机制的实际应用还有待深化；同时，由于我国各地自然资源状况和社会经济发展水平差异很大，关于耕地保护激励机制的研究，应该紧密结合地方区域经济发展实际情况，增强有关研究的现实针对性和应用性。理论研究的不足导致现实改革实践也较为滞后。虽然我国目前已经基本形成相对比较完整的耕地保护制度，但这一制度体系主要依靠各级政府以行政手段来实施，缺乏有效的耕地保护激励约束机制，导致耕地保护的机会成本过高，行为主体的基本利益无法保障，耕地保护工作还停留在"重数量、轻质量"的初级阶段，耕地保护制度的实施长期处于低效运行状态，基本表现为耕地非农化速度加快、耕地质量恶化严重、地方政府和农户参与耕地保护积极性不高等，而耕地保护的外部性、耕地资源的稀缺性和公共产品属性，以及耕地保护缺乏科学合理的激励补偿机制，又进一步强化了现行耕地保护政策的政府失灵和市场失灵。

面对严峻的耕地保护形势，四川省综合运用行政、经济和法律手段，积极探索推进耕地保护工作的制度创新，取得了一系列重大成果，对全国各地严守耕地保护红线、构建耕地保护激励机制具有重要的启示和借鉴意义。

基于上述理论研究和实践改革的双重需要，本书将紧紧围绕党的十八大报告所提出的全面建成小康社会和全面深化改革开放的目标，以大力推进生态文明建设为研究背景，深入分析近年来我国粮食安全和耕地保护的严峻形势，并以四川省耕地保护为研究个案，以四川省近年来耕地保护制度的实施现状以及未来耕地保护任务为研究背景，以四川省耕地资源安全和构建四川省耕地保护激励机制为主线，从利益公平的角度出发，探讨如何建立和完善耕地保护激励机制的理论和实践研究体系。本书采用规范分析与实证分析相结合的研究方法，以耕地价值体系重构，耕地保护激励机制基本框架、耕地保护省内激励机制的构建为重点，立足从以下几个方面进行进一步研究：

1. 在充分研究四川省现阶段耕地保护政策背景的基础上，对包括"耕地保护机制制度"、"金土地工程"等土地整理工作在内的耕地保护制度创新进行较为全面的绩效评价，并着重分析目前四川省耕地保护工作所面临的主要瓶颈，为进一步完善四川省耕地保护工作，构建耕地保护的激励机制提供相对全面的制度环境分析。

2. 重点考察四川省耕地资源的禀赋状况。四川省耕地资源安全在西部大开发中具有举足轻重的核心战略意义，甚至影响全国经济社会可持续发展。根据《中华人民共和国土地管理法》所提出的"实现耕地的总量动态平衡"的耕地保护目标，必须在满足人口及国民经济发展对耕地产品数量和质量不断增长的条件下，实现耕地数量和质量供给与需求的动态平衡。因此，需正确认识四川省耕地资源的自然禀赋和总量平衡目标实施现状，为构建耕地保护的激励机制提供相对客观的现实依据。

3. 以耕地的经济产出功能和外部性激励特征为基础，重构耕地资源的价值体系。运用收益还原法、当量因子法和替代（恢复）成本法，对耕地市场价值、外部性价值（社会价值和生态价值）进行测算，以便为耕地保护补偿机制提供理论和现实参考。

4. 按照"谁受益谁补偿"、"谁提供谁受益"的原则，从耕地保护经济补偿的给付主体、受偿对象、补偿范围、补偿项目、补偿标准、补偿形式入手构建起耕地保护激励机制的基本框架。

5. 建立耕地保护的区域补偿机制，从耕地保护的区域补偿机制的意义、内容和思路出发构建了区域补偿机制的基本框架。并以区域耕地赤字（盈余）数量计算为基础，建立了耕地保护的区域补偿机制测评模型，并对四川省各个地市州的耕地保护的区域补偿金额进行了测算。

6. 解决耕地保护的激励的制度环境问题。从构建耕地保护的激励的行政制度出发，进一步探讨了激励资金的管理制度，构建有利于耕地保护激励的法律制度和社会监督制度。

（二）严守耕地红线激励机制探索的重点

本书以四川省耕地保护为研究个案，对四川省耕地保护制度的实施情况进行实证考察和分析,对严守耕地保护红线的制度保障和创新的系列理论问题和实践问题进行系统研究,深入剖析耕地保护激励约束机制的构成内容与运行机制,具体分析耕地数量和质量双重保护的补偿主体、受偿对象、补偿范围、补偿项目、补偿标准、补偿形式以及重构耕地价值体系、建立耕地总量平衡测评体系、优化耕地保护资金运行机制、完善耕地监测服务体系等系列保障制度的创新问题,对耕地保护系列政策提出科学设计和系统优化的具体建议。本书既通过理论创新丰富我国“三农”问题研究成果,也为进一步深化改革提供参考,有利于构建完善的耕地保护激励机制,推进我国耕地保护效率的帕累托改进,形成耕地保护的长效机制,确保严守耕地保护红线,大力推进生态文明建设,为坚持走中国特色新型工业化、信息化、城镇化、农业现代化道路和全面建成小康社会奠定坚实基础。

(三)耕地保护激励机制探索的思路

1. 进一步探索的思路

本书研究将遵循马克思主义的“具体—抽象—具体”的研究思路,通过基础理论与国际比较,结合区域实地研究和样本数据分析,进行理论建模,对耕地保护的经济补偿问题进行规范和实证研究,设计可操作的、符合区域要求的耕地保护激励方案。其具体研究思路为:在回顾四川省耕地保护制度制度背景和四川省耕地保护制度绩效评价的基础上,分析四川省耕地保护工作所面临的主要困境,进一步比较国内外主要国家和地区耕地保护和耕地保护激励制度,归纳现有耕地保护激励机制的主要特点,从多个角度为四川省耕地保护激励机制的建立和健全提供现实借鉴;通过建立耕地资源的复合价值体系和耕地区域补偿的测评体系,为耕地保护激励标准的制定提供理论依据,为加快实现耕地保护从数量管护阶段向质量管护和生态环境管护阶段的跨越提供理论参考;从耕地保护经济补偿的给付主体、受偿对象、补偿范围、补偿项目、补偿标准、补偿形式入手,构建耕地保护激励机制的基本框架,重点讨论如何解决耕地保护的激励机制的制度保障瓶颈问题,理顺经济补偿资金的“筹集—管理—拨付”渠道;通过优化耕地保护激励的行政制度、监测服务体系、法律制度和社会监督制度,建立一整套适合当前四川省严峻的耕地保护形势的耕地保护激励机制。本书的研究思路亦可表示为下图。

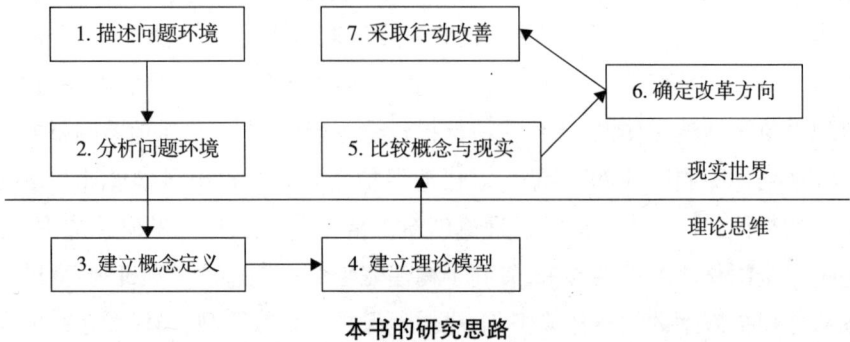

本书的研究思路

2. 秉持的基本方法

本书以系统研究方法贯穿始末,并根据理论研究与实证分析的需要,采用系列研究方法,包括:

(1)多学科融合法。本书融合生态经济学、资源环境经济学、计量经济学、法学等相关理论构建能够分析耕地保护激励机制内在运行机理的理论支撑体系。

(2)比较分析法。本书在比较世界主要国家耕地保护和耕地保护激励制度的基础上,从国际的视角为四川省耕地保护激励制度的建立和健全提供现实借鉴。

(3)案例分析法。本书采取了大量的案例实证分析,主要通过对四川省耕地经济总价值的考察与耕地区域补偿的激励值计算,证明了耕地保护激励机制的可行性。

(4)动态分析法。本书用动态分析的方法提出了耕地总量动态平衡的观点,主张在区域耕地数量和质量保持在允许偏离值范围内的前提下,适当满足区域经济发展的建设用地需求。

(5)收益还原法。本书通过所测算地区相关耕地的收益和费用数据,计算测算时间范围内的耕地年净收益,将净收益进行贴现以还原耕地的市场价值。

(6)当量因子分析法。当量因子分析法是在已测算的某一特定生态服务功能价值或效益的基础上,依据待评估生态系统的区域和生物生长量特征(即当量因子),进行修正得到的需要评估的某一区域特定生态服务功能或效益。本书利用当量因子法计算耕地的生态服务价值。

（7）替代/恢复成本法。替代/恢复成本法是通过计算替代/恢复提供外部性价值的成本来估算外部价值。本书利用该方法计算耕地的社会保障价值。

（8）非参数 Spearman 秩相关分析法。本书用 Spearman 秩相关分析法来评估每公顷耕地劳动力投入量、化肥投入量、机械动力投入等变量之间关系的密切程度,最终测量研究区域耕地总量是否达到总量动态平衡。

三、本书的主要观点

本书力求在学术界已有成果基础上提出具有新意的理论观点与政策建议,为此,本书主要观点如下:

1. 近年来,四川省积极探索加强耕地保护的新路径,通过制度创新取得了比较显著的成果,但四川省人地资源的矛盾十分突出,耕地保护的形势依然严峻。通过考察四川省目前的耕地资源禀赋和制度实施现状,发现四川省继续推进耕地保护工作的主要困境表现在:①耕地非农化速度加快、耕地质量恶化严重;②地方政府和农户参与耕地保护积极性不高;③四川省最具发展潜力的地区与优质耕地的分布区域在空间上重叠,经济发展与耕地保护的要求在实施上存在巨大的空间矛盾。

2. 耕地保护的外部性、耕地资源的稀缺性和公共产品属性是导致耕地保护低效率的内在制约因素,而耕地保护制度长期重视"约束性"保护和"建设性"保护,轻视甚至忽视"激励性"保护则构成了耕地保护低效率的外在制约因素。四川省成都市试点开展的"耕地保护基金制度"是耕地保护激励的制度创新,但实施范围有限,补偿力度不足,对耕地保护的激励作用不够充分,需要进一步完善四川省耕地保护的激励制度,使耕地保护变"被动"为"主动"。

3. 传统的耕地补偿机制将耕地价值仅仅视作可用农作物价值衡量的单一价值体系,本书则认为耕地价值体系应是涵盖市场价值、社会价值和生态价值的复合型价值体系,其中,耕地的社会价值和生态价值可统称为耕地外部性价值。为具体考察耕地的经济总价值,本书运用收益还原法、当量因子法和替代/恢复/成本法计算出耕地总价值,为耕地保护经济补偿标准提供理论和现实参考。研究结果表明,目前耕地征购价格和出让价格"剪刀差"现象突出,农民土地权益严重受侵;土地补偿在外部性价值补偿方面严重缺失,耕地外部性价值供给积极性非常羸弱,已经开始威胁耕地产出市场价值的持续增长。

4. 结合实现耕地的总量动态平衡的耕地保护目标,本书着重研究耕地数量和质量的"双平衡"测评体系,主张合理考虑经济发展的用地需求,允许区域内耕地面积在一定程度上的减少,严格耕地质量的保护,从作物生产功能、社会保障功能、生态维护功能等方面保护耕地质量。另外,本书提出,打破地域界限,采取区域经济补偿方式,由耕地赤字区域向耕地盈余区域支付补偿资金,激励耕地盈余区域持续增加耕地垦殖投入,并约束耕地赤字区域过度占用耕地。

5. 在耕地保护激励机制的基础构架方面,本书给出了包含激励补偿的给付主体、受偿对象、补偿范围、补偿项目、补偿标准、补偿形式在内的较为完善的补偿体系。对于补偿的给付主体和受偿对象,按照"谁受益谁补偿"和"谁提供谁受益"的原则,耕地保护经济补偿的给付主体应该是分享了耕地保护效益,但却未承担耕地保护任务的地区、部门(企业)及个人,耕地保护经济补偿的受偿对象应是对补偿激励敏感的群体;在补偿范围的划分上,可具体划分为:重点补偿区域、扶持补偿区域和非补偿区域;补偿项目应该包括:耕地数量控制成本补偿、优质耕地开垦成本补偿、新兴农产品投入成本补偿、新型农业技术推广成本补偿、农业基础设施建设补偿、耕地总量平衡监测成本补偿;对于耕地保护经济补偿标准的制定,则需充分结合耕地的复合价值体系,综合考虑区域耕地的经济总价值和区域间溢出价值,因地制宜地制定科学的经济补偿标准;经济补偿形式应多元化,可采用现金补偿、税费优惠补偿、福利补贴补偿相结合的经济补偿形式。

6. 本书注意到制度环境对于政策实施的重要性,强调在完善耕地保护激励机制的同时,注重优化行政制度、优化监测服务体系、优化资金筹集和管理、优化监督制度。政府组织落实耕地保护的激励机制应首先明确其行政方向,在此基础上重点优化土地利用总体规划制度、不断完善土地整理工作、稳定农地承包权以长期保持耕地保护工作效率;耕地保护激励的监测服务体系应着重耕地土壤质量的监测服务,将监测内容与农业生产相结合,合理布局监测服务点,形成包括耕地土壤质量监测、生态环境监测、农作物肥力监测在内的相对完善的耕地监测服务体系;在耕地保护的激励机制的法律制度建设方面,必须以宪法保护为前提,不断完善耕地保护激励机制的行政立法保护和经济立法保护;法律制度优化的同时需建立广泛的社会监督机制以优化耕地保护激励机制的实施环境,农户是耕地保护激励机制中最重要的利益主体,加强耕地保护的宣传教育工作,成立农民耕地保护监督组织对耕地保护激励机制的顺利实施至关重要。

第一章

耕地保护制度的实施情况与绩效评价

第一节　耕地保护制度绩效评价的背景

一、现行耕地保护制度的基本内容

"严守耕地保护红线"的关键在于"完善最严格的耕地保护制度"。耕地保护制度经历萌芽、觉醒、形成、发展、完善等阶段,现行的耕地保护制度主要涵盖耕地数量保护、耕地质量保护、耕地保护监察、耕地保护补偿四个主要方面的内容。

（一）耕地数量保护

1. 基本农田保护制度

新修订的《土地管理法》规定:国家实行基本农田保护制度。基本农田保护制度始于 1988 年国家在湖北荆州试行基本农田保护区。至此,我国基本农田保护制度已经过二十多年的发展。据统计,2009 年年底,我国已划定基本农田保护地块 1.25 亿块,基本农田面积达 15.8 亿亩,保护率超过 80%。①《全国土地利用总体规划纲要》确定 2010 年以前全国基本农田总面积要达到 16.28 亿亩,占全国耕地面积的 83.5%。可以说,我国基本农田保护制度为我国保有"18 亿亩耕地红线"作出了重要贡献。

---

① 参见夏珺:《我国已划定基本农田 15.8 亿亩》,《人民日报》2010 年 1 月 21 日。

　　按照《基本农田保护条例》,基本农田是指按照一定时期人口和社会经济发展对农产品的需求,依据土地利用总体规划确定的不得占用的耕地。我国基本农田保护制度应包括:对基本农田实行特殊保护的基本农田保护区制度;建立基本农田规划制度,明确基本农田保护的布局安排、数量指标和质量要求;按照"占多少、垦多少"的原则,实施基本农田占补平衡制度;基本农田保护区的责任制,形成县级以上地方人民政府、乡(镇)人民政府、农村集体经济组织或者村民委员会相互制衡的责任书制度;实行严格基本农田审批制,禁止任何单位和个人以任何方式占用基本农田;任何单位和个人闲置、荒芜基本农田的惩罚制度;各级人民政府对基本农田的监督管理制度,以及破坏基本农田环境、植被的惩罚制度,等等。

　　四川省设置了"全省基本农田保护面积不得低于 1994 年耕地面积的80%"的保护目标,并根据地形特点和农作物生产特点,将保护区的基本农田进行两级划分,对不同等级的基本农田采取不同的占用审批程序和不同的征地费用标准。

　　2. 土地用途管制制度

　　新《土地管理法》第四条规定:国家实行土地用途管制制度。实行土地用途管制的目的是"严格限制农用地转为建设用地,控制建设用地总量,对耕地实行特殊保护"。新《土地管理法》认为,土地用途管制是指国家为保证土地资源的合理利用以及经济、社会的发展和环境的协调,通过编制土地利用总体规划,划定土地用途区域,确定土地使用限制条件,使土地的所有者、使用者严格按照国家确定的用途利用土地。[1] 依据此规定,我国土地用途管制的主体是中央政府、省级政府以及相关的行政部门,客体是已确定用途、数量、质量和位置的土地,重要手段是编制国家土地利用规划。有学者认为,土地用途管制的实质就是政府为促进社会整体协调发展,采取各种方式对土地利用活动进行调节控制的过程,是国家管理公共物品(土地)的重要措施。[2] 我国土地用途管制制度是中央政府为促进经济长效发展和巩固

----

① 参见张馨元:《土地用途管制》,《经济与法》2009 年第 3 期。
② 参见李晨溪:《土地用途管制研究进展》,《决策 & 信息(下半月刊)》2008 年第 47 期。

国家粮食安全,对我国耕地数量和质量进行保护所采取的行政管理措施。我国自 1999 年开始正式实行土地用途管制制度,初期经验相对不足,其后在土地利用规划的动态编制、政府行为监管等方面作出了很多改进。依据张全景等对我国不同省份耕地保护绩效的计量模型分析,①我国土地用途管制制度有效阻滞了建设占用耕地的速度,对于缓解人地矛盾、保证粮食安全有积极作用,值得充分肯定,应长期坚持。

3. 开发复垦整理制度

国家实行土地开发复垦整理制度,基于增加有效耕地面积,改善农业的生产条件和生态环境,包括对田、水、路、林、村综合整治,中低产田的改造,闲散地和废弃地的整治,以及对土地破坏的复垦。我国土地复垦实行"谁破坏、谁复垦"的原则,在全国建立各种土地复垦示范区域,并规定土地复垦优先用于农业用地。土地开发复垦整理制度的内容主要为:各省市编制土地开发整理规划;土地整理开发实行统一备案制度,全面实施信息化网络监管,不备案的,其增加耕地不能计入完成的补充耕地任务,不能用于占补平衡,不予核定和下拨中央分成新增建设用地土地有偿使用费;土地整理复垦开发有四项资金,包括新增费、开垦费、复垦费和用于农业土地开发出让金 15%的部分;土地整理复垦开发项目纵向上实行部级监管、省级负总责,市县人民政府组织实施的管理制度。据统计,1999—2007 年,全国土地整理复垦开发补充耕地面积 3819 万亩,年均 477 万亩,大于同期建设占用和灾毁的耕地面积。②

4. 耕地占补平衡制度

《土地管理法》第四章第三十三条规定:"省、自治区、直辖市人民政府应当严格执行土地利用总体规划和土地利用年度计划,采取措施,确保本行政区域内耕地总量不减少;耕地总量减少的,由国务院责令在规定期限内组织开垦与所减少耕地的数量与质量相当的耕地,并由国务院土地行政主管

---

① 参见张全景、欧名豪、王万茂:《中国土地用途管制制度的耕地保护绩效及其区域差异研究》,《中国土地科学》2008 年第 9 期。
② 参见《走向更广阔的天地——部有关负责人就全面强化土地整理复垦开发工作答记者问》,《资源与人居环境》2008 年第 10 期(上)。

部门会同农业行政主管部门验收。"耕地占补平衡制度的具体含义是,非农业建设经批准占用耕地,占用者应按照"占多少、垦多少"的原则,负责开垦与所占用耕地的数量与质量相当的耕地。如果没有条件开垦或者开垦的耕地不符合要求的,应当按照省、自治区、直辖市的规定缴纳耕地开垦费,专款用于开垦新的耕地。我国实施耕地占补平衡制度的目的是确保耕地总量动态平衡。

耕地总量动态平衡中的"总量"是一个综合的概念,必须考虑耕地数量、耕地质量、人均耕地水平、国际粮食贸易和科技水平等因素。[1] 因此,耕地总量动态平衡是一个包含数量平衡、质量平衡、生态平衡、结构平衡、产出平衡等各因素的动态平衡。[2] 我国实行的耕地总量动态平衡制度应包括四个方面的内容:①利用土地资源,创造财富,促进社会经济的发展;②维持耕地总量动态平衡,提高耕地质量,以满足人类生存的基本需要;③增加投入,多维用地,提高耕地生产力,满足和谐社会人们对高质量农产品日益增加的新需要;④对耕地逐步集约化利用,清洁化管理,改善生态环境,使之成为人类永久性利用资源。[3] 耕地总量动态平衡制度既应包括对耕地的开发开垦,又应包括对耕地减少的遏制,即开源与节流并行。有学者认为,在我国当前的经济发展过程中,耕地总量动态平衡制度同时面临有利和不利两种条件,即进口粮食缓解耕地承载压力,通过中低产田改造、良种推广、提高耕地复种次数等方法挖掘潜力,是实现我国耕地总量动态平衡的有利条件;人均耕地面积减少,非农建设占用耕地比重增大、现有耕地利用率不高为不利因素。[4]

(二)耕地质量保护

耕地占补平衡制度一定程度上保持了我国现有耕地数量,但"占补平

---

① 参见蔡林梅:《浅论我国耕地保护政策中的耕地总量动态平衡制度》,《广东土地科学》2006 年第 3 期。

② 参见付邦道、郑新奇:《再论耕地总量动态平衡》,《中国土地科学》2004 年第 4 期。

③ 参见崔秀珍、吴国梁:《新时期我国耕地资源总量动态平衡的维持与可持续利用的途径》,《安徽农业科学》2006 年第 2 期。

④ 参见陆迁:《实现耕地总量动态平衡的思路与对策》,《西北农林科技大学学报》(社会科学版)2003 年第 4 期。

衡"在操作中逐渐变成"占优补劣"。2004 年《关于深化改革严格土地管理的决定》不仅提出非农业建设占用耕地的必须补充数量、质量相当的耕地的要求；而且提出补充耕地的数量、质量实行按等级折算。与此同时，《全国土地利用总体规划纲要（2006—2020）》指出："建设项目选址必须贯彻不占或少占耕地的原则，确需占用耕地的，应尽量占用等级较低的耕地。"

我国政府实施了耕地质量等级监测的产能动态管理制度。2009 年 12 月，我国完成了耕地质量等级调查与评定工作。此次评定工作的主要目标是实现全国耕地质量等别的统一可比性，且此次评定工作为我国实现耕地质量等级监测的产能动态管理制度奠定了基础。通过在典型耕地质量等级上布设固定监测样点，实施周期性监测评价，依据本监测周期与上个监测周期监测结果的比较分析，对耕地等级及其产能变化作出定量评价，同时对一个年度和多个年度间耕地产能变化的原因、强度、数量与空间分布作出分析，并对下一年或多年后可能出现的耕地等级及其产能变化作出预测和预警。①

同时，我国政府还采取相关措施防止水土流失、防止耕地盐碱化、防止耕地污染等，建立耕地生态补偿机制。有数据表明，水土流失导致土地退化、耕地毁坏，我国因水土流失而损失的耕地平均每年约 100 万亩；②在我国的盐碱耕地中，大约 73% 属轻度盐碱化，对农业生产影响不严重，其余 27% 为中强度盐碱化，对农业生产影响较大；农药污染的农田面积达 0.09 亿平方公里，重金属污染面积超过 0.2 亿平方公里。③ 因此，有学者指出："保护耕地，数量是硬道理，但其质量再也不能是'软'道理了。"④

---

① 参见郧文聚、程锋：《耕地保护：数量质量两手并举》，国土资源网，http://www.clr.cn，2010 年 1 月 22 日。

② 参见周婷玉、崔清新：《水土流失造成相当于我国 GDP 总量的 3.5%》，新华网，http://www.xinhuanet.com /，2010 年 10 月 29 日。

③ 参见张文君：《药使用量过高 耕地污染不容忽视》，人民网，http://scitech.people.com.cn/，2004 年 4 月 27 日。

④ 张传玖：《耕地污染，原来如此沉重——对话中科院植物所首席研究员蒋高明》，《中国国土资源报》2007 年 6 月 18 日。

（三）耕地保护监察

1. 土地调查统计制度

土地调查是指对一定时间内、一定区域内有关土地资源的数量质量变化情况所作的研究和清查登记。2008 年我国颁布了《土地调查条例》。该《条例》强调：我国实行土地调查统计制度的目的是全面查清土地资源和利用状况，掌握真实准确的土地基础数据，为科学规划、合理利用、有效保护土地资源，实施最严格的耕地保护制度，加强和改善宏观调控提供依据，促进经济社会全面协调可持续发展。

我国土地调查统计制度的主体是国家行政主管部门和县级以上各级人民政府。土地所有者或持有者具有配合调查、提供资料的义务。土地调查统计内容涵盖各种土地类型数量、质量、分布、使用情况，土地产权主体的明确性等方面。新中国成立以来，我国实施了两次土地调查。第一次土地调查始于 1984 年，由于计算机技术不发达、行政主管部门重视度低等原因，大多采用人工操作。第一次全国土地调查持续十几年，直至 1997 年结束。全国第二次土地调查于 2007 年 7 月 1 日起，持续两年，于 2009 年结束。全国第二次全国土地调查为我国尽快建立覆盖全国城乡统一的土地信息管理系统奠定了基础。

2. 土地利用规划制度

土地利用规划是对一定区域未来土地利用超前的计划和安排，是依据区域社会经济发展和土地的自然历史特性，在时空上进行土地资源分配和合理组织土地利用的综合技术经济措施，其特征表现为政策性、整体性、兼容性、折中性和动态性。[①] 土地利用规划制度是指国务院依据国民经济和社会发展规划、国土整治和资源环境保护的要求、土地供给能力以及各项建设对土地的需求，要求各级人民政府编制的在规定年限内本区域土地利用总规划。我国土地利用规划的编制要求：严格保护基本农田，控制非农业建设占用农用地；提高土地利用率；统筹安排各类、各区域用地；保护和改善生

---

① 参见王万茂、韩桐魁：《土地利用规划学》，中国农业出版社 2002 年版；王万茂：《规划的本质与土地利用规划多维思考》，《中国土地科学》2002 年第 1 期。

态环境,保障土地的可持续利用;占用耕地与开发复垦耕地相平衡。

我国的土地利用总体规划体系按行政区域分为全国、省、市(地)、县(市)和乡(镇)五级,与相关专项规划构成土地利用规划体系。目前我国的五级规划内容比较雷同,大多是宏观上过细,微观上过粗。① 实际操作过程中,中央基于公共利益的需要,要求严格编制土地利用规划,并进行严格实施操作;但地方政府基于本地经济发展以及短期利益,对土地利用规划制度的严格执行的积极性不高。土地利用规划制度能否发挥应有的作用,取决于规划制度的执行成本高低和中央和地方政府的博弈结果。

3. 农地转用审批制度

新《土地管理法》规定,农用地转为建设用地,应当办理农用地转用审批手续。国务院和各级人民政府为农用地转批手续办理方。按照规定,基本农田或基本农田以外的耕地超过 35 公顷的,其他土地超过 70 公顷的由国务院审批。省级、县级人民政府对规模较小的农地转用项目负有审批责任。用地申请的提出人可以是拥有土地使用权的农民,也可以是投资开发人。② 用地单位递交预申请报告,通过农用地转用审批,征地审批后到进行供地,至少在半年以上,③由此,"未批先用"、"边批边用"等现象频繁出现。农地转用审批制度中,基于经济发展考虑或者其他原因,经常出现建设用地单位左右政府的行为,使我国的农地转用审批制度出现上下政府"传递"批准的现象发生。农地转用审批制度须进一步完善审批程序,规范地方政府的行为,使其发挥应有作用。

4. 耕地保护台账管理制度

台账是指各个业务部门用于管理、统计本部门日常工作的各种文本、文件、资料的统称,是一种明晰记录表,也被称为流水账。耕地保护台账管理

---

① 参见娄文龙:《国外土地利用规划制度比较及其借鉴》,《浙江国土资源》2004 年第 11 期。

② 参见卢峰:《集体土地征收与农地转用审批》,《湖南公安高等专科学校学报》2006 年第 3 期。

③ 参见童江欣、陈向春:《农用地转用审批对耕地保护的缺陷分析》,《国土资源》2006 年第 4 期。

制度是政府或者行政主管部门建立有关耕地保护的耕地面积、耕地质量、耕地等级、耕地补偿标准、图标等等相关的明晰的文件记载系统,以有利于耕地保护工作的管理和评析。我国建立耕地保护台账管理制度的目的之一是明确政府在耕地保护中的责任,加强地方各级政府各级耕地保护管理,严格限制耕地转为建设用地。《全国土地利用总体规划纲要(2006—2020)》要求,建立耕地保护台账制度,明确保护耕地的责任人、面积、耕地等级基本情况。目前,我国还没有出台统一规范的耕地保护台账管理制度,但在大多数省市已经建立相关的耕地保护台账管理制度,如四川成都的耕地保护基金台账管理制度、辽宁省基本农田台账管理制度以及湖南湘潭的三色台账管理系统,等等。

5. 耕地总量不减少的省级政府负责制度

新《土地管理法》规定:省、自治区、直辖市人民政府应确保本行政区域内耕地总量不减少。耕地总量不减少的省级政府负责制度是对我国耕地占补平衡制度的补充或者行政监管。在我国耕地保护中,中央政府的耕地保护的目标往往与省、自治区、直辖市的目标不一致。耕地总量不减少的省级政府负责制度强化了各省、自治区、直辖市在耕地保护中的责任,促使省、自治区、直辖市在经济发展中进行耕地保护、耕地复垦开发整理等,寻求经济发展与耕地保护的平衡点。

(四)耕地保护补偿

我国积极探索耕地保护补偿的形式的多样化,除了完善征地补偿安置制度和占用耕地补偿制度,还积极探索建立生态补偿机制和区域补偿机制,以实现更有效的耕地保护。

1. 征地补偿安置制度

征地补偿安置制度是国家基于保障农民权益和国家经济发展建设用地需求的考虑,给予被征地农民经济补偿、生活保障的制度安排。我国《宪法》和《土地管理法》中规定,国家为了公共利益的需要,可以征收农民土地。在我国,土地是农民生存和生活的保障,因此,征地补偿安置制度的完善在我国耕地保护制度的建立和发展中非常重要。

新《土地管理法》规定:征收土地的,按照征收土地的原用途给予补偿。

征收耕地的补偿费用包括土地补偿费、安置补助费以及地上附着物和青苗的补偿费。征收耕地的土地补偿费为该耕地被征收前 3 年平均年产值的 6 至 10 倍。征收耕地的安置补助费，按照需要安置的农业人口数计算，每一个需要安置的农业人口的安置补助费标准，为该耕地被征收前 3 年平均年产值的 4 至 6 倍。征地补偿安置制度存有不足：土地征用补偿数额偏低，土地补偿金受益主体不明，土地补偿的客体不够全面。① 较低的补偿金额，仅能解决被征地农民短期生活问题；补偿金额主体不明确进一步导致农民就连获得较低的补偿金额都难以得到保障；补偿客体的残缺，难以享有土地增值的收益，是农民长期保障缺失的原因。征地补偿安置制度的不足，降低了农民的生产积极性，造成失地农民权益保障严重缺失，从而引发社会矛盾。国务院发展研究中心农村部部长韩俊由此认为，征地制度改革的核心问题其实是在保护农民利益和加快经济发展之间寻找一个平衡点。②

为切实保障被征地农民的生产生活和长远生计，解决我国经济发展中征地补偿安置制度的不足，国土资源部于 2010 年 7 月发布《关于进一步做好征地管理工作的通知》。该《通知》进一步完善了我国现行的征地补偿安置制度。改变固定的征地补偿标准，全面实行征地统一年产值标准和区片综合地价，提高征地补偿标准，并采用征地补偿标准的动态调整机制，根据经济发展水平、当地人均收入增长幅度等情况，各地每 2 至 3 年对征地补偿标准进行调整，逐步提高征地补偿水平；为避免征地补偿费不能及时到位，威胁农民利益的再次发生，探索完善征地补偿款预存制度，确保征地补偿安置费能够及时直接分配给农民，并对征地补偿费依据各省和地区特点进行合理分配；采用多元安置途径，优先农业用地安置和规范留地安置，以解决失地农民的流动性问题；"谁用地、谁承担"的原则，推进被征地农民社会保障资金的落实，以解决被征地农民的长远生计和发展问题。

《通知》的相关规定虽然缓解了因我国经济发展中征地补偿安置制度

① 参见李光禄、侣连涛：《土地征用补偿制度的完善》，《山东科技大学学报》(社会科学版) 2002 年第 1 期。

② 参见任波：《"新圈地运动"末路》，搜狐网，http://house.focus.cn/news/，2003 年 8 月 27 日。

不足而迫切需处理的问题,进一步完善了我国征地补偿安置制度。但是,《通知》中对解决农民社会保障资金来源的规定含糊不清,操作性不强。

2. 占用耕地补偿制度

占用耕地补偿制度是指非农业建设经批准占用耕地的,按照"占多少,垦多少"的原则,由占用耕地的单位负责开垦与所占用耕地的数量和质量相当的耕地;没有条件开垦或者开垦耕地不符合要求的,应当按照省、自治区、直辖市的规定缴纳耕地开垦费,专款用于开垦新的耕地。我国实行占用耕地补偿制度的目的是遏制我国耕地不断持续减少的趋势。按照《土地管理法》对占用耕地补偿制度的定义,占用耕地补偿制度强调以下两点:一是占用耕地补偿制度的原则为"占补平衡"。"占"地是指非农建设占用耕地,"补"地是指通过土地整理、复垦和开发补充的耕地,"占补平衡"是指"补"地面积与"占"地面积在数量和质量上的平衡(要求在县市,或省市区行政区域内实现平衡);①二是占用耕地补偿制度中"补地"主体为"占地"方,政府的主要职责为监督和审核。占用耕地补偿制度在"补地"过程中出现众多问题:所"补"耕地在质量、区位条件、生态环境等方面劣于所"占"耕地,并出现不能衡量的局面。有学者指出,耕地"占补平衡"的实施的确使我国耕地实现了数量上的"占"与"补"的平衡,但并未从根本上扭转耕地持续减少的局面。②

3. 生态补偿机制和区域协调补偿机制

生态补偿机制和区域补偿机制是我国积极探索和建立的耕地保护补偿机制的方向。耕地资源具有多种价值功能。耕地作为准公共产品,其外部性较为明显。生态补偿机制和区域补偿机制是解决耕地保护的外部性问题,是实施耕地保护外部性内部化的积极探索。

1999 年,我国开始退耕还林还草工程的试点工作;2000 年,退耕还林还草工程覆盖全国 25 个省区;2003 年,我国颁布《退耕还林条例》;党的十七

---

① 参见陈印军、肖碧林、陈京香:《我国耕地"占补平衡"与土地开发整理效果分析与建议》,《中国农业资源与区划》2010 年第 1 期。

② 参见陈印军、肖碧林、陈京香:《我国耕地"占补平衡"与土地开发整理效果分析与建议》,《中国农业资源与区划》2010 年第 1 期。

大指出建立生态环境的补偿机制,对于实施退耕还林还草的农户实行资金
和粮食的补助,例如国家实施每年向退耕还林农户无偿提供粮食补贴和每
公顷 300 元现金补助等惠民政策。① 生态补偿机制的建立不仅是耕地保护
外部性内部化的重要方式,同样,对于全面评价耕地资源的价值,建立有效
的市场化运作手段,提高农民耕地保护的积极性都具有重要的意义。生态
补偿机制建立的核心问题是生态价值的核算问题和生态补偿标准的问题。
近年来,我国不断提高对农户的粮食的补贴和农具机械的补贴,这都为我国
建立有效的耕地保护的生态补偿机制奠定了基础。

由于耕地面积分布不均匀,以及各区域耕地价值功能的重点不同,各地
区耕地保护的责任不同,因此,各地区在耕地保护中面临的机会成本不同。
耕地较多的地区、生态环境较脆弱的地区、粮食的主产区等的耕地保护责任
更重大,而农业的收益较低,因此,这些地区耕地保护的机会成本更高。耕
地保护区域补偿机制的建立依然是耕地保护外部性内部化解决的重要途
径。区域补偿机制的重点依然是区域补偿标准的衡量和区域补偿价值的
估算。

4. 耕地保护基金制度

耕地保护基金是由中央政府或者地方政府为了直接激励个人和组织的
耕地保护行为,通过财政拨款或者拨备新增建设用地土地有偿使用费等方
式筹集、管理,并对承担耕地保护的个人和组织定向使用的基金。

2008 年,四川省率先在全国建立了经济补偿和契约式管理相结合的耕
地保护基金制度。耕地保护基金制度是对于基本农田和一般耕地分别实行
每年每亩 400 元和 300 元补偿方式,并根据耕地保护基金的发展建立相应
的增长机制。同时,耕地保护基金与承担耕地保护责任的农户和养老保险
相结合,调动了农户耕地保护的积极性。通过耕地保护基金制度的建立,增
加了耕地保护监管的高效性,耕地质量得到有效保障,并降低了地方政府的
违约风险。

① 参见任勇、冯东方、俞海:《中国生态补偿理论与政策框架设计》,中国环境科学出版
社 2008 年版,第 1—7 页。

2012年,海南省也开始尝试建立耕地保护基金制度。通过对新增建设用地土地有偿使用费的差别化分配,海南省政府对耕地保护贡献大的市县政府给予奖励支持,在资金分配上,耕地保护和生态保护重点市县、国家级基本农田保护建设示范区所在市县、承担省级耕地开垦及易地补充耕地任务的市县可以得到更大的倾斜。

二、现行耕地保护制度体系的特点

我国耕地保护制度经历了从无到有到逐渐完善的过程,形成了耕地保护制度的基本体系。我国耕地保护制度形成以中央政府为供给主体,地方政府、农民为政策实施主体,以耕地作为主要保护对象,包括对耕地数量、质量、监督、补偿为内容的完善制度。我国耕地保护制度形成了以《宪法》为基础,以《土地管理法》和《农业法》为轴心,出台了包括《土地利用规划制度》、《耕地总量动态平衡》、《土地用途管制制度》、《基本农田保护制度》、《农地转用审批制度》、《开发复垦整理制度》、《占用耕地补偿制度》在内的法规细则。可以说,一系列从中央到地方的政策性法规、法律实施条例、标准、规范、公约成为我国耕地保护的制度体系。我国现行的耕地保护制度体系正是在行政手段、法律手段、市场手段等不断完善的基础上形成,并在中央政府、地方政府和农户三者的博弈中,达到耕地保护各方面的指标,实现耕地保护的目标。

我国现行的耕地保护的基本体系,围绕耕地保护的目标和耕地保护的内容,主要呈现出以下四个方面的特点:

（一）耕地保护以政府为主体

我国耕地保护主要以政府为行为主体。中央政府在耕地保护中占有绝对的主导地位,负责有关整个耕地的调查统计,编制土地利用规划制度,依据现实情况进行相关法律文件的制定修改,指导监督地方政府在耕地保护中的行为,维护我国耕地安全,保护农民利益。1998年,我国正式成立了国土资源部,重要职能之一是土地合理利用和耕地保护。之后,各省市县级政府分别成立国土资源厅以及国土资源局。自上而下的垂直管理体制,对加强耕地保护起到了重要作用。由于尚未建立成熟的监督机制,存在委托—

代理的问题,中央政府对地方政府的行为难以做到有效监督和激励。隶属于地方政府的国土资源厅和国土资源局,因缺乏独立性,有关耕地保护工作成效还有待进一步提高。在我国耕地保护中,农民作为耕地保护行为的直接实施者,在耕地保护中被长期忽视。

(二)耕地保护以行政命令为主要手段

我国耕地保护主要是采用中央政府对各级省市政府进行从上级到下级的命令式指导。中央政府依据经济发展目标、农业农村经济发展、粮食安全、耕地形势等因素,确定耕地保护的整体目标、耕地保护的主要内容、耕地保护的形式与任务、耕地保护的具体实施措施等。中央政府将中央耕地保护意识、实施措施通过行政命令的方式下达地方政府。地方政府以中央政府的命令,依据本地区实际情况,制定本地区耕地保护的相关细则,并以行政命令方式传达给下级部门。我国非农建设用地的审批程序表现为由建设用地的需求单位向街道或者村级行政部门提出申请,逐级上交镇级、县级、市级等相关土地管理部门,重大项目建设用地需提交中央或者国土资源部。我国这种自上而下的行政命令方式的耕地保护手段,较大程度上体现了中央政府的耕地保护意识。

(三)耕地保护以法律制度建设为主要内容

我国耕地保护是以《土地管理法》为依据,以《宪法》、《刑法》、《农业法》为辅助,并以各种条例规范为内容载体。自1986年颁布《土地管理法》之后,随着工业园区的建设、城市化的迅速发展,耕地保护形势日益严峻,《土地管理法》几经更改。《基本农田保护条例》是我国耕地保护较为明确的条例规章。在不同经济发展阶段,我国依据现实情况,出台了众多耕地保护相关的法律文件,例如2010年再次调整了耕地补偿标准。我国十分珍惜、合理利用土地和切实保护耕地的原则和立场在《土地管理法》中也有明文规定。对侵占、滥用、破坏耕地、抛荒、污染耕地等不法行为,我国《土地管理法》、《刑法》以及相关的规章条例通知亦作了明确规定。我国现有耕地保护制度是在各个经济发展阶段,相关法律成果以及各种规章条例通知的内容中体现的。但我国有关耕地保护的专业法律迄今没有形成。

（四）耕地保护以维持现有耕地数量为主要目标

我国耕地保护一直围绕着耕地数量保护为主要目标。改革开放之后，特别是 1985 年之后，随着我国城市化水平的提高，工业园区的建设和城市的扩展，我国耕地数量持续锐减。国土资源公报显示，2003 年之后，我国耕地面积大量锐减，2006—2008 年，我国耕地数量减少的势头有所遏制。依据相关法律规定，我国须严守不少于 18 亿亩耕地红线。为达到"不少于 18 亿亩耕地红线"的目标，我国实行了基本农田保护制度、耕地总量动态平衡制度、占用耕地补偿制度、开发复垦整理制度、耕地总量不减少的省级政府负责制度等保持耕地不减少的保护制度和监督制度，但这些制度集中体现了我国现行耕地保护制度的设计理念是以耕地数量为中心的。这从另一方面说，也是导致我国耕地质量不断恶化的原因。

三、我国耕地保护制度的绩效评价

依据我国耕地保护制度的绩效测度，我国耕地保护的投入成本，包括资金投入、人力资本投入、法律制度供给等因素；产生的耕地保护效益包括耕地保有量的提升、非农建设用地的增加、粮食安全性提升、耕地质量的提高、农户经济权益的保护等各方面的成果。因此，我国耕地保护制度运行绩效的评估是以包括数量、质量、执行力度等方面的指标为依据的，具体而言：

（一）数量指标

我国现有的耕地保护数量是我国耕地保护制度运行绩效中最主要和最直接的评估指标，耕地保护数量体现了我国耕地保护制度运行绩效。由于城市的扩张、国家基础设施的建设、房地产开发、地质灾害和退耕还林等环境工程的建设，非农用地数量一直持续上升。在这样的现实状况下，我国耕地保护的数量是否出现了急转下降的趋势？耕地保护系数以期初耕地面积和期末耕地面积之比为基础，以衡量我国耕地保护数量的整体指标。耕地保护系数 K1＝期初耕地面积/期末耕地面积，因此当 K1 大于 1 的时候，说明期末耕地面积较期初有所减少，即耕地保护的绩效下降，且数值越大，绩效越低；当 K1 小于 1 时，说明期末耕地面积期初有所增加，即耕地保护的绩效改善，且数值越小，绩效越高。表 1-1 显示我国在 1979—2010 年耕地保护数量的整体绩效水平。我国耕地保护系数整体上处于大于 1 的水平（除 1979 年、2009 年），即耕地保护的绩效整体处于低水平运行状态。但我国耕地保护系数偏离临界值 1 的幅度太小，有些年份甚至仅偏离近于 0.0001，说明我国现行的耕地保护制度对于耕地保护的数量保有或者提高是有促进作用的。

表 1-1　我国耕地保护系数表

年份	系数	年份	系数	年份	系数
1979	0.998533	1990	0.999823	2001	1.004916
1980	1.001940	1991	1.000202	2002	1.013390
1981	1.002706	1992	1.002387	2003	1.020564
1982	1.004259	1993	1.003411	2004	1.007741
1983	1.000108	1994	1.002051	2005	1.003093
1984	1.018138	1995	0.999292	2006	1.002190
1985	1.000041	1996	0.730348	2007	1.000198
1986	1.006402	1997	1.001048	2008	1.000459
1987	1.003558	1998	1.002013	2009	0.901185
1988	1.001744	1999	1.003379	2010	1.109651
1989	1.000688	2000	1.007504		

数据来源：依据《中国统计年鉴》(1978—2011)整理所得。

2010 年,我国城市化水平接近 50%。随着经济的发展,我国城市化水平将进一步提升。城市化水平的提升必然会促进建设用地的增加,对我国现有的耕地数量产生威胁。耕地利用集约化系数从侧面反映了我国耕地数量保护中的影响因素。耕地利用集约化系数 K2 = 城市化水平的增长率/耕地面积减少率,这一公式反映了城市化水平对耕地数量的影响程度。耕地面积的减少率和城市化水平的增长率,若呈现正相关关系,则表现为城市化水平提高对耕地面积的减少率影响较小(或者在耕地面积的减少中,城市化水平影响较小);若呈现负相关关系,则表现为城市化水平对耕地面积的减少率影响较大,且绝对值越大,对耕地面积的减少影响就越大。

表1-2 耕地保护制度运行绩效——数量指标

年份	耕地面积（亿亩）	城市化水平（%）	耕地利用集约化系数
1978	14.9028	17.92	
1979	14.9247	18.96	53.08095968
1980	14.8958	19.39	−11.71218409
1981	14.8556	20.16	−14.71467572
1982	14.7926	21.13	−11.34568846
1983	14.7910	21.62	−214.3981898
1984	14.5275	23.01	−3.608909805
1985	14.5269	23.71	−736.5819209
1986	14.4345	24.52	−5.370119425
1987	14.3833	25.32	−9.201752188
1988	14.3583	25.81	−11.11843017
1989	14.3484	26.21	−22.54534834
1990	14.3510	26.41	43.19052532
1991	14.3480	26.94	−99.48076074
1992	14.3139	27.46	−8.105006215
1993	14.2652	27.99	−5.677541282
1994	14.2360	28.51	−9.074472815
1995	14.2461	29.04	26.25465115
1996	19.5059	30.48	0.134305127
1997	19.4855	31.91	−44.82674851
1998	19.4463	33.35	−22.46025568
1999	19.3808	34.78	−12.73217283
2000	19.2365	36.22	−5.558508846
2001	19.1424	37.66	−8.127795466
2002	18.8894	39.09	−2.873763895
2003	18.5088	40.53	−1.828250538
2004	18.3666	41.76	−3.950514789
2005	18.3100	42.99	−9.551051978
2006	18.2700	44.34	−14.37277118

(续表)

年份	耕地面积（亿亩）	城市化水平（%）	耕地利用集约化系数
2007	18.2664	45.89	-176.4611617
2008	18.2580	46.99	-52.24529673
2009	20.26	48.34	0.223972468
2010	18.26	49.95	-0.293204474

数据来源：依据《中国统计年鉴》(1978—2011)整理所得。

图1-1清晰地显示了城市化水平对耕地面积减少的影响程度。1988—2010年度，除了1990年和1995年，我国耕地面积的减少率和城市化水平的增长率表现为负相关关系，且与耕地保护制度阶段性特征密切相关。在耕地保护制度形成期、发展期和完善期的初期阶段，耕地利用的集约化系数的绝对值较小；在各阶段的中期阶段，耕地利用的集约化系数的绝对值呈现正值或者表现为较低的绝对值；中期过后，耕地利用的集约化系数开始呈现绝对值较高的特征。

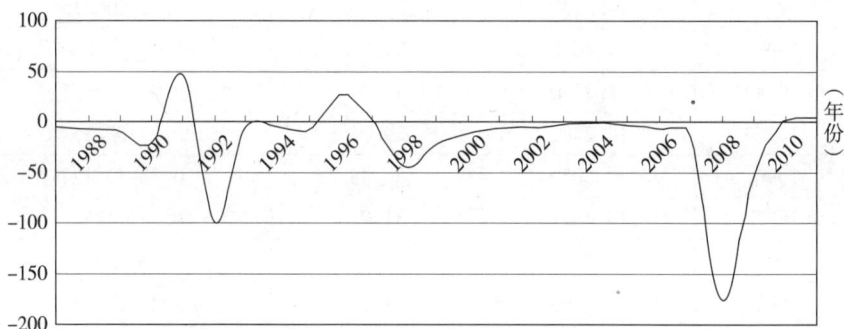

图1-1　1988—2010年我国耕地利用集约化系数

数据来源：依据《中国统计年鉴》(1987—2011)整理所得。

(二)质量指标

在我国耕地保护制度运行绩效中，质量指标是我国耕地保护制度运行绩效中最重要的指标。耕地保护质量指标包含多方面的内容，例如生物的多样性、制碱除涝的面积、水土流失的治理率等方面。耕地质量的保护主要

— 36 —

在耕地保护过程中表现,耕地质量提高的结果表现为耕地产出的改善、耕地污染程度的下降和耕地的水土流失率的下降等。

1. 耕地产出效益系数

耕地质量的改善主要表现为耕地的产出量增加,即粮食单产的增加。粮食单产的增加受多种因素的影响,其中化肥使用量的增加和农药使用量的增加是显著方面;同时,化肥使用量的增加和农药使用量的过多亦会造成耕地的污染,促使耕地质量下降,耕地产出效益系数和化肥使用量之间存在着博弈关系,以公式表示为:耕地产出效益系数 $K3$ = 粮食单产增长率/化肥使用量的增长率。理论上,粮食单产的增长率高于化肥使用量的增长率,即粮食单产的增长并不是完全得益于化肥使用量的增长,即来自于耕地质量提高。我国粮食单产在 1990—2010 年增长近 1.17 倍,化肥的使用量增加了近 2.1 倍,图 1-2 显示,1990—2010 年,我国化肥使用量的增长率都明显高于粮食单产增长率,但是每年的增长幅度都不一致,且在大多数年份,化肥使用量的增长幅度高于粮食单产的增长幅度。因此,基于整体的角度,耕地产出效益得益于化肥使用量的增加。

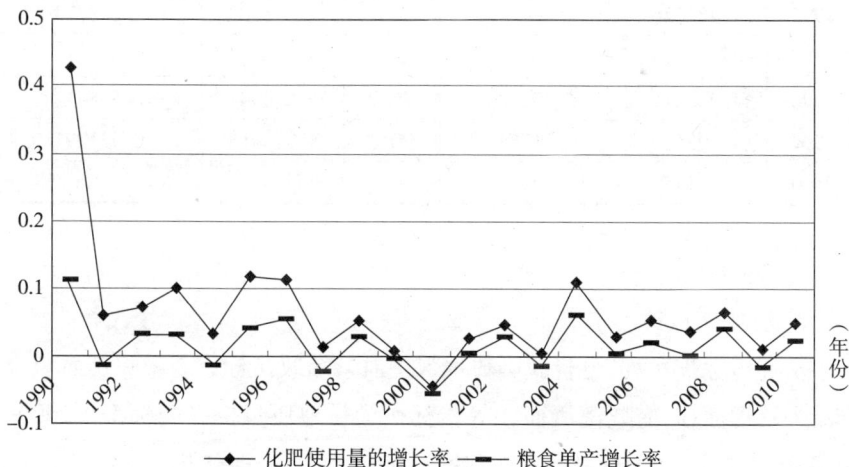

图 1-2　粮食单产增长率和化肥使用量的增长率

数据来源:依据《中国统计年鉴》(1991—2011)整理所得。

另一方面,耕地产出系数反映了化肥使用量的增长率对于粮食单产的提高的影响系数,即耕地质量保护的绩效指标。依据分析,耕地产出系数越大,化肥使用量对于粮食单产提高的影响越大,即由于耕地的肥沃程度较低,而耕地的污染系数较高;反之则相反。表1-3显示,我国耕地产出系数呈现不规则的变化规律,且耕地产出系数的高低值的界定不清楚。在所评估的21年中,有6个耕地产出系数绝对值接近或者大于1,表明耕地保护质量绩效的较低运行状态。

表1-3 耕地质量指标——耕地产出系数表

年份	粮食单产	耕地产出系数	年份	粮食单产	耕地产出系数
1990	3.932839	0.363753	2001	4.266936	0.053726
1991	3.875693	−0.19255	2002	4.399402	1.525917
1992	4.003792	0.7494	2003	4.332498	−0.94394
1993	4.130788	0.437084	2004	4.620488	1.284301
1994	4.063228	−0.33233	2005	4.641632	0.167478
1995	4.239654	0.542226	2006	4.745158	0.665788
1996	4.482846	0.886685	2007	4.748302	0.018773
1997	4.376599	−0.63243	2008	4.950801	1.633412
1998	4.502215	1.1062	2009	4.870541	−0.53844
1999	4.492589	−0.21754	2010	4.973488	0.731791
2000	4.26115	−10.194			

数据来源:依据《中国统计年鉴》(1991—2011)整理所得。

2. 耕地质量提高系数

从环境保护角度,分析我国耕地保护质量绩效指标。制碱除涝面积、水土流失治理面积、有效灌溉面积等指标作为耕地质量提高的标准。2000—2010年间,我国水土流失治理面积增长了近1.32倍;制碱除涝面积减少了近1.03倍;1978—2010年间,有效灌溉面积增长了近1.35倍。以耕地质量提高系数K4=有效灌溉面积/耕地面积为衡量标准,有效灌溉面积占耕地面积的比例维持在0.45左右,且近年来,出现增高趋势。

表1-4　耕地质量指标——耕地质量提高系数

年份	耕地质量提高系数	年份	耕地质量提高系数
1990	0.495471	2001	0.425099
1991	0.499951	2002	0.431629
1992	0.509192	2003	0.437754
1993	0.512378	2004	0.444924
1994	0.513758	2005	0.450814
1995	0.518892	2006	0.457721
1996	0.387432	2007	0.464118
1997	0.394436	2008	0.480378
1998	0.403384	2009	0.438757
1999	0.411425	2010	0.495737
2000	0.419674		

数据来源：依据《中国统计年鉴》（1990—2011）整理所得。

（三）执行指标

耕地保护制度运行绩效的执行指标，是以成本效益原则为基础进行考量的。我国耕地保护制度运行绩效的数量指标和质量指标从基本层面的角度进行分析，而耕地保护制度运行绩效的执行指标将从耕地保护制度运行绩效的目标、成本、执行力和农户权益等深层次角度分析我国现行耕地保护制度的运行绩效。

1. 粮食安全系数

粮食安全是我国实行严格耕地保护制度的核心目标。粮食问题涉及人民的吃饭问题，是国家和社会稳定的基础。随着非农建设用地的增加和人口的集聚膨胀，粮食的安全问题就尤为紧迫。1990—2010年度，我国人口数量增加了1.33倍，同时，粮食产量增加了1.22倍；而每人拥有的粮食产量增加了1.25倍，因此，从整体来看，我国耕地保护的粮食安全目标是可以实现的。以粮食安全系数K5＝粮食产量的增长率/人口的增长率为基础，我国耕地保护的粮食安全系数见表1-5显示。图1-3所示，1990—2010年，我国人口的年增长率以低于0.02%的速度增长，而粮食产量的增长率却呈现较强的波动性,因此,我国粮食安全系数受人口的增长率影响较小,受粮食产量的增长影响较大。图 1-4 显示,我国粮食的安全系数的波动性与耕地保护制度的形成期、发展期、完善期的耕地保护面积的波动性存有较强的吻合性,即耕地保护制度的形成期内粮食安全系数绝对值要小于发展期和完善期内粮食安全系数的绝对值。

表 1-5　耕地保护执行指标——粮食安全系数

年份	粮食产量	人口数	粮食安全系数
1990	44624.3	114333	
1991	43529.3	115823	−1.8829
1992	44265.8	117171	1.453771
1993	45648.8	118517	2.71975
1994	44510.1	119850	−2.21784
1995	46661.8	121121	4.558434
1996	50453.5	122389	7.761983
1997	49417.1	123626	−2.0324
1998	51229.53	124761	3.994827
1999	50838.58	125786	−0.92887
2000	46217.52	126743	−11.9473
2001	45263.67	127627	−2.959
2002	45705.75	128453	1.509085
2003	43069.53	129227	−9.57227
2004	46946.95	129988	15.28768
2005	48402.19	130756	5.246499
2006	49804.23	131448	5.473307
2007	50160.28	132129	1.379914
2008	52870.92	132802	10.6095
2009	53082.08	108986.0	0.815262
2010	54646.7	109876.0	0.003182

数据来源:依据《中国统计年鉴》(1990—2011)整理所得。

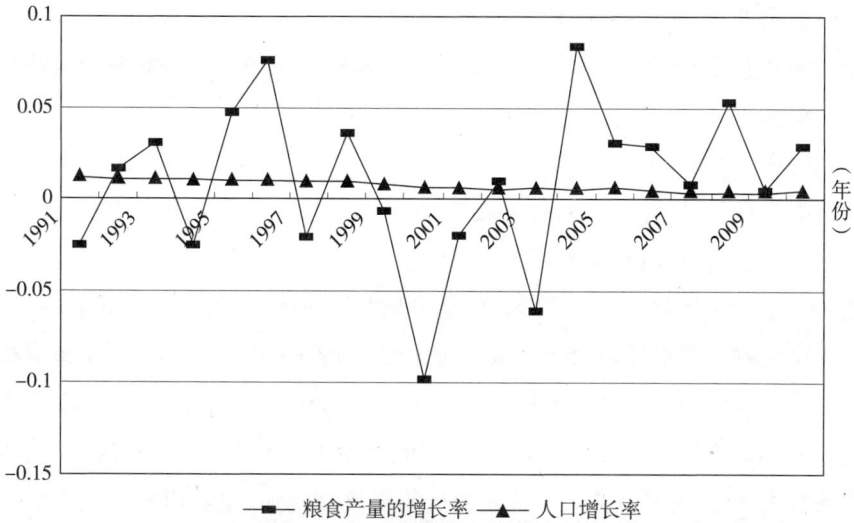

图 1-3　粮食产量的增长率和人口增长率

数据来源:依据《中国统计年鉴》(1991—2010)整理所得。

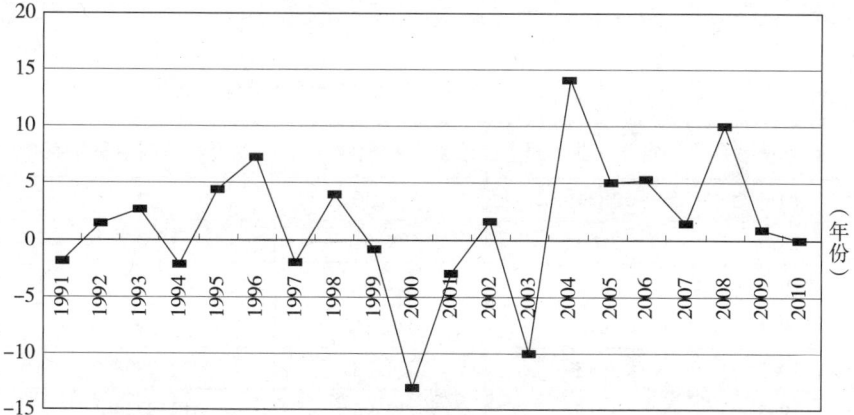

图 1-4　粮食安全系数

数据来源:依据《中国统计年鉴》(1991—2010)整理所得。

2. 农户经济权益保护系数

农户既是我国耕地保护的主要承担者,又是我国现行耕地保护制度中主要的保护对象。因此,衡量农户在耕地保护过程中的经济权益关系着农户耕地保护的积极性和耕地保护制度运行的绩效。在二元经济结构下,农业经济收益远低于工业和第三产业,因此,城镇居民纯收入和农村居民纯收入差距甚远。

1978—2008 年,我国农业各种税收收入不断增长,而农业从业人员的数量则呈现下降趋势,从整体角度来讲农户的税收负担加重。2009 年,我国正式全部取消农业税,农户的税收负担减少为零。农户经济权益保护系数 K6 = 农业税收收入的增长率/农业从业人员的增长率,这一公式表明,当农业税收收入的增长率大于农业从业人员的增长率时,说明农户的经济权益受损,反之亦然。由于农业从业人员的增长率低于 0.1,因此,当农业税收收入的增长率除以农业从业人员的增长率时,必然造成农户经济权益保护系数大于 1,说明每位农业从业人员的税负率增加,使农户经济权益保护降低。表 1-6 显示,1978—2008 年间,即取消农业税之前,我国农户经济权益的保护系数绝对值处于大于 1 的状态,即我国农户经济权益保护处于低效运行状态。2009—2010 年取消农业税之后,农户的经济权益保护处于高效运行状态。

表 1-6　耕地保护执行指标——农户经济权益保护系数

年份	农业从业人员	农业各种税收收入	农民经济权益保护系数
1978	28318	28.40	
1979	28634	29.51	3.502516
1980	29122	27.67	−3.65857
1981	29777	28.35	1.092646
1982	30859	29.38	0.999857
1983	31151	32.96	12.87746
1984	30868	34.84	−6.2785
1985	31130	42.05	24.38172
1986	31254	44.52	14.74648
1987	31663	50.81	10.79637
1988	32249	73.69	24.33107
1989	33225	84.94	5.04441

（续表）

年份	农业从业人员	农业各种税收收入	农民经济权益保护系数
1990	38914	87.86	0.200765
1991	39098	90.65	6.71668
1992	38699	119.17	-30.8134
1993	37680	125.74	-2.09331
1994	36628	231.49	-30.1331
1995	35530	278.09	-6.71447
1996	34820	369.46	-16.4378
1997	34840	397.48	129.2582
1998	35177	398.80	0.343281
1999	35768	423.50	3.685467
2000	36043	465.31	12.88272
2001	36513	481.70	2.69831
2002	36870	717.85	50.14072
2003	36546	871.77	-24.4084
2004	35269	902.24	-1.00003
2005	33970	936.40	-1.02812
2006	32561	1084.04	-3.80126
2007	31444	1439.09	-9.54748
2008	30654	1689.39	-6.92283
2009	29708	0	0
2010	27931	0	0

数据来源:依据《中国统计年鉴》(1978—2011)整理所得。

3. 政府耕地保护成本系数

政府作为我国现有耕地保护制度的主体,承担着耕地制度的建立和运营、耕地保护的资金和人员投入等方面的责任,因此,政府的耕地保护成本的高低是影响耕地保护制度运行绩效的一个重要方面。自上而下耕地保护制度体系必然增加耕地保护的管理机构,从而造成耕地保护的监督成本和管理成本的上升。据统计,虽然我国土地管理机构个数已经从 2001 年的

4855 个下降到 2008 年的 3344 个,但国土资源管理的调查经费从 2001 年的
9.58 亿元上升到 2008 年的 18.14 亿元。实际上,政府对农业财政投入每
年都在增长,政府耕地保护的成本系数亦不只局限于管理成本和统计成本。
政府耕地保护成本系数可以包含两方面的主要内容:第一,保护每亩耕地所
承担的成本;第二,农业从业人员的增长对于财政支农的影响度。政府耕地
保护成本系数 K7=财政支农的增长率/农业从业人员的增长率。

1980—2010 年,我国财政支农的增长了约 55 倍,因此,财政支农的力
度不断增加。据统计,我国每亩耕地保护成本的投入由 1980 年的 10 元钱
增长到 2008 年的 307 元,且呈现逐渐上升的趋势。[①] 每亩耕地保护成本的
上升显示我国耕地保护的支持力度增加和耕地保护制度运行绩效的降低。

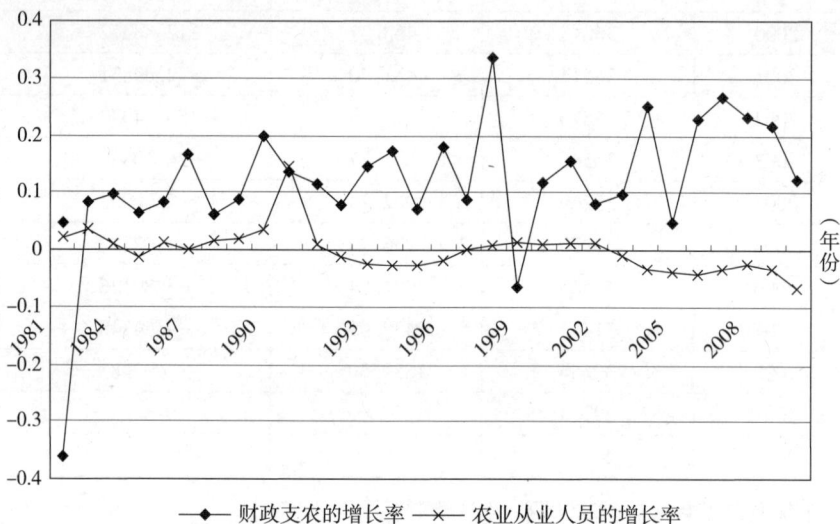

图 1-5　财政支农增长率和农业从业人员的增长率

图 1-5 显示,农业从业人员的增长率和增长幅度均低于财政支农的增
长率,且农业从业人员的增长率增长幅度低于 0.1,说明政府耕地保护成本
系数的绝对值始终大于 1,即农业从业人员的增长或减少对耕地保护的成
本影响较小。

---

① 　数据来源:依据《中国统计年鉴》(1982—2011)整理所得。

（四）对我国耕地保护制度的评价

通过以上对我国耕地保护制度运行绩效的定量分析,我国耕地保护取得了可喜的成绩,同时也面临了众多的问题。可以这样说,从整体角度来讲,我国耕地保护制度在数量维持、质量改善、农户权益保障、粮食安全、耕地保护的经济性和公平性、耕地保护管理的高效性等方面都取得了长足的进步;但是我国耕地保护制度仍然存有众多的不足,对我国耕地保护制度的评价亦应当客观全面,主要有以下四个方面:

1. 耕地数量"稳中有压"

近年来,我国耕地数量一直维持在"18 亿亩耕地红线"以上,基于这个角度,我国耕地数量保护取得了不错的成果。与此同时,经济的发展、城市化水平的提升、农民利益和地方政府利益等冲击着现有的耕地保护数量,而我国长期处于"二元"经济发展的结构中,工业的收益、城市聚集扩散的经济效远超于农业和农村,而耕地非农化是其主要途径。耕地非农化是耕地转变为居住、交通、工业、商业服务业等城乡建设用地的过程。城市化和工业化的迅速发展必然促进我国耕地非农化速度加快。我国耕地非农化面积继 2004 年之后一直呈现递增态势。我国耕地流失最严重的地区主要集中于城市郊区土地。此外,据统计,1996 年我国大陆城乡建设用地已达 21.8 万平方公里,居世界第一。1997—2005 年,我国大陆耕地从 19.51 亿亩减少到 18.31 亿亩。我国城镇人均占地 133 平方米,是一般国家城市标准上限的 133%,是世界城市人均实际占地的 160%多。因此,我国出现了耕地过度非农化的现象。[①]

2. 耕地质量"高中有落"

在我国耕地保护制度建设中,关于耕地质量保护的法律和相关制度甚少。近年来,我国加强了在水土流失治理、制碱除涝、有效灌溉面积等方面的投入,耕地质量有提高的趋势,但是耕地质量的恶化现象却逐渐凸显。有学者表示"没有质量的数量一样令人担忧"[②]。我国耕地质量的恶化主要表

---

① 参见刘文甲:《我国土地已"过度非农化"》,《中国国土资源报》2007 年第 4 期。

② 阿祥:《中国耕地质量之忧:污染土壤占耕地面积 1/5》,http://news.nongyebao.net/,2010 年 10 月 15 日。

现为三个方面:第一,我国人多地少,加之耕地非农化速度加快,我国耕地资源紧缺问题越发严重。据统计,我国后备耕地资源共 53053 万亩,其中一等地、二等地、三等地分别占 8.9%、22.6%、68.5%。[①] 为解决人地之间的矛盾,许多不宜农用的土壤被垦为农田,使我国中低产田比例扩大为 65%,耕地土壤质量偏低。第二,为了提高耕地产出,农户使用化肥农药或者轮番耕种,导致耕地污染严重和肥力的下降。据统计,全国耕地氮素化肥施用量不仅是美国的 3 倍,较人均耕地资源紧缺的德国等欧洲国家也高出近六成。由于化肥农药的大量不适当使用,加之农村生活垃圾治理的缺乏,我国耕地污染占总耕地面积的 20%。第三,在工业化迅速发展的今天,耕地污染的另一重要来源是工业和城市的污染。大量的工业废弃物和生活垃圾的堆放与不科学的处置方式造成土壤中污染物质增多,降低了耕地质量。

3. 耕地农户的权益保障"低中寻高"

我国耕地农户的经济权益保障一直处于较低的状态,这极大地影响了农户耕地保护的积极性,从而影响着我国耕地保护制度的绩效。耕地是农户赖以生存的重要根本,同时,农户在耕地保护中具有双重身份,既是耕地保护的主要承担者,又是耕地保护的重要对象。因此,调动农户耕地保护的积极性是非常重要的。我国农户耕地保护积极性不高根源于农户从耕地保护中所获得的经济收益较低。此外,农户要负担耕地保护的外部成本。根据农业统计数据显示,中国粮食作物生产中,水稻每亩净收益水平最高,每亩 212.5 元;玉米次之,每亩 127.7 元;小麦最低,每亩仅为 77.84 元。按照河南省 2010 年的调查数据,河南省农民种地收入仅相当于打工两个月的工资。[②] 这是我国农民耕地保护意愿不强的主要原因,甚至出现农民热切盼望耕地被征或者被拆的现象出现。有学者指出:"种"房子肯定要比种地收益高得多。二元经济结构下,由于农业在财政投入、科技投入等方面较少,我国农业生产效率低,农地收入有限。随着城市化水平的提高和工业的迅速发展,越来越多的农民特别是青壮年劳动力放弃耕种土地去城市打工以

① 参见石玉林等编著:《中国宜农荒地资源》,科学技术出版社 1985 年版,第 55 页。
② 参见张扬:《去年我省农民种地收入增总体低相当于打工两个月》,http://www.dahe.cn/,2010 年 3 月 2 日。

换取更多的收入。这一方面造成实施耕地保护的劳动力缺乏,另一方面造成抛荒和耕地粗放经营现象严重,浪费有限的耕地资源。政府已采取多种方式,降低农民耕地保护的机会成本,提高农民耕地保护的积极性。近年来,为维护国家粮食安全,中央不断提高粮食最低收购价格,免收"提留",以调动农民种粮的经济积极性。

4. 耕地保护的管理"低效高成本"

在我国现行耕地保护制度中,中央为主体、省级以下耕地保护的垂直管理体制是我国耕地保护的主要管理体制。中央政府在我国耕地保护中占有绝对主导地位。中央政府基于国家粮食安全、社会稳定的考虑,其耕地保护行为呈现积极性和主动性。中央政府依据国家经济发展和耕地保护的实际情况,制定耕地保护的相关法规之外,需要在资金投入、制度的优化、监督等方面负有责任。近年来,中央政府加强了财政支农的力度,同时,加强了耕地保护的人力资本的投入和调查监督经费的投入,此外,加强了耕地保护的制度和法律建设,出台了多项制度保护我国现有耕地数量,并从 1980 年之后,以平均每年出台 7 部耕地保护相关法律,加强耕地保护的力度。

在我国耕地保护制度委托—代理的管理模式和现行的分税财政体系下,地方政府在耕地保护与区域经济发展方面却存有"两难"的局面。地方政府作为中央政府耕地保护行为的代理人,地方政府尤其是县乡级政府在耕地保护制度中承担着第一保护人的责任,其耕地保护行为主要体现为:执行中央耕地保护的法规和制度,完成耕地保护的任务。依法保护本行政辖区内的耕地资源是地方政府的法定义务。在"土地财政"现象下,多数地方政府认为耕地保护与本地区经济发展相冲突,往往弃中央政府耕地保护的法律和目标于不顾。地方政府的"消极"耕地保护的动因是二元经济情况下,耕地保护的机会成本不断增长,耕地保护难以促成本地区 GDP 增长。目前,地方政府在城市近郊耕地减少中负有重要责任,据统计,2009 年我国违法用地案件数为 6.13 万件,直接涉及的土地面积达 42.2 万亩。

第二节　对耕地保护制度的实施情况与绩效评价

农地产权流动的早期尝试是"两田制","两田制"的核心思想是"公平与效率",即将承包经营权进行适当分离,在不失公平的情况下增进效率。但是"两田制"在推广实践中出现了一系列问题,被中央明令不予提倡。此后,各地逐渐兴起土地规模经营,其中比较典型的包括:以北京顺义为代表的集体农场规模经营,以江苏苏南地为代表的建立在家庭农场基础之上的规模经营,通过"反租倒包"等形式进行的规模经营,通过股份合作制进行的土地规模经营,以宁夏平罗为代表的以"土地银行"(土地信用合作社)形式开展的规模经营等。规模经营的土地制度比之过渡性的"两田制"的土地制度朝市场化的方向前进了一步,但是发展农村土地规模经营需要具备多方面的条件,约束条件过多,制度运作成本太高,使土地规模经营难以有效地生成维持农业(尤其是粮食生产)自我运转的能力。近年来较受社会各界关注的是农地产权流转的股份化改革。从理论上分析,农地股份化既体现土地资源的真正价值,又体现劳动的价值,农户的承包权益得到了长期保障,而且对于发展农村集体经济具有积极效应。但是,推行农村土地股份合作制必须具备一些先决条件,如果不能达到这些基本要求,必然引发一系列问题。农地产权上"市"流转是承包经营权流转改革的一个新趋势,但是,改革从一开始对集体土地进行确权登记,压力就显而易见,而且流转之后可能的社会风险也是难以预期的。

本书以四川省的典型案例为基础,对耕地资源集约利用的模式进行分析。截至 2010 年 6 月底,四川省家庭承包耕地流转面积 919.8 万亩,其中用于种植粮食作物的有 361.6 万亩(主要为农户之间的转包),占耕地流转总面积的 39.31%;涉及农户数 270.04 万户,签订流转合同 132.19 万户,流转合同面积为 479.9 万亩,占耕地流转总面积的 52.17%。农地流转的主要方式包括农地转包、农地转让、农地租赁、农地入股经营、农户之间土地互换等,以转包和出租为主,分别为 382 万亩和 350.8 万亩,占耕地流转总面积的 41.53% 和 38.14%。流转去向以农户间的流转为主,面积达 545.6 万亩,占耕地流转总面积的 59.32%;流向农业企业、专业合作社和其他主体的面积分别为 142.2 万亩、88.4 万亩和 143.6 万亩,分别占耕地流转总面积的15.46%、9.61%和 15.61%。其中,流转进入专业合作社的土地面积增长最快。①

一、关于耕地"租赁"利用模式的改革情况与绩效评价

以成都双流县金桥镇昆山村为例。双流县金桥镇昆山村本是一个十分偏远的村落,2005 年该村依托昆山农业园区土地整理项目实施了村民院落拆迁安置与土地规模化经营相结合的新农村建设工程。截至 2008 年,昆山农业园区辖 3 个镇共 21 个村,幅员面积 53 平方公里,耕地面积 55373 亩,引进企业和业主 260 余家,规模经营农用地面积达 24412 亩,有蔬菜、食用菌、水果、水产、农业观光等多种产业。在昆山农业园区,农户与园区形成直接的租赁关系,由园区租赁农户土地,进行农业基础设施和配套设施改造(如园区道路、灌溉水渠等)后,再对外招租业主入园。

昆山村是双流县推动农地产权流转的一个典型。2001 年双流县委、县政府开始出台系列政策,引导和鼓励县内外企业、科研单位和个人承包、租赁土地,从事农业结构调整和农产品加工,包括:投资者通过有偿承包或租赁获得土地使用权,使用年限最高可达到第二轮承包期末(近三十年),承包租赁荒山、荒坡、荒滩和荒水从事农业开发的,其使用年限还可延长;对承包、租赁土地 30 亩以上的规模经营户,可在规定范围内修建一定的农业生产管理所需要的设施,免收建设规划费;对征用土地从事农业开发的,其建筑物、公路占地等减半征收相关规费;等等。

双流县农地流转带来的效益非常明显:拓展了农民增收渠道;土地使用权流转后,土地相对集中成片,有利于农业生产的耕种和管理,调动了农民和业主的生产积极性,加快了农业产业结构调整步伐;引进业主带来项目、资金,带来高新技术、新品种和新理念,带动农民学习和掌握先进技术,实行

---

① 参见四川省农业厅:《上半年四川省农村土地承包经营权流转有序推进》,《四川农业科技》2010 年第 9 期。

标准化生产,提高了农业生产的科技水平;经营权流转后,经营业主投资进行农业基础设施建设;加快了农村城市化进程,相当一部分农民从土地束缚中解脱出来,务工或经商,迅速向小城镇转移,实现农民向城镇集中,促进城乡一体化发展。

双流的农地流转在实践中也暴露了若干问题:第一,流转费用标准引发纠纷。很长一个时期,由于粮价与税费因素,农业生产经济效益较低,土地流转普遍以低偿甚至无偿形式流转。2004年上半年之后,由于政策与市场的双重作用,农业生产经济效益明显提高,引发了原承包户要求提高流转收益的要求,双方纠纷较多。第二,国家粮食直补政策是按照土地所用权进行补贴,在土地流转过程中土地所有者才能享受优惠政策,转包户未付出代价既挣出让费又享受粮食补贴,引起了接包户不满,导致各类纠纷。第三,早期的流转轻视土地流转中双方权益的明确合理的约定,又缺乏一种统一的专用合同文本,土地流转合同不够规范,导致一旦出现纠纷就难以根据合同约定进行处理。

二、关于耕地"股田制"利用模式的改革情况与绩效评价

"股田制"在四川省部分地区有所发展,例如成都市金牛区青杠社区以及罗家、侯家、兴盛等村,为解决土地二轮承包后分割过于细碎不便统一运作以及村、组和农户三者间因土地使用方面的诸多矛盾,由村上组织各组和农户在平等自愿的基础上成立土地经营股份合作社,运用"股田制"的土地运作模式,将入社农户的土地统一经营管理,按股进行货币分配。农民将承包土地以股份的形式交由村"土地股份合作社"经营,实行保底分红,即每亩土地流转金保底2000元的收入,企业经营还有盈利时,将进行第二次分红。

由于运行载体的不同,重庆的股田制引发了更多的社会关注。重庆市在2007年7月出台了《服务重庆统筹城乡发展的实施意见》,提出"允许以农地承包经营权出资入股",在农村土地承包期限内、不改变土地用途的前提下,允许以农村土地承包经营权出资入股设立农民专业合作社,在条件成熟的地区开展农村土地承包经营权出资入股设立有限责任公司和独资、合

伙等企业的试点工作。这种以工商登记将土地权益正式转化为资本的试验开了国内先河,被称为"股田制公司"。

事实上,重庆的"股田制公司"在《意见》出台前已经"未登记出现"。据国家开发银行重庆分行所称,截至 2007 年 5 月,重庆市已有 35 家以土地入股的农民公司,涉及柑橘、花椒种植和生猪养殖等农业产业项目;同时,重庆市财政局也从涉农资金中拿出部分给予补贴。重庆的土地入股实际上就是一种以农民土地承包经营权为资本的投资行为,而投资本身就存在风险。在《意见》发布的同时,有关部门强调,允许农民以承包地经营权入股,但有两个前置条件:一是经区县人民政府批准;二是在条件成熟的地区开展。在土地管理与使用的方式上发生了变化,并没有突破土地产权的大关。以卖断若干年承包经营权为基础的土地流转,事实上是一种不可逆的土地流转,农民将土地流转出去获得一些现金后进城,已经不能再随时取回已经流转出去的土地承包经营权了,一旦遭遇诸如经济萧条引发大量企业破产,大量农村打工者回家,却没有了土地作为退路。这成为中央政府明确要求停止"股田制公司"改革的理由之一,其他理由还包括:土地承包经营权入股后,一旦经过股权转让,则非农村集体成员也可能获得土地承包经营权,这与现行的土地承包制度发生冲突;一旦入股企业破产,土地则可能用于偿还债务,农民面临失地风险;从技术层面看,按照现行《公司法》的规定,公司股东不超过 50 人,而农地入股的公司股东大多超过百人。

由于中央政策的限制,重庆的"股田制公司"改革随之向农民专业合作社方向转变,这些农民专业合作社有股权单一、生产要素合作、股份混和、股权转租及股份参与等多种模式,最大的特点是"保留承包权,转让使用权",既解决非农村集体成员获得土地承包经营权,也可避免两权集中导致的农民失地问题。尽管如此,合作社的发展同样存在一些问题。除流转机制不完善、流转行为不规范、土地比较效益较低等制约因素以外,一个突出问题是合作社资金不足,制约了土地流转规模的扩大。农业项目投入大、回收低、周期长、见效慢、比较效益低,合作社自身积累用于再生产和延长产业链条方面的投入显得捉襟见肘。合作社承包经营农民土地,每年要支付大量的租金,生产过程中的种苗、化肥、农药、人工等投入也非常大。农民专业合作社的经营资金主要是社员股金和部分经营者的投资,资金量很少,而且很难获得金融机构的商业贷款支持,尽管《农民专业合作社法》规定,金融机构要为农民专业合作社提供多渠道的资金支持,但现实是金融机构仍然不愿贷款,合作社的融资渠道依然不畅。

三、关于耕地"双放弃"利用模式的改革情况与绩效评价

温江区位于成都平原腹地,2007 年温江成为我国西部唯一获得"国际花园城市"殊荣的城市,在该年度,温江区农村富余劳动力向城镇和非农产业转移率已超过 90%,城市化率已超过 50%,而农民安置社区不断兴建。

2002 年以前,温江只是成都市的一个郊县,区财政的主要收入来自农业;2002 年 5 月温江撤县设区,区域功能定位为大力发展第二、第三产业;2003 年温江把"主动迎接大都市(成都)辐射"的定位调整为"主动融入",并加大了城市建设的速度,建设用地紧张的矛盾日渐突出。根据温江的规划,到 2020 年,温江的城市面积将达到 80 平方公里(12 万亩)。温江区的总体规划目标是建设一个类似新加坡的"生态园林型现代化新城区",其中包括一个中心城区组团和十个小城镇组团。然而,曾作为全国面积最小的县的温江只有 227 平方公里,2003 年温江的耕地面积为 138 平方公里,而法定发展空间只有 0.7 平方公里。

在这种背景下,2006 年 3 月温江区制定了《关于鼓励农民向城镇和规划聚居区集中的意见(试行)》和《关于放弃宅基地使用权和土地承包经营权农民参加社会保险实施细则(试行)》,"双放弃"土地改革正式启动。"双放弃"的核心内容是:允许主要收入来源并非来自农业的农民,在自愿放弃宅基地使用权和土地承包经营权的前提下,在集中居住区聚居或进入城镇自主购房。农民在自愿放弃土地权利后可以得到征地补偿。土地不仅可以换身份,还可以换社保。"双放弃"的真实意图之一就是将农村土地通过法律手续调整到城市建设用地。除了"双放弃"的方式外,温江区还以农业产业化项目规模化经营为依托推进土地集中流转,另外,还将集体资产、集体土地股份化后进行统一流转。到 2007 年,全区土地流转总面积达 7.5 万亩,占农用地面积的 41%,规模经营面积达 5.6 万亩。

上述政策的推行与温江的经济社会发展条件分不开。2006 年温江区农村富余劳动力向城镇和非农产业转移率已达 86.7%,农民人均纯收入和城镇居民可支配收入分别达到 5352 元和 12494 元,城市化率达 46.6%。全区城乡居民收入差距由 2003 年的 2.47∶1 缩小到 2006 年的 2.3∶1,低于同期的成都市 2.6 的平均水平和全国 3.2 的平均水平。仅从操作层面而言,"双放弃"政策最大的问题在于政府财政的先期预付。在"双放弃"启动前期,农民的补偿费用、为农民购买社会保险的费用、农民转移就业补助费、入住规划区农民的水电气和物管费等,人均约 12 万元,这些都需要预先垫付,使得财政压力极大。因此,温江的"双放弃"采用了分批实施的办法,以使资金逐渐得以流转。温江区的"双放弃"政策与之配套的还有"两股一改"。"两股"是指农村集体资产股份化和农村集体土地股权化;"一改"是指以转变农民身份为主体的村民委员会改社区居民委员会。"两股一改"后,每个村民对集体资产的所有权得到明确。在新组建的"股份经济合作社"中,村民变成股东,参与集体资产经营,年底分红。当然,"两股一改"必须有大型的产业项目作承载体,村集体资产必须要有一定规模,这样才有实力与项目投资方进行谈判。同样,在 2007 年开始试验的"村企合一"则被认为不利于企业运营,而且存在着腐败的风险,在 2008 年又重新改为"村企分开"。

第三节　典型分析之一:四川省成都市耕地保护基金制度的实施情况与绩效评价

耕地保护基金制度是成都在统筹城乡改革中的一项制度创新。成都市建立耕地保护基金制度的基本思路是:在城乡统筹、以城带乡、以工补农原则指导下,创新耕地保护机制,通过多渠道筹集资金,加大对农村、农业和农民的投入,有效保护耕地特别基本农田,提高耕地综合生产能力;通过为承担耕地保护责任的农户提供养老保险补贴,建立完善耕地保护补偿机制,提高农民保护耕地的积极性和主动性,做到权、责、利对称,以确保在统筹城乡发展建设过程中耕地总量不减少、质量稳步提高,让广大农民共享经济社会发展成果。

一、成都市耕地保护基金制度的具体内容①

成都市委、市政府《关于加强耕地保护进一步改革完善农村土地和房屋产权制度的意见(试行)》(成委发[2008]1号)、成都市政府《关于印发〈成都市耕地保护基金使用管理办法(试行)〉的通知》(成府发[2008]8号)等文件对耕地保护基金制度的内容作了较具体的规定。

1. 适用对象。耕地保护基金主要用于在成都市范围内拥有土地承包经营权并承担耕地保护责任的农户,以及承担未承包到户耕地保护责任的村组集体经济组织。适用对象不因承包地流转而发生变化。

2. 资金来源。根据财政部门的测算,成都市每年的耕地保护基金规模大约在26亿元左右,其中,市级13亿、区(市)县13亿。按照"统一政策、分级筹集"的原则,耕地保护基金由市和区(市)县共同筹集。主要来源包括:每年市、区(市)县两级的新增建设用地土地有偿使用费;每年缴入市、区(市)县两级财政的土地出让收入的一定比例的资金。以上两项不足时,由政府财政资金补足。所筹资金全部纳入耕地保护基金专户,由市国土局统一管理,根据各区(市)县的耕地面积和类别进行统筹安排。

3. 补贴标准。根据全市耕地质量和综合生产能力,按基本农田和一般耕地实行类别保护与补贴:基本农田的补贴标准为400元/亩·年,对一般耕地的补贴标准为300元/亩·年。标准根据全市经济社会发展状况和耕地保护基金运作情况相应增长。

4. 使用范围。耕地保护基金主要用于:耕地流转担保资金和农业保险补贴;承担耕地保护责任农户的养老保险补贴;承担未承包到户耕地保护责任的村组集体经济组织的现金补贴。耕地保护基金资金总量的10%用于农业保险补贴,剩余资金用于农户养老保险补贴和集体经济组织现金补贴。

5. 社保补贴。农民承包耕地保护基金的90%用于承担耕地保护责任

---

① 参见《成都市积极探索耕地保护新机制》,国家土地督察,http://www.gjtddc.gov.cn/ztzl/yw/kxfzg/sjcg/200806/t20080629_5948.htm。

农户的养老保险补贴,由符合参保条件的农户家庭成员平均分享,直接划入农民养老保险个人账户。每户符合参保条件的人数出现增减情况时仍由家庭全体平均分享;家庭参保成员有符合养老金领取条件并已开始领取的,其原养老保险补贴由其他家庭参保成员平均分享。购买农民养老保险除补贴外的不足部分由农民个人承担,多余部分可申请领取现金。参保农民按规定标准和时限缴足个人缴费部分后,可按规定领取养老金。不愿按规定标准和时限缴足个人缴费部分的农民,男性年满 60 周岁、女性年满 55 周岁,可一次性提取养老保险个人账户的资金。

6. 配套工作措施。第一,完善耕地保护登记,夯实耕地保护基础。建立耕地保护档案(图、表、册),进行耕地保护登记,发放耕地保护责任书,把耕地保护面积落实到村、组和农户,实现与农业、林业、统计等相关部门数据与管理的协调一致。第二,优化土地利用规划,确保耕地数量和质量稳定。科学合理地调整优化土地利用结构和布局,节约集约用地。依据土地利用规划,科学编制土地整理和基本农田专项规划,开展土地整理"金土地工程"、"沃土工程"。把耕地和基本农田指标作为指令性指标分解下达各区(市)县,落实到农户、地块,落实到规划图斑。第三,签订耕地保护合同,完善耕地保护责任体系。由区(市)县人民政府通过与耕地保护责任人(承担耕地保护责任的农户和村组集体经济组织)签订《耕地保护合同》的形式,对耕地保护地块、面积、级别、期限和补贴资金及违约责任等内容进行约定,综合运用行政、经济、法律手段,完善耕地保护责任体系。在每年完成耕地保护目标后,对耕地实行类别保护与补贴。第四,相关部门分工协作,各负其责。市国土局依据土地利用总体规划和土地利用现状,负责耕地保护基金运作管理和制定年度分配方案,并会同市农委划定耕地保护的类别和对耕地保护责任落实情况进行监督检查;市财政局负责耕地保护基金的筹集和使用的监督管理;市农委负责耕地保护基金用于耕地流转担保和农业保险的运作管理;市劳动保障局负责对承担耕地保护责任的农民养老保险的运作管理。第五,强化对耕地保护目标责任的监督,严格基金管理。国土部门将通过实施遥感监测、实地检查等措施,对耕地保护责任人的履约情况进行动态监督检查。市和区(市)县监察、国土部门将建立耕地保护举报奖励制度。耕地保护责任人未认真履行耕地保护责任、非法改变耕地用途或破坏耕作层致使耕地生产能力降低的,区(市)县政府有权单方面终止履行《耕地保护合同》,责令保护责任人在规定期限内恢复耕地生产能力;造成耕地永久性破坏的,已发放的耕地保护资金补贴,由政府全部予以追缴,国土部门还将依法进行处罚;构成犯罪的,依法追究其相应刑事责任。

二、成都市耕地保护基金制度的实施绩效评价

目前,类似成都的耕地保护基金制度只是在国内少数地方进行试点,并未全面推行。这一政策得到了众多专家认可,被看成是"完善我国耕地保护经济手段的创举"。中国土地勘测规划院院长郑凌志认为"建立健全经济调节、激励和制约机制,是耕地保护的一项治本之策"。"现行的耕地保护机制是行政命令式的,缺乏动力,既不公平,也没有效率",而耕地保护基金制度被成都市政府视为"提高农民保护耕地积极性"的重要手段。

长期以来,农业,尤其是农业中的种植业,是一项比较效益相对较低的产业,某种意义而言,农民是在无偿地承担保护耕地的义务,并没有从中享受到应有的经济利益与发展权利。在这样的背景下,耕地保护基金制度的积极效应主要体现在如下几个方面:第一,直接增加了农民的经济收入,尤其在经济发展相对落后的区域,对于以务农收入为主要收入来源的农民群体而言,这笔收入的边际效益是较为明显的。第二,在一定程度上起到了社会保障作用,据测算,一个三口之家的农户,一年所得的耕地保护补贴,一般可缴纳两个人的养老保险,有了稳定的补贴,农民种地才会比较安心。将耕地保护补贴纳入农民养老保险专户,在一定程度上解决了农民缺乏参加社会保障资金的问题,客观上增加了农民收入,同时解决了农民的长远生计,对逐步缩小城乡差别,减少社会矛盾,统筹城乡发展具有重要意义。第三,通过签订《耕地保护合同》,强化农民保护耕地的责任意识,也有助于农民运用合法手段抵制对于滥征耕地行为,主动与土地违法行为作斗争。第四,耕地保护基金的筹集和分配中,建设用地量大的地区要缴纳的钱也多,而耕地保护多的地区则获得的补贴多。也就是说,保护耕地能够获得相应的经济利益。这在某种程度上使一些基层政府"耕地保护越多越吃亏"的心态

得以平衡,也使一些耕地保护任务重的地区,增加了保护耕地的积极性。①

进一步看,多年来,与城市飞速发展、日新月异形成鲜明对照的,是农村的相对落后和贫穷。而耕地保护基金,将有利于缩小城乡之间的差距,在区域经济合理分工的基础上,让保护耕地的保护得更好,发展经济的发展得更好。在城乡统筹、以城带乡、以工补农思想指导下,通过完善耕地保护基金,建立完善耕地保护补偿机制,积极探索综合运用行政、经济、法律手段,提高农民保护耕地的积极性和主动性,做到责、权、利对称,形成城市反哺农村、工业反哺农业的新局面,确保在统筹城乡发展建设过程中耕地总量不减少、质量稳步提高,广大农民共享经济社会发展成果。

"十二五"期间,四川省将探索建立耕地保护奖励机制,在有条件的地方推行耕地保护基金制度。据统计,到 2010 年年底,四川省耕地保有量实际达 671.4 万公顷,基本农田实际保护面积为 521.8 万公顷。鉴于四川省耕地保护形势日趋严峻,"十二五"期间,四川省将进一步健全耕地保护责任考核体系和干部离任审计制度,严格落实耕地保护责任追究制度。探索建立耕地保护奖励机制,有条件的地方推行耕地保护基金制度。进一步提高耕地质量,在 19 个市(州)的 100 个县(市、区)建设高标准农田 1000 万亩。

第四节 典型分析之二:四川省"金土地 工程"的实施情况与绩效评价

2005 年 5 月,四川省国土资源厅经过基层大量调研,从实践调研中开拓思路,提出在四川实施"金土地工程"。同年 12 月底,四川省人民政府在成都金堂栖贤乡举行了隆重的"金土地工程"启动仪式。所谓"金土地工程"项目是 2005—2015 年间全省统一组织实施 1000 万亩土地整理项目,既包括国家投资项目,也包括省、市(州)、县(市、区)投资项目。对于农业大省、人口大省的四川来说,"金土地工程"是一项惠及子孙后代的民生工程,

---

① 参见田春华:《成都 26 亿元"保田钱"的背后》,《中国土地》2008 年第 4 期。

不仅切实保护了耕地,实现了占补平衡,而且有利于四川农业由传统农业向现代农业转变,保证粮食安全,对统筹城乡经济同步发展也发挥了积极作用。

一、四川省"金土地工程"的实施办法

(一)项目资金管理办法

为推动四川省"金土地工程"的顺利实施,规范项目资金管理,提高资金使用效益,四川省财政厅颁布了《四川省专项土地整理——"金土地工程"国家和省投资项目资金管理暂行办法》(川财投〔2006〕80号)。该《办法》就四川省实施专项土地整理——"金土地工程"的资金运行与管理机制作出了详细的规定。

1. 资金来源。国家和省投资项目资金主要来源于中央和省级新增建设用地土地有偿使用费、耕地开垦费等。

2. 项目资金的使用和管理。项目资金的使用和管理应遵守国家现行的法律法规和财政财务规章制度,坚持"项目管理、分账核算、专款专用、提高效益"的原则,任何单位和个人不得截留、挤占或挪用。

3. 预算编制。项目资金年度预算由省国土资源厅根据国家宏观经济政策、年度土地利用计划等向省财政厅提出年度预算编制建议,省财政厅视当年财力情况纳入年度预算安排。

4. 项目资金的开支范围。项目资金的开支范围为组织、实施、管理土地整理项目发生的各项支出,包括前期工作费、工程施工费、设备购置费、工程监理费、拆迁补偿费、竣工验收费和业主管理费与不可预见费。

5. 预算下达与执行。项目资金预算由省财政厅根据省国土资源厅报送的项目资金申请计划审核下达。项目工程施工费、设备费、拆迁补偿费必须通过项目所在地县(市、区)级财政部门拨付,并负责监管。凡实行了财政国库集中支付制度的地方,要严格执行国库集中支付的相关规定。

6. 监督管理。建立项目资金检查制度:各级财政、国土资源部门应加强对项目资金的监督检查工作,确保资金安全高效使用;建立项目资金考核制度:省财政厅、省国土资源厅分别将各市(州)项目资金管理工作纳入有

关年度考核的重要内容,并将考核结果作为下一年度安排新项目的重要依据;建立责任追究制度:在项目申报、实施和管理中违纪违规、弄虚作假、徇私舞弊、以权谋私的,按照有关规定追究责任。

(二)项目管理办法

2007 年 5 月,四川省国土资源厅关于印发《四川省专项土地整理——"金土地工程"项目管理办法》的通知,对四川省正在统一组织实施的 1000 万亩土地整理项目的申报、规范管理等作出具体规定。

1. 申报条件。"金土地工程"项目必须符合土地利用总体规划、土地开发整理专项规划、"金土地工程"规划以及相关规划;原则上选择在基本农田保护区、水利工程可控制范围内;具有土地整理所必需的路、水、电等配套基础设施,或已经拟定相关的道路、水利、电力工程、村庄改造等建设方案,有关措施与资金已经落实,拟同步规划、同步实施,或上述几项工程建设正在实施;国家和省投资项目应在两个以上完整行政村,其他投资项目应在一个以上完整行政村,建设规模原则上不超过 15000 亩,集中连片不破村;项目新增耕地率不低于 10%,其中,在基本农田保护区内实施的项目,新增耕地率不低于 3%。

2. 项目实施。国家、省投资项目初步设计及资金预算批复下达后,由县(市、区)国土资源部门组织工程施工设计,并作为项目招标、比选、施工、监理和验收的依据。招标(比选)人不得变更。招标(比选)公告必须按规定在国家或者省发展改革部门指定的媒介发布。项目实施必须严格执行项目法人制、工程招投标(比选)制、合同制、公告制、工程监理制和廉政建设制度。用于国家和省批准农用地转用占补平衡的市(州)、县(市、区)投资项目,自省国土资源厅审核批复之日起 1 年内开工有效。项目实施过程中,严格执行项目规划设计、施工设计与预算,不得擅自改变。涉及项目建设位置、建设总规模、新增耕地面积和项目支出预算调整的,报原批准机关批准。

3. 项目管理。在项目管理全过程中,实施专家审查制,由国土、农业、建设、水利、交通、环保、财政、审计、测绘、地质、造价等行业专家组成专家名册。项目验收采取自下而上的方式进行。对违反项目管理制度,擅自变更规划设计和预算,对工程质量不符合要求,对项目地类、面积、权属等弄虚作假的,无故不按工期完工的,违反资金管理规定的,视问题严重程度分别通报批评、责令限期整改、年终目标考核降低档次、暂停申报项目资格、暂停项目立项资格、停止该项目新增耕地指标入库。对有关事业单位、中介机构、施工企业、监理机构等在项目立项、可行性研究、初步设计、施工设计、预算编制、施工、监理等工作中弄虚作假的,在本省范围内暂停 5 年从事土地开发整理工作。情节特别严重的,在全省范围内永久性禁入。

二、四川省"金土地工程"的实施进程

实际上,四川省以成都市为试点,于 2003 年就已开始大规模开展以土地整理为主要内容的"金土地工程",到目前四川省实施的土地整理大体上先后经历了三个阶段,土地整理内容也相应从单一目标逐步发展为综合目标。[①]

第一阶段是土地整理的主要目标是为保护耕地资源,履行耕地占补平衡法定义务。从 2003 年年底开始,成都市先后在蒲江县复兴乡、邛崃市卧龙镇、金堂县栖贤乡开展了土地整理试点,综合整治田、水、路、林、村,整理的重点是农用地,项目区范围内的零星农村建设用地整理复垦为耕地后,新增耕地作为占补平衡指标。通过土地整理,耕地质量有所提高,增加了有效耕地面积,一定程度上改善了农业生产条件和生态环境。但这种方式的土地整理项目投入资金有限,土地整理项目实施后仅解决了项目区内涉及的部分农民集中居住问题,居住区配套设施还不完善,乡村的农民居住条件与城镇比还有较大差距。此外,不断有基层政府和农民主张,农用地整理项目区内涉及的农民宅基地整理后按照建设用地对待,要求实现其宅基地用益物权,这也对土地整理提出了新的要求。

第二阶段从 2008 年起开始,成都市对土地进行综合整理,结合村庄建设规划,将农用地整理项目与项目所在区域的建设用地整理项目,按照"分别立项,统一管理,综合实施,分类验收"的办法,同步实施;对已批准立项

---

① 魏信勇:《统筹城乡发展下的集体建设用地流转研究》,西南交通大学硕士论文,2010年。

的挂钩项目,也须在项目区安排农用地整理项目的申报立项后实施综合整治。在 2008 年灾后农村住房重建挂钩项目实施中,同时安排农用地整理项目申报,以实现灾后住房重建和村庄土地整理同步开展。土地综合整理后,建设用地整理节约的指标作为挂钩周转指标,农用地整理新增的耕地作为占补平衡指标使用。

第三阶段是土地综合整理中对零星建设用地的整理。成都市依据《四川省土地管理法实施办法》关于"除省政府指定的镇以外的一般乡镇土地利用总体规划,由省政府授权设区的市人民政府批准"的规定,于 2008 年 7 月制定了《成都市集体建设用地整理与集中使用管理暂行办法》,逐步开展试点工作。具体操作办法是:依据土地利用总体规划和土地整理专项规划,通过实施土地整理,将村庄零星分散的集体建设用地复垦为耕地后节约的集体建设用地在本乡镇内根据乡(镇)、村庄建设规划集中使用,项目报经市政府批准后按照城乡建设用地增减挂钩方式实施,整理复垦后节约的建设用地按照集体建设用地用途使用。这种做法达到了土地综合整理的目的,同时通过建设用地整理集中使用,一方面确保区域内耕地不减少、建设用地不增加,优化了农村建设用地布局,改善了农民居住环境和综合配套设施;另一方面也为集体经济发展服务业、乡镇工业、农产品加工等提供了合法的建设用地。[①]

为了做好土地整理工作,成都市抓住科学规划、项目实施和竣工后续管理这三个土地整理前、中、后当中的重要环节。成都市编制了《成都市土地整理专项规划》、《成都市土地整理近期实施规划》和《城乡建设用地增减挂钩专项规划》,在具体项目中,相关规划间主动衔接,及时合理调整;在项目工程实施过程中,严格执行项目法人制、工程招投标制、合同制、公告制、工程监理制、财务审计制、竣工验收制等制度,并充分利用土地管理信息系统技术成果,坚决杜绝弄虚作假行为;在项目竣工验收后的后续管理上,积极推动土地承包经营权属流转和农业规模经营,发展现代农业。制定农村劳

[①] 肖金文:《成都市土地整理工作情况调研》,成都市国土资源局,http://www.cdlr.gov.cn/。

动力的转移培训计划,引导农民向农业产业工人转变或向第二、第三产业转移,实现农民持续增收。例如新津县袁山社区项目位于距成都市区 42 公里、相对较近的三圈层区县,地形以平原为主,紧邻新津县城,土地整理项目实施与形成一二三产业联动的产业结构相结合,探索发展种植、养殖、深加工循环经济,形成了较为完整的产业链。

在工作中,成都市逐渐建立和完善了相关部门通力协作、共同推进土地整理的工作机制,新津县袁山社区项目,国土部门完成田、水、路、林的综合整治与中心村、聚居点的修建,农业部门负责新增耕地的培肥、适宜耕种作物的测评以及产业化项目的引进,民政部门为贫困户发放了建房补贴,交通部门完善了项目区的交通路网及公车站点设置,水利部门建设供水设施和污水处理系统,电力、电信部门完善了电力供给与网络系统,另有 8 个部门为项目区配套完善了相关公共配备;形成以国土部门土地整理专项资金投入为主,其他相关部门涉农资金投入为辅,统筹推动土地整理工程开展的资金投入机制,例如新津袁山社区项目土地整理投资 4426 万元,带动其他部门配套 150 万元;金堂县祝新村项目,土地整理投资 3950 万元,带动其他部门配套 2276 万元;蒲江县复兴乡项目,土地整理投资 7829 万元,带动其他部门配套 758 万元。

三、四川省"金土地工程"的实施绩效评价

四川省从实施土地整理之初提出"五个结合"发展到实施土地综合整治"四性"的理念变迁,从单纯的土地整理发展到土地整理与挂钩项目相结合的土地综合整理,力求在土地整理过程中实现社会效益、经济效益、生态效益的最大化。土地整理对于耕地保护的积极效应主要体现在以下方面:

第一,通过提高耕地质量,加强农民的耕地保护意识。四川省土地整理项目主要安排在基本农田保护区。通过对项目区田、水、路、林、村进行综合整治,实现了耕地能灌能排、旱涝保收,中低产田所占比重大幅降低,耕地数量稳定,耕地质量不断提高,耕地保护目标责任得到严格落实的目的。由于耕地质量提高,农民对耕地的保护意识也得到提高。

第二,四川省在土地综合整理的开展中,利用级差土地收入规律,在城

乡资源之间搭建起市场化的互惠共享机制,除成都市级财政每年从土地收益中安排15亿元用于农村卫生、教育和交通、给排水等基础设施建设之外,还规定中心城区每征收一亩土地,从土地收益中提取2.5万元用于农村综合土地整理。拆院并院腾出的建设用地级差地租主要用于建设农民集中居住区、农业发展和基础设施建设。截至2009年上半年,成都市级投资项目已实施完成土地整理项目100个,投入资金38亿元,整理面积达120万亩,新增耕地16万余亩,建成农民集中居住区和聚居点251个,集中农民7.9万人,建成56个面积在5000—10000亩的高产稳产、有产业特色的高标准基本农田保护示范区。

第三,通过土地整理工程,为城市建设用地提供了占补平衡指标,也为农村发展打下基础。在土地整理中遵循"增减指标挂钩",将若干拟复垦为耕地的农村建设用地地块(即拆旧地块)和拟用于城镇建设的地块(即建新地块)共同组成建新拆旧项目区,通过建新拆旧和土地复垦,最终实现项目区内建设用地总量不增加,耕地面积不减少、质量不降低。2005年,国土资源部批准四川省作为全国城镇建设用地增加与农村建设用地减少挂钩试点省份。2006年4月,国土资源部批复第一批挂钩试点项目10个,挂钩周转指标7324亩;2008年6月,国土资源部又批复市第二批挂钩试点入库项目60个,其中29个项目由省厅于2008年12月批复立项,挂钩指标16114亩。第一批挂钩项目中,8个试点项目区拆旧复垦工作已完成并验收合格。共拆除复垦零星农村居民点用地3230亩,归还挂钩周转指标2663亩,建成12个农民新居,项目区新增耕地2601亩,城镇建新区占用农用地2597亩(其中占用耕地2025亩),确保了挂钩项目区内建设用地没有增加,2万多农民改善了居住条件和生活环境。邛崃市羊安镇成立汤营农业股份制有限公司进行规模经营,农民每年通过土地流转入股就可获得收益金和分红五百多元,促进了农民增收,土地整理带来的农业产业化使部分返乡农民工重新得到就业机会;新增耕地也使部分返乡农民工实现了"耕者有其田"。

第四,实施土地综合整理项目形成的滚雪球效应,直接或间接地拉动了区域经济。根据四川省政府的规划,在已有工作基础上,四川省将用5—6年左右时间,对全省农村300万亩左右耕地和30万亩左右农村居民点进行综合整治,每年整理耕地 60 万亩,整理农村居民点 5—6 万亩。其中,2009 年四川省计划实施土地综合整理项目 66 个,项目区面积约 94 万亩。按照项目规划,通过农用地整理可新增耕地 8.9 万亩;通过农村建设用地整理,可产生集体建设用地指标约 3 万亩。分析测算,新增耕地 8.9 万亩,按现行标准 2.5 万元/亩计算,直接投资 22.25 亿元。挂钩指标 3 万亩,按 15 万元/亩计算,直接投资 45 亿元,直接拉动经济合计 67.25 亿元。挂钩指标 3 万亩,挂钩到城镇规划区或本地区使用,按投资强度 150 万元/亩计算,可间接拉动经济 450 亿元。土地综合整理项目区总面积 94 万亩,实施土地整理后,按 60%实现农用地流转,面积为 56.4 万亩,农业产业化企业按 0.5 万元/亩投入(市农委提供)计算,可间接拉动经济 22.56 亿元。间接拉动经济合计 472.56 亿元。2009 年全市实施土地综合整理将直接间接拉动经济共 539.81 亿元。[①]

第五节　典型分析之三:四川省在灾后重建中耕地保护的探索与实践

四川省农村灾毁住房的重建工作把农村土地流转、推动土地规模经营纳入了住宅建设的框架下,四川省政府在《关于坚持统筹城乡发展加快灾后农村住房重建的意见》中提出:"在中央和省、市政府住房重建补助资金按规定落实的基础上,开展农村集体建设用地的综合整理,依据农村集体建设用地减少与城镇建设用地增加挂钩的政策,按规划加快农村受灾群众灾毁住房重建。重建方式包括符合规划原址重建、按照规划集中自建、统一规划统一建设、自愿搬迁异地安置、社会资金开发重建。"从土地利用方式的角度来看,上述五种安置办法大概划分为两大类,其中原址重建的土地利用方式并未发生改变,异地安置和统规统建、统规自建和社会力量联合建房都属于集体建设用地相对于以前的利用模式被集约利用,只是在集约的程度

---

① 肖金文:《成都市土地整理工作情况调研》,成都市国土资源局,http://www.cdlr.gov.cn/。

和数量上存在差异,异地安置属于完全放弃先前已有的宅基地,选择货币安置离开原居住地,原来所有的集体建设用地被集体组织完全收回,而统规统建、统规自建和社会力量联合建房属于重新统一划定安置区及人均安置面积建设住房,使居民宅基地得到统一的规划和安置建设,节约出由于先前不合理利用而浪费的集体建设用地,从提高使用者对土地资产使用效率的重视程度,以减少或杜绝土地资产浪费和低效利用的现象,盘活存量土地资产。五种重建方式从农村居民的利益出发,考虑到了他们不同方面的需要、可能的不同选择,体现了以人为本的科学发展观;同时,把农村土地流转、推动土地规模经营纳入了住宅建设的框架下,有利于改善农民的生活条件和质量,也为保护耕地提供了路径。事实上,农村居民也很支持这种政策,例如受灾最严重的都江堰向峨乡,近95%的农户都选择了"统规统建"。在类似向峨乡的灾区,出现了数百户农户适度集中居住的新区。

灾后"统规统建"能够得到群众支持并顺利实施的一个原因,是成都在过去的实践中建立了比较好的土地流转城乡统筹机制。灾后重建的集中居住措施与四川省前期的相关改革紧密相关。在中央和省、市政府住房重建补助资金按规定落实的基础上,四川省按照国土资源部119号文件精神,依据农村集体建设用地减少与城镇建设用地增加挂钩的政策,通过在灾区实施土地综合整理,为灾后重建筹集了大量资金。以都江堰市向峨乡为例,全乡共建16个安置点,规划建设用地约610亩,建筑面积约43.5万平方米,计划安置4255户11983人,占农业人口总数的95%;通过土地综合整理后,将节约建设用地3100亩,按照挂钩方式,在市域范围内安排建新区,筹集重建资金6亿元。截至2009年上半年,16个安置点的建设工作已全部启动,其中,棋盘村、新庄子和石碑岗3个安置点已于2009年1月20日交付安置,安置831户2399人。四川省在按照挂钩项目筹集近6亿元资金用于住房重建外,还编制了整个向峨乡的农用地土地整理项目规划,并报经省国土资源厅批准立项后同步实施,农用地整理及灾毁耕地复垦投入资金近7000万元。这种涵盖了建设用地增减挂钩和农用地整理的土地综合整理,既解决了向峨乡群众灾后住房重建资金,又保证了灾毁耕地的复垦和其他农用地生产条件的改善,为灾区农村开展规模化农业产业项目提供了支撑。

第二章

耕地资源的现实考察：
以四川省为研究个案的实证分析

第一节　四川省耕地资源基本情况

一、四川省耕地资源禀赋的总体情况考察

(一)四川省耕地资源时序变化考察

四川省总面积48.5万平方公里，占全国国土总面积的5.1%，居全国第5位。但由于人口众多，人均土地面积低于全国平均水平，人多地少的矛盾十分突出。国务院要求"四川的粮食基本上应做到自给"，即四川要以占全国4.2%的耕地养活占全国6.8%的人口。四川省耕地承载巨大压力：一方面，城市、工业和交通等不断占用耕地，致使耕地数量减少；另一方面，人口基数大，人口增长快致使人均耕地面积不断减少。四川人地矛盾十分尖锐，人均耕地已由解放初的1.73亩减少到0.67亩，大大低于全国平均水平，低于联合国粮农组织提出的人均0.8亩的警戒线。土地后备资源十分匮乏，耕地质量不断恶化也令人担忧。根据四川统计局公布的四川省历年耕地实有面积的数据，将四川省耕地资源禀赋年度时序数据整理如下：

表 2-1　四川省耕地资源禀赋年度时序表

年份	年末实有耕地面积 （万公顷）	年增长率 （%）	年份	年末实有耕地面积 （万公顷）	年增长率 （%）
1952	547.85	——	1994	457.96	-0.31%
1978	490.91	——	1995	456.04	-0.42%
1979	486.67	-0.86%	1996	454.31	-0.38%
1980	487.16	0.10%	1997	451.99	-0.51%
1981	485.12	-0.42%	1998	449.49	-0.55%
1982	484.19	-0.19%	1999	445.47	-0.89%
1983	482.82	-0.28%	2000	434.61	-2.44%
1984	475.84	-1.45%	2001	428.44	-1.42%
1985	474.12	-0.36%	2002	405.99	-5.24%
1986	468.12	-1.27%	2003	390.37	-3.85%
1987	466.92	-0.26%	2004	390.44	0.02%
1988	466.11	-0.17%	2005	390.60	0.04%
1989	465.48	-0.14%	2006	391.66	0.27%
1990	464.71	-0.17%	2007	394.59	0.75%
1991	463.23	-0.32%	2008	395.95	0.34%
1992	461.19	-0.44%	2009	397.61	0.42%
1993	459.38	-0.39%	2010	——	——

　　纵观四川省耕地资源的历年变化情况,1952 年年末,四川省实有耕地面积为 547.85 万公顷,到 1978 年年末,四川省实有耕地面积减少至 490.91 万亩。1978—1990 年的 12 年间,四川省年末实有耕地面积增长率基本为负值,耕地面积年均减退速度为 0.32%。其中,1980 年年末实有耕地面积比 1979 年增长了 0.10%,1984 年和 1986 年耕地减退程度最大,减退速度分别为 1.45% 和 1.27%。1990—2003 年间,四川省耕地年末实有耕地面积继续呈现递减趋势,耕地面积年均减退速度为 0.79%,是之前 12 年间年均耕地面积减退速度的 2.5 倍。20 世纪 90 年代,四川省耕地面积减退速度比较平缓,进入 21 世纪,城市化和工业化逐步加速,四川省耕地面积减退速度开始加剧,2000 年四川省年末实有耕地面积比 1999 年减少了 2.44%,2001 年比 2000 年减少了 1.42%,2002 年在 2001 年的基础上又减少了

5.24%,2003 年耕地面积比 2002 年减少了 3.85%,耕地减退速度之快,可谓前所未有。从 2004 年开始,四川省耕地面积连年递减的趋势得以逆转,开始出现缓慢增加的迹象,2004—2009 年,四川省年末实有耕地面积的年均增长速度为 0.17%。根据表 2-1 的数据,可以绘制出改革开放以来,四川省耕地面积年增长率的变化图,以便清晰反映出趋势变化情况。

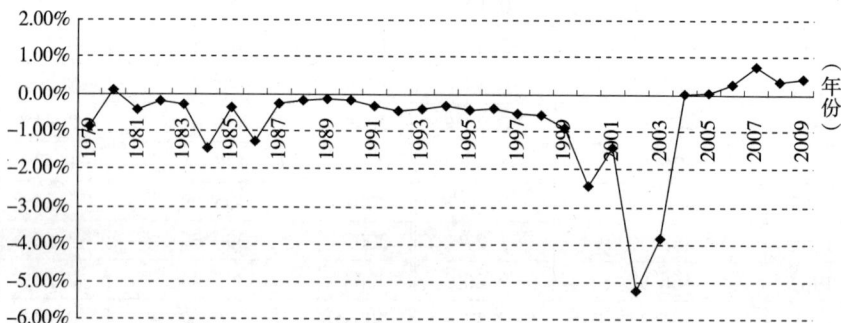

图 2-1 四川省年末实有耕地面积增长率变化时序图

从图 2-1 看,四川省自 2004 年起逆转了耕地面积负增长的趋势,开始出现缓慢的正增长,四川省近年来实施的一系列耕地保护政策的实施效果已经开始逐步显现。

(二)四川省耕地资源的类型考察

作为国家重要的土地资源,对耕地类型的划分是国家掌握耕地资源现状、制定适宜土地政策、合理利用耕地资源的基础。国外土地分类工作至今已有半个多世纪的历史,在 20 世纪 70 年代就出现了较为严整的土地分类系统。国内土地分类研究工作起步较晚,研究成果主要集中在改革开放以后。目前,国内相对权威的土地分类标准是 2007 年 8 月 5 日颁布执行的《土地利用分类》,即土地利用分类国家标准。对于耕地类型的划分,由于研究需求和应用目标的差异,划分标准并不统一,主要存在按耕地性质、使用情况、自然特征等划分方式。

首先,按照耕地的性质划分,耕地分为常用耕地和临时性耕地。①常用耕地:指专门整治农作物并经常进行耕种、能够正常收获的土地。包括土地条件良好的基本农田和虽然土地条件较差,但能正常收获且不破坏生态环境的可用耕地。②临时性耕地:又称"帮忙田",指在常用耕地以外临时开垦种植农作物,不能正常收获的土地。包括临时种植农作物的坡度在25度以上的陡坡地,在河滩、湖畔、库区临时开发种植农作物的土地,以及在废旧矿区等地方临时开垦种植农作物的成片或零星土地。根据我国《水土保护法》规定,现在临时种植农作物坡度在25度以上的陡坡地要逐步退耕还林还草,在其他一些地方临时开垦种植农作物,易造成水土流失及沙化的土地,也要逐步退耕。因此,我们又可称这部分临时性耕地为待退临时性耕地。

其次,按照耕地使用的情况划分,可以将耕地分为当年实际利用耕地和当年闲置、弃耕的耕地。①当年实际利用耕地:指当年种植农作物的耕地。②当年闲置、弃耕的耕地:指由于种种原因,当年未能种植农作物的耕地。包括轮歇地、休耕地、因干旱、洪涝及其他自然和经济原因农民未能种植农作物的耕地。

另外,按照耕地本身的自然条件,国土资源部2001年发布的《全国土地分类(试行)》将耕地分为:灌溉水田、望天田、水浇地、旱地和菜地五种类型。2007年8月5日颁布执行的《土地利用分类》按耕地自然条件将其简分为三种:①水田:指用于种植水稻、莲藕等水生农作物的耕地,包括实行水生、旱生农作物轮种的耕地。②水浇地:指有水源保证和灌溉设施,在一般年景能正常灌溉,种植旱生农作物的耕地,包括种植蔬菜的非工厂化的大棚用地。③旱地:指无灌溉设施,主要靠天然降水种植旱生农作物的耕地,包括没有灌溉设施,仅靠引洪淤灌的耕地。

按照2008年颁布执行的《土地利用分类》标准,与四川省国土资源统计标准,将四川省耕地资源分为水田和旱地。具体统计数据详见表2-2:

表2-2　四川省耕地资源分类年度数据表

(单位:万公顷)

年份	年末实有耕地面积	水田	旱地	年份	年末实有耕地面积	水田	旱地
1952	547.85	272.31	275.54	1997	451.99	229.97	222.02
1978	490.91	242.20	248.71	1998	449.49	228.37	221.12

(续表)

年份	年末实有耕地面积	水田	旱地	年份	年末实有耕地面积	水田	旱地
1980	487.16	241.16	246.00	1999	445.47	227.28	218.19
1982	484.19	240.42	243.77	2000	434.61	225.00	209.61
1984	475.84	239.52	236.32	2001	428.44	222.47	205.97
1986	468.12	237.78	230.34	2002	405.99	214.00	191.99
1988	466.11	236.80	229.31	2003	390.37	208.83	181.54
1990	464.71	236.89	227.82	2004	390.44	207.86	182.58
1991	463.23	236.44	226.79	2005	390.60	208.07	182.54
1992	461.19	235.44	225.75	2006	391.66	207.94	183.72
1993	459.38	234.04	225.34	2007	394.59	208.58	186.01
1994	457.96	233.20	224.76	2008	395.95	208.17	187.79
1995	456.04	232.06	223.98	2009	397.61	207.74	189.87
1996	454.31	231.66	222.65	2010	——		——

四川省耕地资源中,水田和旱地所占比例比较平均,其中,水田面积略高于旱地面积。从年度数据变化情况考察,旱地面积变化较水田变化情况稍显剧烈,着重考察1990年以后,四川省水田和旱地面积的变化情况,根据表2-2的统计数据绘制出历年水田和旱地的年增长率的时序变化图,如图2-2所示:

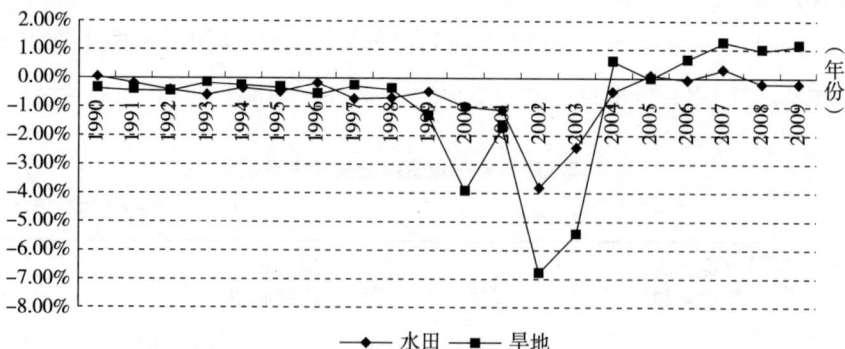

图2-2 四川省水田和旱地面积年增长率的时序变化图

由图 2-2 所见,四川省水田和旱地面积变化趋势与年末实有耕地面积变化趋势吻合,2000 年以前,水田和旱地面积均呈现递减态势,但递减速度相对比较缓慢。2000 年以后,两类耕地面积均出现大幅度下降,但这种剧烈下降趋势并未持续太久,2004 年年末,旱地面积开始增加,之后继续保持增长态势,但水田增长速度相对缓慢,可以说,2004 年后,四川省出现耕地面积增长的主要贡献在于旱地的增长。

(三)四川省耕地资源利用情况的考察

本书选取机耕面积、有效灌溉面积和化肥施用量三个统计标志,用以描述四川省耕地资源利用的变化特征。具体统计数据详见表 2-3:

表 2-3　四川省耕地资源利用情况的年度统计数据

年份	机耕面积 (万公顷)	有效灌溉 面积 (万公顷)	化肥施用量 (万吨)	年份	机耕面积 (万公顷)	有效灌溉 面积 (万公顷)	化肥施用量 (万吨)
1978	86.5	198.9	62.5	1996	70.1	232.5	192.8
1979	85.6	206.5	75.6	1997	84.4	239.1	201.3
1980	67.9	211.4	80.4	1998	85.6	239.1	205.3
1981	65.1	213.1	88.8	1999	98.3	242.8	210.3
1982	67.7	214.9	88.1	2000	93.7	246.9	212.6
1983	58.6	216.0	100.2	2001	95.1	248.7	212.0
1984	58.0	215.9	98.0	2002	95.4	250.1	209.6
1985	51.7	215.4	103.1	2003	98.1	250.3	208.4
1990	59.2	222.6	143.9	2004	98.8	250.3	214.7
1991	64.3	224.1	154.3	2005	107.5	249.5	220.9
1992	66.3	225.3	154.0	2006	115.0	248.7	228.2
1993	65.4	226.5	158.1	2007	121.1	250.0	238.2
1994	70.8	227.9	170.0	2008	182.2	250.7	242.8
1995	71.6	230.1	182.9	2009	196.5	252.4	248.0

根据表 2-3 的统计数据,计算四川省机耕面积、有效灌溉面积、化肥施用量的年增长率,计算结果显示,四川省耕地利用情况的变化比较显著,变

化随机性较强,四川省机耕面积、有效灌溉面积、化肥施用量的年增长率如
图 2-3 所示:

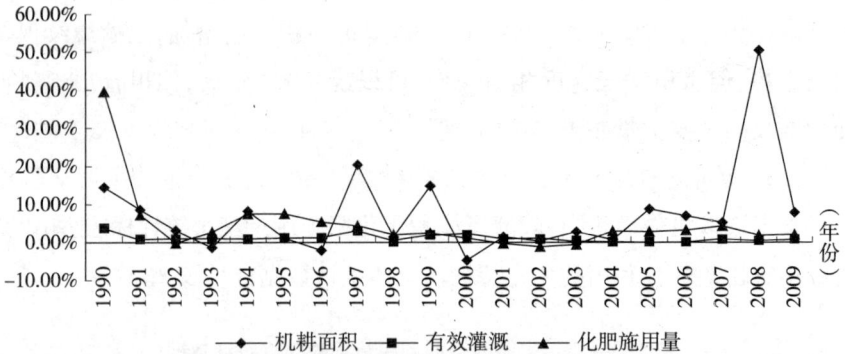

图 2-3　四川省耕地利用情况时序变化图

　　图 2-3 表示四川省机耕面积、有效灌溉面积、化肥施用量的年增长率
变化。从增长率的角度考察,四川省机耕面积变化比较不稳定,1990—2009
年的 20 年间,四川省机耕面积的年均增长率为 4.2%,以 2000 年为分界点,
2000 年之后,四川省耕地面积呈现为年年递增趋势,其中,2008 年机耕面积
比 2007 年增长了 50.45%,增长速度非常快。四川省耕地有效灌溉面积变
化比较平稳,年增长率围绕横轴上下波动,1990—2009 年的 20 年间,四川
省有效灌溉面积年均增长率为 0,说明历年灌溉面积变化比较平稳。另外,
四川省化肥施用量的变化比机耕面积年增长率的变化稳定,1990—2009 年
间,四川省化肥施用量的年均增长率为 2.51%,说明化肥施用量总体保持
增长态势。

二、四川省耕地资源禀赋的区域特征考察

　　四川省耕地主要集中分布于东部盆地和低山丘陵区,占全省耕地的
85%以上,以坡耕地为主,耕地质量不高。在四川省耕地保护中,成都平原
具有特殊意义。成都平原由岷江、沱江及其支流冲击而成,西止龙门山脉,
东到龙泉山脉,北起罗江黄许镇,并延伸到绵阳新桥,南止于乐山市区内的
张公桥,总面积 2.3 万平方公里,地势平坦,为西南地区第一大平原,是中国

八大商品粮基地之一,全国著名的生猪粮油产地,"天府之国"的精华之地,平原内部常住人口超过两千万,以全川不到5%的土地,养活了全川25%的人口,加上平原中部还有特大中心城市——省会成都,大量占用土地城建,可谓负荷沉重。坐落于平原中心的成都市每年都以两位数的速度发展,中心城城市建成区7年之内扩大将近一倍,再加上周围的各区县的快速发展,以及绵、德、眉、乐等城市的迅速扩展,一个全新的城市群正在平原上崛起。伴随城市群的发展,成都平原耕地面积呈逐年递减之势。本书主要从耕地类型差异的区域特征和耕地资源利用的区域特征来考察四川省耕地资源的区域特征。

（一）四川省耕地类型差异的区域特征

考虑到数据的可得性与准确性,本书选取2009年四川省各市（州）地区的年末实有耕地面积、水田面积、旱地面积为考察统计指标。具体数据见表2-4:

表2-4　2009年年末四川省各市（州）耕地分布情况

（单位:千公顷）

市（州）	年末实有耕地面积	水田	旱地	市（州）	年末实有耕地面积	水田	旱地
全省	3976.09	2077.38	1898.71	南充市	300.02	146.48	153.54
成都市	334.71	255.96	78.75	眉山市	170.89	116.25	54.64
自贡市	133.62	85.10	48.52	宜宾市	243.52	150.42	93.10
攀枝花市	39.50	16.29	23.21	广安市	169.00	122.06	46.94
泸州市	209.53	148.21	61.32	达州市	294.25	172.54	121.71
德阳市	185.98	121.82	64.16	雅安市	55.39	27.60	27.78
绵阳市	279.93	129.06	150.87	巴中市	152.68	95.38	57.31
广元市	165.97	71.51	94.46	资阳市	273.03	106.26	166.77
遂宁市	154.45	57.16	97.29	阿坝藏族羌族自治州	59.87	0.02	59.85
内江市	164.57	87.07	77.49	甘孜藏族自治州	90.90	0.71	90.20
乐山市	150.95	89.59	61.36	凉山彝族自治州	347.35	77.91	269.43

四川省水田主要集中在东部地区,成都地区的耕地资源以水田为主,水田占耕地资源总面积的 76.47%,其次是广安市,水田占耕地资源总面积的 72.22%,按照降序排列,四川省水田分布所占比例在 50% 以上的地区有:成都市(76.47%)、广安市(72.22%)、泸州市(70.73%)、眉山市(68.03%)、德阳市(65.50%)、自贡市(63.69%)、巴中市(62.47%)、宜宾市(61.77%)、乐山市(59.35%)、达州市(58.64%)、内江市(52.91%)。

四川省旱地主要集中在南部地区,以阿坝藏族羌族自治州和甘孜藏族自治州为代表,其水田所占比例分别为 0.03% 和 0.78%,其耕地资源主要以旱地的形式存在。按照降序排列,四川省旱地分布所占比例在 50% 以上的地区有:阿坝藏族羌族自治州(99.97%)、甘孜藏族自治州(99.22%)、凉山彝族自治州(77.57%)、遂宁市(62.99%)、资阳市(61.08%)、攀枝花市(58.76%)、广元市(56.91%)、绵阳市(53.90%)、南充市(51.18%)、雅安市(50.18%)。

由表 2-4 的数据可以绘制出四川省各市(州)耕地总面积中旱地、水田所占比例:

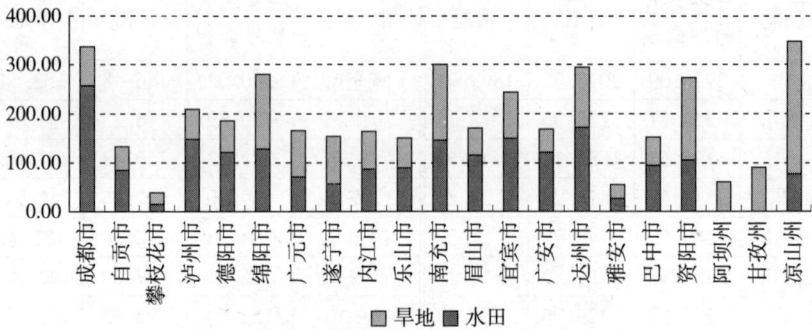

图2-4 四川省水田和旱地区域分布图

四川省耕地总面积在 300 千公顷以上的地区有 3 个,分别是凉山彝族自治州、成都市、南充市。凉山彝族自治州主要以旱地为主,成都市主要以水田为主,南充市水田和旱地各占一半。四川省耕地总面积在 200—300 千公顷以上的地区有泸州市、绵阳市、宜宾市、达州市、资阳市,其中,泸州市、宜宾市、达州市以水田为主,绵阳市、资阳市则以旱地为主。其他地区的耕地总面积在 200 千公顷以下，其中，攀枝花市、雅安市、阿坝藏族羌族自治州、甘孜藏族自治州的耕地面积最少，且水田所占比例极低，阿坝藏族羌族自治州、甘孜藏族自治州的耕地中几乎全部属于旱地。

（二）耕地资源利用情况的区域特征考察

首先，考察四川省耕地资源利用的机械化程度。近年来，四川省农机装备水平不断提高，结构不断优化。据统计，2011 年全省农机总动力达到 3426 万千瓦，比上年增长 8.6%；新增大中型拖拉机 16400 台，新增插秧机 1305 台，新增收获机械 3408 台；农机化水平加快提升，薄弱环节明显突破。全省耕种收综合机械化水平达到 35.84%，比上年提高了 5.2%。水稻机收面积首次突破千万亩大关，完成 1110 万亩，比 2010 年增长了 23%，机收率达到 27.9%。与此同时，农机服务方式加快转变，服务能力明显增强，全省有农机专业合作社 527 个，比上年增长了 25.8%，机具总数 3.7 万多台套。农机大户进一步发展，达到 1 万多个。农机专业合作社和农机大户完成农机田间作业占全省农机田间作业量 20%；农机基础设施加快建设，社会效益较为明显，全年修复提灌机械 8.7 万台次 92 万千瓦，超年度计划 30%，改造电灌站 2320 处，新建提灌站 621 处。按照"进组、入院、到田、联网"要求，建设机耕便民道 2.8 万多公里，比上年增加 142%。①

考虑到数据的可得性，本书选取四川省各市（州）2009 年年末的数据作为考察依据，选取机耕面积、机播面积、机收面积三个统计指标说明四川省耕地资源利用的机械化程度。整理数据详见表 2-5：

表 2-5　2009 年四川省各市（州）耕地利用机械化情况

(单位：千公顷)

市（州）	机耕面积	机播面积	机收面积	市（州）	机耕面积	机播面积	机收面积
全省	196.53	19.06	76.13	南充市	10.93	1.42	1.72
成都市	32.69	4.10	21.42	眉山市	8.86	1.52	5.92
自贡市	6.11	——	0.02	宜宾市	7.30	0.03	0.10

① 数据来源：《四川加大农机补贴投入，拟农业综合机械化水平达 41%》，中国农业机械网，www.nyjx.cn，2012 年 3 月 17 日。

（续表）

市（州）	机耕面积	机播面积	机收面积	市（州）	机耕面积	机播面积	机收面积
攀枝花市	1.78	0.08	0.18	广安市	4.42	0.82	3.72
泸州市	4.63	0.44	0.06	达州市	4.78	0.04	4.76
德阳市	21.88	2.76	12.73	雅安市	2.40	0.44	0.43
绵阳市	18.24	1.37	9.78	巴中市	7.24	0.40	1.73
广元市	12.04	0.76	3.69	资阳市	10.00	0.84	0.92
遂宁市	9.56	0.07	2.29	阿坝藏族羌族自治州	1.60	0.30	0.27
内江市	5.29	0.18	0.03	甘孜藏族自治州	2.59	1.91	0.65
乐山市	12.56	0.29	1.40	凉山彝族自治州	11.64	1.27	4.33

其次，考察四川省各市（州）耕地有效灌溉面积。有效灌溉面积是指灌溉工程设施基本配套，有一定水源、土地较平整，一般年景下当年可进行正常灌溉的耕地面积。在一般情况下，有效灌溉面积应等于灌溉工程或设备已经配备，能够进行正常灌溉的水田和水浇地面积之和，它是反映我国耕地抗旱能力的一个重要指标。将四川省 2009 年各市（州）耕地有效灌溉面积的统计数据整理如下：

表 2-6 2009 年四川省各市（州）耕地有效灌溉面积

（单位：千公顷，%）

市（州）	有效灌溉面积	有效灌溉率	市（州）	有效灌溉面积	有效灌溉率
全省	2523.66	63.47%	南充市	206.52	68.83%
成都市	322.34	96.31%	眉山市	173.21	100.00%
自贡市	78.46	58.72%	宜宾市	118.87	48.81%
攀枝花市	27.12	68.66%	广安市	94.27	55.78%
泸州市	112.45	53.67%	达州市	157.80	53.63%
德阳市	150.70	81.03%	雅安市	42.57	76.86%
绵阳市	209.51	74.84%	巴中市	73.41	48.08%
广元市	86.23	51.96%	资阳市	164.33	60.19%

市（州）	有效灌溉面积	有效灌溉率	市（州）	有效灌溉面积	有效灌溉率
遂宁市	121.25	78.50%	阿坝藏族羌族自治州	18.21	30.42%
内江市	112.27	68.22%	甘孜藏族自治州	27.87	30.66%
乐山市	100.62	66.66%	凉山彝族自治州	125.64	36.17%

2009 年，四川省全省耕地有效灌溉面积为 2523.66 千公顷，有效灌溉率为 63.47%。眉山市有效灌溉率最高，达 100%。其次是成都市，成都市有效灌溉面积为 322.34 千公顷，有效灌溉率为 96.31%。位居第三位的是德阳市，有效灌溉面积为 150.70 千公顷，有效灌溉率为 81.03%。从全省耕地有效灌溉率的情况来看，各市（州）耕地有效灌溉率与耕地的类型的分布特征基本一致，水田分布密集的区域有效灌溉面积所占比例也相应较大，而三个自治州，水田资源稀缺，相对来讲，耕地有效灌溉率比较低，说明未来四川省提高全省耕地有效灌溉面积，应制定向西南地区倾斜的政策措施。

（三）四川省耕地减少原因的地域差异

随着工业化、城市化的迅速推进、农村劳动力的大量转移、农业结构调整、生态保护加强，建设占用耕地、生态退耕土地、撂荒耕地等现象越来越明显，造成我国耕地面积持续下降。2011 年，中国国有建设用地供应总量 58.8 万公顷，比上年增长 37.2%。其中，工矿仓储用地 19.3 万公顷，增长 26.2%；房地产用地 16.7 万公顷，增长 9.2%；基础设施等其他用地 22.8 万公顷，增长 86.1%。[①] 可见，虽然导致耕地面积减退的原因众多，但是建设占用耕地仍然是比较重要的因素。

随着国家西部大开发战略的逐步推进，四川省作为西部大开发战略的重点建设省份，全省经济发展速度加快，建设用地需求加剧，在一定程度上威胁着全省耕地资源安全。2007 年 6 月成都获批成为"全国统筹城乡综合配套改

---

① 数据来源：《中华人民共和国 2011 年国民经济和社会发展统计公报》，国家统计局，2012 年。

革试验区",加上省内城乡一体化建设逐步推进,建设用地需求旺盛,导致耕地资源稀缺的问题越来越突出。通过整理四川省2009年各市(州)耕地面积减少情况的相关数据,可以看出四川省耕地减少原因的地域差异特征。

表2-7　2009年四川省各市(州)耕地减退情况(单位:千公顷;%)

市(州)	年内减少耕地面积	国家基建占地所占比重	个人建房占地所占比重	市(州)	年内减少耕地面积	国家基建占地所占比重	个人建房占地所占比重
全省	31.48	61.07%	11.60%	自贡市	0.25	64.37%	11.34%
成都市	7.50	80.22%	2.17%	泸州市	0.64	68.85%	7.32%
攀枝花市	0.23	82.46%	3.51%	德阳市	4.40	31.15%	45.85%
眉山市	2.10	91.94%	3.29%	绵阳市	3.66	62.04%	17.40%
宜宾市	0.59	59.19%	5.40%	广元市	0.87	59.33%	19.47%
广安市	0.39	73.20%	9.02%	遂宁市	0.37	75.00%	10.87%
达州市	0.61	59.02%	15.74%	内江市	0.32	92.09%	1.90%
雅安市	1.59	79.06%	1.38%	乐山市	0.85	71.14%	4.48%
巴中市	1.03	9.85%	2.54%	南充市	1.29	26.38%	3.11%
资阳市	2.55	30.77%	2.00%	甘孜藏族自治州	0.12	75.00%	0.00%
阿坝藏族羌族自治州	1.01	69.45%	7.06%	凉山彝族自治州	1.15	78.84%	4.94%

2009年,四川省省内耕地减少总面积为31.48千公顷,其中国家基础建设占用耕地所占比重为61.07%,个人住房建设用地占用耕地所占比例为11.60%。成都市耕地减少面积远超其他市州耕地减少面积,2009年成都市耕地减少7.5千公顷,其中,80.22%用于国家基础设施建设,2.17%用于个人住房建设。德阳市耕地减少面积仅次于成都市,位居第二,2009年德阳市耕地减少总面积为4.4千公顷,其中31.15%用于国家基础设施建设,45.85%用于个人住房建设,主要属于"5·12地震"灾后重建的住宅。值得注意的是,成都市和德阳市均为水田资源丰富的地区,减少耕地也多为水田,水田属于较高等级的耕地资源,而成都市和德阳市均属于四川省经济发展的重点区域,同时又属于优质耕地的聚集区域,这表明,四川省优质耕地保护与建设用地需求不仅存在供需数量上的矛盾,且存在地域上的矛盾。

第二节　四川省耕地资源安全状况的现实考察

"十一五"期间,四川省在推进灾后恢复重建、应对国际金融危机,实施扩大内需政策、承接产业转移、推进西部综合交通枢纽建设的情况下,切实履行耕地保护责任目标,坚守了耕地保护红线。截至 2010 年年末,四川省耕地保有量合计为 9238.81 万亩,基本农田实际保护面积为 7828.59 万亩,两项指标均超过了国家规划控制目标任务。2006—2010 年,全省经国务院或省政府批准的建设用地项目共计占用耕地 120.43 万亩,实际建设占用耕地 88.12 万亩,实际补充耕地 156.68 万亩,实现了全省耕地占补平衡。5年来,省委、省政府对耕地保护工作高度重视,全省各级地方政府着力健全制度规范,创新耕地保护工作机制,大力推进耕地建设性保护"金土地工程",耕地质量建设和保护工作进一步加强。①

一、耕地资源安全与耕地保护工作的理论界定

（一）耕地资源安全

从国内外关于资源安全的研究成果来看,美欧等西方国家对于资源安全的研究起步较早且研究较为深入,尤其是对资源安全测评尺度的研究甚为透彻。西方国家的资源安全测评系统可以根据资源核算和风险评估以及宏微观生态系统的运行机理描述来进行国家各项资源的安全指数测算。②国外学者对于中国耕地资源安全颇具影响力的研究成果首先来自于布斯特·布朗（Lester.R.Brown）的《谁来养活中国人?》。布朗博士在文章中大胆预测:到 2030 年,中国由于耕地面积减少,粮食将减产 20%,如果不考虑膳食结构的改善,中国将进口相当于世界粮食贸易总额的粮食。③ 布朗博

---

① 参见曾小清、刘云云:《四川:落实最严格的耕地保护制度》,《四川日报》2011 年 9 月 29日。

② Cf.Blume Eger, Fleischhauer, Hebel, Reij&Steiner（Editors）, "Towards sustainable Land Use", *Reiskirchen*, Germany, 1998.

③ 参见布斯特·布朗:《谁来养活中国人?》,《世界观察》1994 年第 5 期。

士对于中国耕地资源安全担忧引发了国内学者对耕地资源安全问题的研究热潮,从研究成果来看,对于耕地资源安全的界定主要包括三方面的安全:一是数量安全,即耕地资源的数量多少,通常用总量和人均水平来反映;二是质量安全,即维持耕地资源具有长期、持续和稳定生产能力的土地质量水平;三是结构安全,指耕地资源数量结构和区域结构的稳定性,耕地资源利用类型的多样性是结构稳定性的基础。①

(二) 资源稀缺理论

资源稀缺理论在经济学理论中的地位举足轻重,是其他经济学分支理论必不可少的前提。早在 1789 年,马尔萨斯就在《人口原理》中提出自然资源稀缺理论和著名的人口理论。马尔萨斯认为,资源具有物理数量上的有限性和经济上的稀缺性,这两个性质不会因为技术进步和社会发展而发生改变。② 1821 年,李嘉图提出相对稀缺理论,认为有效用的商品,其交换价值来自两个方面:一是稀缺性;一是为了获得它们所需要耗费的劳动量。自然资源相对稀缺的特性和人口增长的必然趋势使李嘉图对自然资源的消耗表现出悲观态度,他认为由于自然资源的稀缺将最终导致人口和资本增长的停滞。③ 瓦尔拉早年间在给社会财富下定义时充分考虑了经济物品稀缺性的特征,他认为:"所谓社会财富,指的是所有稀缺的东西,物质的或非物质的(这里无论指何者都无关紧要),也就是说,它一方面对我们有用,另一方面它可以供给我们使用的数量却是非常有限的","'有用'是指能够满足我们的某种需要,而'数量有限',则意味着有一些东西存在数量之多使我们每个人都感到随手可得,可以完全满足个人需求",例如空气、水等,这些东西任何人都能随心所欲地获取,称不上社会财富。④ 在瓦尔拉的基础上,罗宾斯采用"稀缺性"的经济学定义,指出每个经济问题都有着目的很

---

① 参见高明杰:《基于农业综合生产能力需求的耕地资源安全阈值研究》,《中国农业科学院》2008 年第 5 期。
② 参见马尔萨斯:《人口原理》,商务印书馆 1963 年版,第 372—379 页。
③ Cf.Ricardo,D.,"On the principle of Political Economy and Taxation", *The Workd and Correspondence of David Ricard*,Vol.1,ed,P.Sraaffa,Cambridge:Cambrige University Press,1951.
④ Cf.Walras.L.1926. *Elements of Pure Economics,or the Theory of Social Wealth*. Trans. W. Jaffe,London:george Allen & Unwin,1954.

多而实现目的的手段却稀缺的特点，但目的的多样性并不足以确定一个问题为经济问题。罗宾斯概括道："经济学是一门把人类行为作为目的和（有着多种选择办法的）稀有手段之间的关系拿来进行研究的科学。"[①]

按照众多经济学家关于稀缺性理论的研究思路，耕地资源的有用性和不可再生性使其成为具有稀缺性特征的社会财富，也使耕地保护问题成为一个"经济问题"。按照世界资源研究所统计的数据，全世界共有 132.5 亿公顷土地，其中约 30%，也就是 40 多亿公顷的土地是适宜耕种的，其余的土地则因太冷、太旱、太陡或其他原因不适宜耕种。在适宜耕种的土地中，大约只有一半是实际耕作的，其他大部分则是牧场、草地或森林。[②] 另根据联合国所展示的 2150 年未来人口预测曲线，到 2100 年世界人口将增加一倍以上，其中的 95% 是由第三世界在 1980—2050 年间完成的，发达国家人口将增至 14 亿，发展中国家将猛增至 88 亿。[③] 古典经济学家关于人口增长导致自然资源稀缺的预言似乎正在逐步变为现实。面对人口增长与土地资源稀缺的矛盾，耕（农）地保护已经上升为世界性的工作，土地资源的合理利用和耕地保护的可持续性是世界各国共同关注的问题。我国保有耕地资源总量面积在世界上排名第四，然而，人均耕地只有 1.38 亩，不到世界平均水平的 40%。工业化、城市化进程不断加快，"人增地减"成为我国现代化进程中最突出的矛盾。同时，近年来，我国部分耕地质量降低，在农业科技没有取得重大突破的情况下，粮食单产持续提高难度加大。所以，为确保国家粮食安全，必须保有相当数量和质量的耕地。

（三）耕地保护的理论界定

从国外关于耕地保护的研究成果来看，国外对于耕种土地的保护研究一般采用农地保护的说法。国外农地保护源于人们对土地资源的不合理利用和生态环境破坏对于土地资源的威胁。我国对于耕地保护问题的关注则

---

① Robbins, L.*An Essay on the Nature and Significance of Economic Science*；Macmillan, 1952.

② 参见世界资源研究所、国际环境与发展研究所编，中国科学院国家计划委员会、自然资源综合考察委员译：《世界资源 1986》，能源出版社 1987 年版，第 58 页。

③ 参见世界资源研究所、国际环境与发展研究所编，中国科学院国家计划委员会、自然资源综合考察委员译：《世界资源 1986》，能源出版社 1987 年版，第 17 页。

源于粮食安全问题,尤其是在 20 世纪 70 年代初到 80 年代中期"世界粮食危机"之后,耕地保护问题成为影响我国国家安全的战略性问题。现阶段,耕(农)地保护已经上升为世界性的工作,土地资源的合理利用和耕地保护的可持续性是世界各国共同关注的问题。但由于国情不同,国外关于农地保护的研究界定与我国关于耕地保护的研究界定存在一定的差异。

首先,界定的依据不同。以美国为例,美国主要依据原美国土壤保持局提出的"土地生产潜力系统"来划分基本农田,凡是目前种植农作物的土地和具备潜在适宜农业利用的未耕种土地均属于基本农田的范畴。由此可见,美国对基本农田的界定强调土地本身的自然属性,即是否具备生产的潜力。我国目前通用的耕地确认标准的依据是 2007 年 8 月 5 日颁布执行的《土地利用分类》,凡是种植了农作物的土地即可划分为耕地。我国对于耕地的界定和划分虽然考虑了土地生产能力的本质属性,但更加注重强调土地的利用方式。

其次,保护的重点不同。西方国家展开农地保护工作是以不破坏土地生产潜力为依据的,注重农地进行生物生产的功能保护和土地本身自然景观的生态保护。美国和以英国为典型的欧洲发达国家在进行农地保护工作时,遵循不破坏土地本质属性的原则,在这项原则的基础上不限制土地使用者选择利用土地的方式。我国对于耕地保护的要求与西方发达国家不同,我国对于耕地的保护规定更加严格,不仅要求在耕地的生产功能和生态属性上予以保护,同时也要求从利用方式上来执行对耕地的保护工作。然而,由于在土地生产潜力和生态功能的评价上缺乏科学权威的测评体制,在实际操作层面我国目前更注重从耕地利用方式上保护耕地,对于特殊用途的耕地特别是种植农作物的粮田、菜地等予以特殊保护。

二、四川省耕地资源安全的一般评价

四川省耕地面积数量在全国排在第四位,而人均耕地持有量不到全国的 1/3,耕地分布比较分散,且耕地质量不高。1999—2008 年,四川省 GDP 保持 9%—10% 的增长速度,而耕地面积呈直线下降的趋势,且耕地面积变化率波动较大,2005 年之后,呈现缓和的趋势(图 2-5、图 2-6)。姚寿福对四川省耕地变化与经济增长的研究表明:四川省 GDP 每增长 1%,将导致当期耕地减少 0.021%。① 四川省内各市县经济发展程度不同,依据国内生产总值可以大致分为三个层次,即第一层次为 2000 亿元以上,只有成都市;第二级别为 500 亿—1000 亿元,以绵阳市为例;第三级别为 100 亿—500 亿元,以什邡市为例。什邡市作为四川省内经济最发达的县市,其耕地的减少量亦是最高的,在 2004—2008 年之间,耕地减少量一般在 6 千公顷以上;经济发展程度较高的绵阳市的耕地减少量与经济发展程度较低的什邡市在 2004—2007 年其耕地减少量相当,维持在 1—1.5 千公顷之间,同样,在 2007—2008 年间,随着经济发展程度的大幅提高,耕地减少量亦大幅增加,且绵阳市表现明显。因此,区域之间、省市之间经济发展程度的不同,使耕地保护所面临的机会成本不同,必然导致不同区域之间耕地资源的价格的不一致。

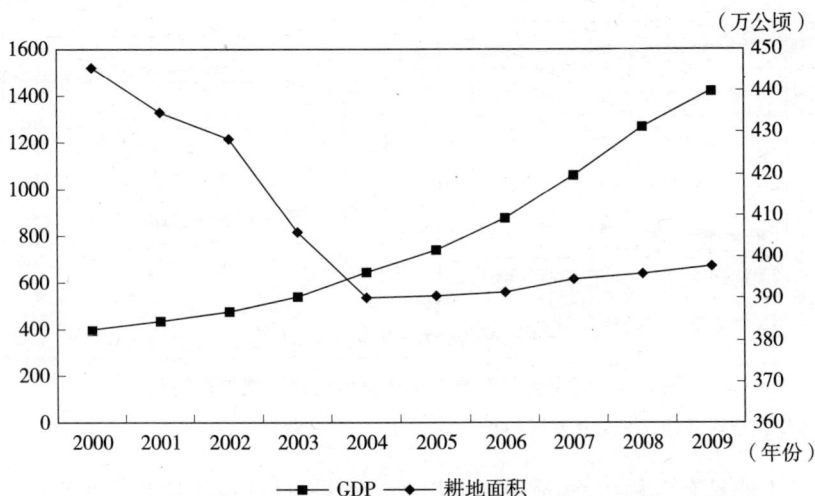

图 2-5　1999—2008 年四川省耕地面积与 GDP

数据来源:依据《四川省统计年鉴》(2000—2010)整理计算所得。

---

① 参见姚寿福:《四川省耕地资源变化与经济增长的计量分析》,《四川理工学院学报》(社会科学版)2011 年第 3 期。

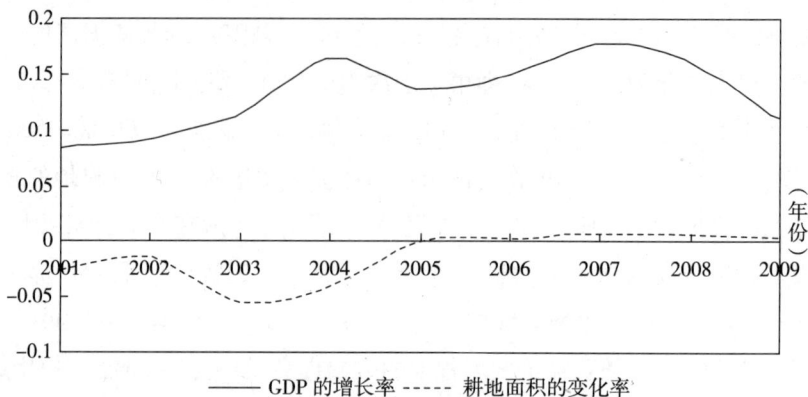

图 2-6 2000—2009 年我国四川省耕地面积与 GDP 的变化率

数据来源:依据《中国统计年鉴》(2001—2010)整理计算所得。

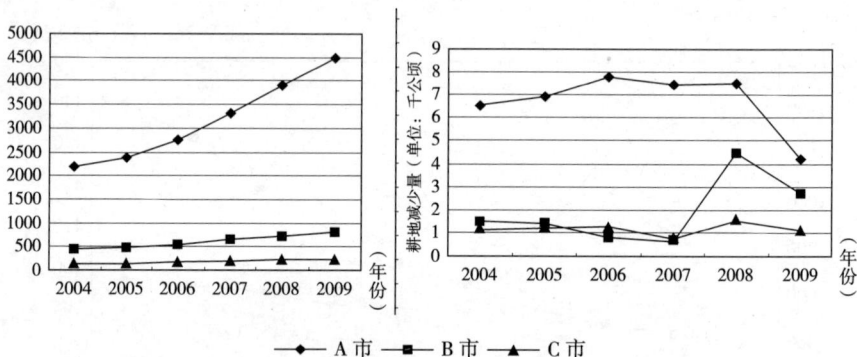

图 2-7 四川省三市国内生产总值与耕地减少量的对比

数据来源:依据《四川省统计年鉴》(2005—2010)整理计算所得。

土地具有多种用途,简单地可以分为两种,即建设用地和农业用地。据统计,地方财政总收入中土地出让成交总价款占比从 2006 年的 38.9%增长到 2010 年的 65.9%。我国实行工业用地出让价最低标准,将全国土地分为 14 个等别,等别越高出让价格越高,即经济发展程度越高的城市和地区其工业用地的出让价格越高。四川省最高工业用地出让价格为 32 万元/亩,而最低仅为 4 万元/亩。耕地非农化与经济增长的正向关系显示在第二产业即工业在国民生产总值中的比例增加,耕地保护的机会成本在增加,且经济越发达地区其耕地保护的机会成本越大。[①]

表 2-8　全国工业用地出让最低价标准

(单位:元/平方米)

土地等别	一等	二等	三等	四等	五等	六等	七等	八等
最低价标准	840	720	600	480	384	336	288	252
土地等别	九等	十等	十一等	十二等	十三等	十四等	十五等	
最低价标准	204	168	144	120	96	84	60	

　　近年来,各地方政府从农业中所获收入下降,而支出却在不断提高。随着土地财政收入的持续增长和耕地保护的机会成本的增加,各地方政府耕地保护投入的意愿在下降。为了减轻农民的负担和提高农民农业生产的积极性,我国已免除农业税。同时,为了调动农民耕地保护的积极性和粮食安全,不断提高粮食的最低收购价格。2007—2011 年,我国粮食最低收购价累计涨幅分别为:早籼稻 45.71%、中晚籼稻 48.61%、粳稻 70.67%、白小麦 31.94%、红小麦 34.78%、混合麦 34.78%。[②] 同时,为了保护耕地,政府在农业基础设施的投入比重在不断上升,统计显示,2009 年,政府在农业基础设施建设的投资较 2008 年增长 36.1%。

　　耕地保护是全民共同的责任,但由于中国耕地保护外部环境的非均衡性和耕地保护机会成本差异性决定了耕地保护责任是有区别的。[③] 我国东部地区是我国粮食的主销区,其经济发展亦要重视对生态环境的保护,中部地区大部分省份是我国粮食的主产区,承担着耕地保护的经济产出价值和社会价值,西部地区为我国粮食的产销平衡区,同时是我国两河的发源地,生态环境脆弱且后备耕地资源丰富。四川省作为西部地区的代表,其耕地资源的生态价值非常显著。在市场经济条件下,越是经济发达地区其耕地

[①] 参见吴泽斌、刘卫东:《论耕地保护的非对称利益冲突》,《资源科学》2010 年第 7 期。

[②] 参见《调高最低收购价　确保粮食安全》,中证网,http://www.cs.com.cn/,2011 年 4 月 22 日。

[③] 参见吴泽斌、刘卫东:《共同但有区别责任原则在中国耕地保护中的应用》,《中国土地科学》2010 年第 9 期。

保护成本越大,而农业收入的比重越低,其耕地保护的意愿越低;四川省地处我国西部地区,耕地保护的外部性明显,其承担着较大的耕地保护的责任,但因经济发展落后,在耕地资源不完善的价值评估体系和不完善的补偿机制下,其耕地保护的意愿亦较低。

三、地震灾区耕地资源安全指数评价

耕地资源安全主要从耕地数量安全和耕地质量安全两方面来评估。耕地数量安全评价指标包含人均耕地面积、人均耕地减少面积、耕地压力指数、人均粮食占有量、人均补充耕地等指标;耕地质量安全评价指标包含地貌、土壤、气候、水源、利用程度、利用效率等指标。由于受数据资料的限制,以下对灾区耕地数量和质量安全的评价只选择部分评价指标作为评价依据。

(一)地震灾区耕地数量安全指数评价

"5·12地震"受灾区域主要分布在龙门山断裂带上,包括阿坝州、德阳、绵阳、广元和成都西北部分区域。地震对这部分区域的耕地破坏比较严重,四川省科技顾问团、省农业厅专家深入到四川省6个市(州)的21个县(市、区)的调研结果显示:"5·12地震"引起的山体滑坡、泥石流、地层断裂等灾害,造成全省168.8万亩农田损毁,在国家民政部公布的8个市(州)39个重灾县中,损毁耕地面积为153.4万亩,占全省受灾农田面积的90.88%,其中,旱地损毁面积为104.8万亩,占损毁耕地的68.32%,水田损毁48.6万亩,占损毁耕地的31.68%。① 成都、德阳、绵阳、广元是四川省耕地较为集中,耕地质量较好的区域,也是四川省的粮食、油料作物、蔬菜的主产区域,这部分区域的耕地数量和质量安全直接关系到全省的粮食生产安全。

(二)地震灾区耕地质量安全指数评价

根据四川省农业厅发布的官方数据,"5·12地震"对耕地的损毁非常

① 数据来源:四川省农业厅、四川省科技顾问团联合发表的《5·12地震对四川省农田的破坏及灾后重建对策》。

严重,因山体滑坡、垮塌、覆盖等灭失耕地 14.26 万亩,占损毁总量的 8.45%;重度损毁 34.56 万亩,占损毁总量的 20.47%;中度损毁 46.14 万亩,占损毁总量的 27.34%;轻度毁损 73.84 万亩,占损毁总量的 43.74%。① 地震对耕地质量的破坏主要表现在:一方面,地震对土壤质量的破坏。地震引发地下深层物质喷出,从而导致耕地中各种元素的含量和比例发生变化,造成对土壤环境的污染和破坏。以成都市彭州市为例,根据四川省土壤肥料测试中心的震前与震后的检测数据,仅有军乐镇的三个检测数据与震前水平一致,其余检测数据均有不同程度的变化,其中,重金属镉的污染比较严重。另一方面,地震后大量耕地被迫转变用途,破坏了耕地的生产能力。由于地震损毁了大量居民住宅,灾区地势开阔的耕地被紧急用于修建过渡安置房,另外,灾后重建需要大量建设用地,据省国土资源厅灾后重建规划建设用地规划数据,全省地震灾害恢复重建共需用地 280.8 万亩,占用耕地约 56 万亩。② 规划重建中所占用的耕地多为地形平坦,地势开阔的土地,而这些土地一般是当地最肥沃、质量最好的耕地,耕地用途一旦被改变,即使以后被恢复为农业用地,其生产能力也必须要耗费 3—5 年的时间才能恢复。

第三节　四川省耕地资源数量平衡的评价

现阶段,我国耕地保护的范畴开始拓展,耕地保护的主要内容是耕地数量保护、质量保护和生态保护。数量保护是耕地保护工作的最基本的要求,是刚性指标。

耕地数量保护就是确保耕地数量可以持续满足区域人口健康生存的需要,包括总量保护和均量保护。耕地数量保护在中国耕地保护工作中具有重要地位,原因在于:中国粮食需求总量大、人均耕地数量少、后备耕地资源稀缺且质量较低。中国的这一特殊国情曾引起国外学者的广泛关注和担忧。

---

① 数据来源:四川省农业厅、四川省科技顾问团联合发表的《5·12 地震对四川省农田的破坏及灾后重建对策》。

② 数据来源:根据四川省国土资源厅发布的官方数据整理所得。

一、近年来四川省耕地数量变动情况考察

四川省人口众多,人均土地面积低于全国平均水平,人多地少的矛盾十分突出。根据《四川省统计年鉴》(2010),整理得出 1979—2009 年四川省耕地面积与非农人口数量的时间序列数据,并计算得出耕地面积与非农人口数量的年增长率,绘制成时序折线图,如图 2-8 所示:

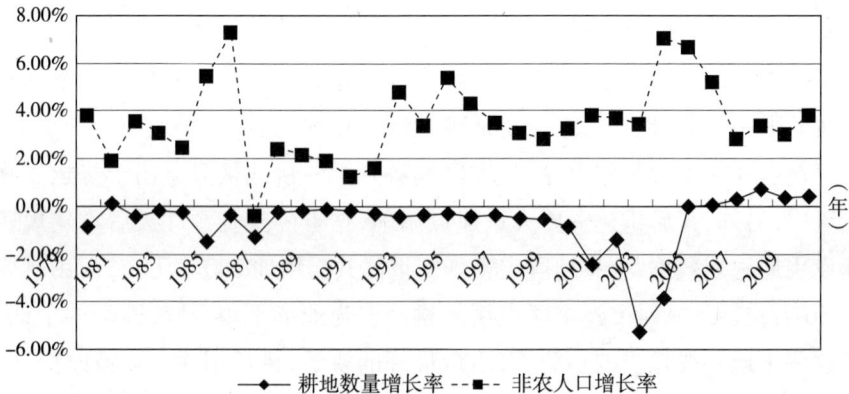

图 2-8 1979—2009 年四川省耕地面积与非农人口数量增长率变化折线图

数据来源:由《四川省统计年鉴》(2010)中关于耕地面积与农作物播种面积的相关数据整理计算得出。

1979—2003 年是四川省耕地面积负增长时期,除了 1980 年以外,其他年份省内耕地面积均呈现下降态势。20 世纪 80 年代初,以家庭承包为主的联产承包生产责任制开始在全国推广实施,以家庭为单位的农业生产方式在当时展现出强大的生命力,极大地激发了农民从事农业生产的积极性,适时开辟了大量闲置用地,使省内耕地面积扩大。2000 年以来,四川省社会经济的快速发展,以成都市为首的中心大城市建设步伐加快,城市化进程产生大量用地需求,耕地面积减退速度迅猛,从图 2-8 中,可以清楚看出,2000 年、2002 年、2003 年四川省耕地减退速度均超过 2%,耕地数量年增长率分别为-2.44%、-5.24%、-3.85%。2004 年,国家强令各地方政府严格执行占用耕地补偿制度,要求各相关政府部门制定开垦耕地计划,监督占用耕地的单位按照计划开垦耕地或者按照计划组织开垦耕地并进行验收。2004 年以后,耕地数量变化趋势得到扭转,由长期负增长的态势转为正向

增长,在巨大的建设用地需求压力下,全省耕地数量面积不仅没有下降反而出现增长态势,得益于《四川省土地管理实施办法》、《四川省开垦耕地暂行办法》等耕地保护法律、法规的有效实施。

从图 2-8 非农人口增长率折线图的波动状况来看,1979—2009 年间,四川省非农业人口除 1986 年以外,均呈现为正增长态势,年均增长速度为3.53%。其中,20 世纪八九十年代中期以及 21 世纪中期,城市非农人口分别出现了比较明显的快速增长态势、1984 年城市非农人口增长率为5.38%,1985 年城市非农人口继续迅速增加,在 1984 年强劲增长的态势上再次增长 7.27%,是 30 年来四川省非农人口增长最为迅速的年份。反观1984 年和 1986 年耕地数量变化情况,耕地增长速度分别为 - 1.45% 和- 1.27%,耕地减退速度仅次于 2000 年的水平,但由于当时我国房屋建筑市场并未开放,非农人口居住需求由国家统一规划解决,耕地面积虽然呈现为负增长态势,但减退速度并不十分明显。2000 年以后,城乡二元户籍制度管制逐步松动,吸引大量农村劳动力转移,2003—2005 年间,四川省处于城市非农业人口增长的高峰期,非农业人口年增长率分别为 7.01%、6.63%、5.20%。与此同时,2002 年四川省耕地面积减退为 405.99 万公顷,年增长率到达 - 5.25%,是 1978 年以来省内耕地面积减少速度之最,2003 年比2002 年同比下降 3.85%,大量耕地被转变为建设用地。

根据以上分析,非农人口的增长与耕地数量的减少在时间点上几乎呈现为反向重叠关系,为了较为准确地考察 1978—2009 年以来四川省耕地面积变化与非农人口数量的相关关系,观察四川省耕地面积与非农人口数量的散点图,如图 2-9 所示:

图 2-9 反映,1979—2009 年间,四川省耕地面积与非农人口数量呈现为明显的负相关关系,非农人口数量的增加是导致耕地面积减少的显著因素。以非农人口增长率为自变量: x ,耕地数量增长率为因变量: y ,计算得出自变量与因变量之间的相关系数[①]: $\gamma_{x,y} = -0.9688$,说明耕地数量减少

[①]　相关系数是对变量之间关系密切程度的度量,r 的取值范围是[-1,1],|r|越趋于 1表示关系越密切;|r|越趋于 0 表示关系越不密切。

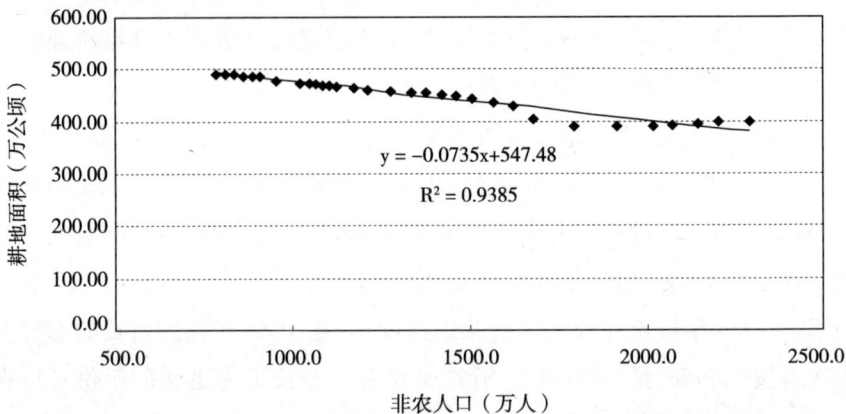

图 2-9 1979—2009 年四川省耕地面积与非农人口数量散点图

与非农人口数量增加之间的关系密切。进一步分析两者之间的定量关系,借助回归统计分析原理,得出 1979—2009 年四川省耕地面积与非农人口数量之间的拟合回归方程:

$$y = -0.0735x + 547.48$$

$$(t = -21.4 \qquad 111.3)$$

$$R^2 = 0.9385$$

回归方程在 95% 的置信水平下通过 t 检验,且拟合程度达到 93.85%。观察回归方程的系数关系,非农人口数量与耕地面积之间影响系数为 -0.0735,意味着 1979—2009 年间,四川省非农人口每增加 1 万人,耕地数量面积就减少 735 公顷。

二、耕地数量动态平衡的测评

(一)耕地数量测评方法的研究成果回顾

对于我国耕地数量的研究,一直缺乏比较权威的测评方法,我国关于耕地的数据通常是通过土地调查所得,众多相关学者也在不断地探索研究能够用于耕地测评的新方法。近年来随着遥感和 GIS 技术的广泛应用,许多学者从全国尺度、河流三角洲地区等大区域尺度、省级尺度、地市级尺度、县(区)尺度分析耕地数量的区域分布变化,划分出耕地数量变化的地域类型。① 耕地数量变化有其深刻的自然、经济与社会背景,被认为是"自然条件和社会经济条件综合作用的结果"。② 对于耕地数量变化驱动力的研究,研究方法主要采用相关性分析、主成分分析、多元线性回归、典型相关法、历史追溯法、模型分析法等,近年来较为流行的有人工神经网络法、遗传算法、小波分析、元胞自动机等非线性数学方法,为进行非线性模型的建立提供更多的工具,从而可以将驱动力视为非线性反馈系统,允许从整体性、层次性及动态变化等规律进行深入剖析。③ 研究结果表明,中国耕地资源数量安全同时受到这两个方面问题的威胁:一方面,虽然中国耕地资源总量较大,居世界第四位,但人均耕地面积却远远低于世界平均水平,人均耕地资源禀赋较差,这是导致中国耕地资源数量安全危机的重要原因。另一方面,中国耕地资源地域分布很不均衡,耕地资源分布的不均衡加剧了对耕地资源数量安全的威胁。④ 全国耕地主要分布在东部沿海和中部的华北、东北、华东、中南四个区,它们集中了全国71.7%的耕地面积,西部的西南、西北两个区仅仅占到全国耕地面积的28.3%。⑤

(二)耕地数量动态平衡测评方法的选取

正如前文所述,建设用地与农业用地之间存在着此消彼长的逆向关系,要达到某一特定区域的耕地数量绝对平衡是不现实的目标。对于区域内耕地数量平衡的测评应该秉持数量动态平衡的原则,允许区域内耕地面积在一定程度上的减少,只要减少的数量维持在一个较为合理的范围之内就认为耕地数量达到均衡。在耕地数量动态平衡的测评方法的选取上,采用耕

---

① 参见刘毅华:《我国耕地数量变化研究的回顾——进展及问题》,《土壤》2003 年第 35 期;熊鹰、王克林、郭娴:《湖南省耕地数量动态变化与经济发展关系研究》,《地理与地理信息科学》2003 年第 19 期;谭永忠、吴次芳、牟永铭:《20 世纪 90 年代浙江省耕地非农化过程分析》,《地理科学》2004 年第 24 期。

② 参见蔡玉梅、任国柱:《中国耕地数量的区域变化及调控研究》,《地理学与国土研究》1998 年第 14 期。

③ 参见吴大放、刘艳艳等:《我国耕地数量、质量与空间变化研究综述》,《热带地理》2010 年第 3 期。

④ 参见王礼茂:《资源安全的影响因素与评估指标》,《自然资源学报》2002 年第 17 期;郭风芝:《土地资源安全评价的几个理论问题》,《山西财经大学学报》2004 年第 26 期。

⑤ 参见刘黎明、林培:《土地资源学》,中国农业大学出版社 2002 年版。

地数量偏离值方法来评价。耕地数量偏离值的测评方法由徐梦洁等人在自然科学基金项目"长三角地区城市群建成区扩张动态、机制与效应研究"的成果中提出并应用。耕地数量偏离值是根据研究期内非农人口增长率及其建成区面积、转化为建设用地的农用地和未利用地在新增加的建设用地中所占比重、耕地占农用地转换用途比重等参数,确定耕地数量减少的合理范围,并将这一合理范围称为耕地数量允许偏离值。[1] 本书拟采用该方法测评四川省耕地数量的相对平衡状况:

①耕地数量测评模型的基本假设;

②研究区域建成区面积为 BA;

③研究区域耕地面积为 CA;

④研究区域非农人口为 NAP;

⑤研究期数用 i 表示, $i = 1 \cdots n$,表示研究期数从第 1 期到第 n 期,研究基期, $i = 0$;

⑥研究时段内发生用途转换的耕地占新(净)增加建设用地的比重为 $\alpha (0 \leqslant \alpha \leqslant 1)$;

⑦城市用地规模增长弹性系数为 EC;

⑧耕地数量变化幅度为 DCA,即耕地数量偏离值,rea 表示合理状态下的参数, DCA_{rea} 即耕地数量允许偏离值。

耕地数量偏离值的计算公式为:

$$DCA = \frac{CA_0 - CA_n}{CA_0} \tag{2-1}$$

(2-1)式表示耕地数量偏离值等于耕地面积数量的增长率的负数,一般情况而言,对于特定的研究区域,研究基期耕地绝对数量大于研究末期耕地的绝对数量。

耕地数量允许偏离值 DCA_{rea} 由城市用地规模增长弹性系数测算。城市用地规模的扩张的直接影响因素源自于非农人口数量的增长,城市用

---

[1] 参见徐梦洁、陈慧中等:《耕地总量动态平衡评价模型初探》,《资源科学》2009 年第 31 期。

地规模增长弹性系数反映城市人口数量的变化引起的城市用地规模的变化。根据弹性系数的计算原理,得出城市用地规模增长弹性系数的计算公式:

$$EC = \frac{\Delta BA/BA_0}{\Delta NAP/NAP_0} \qquad (2-2)$$

(2-2)式中,ΔBA 表示从研究初期到研究末期城市用地规模的变化,ΔNAP 表示从研究基期到研究末期非农人口数量的变化。BA_0 和 NAP_0 分别表示研究基期城市用地规模与非农人口数量。

$$\because \quad \alpha = \frac{\Delta CA}{\Delta BA}$$

$$\therefore \quad \Delta BA = \Delta CA/\alpha$$

将城市用地规模增长弹性系数转化为与耕地数量变化相关的关系式:

$$EC = \frac{\Delta CA \times NAP_1}{BA_0 \times \Delta NAP \times \alpha} \qquad (2-3)$$

合理的城市用地规模增长弹性指标为 1.12,只要城市用地增长弹性在这个范围内,认为城市用地增长合理,即 $EC_{rea} = 1.12$。[1]

$$\because \quad EC_{rea} = \frac{\Delta CA_{rea} \times NAP_{01}}{BA_0 \times \Delta NAP \times \alpha} = 1.12$$

$$\therefore \quad DCA_{rea} = \frac{\Delta CA_{rea}}{CA_0} = \frac{BA_0}{NAP_0} \times \frac{\Delta NAP \times \alpha \times 1.12}{CA_0} \qquad (2-4)$$

$$DCA \leq DCA_{rea} \qquad (2-5)$$

(2-4)式表示耕地数量允许偏离值;(2-5)式表示,当耕地递减数量在允许偏离值范围即认为研究区域在研究期内耕地数量达到动态相对平衡。

(2-4)式中,系数 BA_0/NAP_0 表示研究期基期,该地区人均建设用地水平,根据我国《城市用地分类与规划建设用地标准》的相关规定,城市人均建设用地不得超过 $100m^2/$人。用 $AVBA_{rea}$ 表示人均建设用地的临界值,即:$AVBA_{rea} = 100m^2/$人。耕地数量动态平衡的测评方法是建立在基期人均建设用地合理的假设前提下,如若基期研究地区的人均建设用地

---

① 陈美球:《我国城市化进程中土地管理的完善》,《中国城市经济》2000 年第 3 期。

水平未能达到国家统一标准,则需要对该地区耕地数量允许偏离值进行修正。

$$DCA^*_{rea} = DCA_{rea} \times \frac{AVBA_{rea}}{AVBA_1 - AVBA_{rea}} \qquad (2-6)$$

$$DCA \leqslant DCA^*_{rea} \qquad (2-7)$$

(2-6)式表示当研究区域基期人均建设用地面积超标时,修正后的耕地数量允许偏离值;(2-7)式表示,当耕地递减数量在修正后的允许偏离值范围时认为研究区域在研究期内耕地数量达到动态相对平衡。

三、四川省耕地数量动态平衡的测算数据整理分析

四川省位于东经97°21′—108°31′,北纬26°03′—34°19′,省内气候各地有明显差异,川西高原的气候垂直分布现象明显,"十里不同天",1月平均气温-9.3℃,7月为11℃—17℃。四川省地处长江上游,西为高原,其余为四川省盆地,山地占全省面积的77.1%,丘陵占12.9%,平原占5.3%,高原占4.7%。耕地资源分布比较集中,大部分集中分布于东部盆地和低山丘陵区,占全省耕地的85%以上。根据《四川省统计年鉴》(2010)、《中国统计年鉴》(2001—2010)、《2002—2009国土资源公报》的统计数据,由耕地数量偏离值评价模型的变量需求,整理得出四川省耕地数量平衡测算所需数据,详见表2-9:

表2-9 2001—2009年四川省用地情况简表

年份	耕地面积 ×$10^4 hm^2$	耕地数量增长率	建设用地 km^2	非农人口 ×10^4人	人均建设用地 m^2/人
2001	428.44	—	1198.50	1622.10	73.89
2002	405.99	-5.24%	1281.60	1677.60	76.39
2003	390.37	-3.85%	1378.40	1795.20	76.78
2004	390.44	0.02%	1393.94	1914.30	72.82
2005	390.60	0.04%	1442.93	2013.80	71.65
2006	391.66	0.27%	1272.88	2070.80	61.47
2007	394.59	0.75%	1328.35	2140.00	62.07

（续表）

年份	耕地面积 ×$10^4 hm^2$	耕地数量 增长率	建设用地 km^2	非农人口 ×10^4人	人均建设用地 m^2/人
2008	395.95	0.34%	1382.19	2203.40	62.73
2009	397.61	0.42%	1473.19	2286.30	64.44

注:表中数据为各年份年末统计数据。由于2001—2006年四川省建设用地标准数据未能查实,经
  比对,四川省2007—2009年建设用地面积与城区建成面积非常相近,误差率<0.05%,表中
  2001—2006年建设用地面积由城区建设面积替代。

　　2001—2009年处于四川省城市化建设重点时期,省内建筑面积增长较快,城市建设用地面积年均增长率为2.79%。特别是在21世纪初期,由于城市非农人口的迅速增加,以及房屋建筑市场的逐步开放,城市建设用地增长非常迅速,2001年年末四川省建设用地面积为1198.50平方公里,2002年同比增长6.93%,建设用地面积增至1281.60平方公里,2003年在2002年的基础上再次增长7.55%,创近年来建设用地面积增速之最。2004年起,中央和地方政府对土地流失问题空前重视,严格审查和控制土地用途转变,并颁布了一系列法律法规,在一定程度上遏制了大量农用土地转变为非农土地的不良态势。加上2004年以后,四川省内人口非农化速度开始放缓,进一步从需求上抑制了建设用地迅速扩张。加上《四川省土地管理实施办法》、《四川省开垦耕地暂行办法》等耕地保护法律、法规效益的显现,2006年四川省建设用地总面积不但没有增加反而有所下降,下降幅度达到11.79%。之后两年间,建设用地增速相对平稳,直至2009年,四川省建设用地面积再次出现较快增长,年增长率为6.58%,原因可主要归结为2008年的"5·12地震"所引致的灾后重建建设用地需求,以及2009年房地产市场的升温所产生的商品房建设用地需求。21世纪以来,四川省非农人口人均建设用地面积总体呈现为下降趋势,2001年人均建设用地面积为73.89平方米/人,2009年下降为64.44平方米/人,下降幅度达12.79%。2001—2009年间,非农人口人均建设用地面积年均增长率为-1.54%,其中,2006年,人均建设用地面积下降幅度最大,达14.21%,原因主要归结为2006年城市建设用地总面积的大幅减少。从历年非农人口人均建设用地面积绝对

值来看,2001—2009 年四川省非农人口人均建设用地面积均小于国家《城市用地分类与规划建设用地标准》所规定的城市人均建设用地不得超过 $100m^2/$ 人 的法定标准,因此,不需要对耕地数量动态平衡的测评模型进行修正。

四、四川省耕地数量动态平衡测算结果与解析

根据表 2-9,2001—2009 年四川省用地情况的相关数据,当研究期限为一年时,以上一年为研究基期,计算得出 2002—2009 年间一年期耕地数量动态平衡的测评指标,见表 2-10:

表 2-10　四川省 2002—2009 年一年期耕地数量平衡指标计算表

年份	期数 i	非农人口增长率	数量偏离值 DCA	允许偏离值 DCA_{rea}
2002	1	3.42%	0.0524	2.8960
2003	2	7.01%	0.0385	3.9993
2004	3	6.63%	−0.0002	4.8880
2005	4	5.20%	−0.0004	2.9658
2006	5	2.83%	−0.0027	0.7999
2007	6	3.34%	−0.0075	1.5144
2008	7	2.96%	−0.0034	1.0075
2009	8	3.76%	−0.0042	1.5784

注:表中数据研究间隔期限为一年,以上一年为基期,2002 年的基期数据为 2001 年。

耕地数量允许偏离值由城市用地规模合理增长弹性推导演化而来,城市用地规模弹性反映的是城市人口数量的变化引起的城市用地规模的变化,城市人口增加,城市用地规模弹性系数也随之增加,相应地,耕地数量也随之变化。由(2-4)式,基期建设用地面积、非农人口粮食、耕地面积均未定值,耕地数量允许偏离值与非农人口的增长量呈正比,考察期内耕地数量允许偏离值随非农人口数量的增长而增大。由表 2-10 可看出,2002—2009 年,四川省非农人口增长率与耕地数量允许偏离值具有较强的线性相关关系,经计算可知,二者之间的相关系数等于 0.91,即 2002—2009 年四

川省非农人口增长率与耕地数量允许偏离值的线性相关程度为91%。观察2002—2009年四川省耕地数量偏离值DCA:2002年、2003年耕地数量偏离值$DCA>0$,说明耕地数量较上一年减少,2004—2009年耕地数量偏离值$DCA<0$,说明耕地数量较上一年增加。由于城市规模扩张允许系数为定值,且在城市化进程中非农人口增长是一种必然趋势,因此在城市化进程中,耕地数量允许偏离值恒大于等于零,如此,容易判断出耕地数量不减反增的研究期内,即2004—2009年,四川省耕地数量达到动态平衡。观察2002年和2003年的考察结果:$DCA_{2002}=0.0524<DCA_{rea2002}=2.896$;$DCA_{2003}=0.0385<DCA_{rea2002}=3.9993$,耕地数量实际偏离值远小于耕地数量允许偏离值。测评结果表明,2002年以来,四川省耕地数量总体到达动态平衡标准,城市建设用地扩张规模在允许范围之内。

为进一步研究四川省长期以来耕地数量动态平衡的状态,调整研究期限,以2001年为基期,研究期限为2001—2009年,结合相关统计数据,根据耕地数量动态平衡测评方法,得出各测评指标值,见表2-11:

表2-11 四川省2001—2009年8年期耕地数量平衡指标计算表

耕地所占比例α	数量偏离值DCA	允许偏离值DCA_{rea}
0.2591	0.0720	33.2395

注:表中数据研究间隔期限为8年,以2001年为基期,2009年为末期。

从表2-11的测评结果,四川省2001—2009年期间,新增建设用地中,耕地所占比例为25.91%,即每增加100平方公里的建设用地,就有25.91平方公里的耕地被转为非农用途。以2001年为基期,2009年研究末期,计算四川省8年来的耕地实际偏离值为0.072。2001—2009年,四川省非农人口由1622.10万人增至2286.30万人,增幅达40.95%,按照耕地数量动态平衡的测评原理,耕地数量允许偏离值也会随之大幅增长,计算结果显示,2001—2009年四川省耕地允许偏离值为33.2395,允许偏离范围较大。测评结果非常明显:$DCA_{2001-2009}=0.072<DCA_{rea2001-2009}=33.2395$,说明2001—2009年期间,从数量上看,耕地数量达到动态平衡,建设用地扩张比

例比较合理,且后备耕地数量相对充足,耕地转为城市建设用地还有一定空间。

第四节　四川省耕地资源质量平衡的评价

一、耕地质量评价的研究成果简述

（一）耕地质量与生态保护

在 FAO 土地纲要方法论中,Bennema 认为"土地质量是指在影响特定土地利用的适宜性方面有别于其他土地类型的复杂属性",[①]而在 FESLM（评价可持续土地管理的国际框架）中,土地质量被定义为"在影响特定土地利用的持续性方面有别于其他土地类型的复杂属性"。[②] 土地质量保护是土地对某种农业利用造成的退化的抵抗过程（保护土地利用单元本身及与之相联系的土地利用系统质量）,土地保护能力是指土地独有的保持上述土地质量水平的能力,也可以指土地的环境控制能力。[③] 根据土地质量保护的定义可基本了解耕地质量保护的界定,简单地讲,耕地质量保护就是保证耕地的总体质量和生产能力不下降。我国人多地少,耕地质量不高。国土资源部于 2009 年 12 月 24 日发布的《中国耕地质量等级调查与评定》显示:全国耕地质量平均等别为 9.80 等,等别总体偏低。优等地、高等地、中等地、低等地面积占全国耕地评定总面积的比例分别为 2.67%、29.98%、50.64%、16.71%。耕地质量等别总体最优的前三位是长江中下游区、华南区、江南区;总体最差的后三位是黄土高原区、青藏高原区和内蒙古高原区及长城沿线区。我国中部地区和东部地区耕地平均质量等别较高,西部地区和东北地区耕地平均质量等别较低。

---

① FAO/UNESCO."A Framework for land evaluate".*Soil Bulletin*,1976,No,32. Rome.

② Smyth A J, Dumanski J.PESLM,"An international framework for evaluating sustainable land management. A Discussion Paper", *World Soil Resources Report*. Food and Agriculture Organization of the United Nations,1993.

③ 参见朱永恒:《耕地生态质量评价理论与方法研究》,安徽人民出版社 2007 年版,第 26 页。

　　土地生态系统是不断演化的,其动态演化过程可以划分为纯自然土地系统、原始土地生态系统和人工土地生态系统三个阶段。[①] 土地生态质量是指在一定时空范围内,土地生态系统自我维持存在和发展演化的能力,土地生态质量取决于土地生态系统的稳定性,而其稳定性又决定于土地生态系统结构和功能。[②] 耕地是土地资源的一种利用类型,耕地生态质量可以由土地生态质量的定义推得之,耕地生态质量是在一定时空范围内,土地生态系统自我维持存在和发展演化的能力。相应地,耕地生态环境保护就是维持生态平衡,使耕地生态环境保持一个良好的状态,以保证耕地的可持续利用。耕地生态环境的保护包括防止耕地污染、防止耕地沙漠化与水土流失等耕地退化现象的发生。最近几年,我国耕地质量呈现出土壤养分失衡、耕地沙化严重、土壤污染严重和抗灾能力减弱等新特征。据《农民日报》的报道,我国耕地因水土流失、贫瘠化、次生盐渍化、酸化等原因导致的退化面积已占耕地总面积的40%以上;全国受污染的耕地约1.5亿亩,污水灌溉污染耕地3250万亩,固体废弃物堆存占地和毁田200万亩,合计约占耕地面积的1/10以上;我国耕地缺磷面积达51%、缺钾面积达60%,磷钾肥施用量明显不足。在肥料施用总量中,有机肥仅占25%,同合理的施肥比例(40%)相比少15%左右。微量元素肥料施用面积仅占应施用面积的15%;全国仅因干旱缺水平均每年受灾面积达3亿亩左右等。[③] 与此同时,由于农药、化肥、地膜等多种土壤污染不断增加,造成全国耕地肥力持续下降。全国有50%左右的耕地不同程度地存在环境恶化和质量下降问题,每年造成的经济损失约为50亿元。[④]

　　(二)国内外耕地质量评价研究成果简述

　　西方国家对于土地质量的评价研究起步较早,最早由德国提出,而美国

---

　　① 参见梁留科、吴次芳、曹新向:《土地生态系统演化的时间观》,《华北农学报》2002年第17期。

　　② 参见朱永恒:《耕地生态质量评价理论与方法研究》,安徽人民出版社2007年版,第34页。

　　③ 参见《我国耕地质量出现新问题不容忽视》,《农民日报》2009年10月27日。

　　④ 数据来源:《中国耕地资源利用现状如何?》,中国农业推广网,www.farmers.org.cn,2010年4月14日。

是进行土地质量评价工作最为成功的国家。20 世纪 30 年代,美国中西部地区严重的土壤侵蚀和水土流失现象引起政府和学术界的充分重视,1961 年,美国农业部土壤保持局正式颁布了世界上第一个较为全面的土地资源评价系统——土地潜力分级。① 随后,加拿大和英国等西方国家纷纷效仿美国,在美国的土壤潜力评价系统的基础上提出了自己的土壤潜力分级系统。1976 年,联合国粮农组织(FAO)颁布了《土地评价纲要》,该《纲要》从土地的适宜性角度出发,分为纲、类、亚类、单元四级,主要反映土地的适宜性程度及土地的限制性因素和改良管理措施,为世界各国的各类土地评价提供了提纲式指南,在一定程度上实现了耕地质量评价的标准化。20 世纪 80 年代,随着计算技术的不断发展和普及,耕地质量评价的理论和测评方法不断改善,耕地质量测评计算逐步精确化。1981 年,美国农业部土壤保持局提出了"土地评价和立地评价"系统,专门用于美国土地规划和管理工作。② 随着"3S"(GIS、GPS、RS)技术和地图、自动制图技术等高新技术的发展与应用,在数据更新、土地动态评价、评价精度方面取得了很大进展,并能快速完成多维、多元信息复合分析。③ 在耕地评价与管理中,逐渐建立了一系列土壤信息管理系统,如 FAO 世界土壤图(SMW,1971—1981)和世界土壤资源数据库(SDB,1989—1991)、SOTER(Soil and Terrain digital database)、国际土壤参比中心(ISRIC)世界土壤排放清单项目建立的全球土壤数据库、加拿大国家土壤信息系统(Can GIS)、澳大利亚 SIRO 土地利用规划信息系统、英国的土地资源信息系统、美国土壤信息系统(NASIS)等。

我国耕地质量评价研究工作起步较晚,20 世纪 70 年代末期,受联合国粮农组织(FAO)的影响,我国土壤学界和地理学界开始了对土壤质量测评方法的初步探索。1986 年,原农牧渔业部土地管理局和中国农业工程研究设计院等单位研究制定了《县级土地评价技术规程(试行草案)》(1986

---

① 参见傅伯杰:《美国土地适宜性评价的进展》,《自然资源学报》1987 年第 2 期。

② 参见傅伯杰:《美国土地适宜性评价的进展》,《自然资源学报》1987 年第 2 期。

③ Cf. Turner M G, Gardner R H.: *Quantitative methods in Landscape Ecology*. Springer-Verlag, New York, 1991.

年),主要以水、热、土等自然条件为评价因素,划分农用地自然生产潜力的级别。① 在技术规程的基础上,中国农科院区划所和农业部土肥总站按土壤肥力、土壤理化性状、土壤障碍因素与农用地生产水平等条件综合比较,把全国农用地划分为五个等级。1995 年,中国农科院农业自然资源和农业区划所,以县级为单位对耕地进行了分区评价,并给出了每个县级单位的耕地质量指数。② 1997 年,农业部颁布了农业行业标准《全国耕作类型区、耕地地力等级划分》,以粮食单产水平为依据把全国耕地划分为 7 个耕地类型区、10 个耕地地力等级,并分别建立了各类型区耕地部分的等级范围及基础地力要素指标体系。2002 年,农业部启动了全国耕地地力调查与质量评价项目,在全国 10 个省区进行试点,并组织专家审定了《全国耕地地力调查与质量评价技术规程(试行)》,该项目采取“试点启动、区域调查、全面开展”的总体工作思路,在国内初步形成了较为权威的耕地等级划分数据库和耕地资源管理信息系统。

综上所述,我国对于耕地质量的保护在技术层面上通过土地整理和复垦,改善农业基础设施,加强水土保持,减轻污染,发展生态农业,加强耕地质量的动态监测和管理;管理层面上完善农用土地产权体系,充分发挥土地的“社会保障”作用;经济层面上加强经济体制改革,加大农业投资力度,提高农业生产水平,加强耕地价值评估,提高耕地征用补偿费用。③ 目前较为权威的耕地质量评价标准当属农业部研究完成的《耕地地力调查和质量评价技术规程》,该规程进一步规范和加强了耕地地力调查和质量评价工作,为提高我国耕地综合生产能力、保障国家粮食生产安全提供了理论和现实依据。

二、耕地质量动态平衡的评价方法

虽然我国耕地质量评价的研究成果卓著,但目前国内耕地质量评价侧

---

① 参见王万茂、但承龙:《农用土地分等、定级和估价的理论与方法探讨》,《中国农业资源与区划》2001 年第 4 期;邵景安:《农用分等定级研究进展》,《成都大学学报》(自然科学版)2002 年第 9 期。

② 参见周勇、聂艳:《土地信息系统理论·方法·实践》,化学出版社 2005 年版。

③ 参见吴大放、刘艳艳等:《我国耕地数量、质量与空间变化研究综述》,《热带地理》2010 年第 3 期。

重于类别划分,而类别划分以土壤质量和粮食产量为标准,没有充分考虑耕地投入产出之间的动态影响。评价耕地质量应同时兼顾耕地的自然属性和社会经济属性,社会经济因素的改变对耕地自然属性产生影响,在一定程度上影响土地质量等级划分的科学性。应该着重从经济投入产出角度评价耕地质量是否达到动态平衡,以耕地面积粮食单产量为考察耕地质量变化的基本指标,同时考虑影响耕地面积粮食单产量的诸多投入要素因子的作用效果,动态考察耕地质量变化趋势。耕地质量变动的具体评价模型借鉴徐梦洁等人于 2009 年在"长江三角洲地区城市群建成区扩张动态、机制与效应研究"项目中的研究成果,采用非参数统计的方法,利用投入产出模型中参数的变化趋势推导耕地占补前后整体质量的差别。[①]

耕地投入产出模型表示为:

$$output = f(input1, input2, input3, \cdots) \quad\quad (2-8)$$

(2-8)式中,output 代表耕地产出,用耕地面积粮食单产量来表示;input 代表除土地要素以外的其他农业生产要素投入,一般包括农业生产劳动力投入、化肥投入、机械动力投入等。根据耕地投入产出模型,给出耕地质量动态平衡的评价结果。

表 2-12　耕地质量动态平衡评价判定表

产出	投入		耕地质量变化	是否实现动态平衡
平稳	平稳		平稳	实现
	增长		恶化	未实现
	减少		改善	实现
增长	平稳		改善	实现
	增长	同幅度增长	平稳	实现
		产出增长幅度较大	改善	实现
		投入增长幅度较大	恶化	未实现
	减少		改善	实现

① 参见徐梦洁、陈慧中等:《耕地总量动态平衡评价模型初探》,《资源科学》2009 年第 31 期。

（续表）

产出	投入		耕地质量变化	是否实现动态平衡
减少	平稳		恶化	未实现
	减少	同幅度减少	平稳	实现
		产出减少幅度较大	恶化	未实现
		投入减少幅度较大	改善	实现
	增长		恶化	未实现

注:该表引自徐梦洁、陈慧中等:《耕地总量动态平衡评价模型初探》,《资源科学》2009 年第 31 期。

　　在表 2-12 中,以耕地产出和各项投入的趋势变化来判定耕地质量现状,并得出是否实现质量动态平衡目标。耕地产出分为平稳、增长、减少三种时序变化状态,相应地,生产投入也存在平稳、增长和减少的三种可能变化趋势。当耕地产出变化平稳时,投入平稳,说明耕地质量稳定;投入增加,说明耕地质量恶化;投入减少,说明耕地质量有所改善。当耕地产出增长时,投入平稳或减少,均说明耕地质量有所改善;若投入也呈现出增长趋势,则需比较投入和产出增长的幅度,当投入与产出同幅度增长时,说明耕地质量变化平稳,当投入增长幅度大于产出增长幅度时,说明耕地质量恶化,当投入幅度小于产出增长幅度时,说明耕地质量改善。当耕地产出减少时,投入平稳或增长均说明耕地质量恶化,如若投入也呈现为减少态势,则需比较投入与产出的减少幅度,当投入与产出同幅度减少时,说明耕地质量变化平稳,当投入减少幅度大于产出增长幅度时,说明耕地质量改善,当投入幅度小于产出减少幅度时,说明耕地质量恶化。耕地质量平稳或改善均视为研究区域耕地质量实现动态平衡目标,耕地质量恶化则视为研究区域耕地质量未能实现动态平衡目标。

三、四川省耕地质量动态平衡的测算数据整理分析

　　根据耕地质量动态平衡的测评方法,选取四川省历年耕地面积粮食单产量代表耕地产出水平,选取平均每公顷耕地劳动力投入量、化肥投入量、机械动力投入量作为衡量耕地投入的时序变量。根据《四川省统计年鉴 2010》、《中国 55 年统计资料汇编》的相关数据,经过换算整理可以得出,

1978—2009 年四川省各项耕地质量动态平衡的测算数据,由时序数据画出
32 期的时间序列平稳图,可以观察出四川省 1978—2009 年每公顷耕地劳
动力投入量、化肥投入量、机械动力投入量作为衡量耕地投入量的时序变动
趋势,如图 2-10 所示:

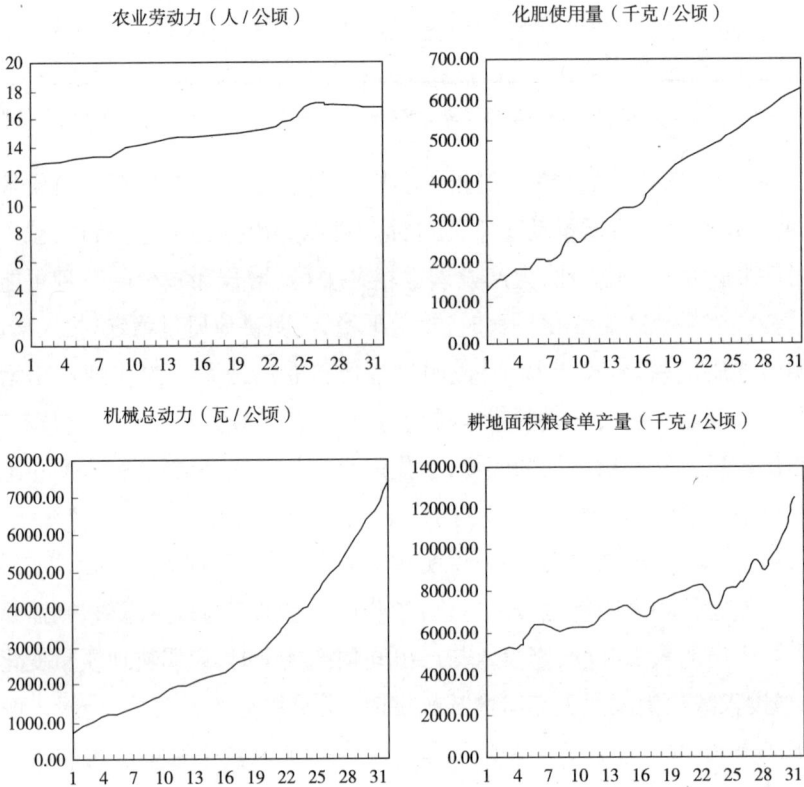

图 2-10 四川省 1978—2009 年耕地质量变化测评指标时序走势图

图 2-10 显示,四川省 1978—2009 年每公顷耕地劳动力投入量、化肥
投入量、机械动力投入量作为衡量耕地投入量的时序变动趋势均呈现为上
升趋势,但无法精确判定各变量的单调趋势,需采用 spearman 秩相关系数
来评估当用单调函数来描述两个变量时,变量之间关系的密切程度。
spearman 秩相关系数是将变量排序后的 pearson 线性相关系数,假设原始数
据 x_i,y_i 已经按照从大到小的顺序排列,记 x_i',y_i' 为 x_i,y_i 在排列后数据所

在的位置,则 x_i' , y_i' 称为变量 x_i , y_i 的秩次,则 $d_i = x_i' - y_i'$ 为 x_i , y_i 的秩次之差。则 spearman 秩相关系数可以由下式计算:

$$\rho_S = 1 - \frac{6 \sum d_i^2}{n(n^2 - 1)} \qquad (2-9)$$

(2-9)式中, ρ_S 表示秩相关系数, d_i 表示秩次之差,n 表示变量的样本数量。Spearman 秩相关系数的取值范围为 $[-1,1]$,它的符号表示 X 和 Y 之间的联系方向,如果 Y 随着 X 的增加而增加,那么 spearman 秩相关系数是正的,反之,如果 Y 随着 X 的增加而减小,那么 spearman 秩相关系数是负的。spearman 秩相关系数为 0 表示随着 X 的增加,Y 没有增大或减小的趋势。随着 X 和 Y 越来越接近严格单调的函数关系,spearman 秩相关系数在数值上越来越大。当 X 和 Y 有严格单增的关系时,spearman 秩相关系数等于 1,反之,当 X 和 Y 有严格单减的关系时,spearman 秩相关系数等于 -1。根据 spearman 秩相关系数的值,可以分析产出水平与投入要素时间序列数据的变化趋势,根据趋势变化状态可以判断耕地质量变化,并进一步推出耕地质量动态平衡是否实现。

四、四川省耕地质量动态平衡测算结果与解析

根据(2-9)式,计算出 1978—2009 年四川省产出变量:耕地面积粮食单产量,投入变量:耕地面积农业人口数量,化肥投入量,机械动力投入量的 spearman 秩相关系数,计算结果见表 2-13:

表 2-13　四川省耕地质量动态平衡评价指标测试结果

	耕地面积粮食单产量	农业人口数量	化肥投入量	机械动力投入量
ρ_S	0.8972	0.9802	0.9989	1.0000
趋势	增长	增长	增长	增长

从表 2-13 的测试结果来看,样本个数 n＝32,在 99% 的置信水平下,模型中 4 个变量的 spearman 秩相关系数的绝对值大于临界值,说明变量具有显著相关关系。其中,耕地面积粮食单产量的 spearman 秩相关系数等于

0.8972,时序数据变化呈递增趋势;农业人口数量的 spearman 秩相关系数等于 0.9802,时序数据变化呈递增趋势;化肥投入数量的 spearman 秩相关系数等于 0.9989,时序数据变化呈递增趋势;机械动力投入数量的 spearman 秩相关系数等于 1,时序数据变化趋势为严格线性递增。可见,耕地产出和投入均呈现为增长态势,根据表 2-13,要判断耕地质量动态变化趋势,需比较投入和产出增长的幅度。从各变量的 spearman 秩相关系数可以明显看出,投入变量的增长幅度明显高于产出的增长幅度,因此,虽然耕地面积粮食单产量逐年递增,但土地投入的力度明显高于耕地产能的增长,可以判断出 1978—2009 年间,四川省耕地质量逐年恶化,耕地质量动态平衡为未能实现。

依据四川省近年来耕地数量和质量变化的相关数据,耕地总量动态模型的测试结果显示,四川省耕地变化形式与国内大多数地区相似。一方面,四川省实现了耕地数量动态平衡目标,基本达到"占补平衡"的耕地占用补偿制度目标;另一方面,尽管耕地产量逐年提高,但耕地投入增长幅度超过产量增长幅度,耕地质量恶化,耕地质量动态平衡未能实现。耕地总量动态平衡是耕地数量和质量的双重平衡,四川省耕地保护工作需加强耕地质量保护,以期实现耕地总量的动态平衡。

第三章

耕地保护面临的主要瓶颈

近年来,包括四川省在内的全国各地都在努力探寻推进耕地保护工作的新思路,先后实施了包括"金土地工程"、"耕地保护基金制度"等一系列措施,在一定程度上抑制了耕地面积连年递减的态势,耕地保有量和基本农田实际保护面积逐渐开始稳定。但在新形势下,严守耕地保护红线、加强耕地保护工作还存在一些突出问题。

第一节　收益预期不稳定难以促进耕地长期投资

家庭联产承包责任制是我国农村的一项基本经营制度,赋予农民更加充分而有保障的土地承包经营权,使现有土地承包关系保持稳定并长期不变是我国目前推行农村土地工作改革的基本原则。长期以来,我国分别针对农村和城市实施两套不同的土地管理制度。在农村,农民利用集体所有的土地在一定的法律约束范围内进行农业生产活动,相对于城市土地管理制度,农村土地制度显示出更多的不稳定性特征,主要表现为农地使用权的不稳定性。地权不稳定又直接导致农民收益预期不稳定,从而难以促进农民选择对耕地长期投资,导致耕地质量和数量安全指标逐年下滑。①

---

① 参见孙杨:《地权影响下的农户土地投资行为和绩效分析》,《农村经济》2011 年第 11 期。

一、收益预期与农民农业投资行为的机理分析

稳定的地权使农户对土地产生稳定的投资预期,因而偏向于选择适当的行为投资土地以增加农户的投资效用。在地权稳定的情况下,若农户不对土地进行长期投资,只是单纯完成本生产季度的生产短期投入,当本期生产结束后,农户可以得到土地产品收益 Y,并保有本来的土地初始禀赋 L。农户的效用函数可以表示成:

$$U_1 = Y + L \tag{3-1}$$

在地权稳定的情况下,也有利于农户偏好于在投入本生产季度的生产资本的同时,对土地进行长期投资。这种情况下,本期生产结束后,农户除了可以获得土地本身带来的收益 Y 外,还可以从土地投资中获得的短期土地产品增值 ΔY,土地长期投资使土地本身增值 ΔL,此时,农户拥有的土地禀赋增加为 L+ $r * K$。农户的效用函数可以表示为:

$$U_2 = Y + \Delta Y + L + r * K — K \tag{3-2}$$

地权的不稳定性,使农户对土地的使用权充满了不确定因素。同样考虑一个生产周期,对生产周期开始时还拥有土地使用权的农户来说,可能会有两种情况发生,一种是继续保有土地使用权,另一种是土地使用权被剥夺。由于未来的不确定性,悲观的农户只会选择短期投资,不对土地进行长期投入,在生产周期结束后,土地产品收益只有 Y。再来看土地禀赋,如若发生坏的情况,即不再拥有土地使用权,农户获得补偿 M;相反,发生好的情形,农户继续保有土地使用权,也就继续拥有土地价值 L,而土地最终给农户带来的效用取决于土地价值的期望值,用 E_1 表示。

$$E_1 = (1—p) * L + p * M \tag{3-3}$$

农户的效用函数就等于土地产品收益与土地价值的期望值之和。

$$U_3 = Y + E_1 = Y + (1—p) * L + p * M \tag{3-4}$$

对于乐观的农户来说,地权的不稳定性不会影响他们追求更多收益的决策,即便是土地使用权不确定的情况下,他们依然会选择对土地同时进行短期生产投入以及有利于土地增值的长期投资。就农地产品收益而言,农民可获得收益是 Y+ ΔY。就土地禀赋而言,发生坏的情况,农户生产季度末失去土地使用权,连同土地和土地长期投入全部被收回,只能得到

补偿 M;发生好的情况,农户继续持有土地使用权,农户不但拥有初始土地禀赋 L,还拥有的土地增值收入 $r*K$,在这里,用 E_2 表示土地价值的期望值。

$$E_2 = (1-p)(L + r*K) + p*M \qquad (3-5)$$

这种情况下,农户的投资效用函数表示为:

$$U_4 = Y + \Delta Y + E_2 = Y + \Delta Y + (1-p)(L + r*K) + p*M - K \quad (3-6)$$

农户作为追求生产效用的最大化的理性经济人,会选择最佳的投资组合,而不同的农地制度会使农户的效用函数产生不同的结果。

在稳定的农地制度下,农民选择不同的生产投资行为产生的效用差为:

$$\Delta U = U_2 - U_1 = \Delta Y + (r-1)*K \qquad (3-7)$$

在正常的生产投资的前提下,农地产品的增加值 $\Delta Y \geq 0$,同时,$(r-1)*K > 0$,据此可判断 $\Delta U \geq 0$。因此,稳定的农地制度促使追求自身利益最大化的农户选择对土地进行长期投资。

在不稳定的农地制度下,农户选择不同的生产投资行为产生的效用差为:

$$\Delta U = U_4 - U_3 = \Delta Y + (1-p)*(r*K) - K \qquad (3-8)$$

农户如何选择生产投资行为取决于 ΔU,当 $\Delta U \geq 0$ 时,农户选择投资,当 $\Delta U < 0$ 时,农户选择不投资,而 ΔU 的值由农地使用权被剥夺的发生概率 p 的值来决定。当 $\Delta U = 0$ 时,农户是否选择对土地长期投资,所产生的收益效用相同,即: $U_1 = U_2$。土地使用权变更概率的临界值:

$$p^* = 1 - \frac{K-\Delta Y}{r*K} \qquad (3-9)$$

因此,当 $p \leq 1 - \frac{K-\Delta Y}{r*K}$ 时,理性的农户会选择土地长期投资;当 $p > 1 - \frac{K-\Delta Y}{r*K}$ 时,理性的农户选择只对土地进行短期投入。

根据以上的简析过程可以得出结论,当农地地权不稳定时,地权变动概率的大小直接影响了农户投资行为。影响地权变动概率的诸多因素包括土地供需情况的市场因素以及土地的地理位置、肥沃程度等非市场因素。可以说,不稳定的地权如同对农户征收的一项随机税一般,降低了农户的生产投资的积极性。[①] 而这些因素影响地权变更的程度受到制度因素的制约,合理明晰的土地权利变更法则可以降低土地使用权的不确定性,使农户能够在一定程度对农地使用权变更的概率作出正确预期,以便更加理性地选择生产行为,最终实现经济权益的最大化。

二、不稳定的收益预期最终导致绩效损失

当农户决策不进行土地投资时,稳定的地权制度与不稳定的地权制度产生的效用差值为:

$$\Delta R = U_1 - U_3 = p(L - M) \tag{3-10}$$

明显的,当且仅当 L≤M 时,有 $\Delta R \geqslant 0$,由 $\Delta R \geqslant 0$ 可以推出: $U_1 < U_3$。也就是在农户不选择对土地进行长期投资的情况下,只有当变更土地使用权的补偿价值 M 不小于土地本身的价值 L 时,稳定的地权给农户带来的生产效用会少于不稳定的地权所带来的效用,农户会更偏好于不稳定的地权制度。

当农户的生产决策为进行土地投资时,稳定的地权制度与不稳定的地权制度产生的效用差值为:

$$\Delta R = U_2 - U_4 = p(r * K + L - M) \tag{3-11}$$

从该式可以知,当且仅当 $M \geqslant L + r * K$ 时,有 $\Delta R \geqslant 0$,由 $\Delta R \geqslant 0$ 可以推出: $U_2 < U_4$。也就是在农户决定对土地进行长期投资的情况下,只有当变更土地使用权的补偿价值 M 不小于土地本身的价值 L 与土地的投资增值 $r * K$ 之和时,稳定的地权给农户带来的效用会少于不稳定的地权所带来的效用,农户会更偏好于不稳定的地权制度。

现阶段,随着城市工化、业化和城乡一体化的不断推进,农地征用是农地使用权变更的主要形式,我国《土地管理法》规定的征地补偿费用包括:土地补偿费、安置补偿费以及地上的附着物和青苗补偿费,前两项的补偿标

---

① Cf.Besley,T.,"Property Rights and Investment Incentives:Theory and Evidence from Ghana", *Journal of Political Economy*,Vol.103,May 1995.

准分别为该耕地前三年平均产值的 6—10 倍和 4—6 倍,两项之和,低线是 10 倍,高线为 16 倍,特殊情况最高不能超过 30 倍。就农地本身的农业生产价值来说,这样的补偿标准不一定低于农地的土地价格,特别是在人均耕地面积占有量少的区域和当采用最高限额的土地补偿倍数和安置补助倍数时。[①] 然而,对于诸如土地经营损失、租金损失,以及其他各种因征地所致的费用损失等均未列入法律补偿范畴之内,即便是在政府和农村基层组织规范操作征地补偿费用发放的情况下,也很难保证补偿费用 M≥L 或 $M \geq L + r*K$。因此,我国农民生产主体在不稳定的农地使用权制度下的农地权益损失可以衡量为:

$$p(L—M) \text{ or } p(r*K + L—M) \tag{3-12}$$

根据以上对补偿费用 M 的分析,在我国现实的情况中,L≤M 或 $M \geq L + r*K$ 的情况几乎不会发生,在不稳定的农地产权制度下,农民生产主体的经济损失为正值。且损失的大小还受到土地使用权变更的概率 p 的影响,城乡一体化推进的过程中,必然会有更多的农地被纳入征用范围之内,土地使用权变更的发生概率较大,从而增大了农户的农地经济权益损失。在对土地进行投资的情况下,除了补偿费用和地权变更概率外,土地增值系数、土地投入资本也是影响损失大小的因素,土地增值系数越大、投入资本越多,农户的损失越多。[②]

可见,不稳定的地权使土地分配频繁调整,农户缺乏对土地的稳定预期,另外,不稳定的地权降低了土地及其附着物的投资交易价值,容易影响农户投资土地的积极性,从而导致农业绩效下降,农业生产力长期被压抑。地权不稳定是我国现阶段农村土地管理制度的显著特征。地权的稳定性直接影响农民的生产、投资和交易活动,对农民的收益产生作用,并进一步影响农业绩效。土地作为农民生产主体的生产资料和财产形式,稳定的地权是体现土地财产、交易价值、收益价值、保障价值的前提。农村进行土地工

---

① 参见丁成日:《中国征地补偿制度的经济分析及征地改革建议》,《中国土地科学》2007 年第 10 期。

② 参见孙杨:《地权影响下的农户土地投资行为和绩效分析》,《农村经济》2011 年第 11 期。

作改革必须要明确农民对农地的主体地位。无论土地制度如何变迁,农民始终是土地的主人,享受对土地的财产权利或契约权利,政府始终只是充当土地的管理者,凭借其政权而拥有对土地的管理权。只有改变农村土地的行政属性,确认和保障农民的地权,赋予农民土地使用权物权效力和长期保障机制,农村土地流转才能健康发展,规模经营的现代农业才能顺利实现。

第二节　成本因素导致农民难以树立耕地保护的主体意识

农民作为土地的直接耕作者,是耕地保护工作的主体,农民对耕地保护的直接性和广泛性对耕地保护工作取得突出进展意义重大。就农民而言,农民是自由的经济人,其行为方式受到利益目标的制约,农民是否参与耕地保护工作,并在其中承担主要责任取决于这一举措对其自身利益的影响。现阶段,随着就业制度改革逐步深入,农民可以自由选择是否从事农业生产劳动,而这一决策受到农产品成本收益以及放弃参与其他形式的劳动所支付的机会成本的影响。

一、农业产生成本呈递增趋势

近几年,农产品生产成本继续保持了持续上涨的态势。从成本价格指数来看,2007—2009年,全国农业生产资料价格指数分别为107.7、120.8和97.5(上一年为100)①,2007年和2008年农业生产成本上涨尤其迅猛,2009年成本价格指数稍有下降,但下降幅度微弱。为了对比农业与非农业生产成本的变化趋势,将近十年我国农业生产资料价格指数与工业原料价格指数作比对,绘制出图3-1。

由图3-1可知,近十年来,我国农业生产资料价格指数和工业原料价格指数呈现出周期性波动上涨趋势。2000年以前,两种生产资料价格指数比较接近,且工业原料价格指数略高于农业生产资料价格指数;2001年,两种价格指数基本一致;从2002年开始,农业生产资料价格指数开始反超工

---

① 数据来源:《中国统计年鉴》(2010)。

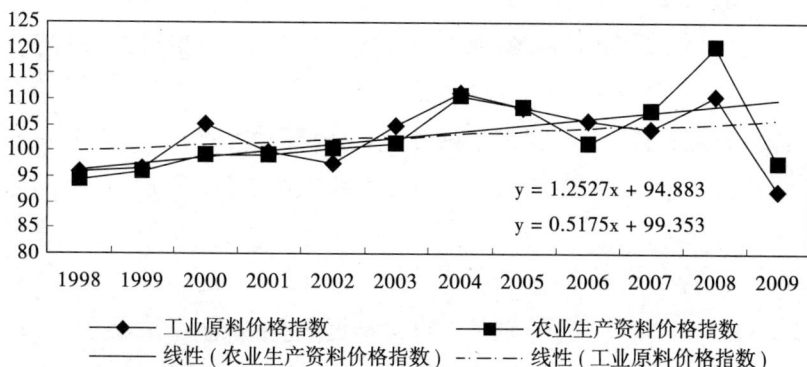

图3-1　1998—2009 年农业生产资料价格指数与工业原料价格指数变化趋势图
数据来源:《中国统计年鉴》(2010)。

业原料价格指数;2008 年,农业生产资料价格指数是工业原料价格指数的
108.85%;2009 年,全国农业生产资料均价为 2008 年年均水平的 97.5%,虽
然略有回落,但仍然处于较高位置。观察两种产业生产资料的价格指数变
化趋势线,可以拟合出农业生产资料价格指数和工业产材料价格指数的线
性趋势拟合方程:

$$y = 1.25x + 94.88 \tag{3-13}$$
$$y = 0.52x + 99.35 \tag{3-14}$$

方程式(3-13)、(3-14)分别表示农业生产资料价格指数和工业生产
资料价格指数与年度之间的相关关系。首先,观察拟合方程式的截距,农业
生产资料价格指数起初低于工业原料价格指数。其次,观察拟合方程式的
斜率,两种价格指数均伴随时间的推移而逐年上扬,其中,农业生产资料价
格指数上扬的速度是工业原料的上涨速度的两倍多。农业生产资料价格的
快速上涨导致农业生产资料价格指数在近几年超过工业原料价格指数,由
以上数据分析的结论,可推导出,现阶段我国农业成本处于迅速增长阶段。

二、高成本导致农民耕地保护的消极选择

耕地保护是指对耕地数量和质量的双重保护,农民参与耕地保护必须
要在保持耕地农业生产用途的同时,对耕地进行更多的投资以提高耕地的

质量。当前,农民择业束缚逐渐减弱,农民可以自由选择从事农业生产或是非农业生产,因此,农民参与耕地保护需要将更多的生产要素投入到农业生产中,以实现耕地数量保护和质量保护的双重目标。

假设农民的初始生产要素禀赋为 C_0(包括劳动力和资本等生产要素),农户可以自由选择将要素投入农业或非农业生产当中,其初始禀赋的分配关系可以表示为:

$$C_0 = C_1 X_1 + C_2 X_2 \qquad (3-15)$$

(3-15)式中, C_1、C_2 分别是农户向农业和非农业生产领域投入生产要素的单位成本, X_1、X_2 分别是农户在农业和非农业生产领域投入的生产要素的数量。农户初始禀赋的分配曲线的斜率为: $-C_1/C_2$,取决于农业生产要素和非农业生产要素的单位成本。

农户分别在农业和非农业生产领域投入生产要素,农户进行耕地保护决策,即分配多少要素禀赋在农业生产领域,需要考虑如何把现有的要素投入到生产中,并同时获得最大的效用回报。假设农民参与农业和非农业生产的产出函数为齐次线性函数,具体形式可以借鉴柯布—道格拉斯生产函数(Cob-Douglas Function):

$$Q = f(X_1, X_2) = A X_1^\alpha X_2^\beta \qquad (3-16)$$

(3-16)式中, X_1、X_2 分别是农户在农业和非农业生产领域投入的生产要素的数量, α、β 为常数,代表农民在农业和非农产业投入生产要素的产量弹性,A 亦为常数,代表除生产要素以外的其他影响因素,如农民自身受教育水平与劳动熟练程度等。

农民在追求效用最大化的生产过程可以等价为追求生产产量最大化,农民生产要素分配的最优决策组合为 $\{X_1^*, X_2^*\}$,需要满足的条件是:

$$\max: Q = f(X_1, X_2) = A X_1^\alpha X_2^\beta$$
$$C_0 = C_1 X_1 + C_2 X_2$$

解方程组可得农民在农业和非农业生产要素投入的最优组合为:

$$\frac{X_1^*}{X_2^*} = \frac{\alpha C_2}{\beta C_1} \qquad (3-17)$$

(3-17)式中, α、β 为农民在农业和非农产业投入生产要素的产量弹性。根据农业和非农业生产领域的资本运动规律可知:农业生产要素的产量弹性较小,而非农业生产要素的产量弹性相对较大,即: $\alpha > \beta$ 。生产要素在两大生产领域的最优配置组合随农业和非农产业的投入要素的单位成本 C_1 、 C_2 的变化而变化。农民是否参与耕地保护工作以及其参与耕地保护工作的程度与农业生产要素的投入成本息息相关。当 $X_1^*/X_2^* > 1$,农民选择将更多的生产要素投入到农业生产领域, X_1^*/X_2^* 的值越大说明农民参与耕地保护工作的积极性越高;当 $X_1^*/X_2^* < 1$,农民选择将更多的生产要素投入到非农业生产领域, X_1^*/X_2^* 的值越小说明农民参与耕地保护工作的积极性越低。

我国实行最严格的耕地保护制度,不仅要求在耕地的生产功能和生态属性上予以保护,同时更强调从利用方式上来执行耕地保护工作。耕地数量和质量的双重保护目标要求农民一方面要保持现有耕地的农业生产用途,并开发其他适于耕种的土地以扩充耕地的总量;另一方面,要对土地进行投资,改良土壤质量以提高耕地的产能。然而,农民作为理性的生产投资者,其目标是追求利润最大化,这一生产目标与要求将更多的生产要素投入到农业生产领域的耕地保护目标并不一致。

由(3-17)式,在实现效用最大化的利益目标驱使下,农民在农业和非农产业进行人力资本和物质资本投资的最优组合 $\{X_1^*, X_2^*\}$,生产要素在两大生产领域的最优配置组合受成本变量 C_1 、 C_2 的支配,即农业生产成本的大小决定农民在农业生产中投入多少生产要素。在当前的社会经济条件下,农民可以自由选择是否从事农业生产活动,在农民劳动力资本和物质资本一定的条件下,农民所拥有的劳动力和资本生产要素投资在可以农业和非农业生产活动中,在农业生产领域投入更多的资本意味着耕地能够得到较好的保护。根据多种生产要素投入的最优组合的基本原理,在农民不考虑自身所担负的耕地保护的责任,单纯地以实现效用最大化为目标的前提下,其决策组合受到要素禀赋曲线的斜率的影响。图3-2可以清楚地反映投入要素成本对要素数量的影响。

图3-2中,农户初始禀赋的分配曲线与等产量曲线的切点代表生产要素在农业生产领域和非农业生产领域的最优分配组合,E点是切点,所对应的要素组合是 $\{X_1^*, X_2^*\}$ 。切点的位置因禀赋曲线的斜率而不同,相应

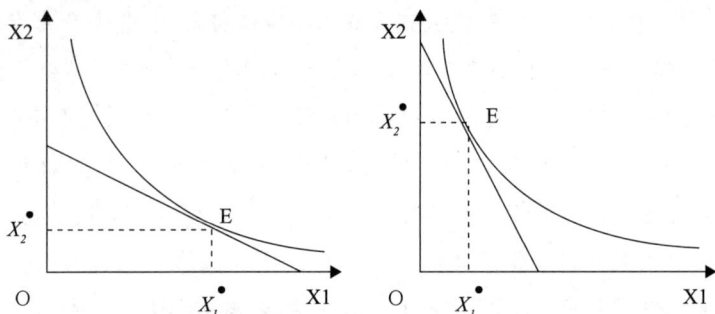

图 3-2　农户要素投入的最优组合方式

地,所产生的最优要素组合也随之变化。当 $C_1 > C_2$,农户初始禀赋的分配曲线斜率的绝对值:$|C_1/C_2| > 1$,明显的,$X_1{}^* < X_2{}^*$,农户选择将更多的要素禀赋投入到非农业生产领域,此时耕地受保护程度较弱;当 $C_1 < C_2$,农户初始禀赋的分配曲线斜率的绝对值:$|C_1/C_2| < 1$,明显的,$X_1{}^* > X_2{}^*$,农户选择将更多的要素禀赋投入到农业生产领域,此时耕地受保护程度较高。我国目前的现实情况是,农业生产成本长期高于非农业生产成本,导致农民在追求高收益的目标下选择将更多的生产资本投入到非农业生产领域中,而对从事农业生产的积极性却不断下降,大量耕地被闲置或该做其他非农业用途,耕地质量不断下降。可见,高农业生产成本提高了农民参与耕地保护工作的成本,降低了农民土地投资的积极性,与我国现行的耕地保护目标相悖。

第三节　制度因素导致未能形成完善的耕地保护激励机制

一、财政性农业投资规模及其对农业生产的贡献

　　财政性农业生产投资是我国财政支农政策的主要组成部分。2004 年以来,中央和各级地方政府围绕"多予少取"的支农原则,逐年增加财政支出额度。据统计,近七年以来,我国财政性支农资金的年均增长超过了20%,促进了农业生产发展和农村社会事业的进步。[①] 四川是个农业大省,

---

　　① 数据来源:依据《中国财政统计年鉴 2009》、《中国财政统计年鉴 2007》、《中国财政统计年鉴 2005》计算整理所得。

农民数量多、传统农业比重大,农民人均收入水平低于全国平均水平,财政投资一直是农业生产资金的主要来源之一。成都市自 2003 年开始城乡统筹发展规划以来,近几年城乡一体化的各项工作在四川省各地区迅速推广,政府财政支农资金规模都发生了显著变化,对农业 GDP 增长的贡献率也呈现出越来越强的趋势。

（万元）

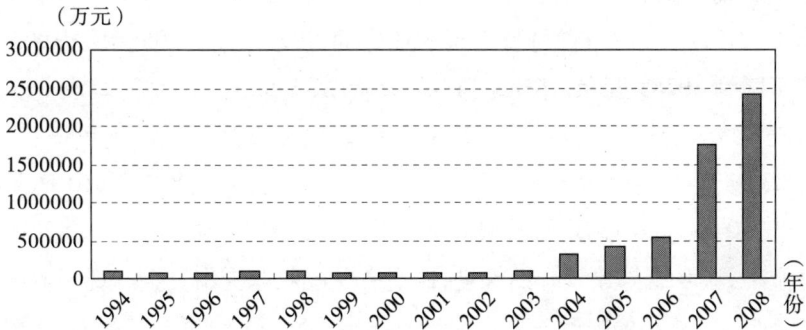

图 3-3　四川省 1994—2008 年财政农业支出金额趋势图

数据来源:《四川省统计年鉴》(2007—2009)。

（%）

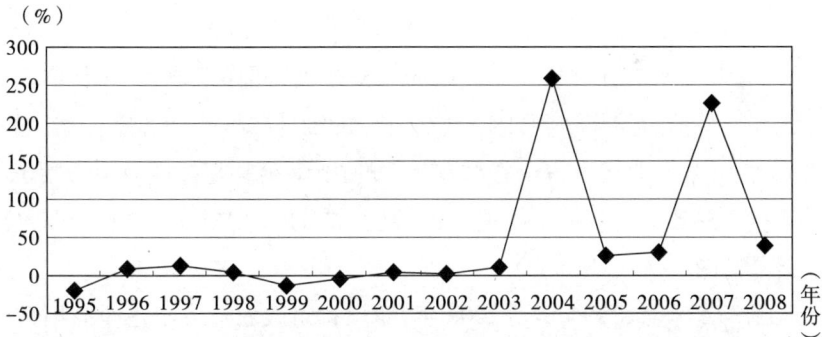

图 3-4　四川省 1994—2008 年财政农业支出增长速度趋势图

数据来源:《四川省统计年鉴》(2007—2009)。

首先,从四川省统计信息网摘得的数据信息可以得出近年来四川省财政投资绝对规模的变化趋势。选取 2003 年四川省进行城乡统筹前后的年份(1994—2008 年)的统计数据作为考察依据,考察财政农业投资绝对规模的指标有:①财政农业支出金额;②财政农业支出的环比增长率。考察结果如图3-3和图3-4所示。

从财政农业支出规模趋势和支出金额增长率变化来看,可以将1994年以来四川省财政农业支出的绝对规模变化趋势分为三个阶段:①1994—2003年:停滞阶段。自1994年以来,除了1995年、1999年、2000年的财政农业支出规模比上一年有所下降外,大多年份的支出规模均比上一年度有所增加。1994年,四川省财政用于农业方面的支出为89106万元,1995年支出下降到80785万元,环比下降19.65%,从1996年开始,财政农业支出出现缓慢增长,其中,1999年和2000年的支出金额又再次出现负增长,直至2003年,四川省财政农业资金达到91439万元,但仍未突破10亿元大关。②2004—2006年:增长阶段。从2004年开始,"三农"问题在我国得到充分重视,城乡统筹建设开始推进,四川省财政农业支出资金出现了成倍增长的态势,2004年的财政农业资金环比增长258.73%,资金总额达到32.8亿元。③2007年至今:二次增长阶段。2007年,城乡一体化的政策已经在省内得到深入贯彻,进一步凸显了农业在四川省的基础性作用,省财政农业资金出现了第二次快速增长,2007年四川省财政农业资金环比增长225.39%,资金总额达175.7亿元,2008年继续增长到242.6亿元。

其次,考察四川省财政农业支出的相对规模,同样选取2003年四川省进行城乡统筹前后的年份(1994—2008年)的统计数据作为考察依据,考察的指标为:财政农业支出占全省财政支出的比率,这一指标同时也考察了支农政策在省财政支出政策中的地位,反映了省政府对农业生产的重视程度。考察结果见图3-5。

从图3-5来看,1994年到2008年,四川省财政农业支出占全省财政支出总额的比例的变化趋势分为两个阶段:①1994—2002年:普遍下降趋势。1994年,四川省财政农业资金占财政支出总额的4.91%,除1997年以外,1994—2002年每年的比重均呈现明显下降趋势;2002年,农业支出比重下降为1.2%,仅为1994年的1/4。②2003—2008年:迅速上升阶段。2003年以后,四川省着手开展了一系列城乡统筹的工作,对"三农"的重视程度也逐步加强;2006年,财政农业支出占财政支出总额的比重基本恢复到

（%）

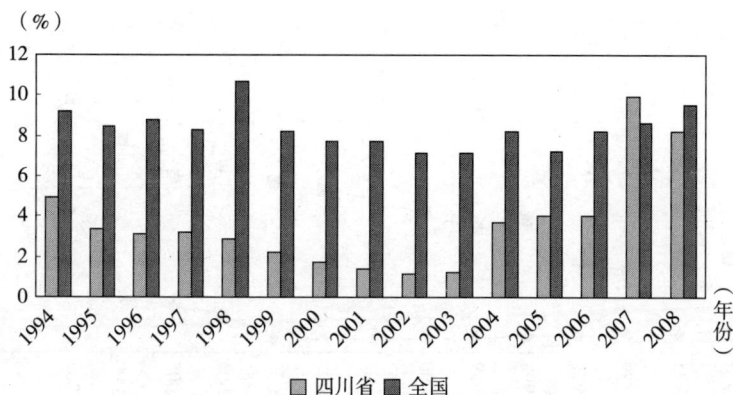

图 3-5　四川省 1994—2008 年财政农业支出占财政支出总额的比重趋势

数据来源：《四川省统计年鉴》(2007—2009)、《中国统计年鉴》(2009)。

1994 年的水平；2007 年是四川省城乡工作的又一次重要转折，城乡一体化的发展需要使支持农业生产成为四川省"三农"工作的重中之重，财政农业支出比例开始迅速上升；2007 年财政农业支出比重占 9.98%，达到改革开放后四川省的历史最高水平；2008 年，财政农业支出比重仍处于高位，为 8.23%。再从比较分析的角度来看，四川省财政农业支出的比重长期低于全国平均水平，直到 2007 年，四川省的比重才超过全国的比重，2008 年也与之基本持平，农业生产已在四川省的财政工作中占据了越发重要的位置，财政支农政策在四川省得到充分体现。

考察四川省财政农业支出对农业 GDP 的贡献，选取的考察数据为 1994—2008 年四川省农业生产增加值、四川省财政农业支出金额。财政农业支出对农业 GDP 的贡献采用财政农业支出占农业生产增加值的比重来衡量。为了客观评价四川省财政农业支出的贡献程度，给出我国 1994—2008 年财政农业支出占农业生产总值的比值作为对比。考察结果见图 3-6。

比对四川省和全国财政农业支出对农业生产的贡献率。从图 3-6 明显可以看出，1994—2008 年，四川省财政农业支出对农业 GDP 的贡献率一直低于全国平均水平。四川省与全国平均水平的差距在 20 世纪末 21 世纪

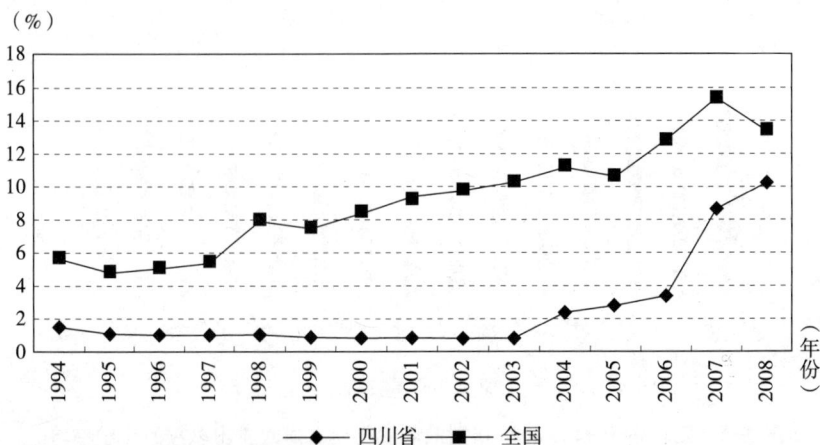

图 3-6　四川省 1994—2008 年财政农业支出增占农业 GDP 比重趋势图

数据来源:《四川省统计年鉴》(2007—2009)、《中国统计年鉴》(2009)。

初期最为明显,2003 年差距达到最大,相差 9.5 个百分点。2004 年,随着四川省对农业生产的逐步重视,财政农业资金投入力度加大,财政农业资金占农业 GDP 的比重也明显上升,与全国平均水平的差距不断缩小。到 2008 年,四川省财政农业支出对农业 GDP 的贡献已经接近全国平均水平。另外,分析四川省的财政农业支出对农业 GDP 贡献趋势。自 1994 年以来,四川省财政农业支出占农业生产总值的比重长期保持在较低水平,直至 2004 年这一比重才开始出现明显上升趋势。1994 年,财政农业支出占农业生产总值的 1.54%,在这之后,四川省财政农业支出占农业生产总值的比重一直呈现缓慢下降趋势,1995 年下降为 1.08%,2002 年下降至 0.79%,财政支出对农业生产的贡献程度非常微弱。到 2003 年,这一情况有所好转,财政农业支出对农业 GDP 的贡献开始出现上升迹象,2004 年,随着城乡统筹政策的逐步落实,这一比例迅速上升至 2.38%,2005 年和 2006 年继续保持上升态势。到 2007 年,财政农业支出在省财政政策中的地位进一步凸显,四川省财政农业支出占农业 GDP 的比重上升至 8.64%,2008 年上升至 10.25%,财政资金对四川省农业生产力发展的促进作用开始提升,在一定程度上保障了农民进行农业生产的投资权益。

二、金融性农业投资规模及其对农业生产的贡献

金融性农业投资是农村金融市场的一部分,考察金融性投资对农业生产的贡献应该包含数量指标和质量指标。数量指标主要是透过金融市场的规模、速度和深度程度等指标体现出来,一般用于农村金融市场的萌芽期和成长期;质量指标主要则是通过市场结构、效率、产品创新、制度完善、信用文化等指标来反映,一般用于农村金融市场的成熟阶段。四川省农村金融市场目前还处于成长阶段,所以选取的考察指标为数量指标。

仍然以四川省进行城乡统筹前后的年份(1999—2008年)的数据作为考察金融性农业投资规模的依据。衡量金融性农业投资规模的数量指标包括:①金融性农业贷款总额和环比增长速度;②农业贷款占金融贷款总额的比重,包括四川省金融性农业投资的绝对规模和相对规模。

首先考察反映金融性农业投资绝度规模的数量指标,即四川省1999—2008年的金融性农业贷款总额和环比增长速度。考察结果见图3-7和图3-8。

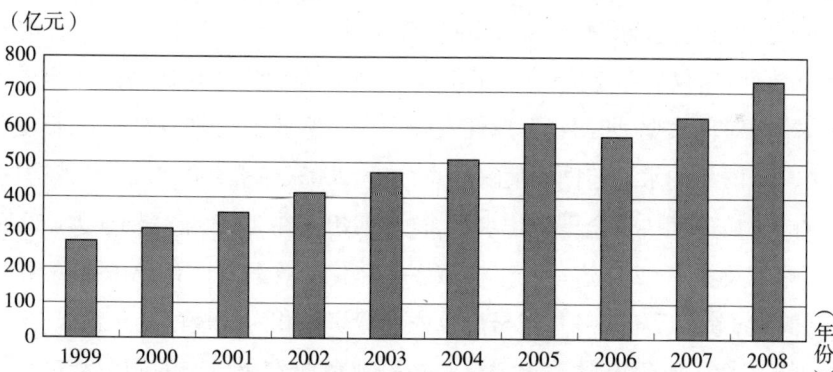

图3-7　四川省1999—2008年农业贷款金额趋势图

数据来源:《四川省统计年鉴》(2007—2009)。

通过四川省1999—2008年农业贷款金额和农业贷款环比增长率的变化趋势图可以看出,除去2006年,四川省农业贷款金额均表现为正增长。从农业贷款金额的绝对数额来看,1999年四川省农业贷款金额为274.91亿元,相对处于较低位置。2000—2003年,农业贷款一直以每年百分之十

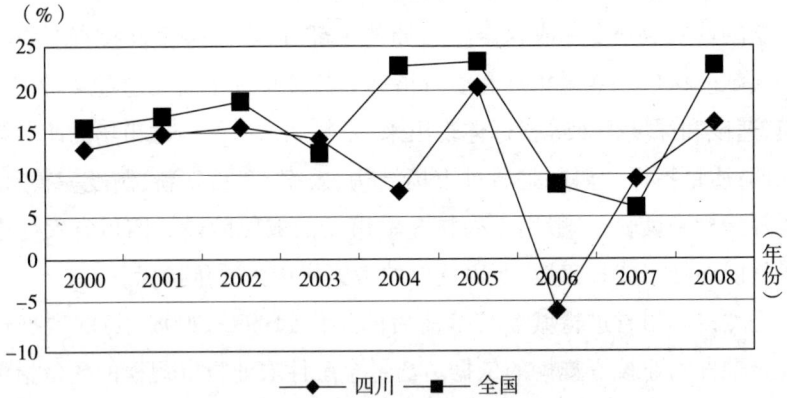

图 3-8　2000—2008 年农业贷款环比增长率趋势图

数据来源:《四川省统计年鉴》(2007—2009),《中国统计年鉴》(2003、2006、2009)。

几的速度增长,2004 年的增长速度下降为 8.03%;2005 年,四川省农业贷款金额大幅上扬,以 20.3% 的增长率至 613.01 亿元,2006 年相比 2005 年的农业贷款金额出现小幅下降,增长速度降至 -6.14%。2007 年,农业贷款资金继续上涨至 629.99 亿元,2008 年增加为 731.82 亿元,环比增长 16.16%,增速仅次于 2005 年。再观察四川省农业贷款环比增速与全国平均水平的对比数据,四川省金融性农业投资普遍低于全国平均水平,但变化基本与全国平均水平趋同。值得注意的是,2003 年和 2007 年,四川省农业贷款的增长速度快于全国平均水平,这与四川省在 2003 年开始推进城乡统筹战略以及在 2007 年进一步落实城乡一体化的政策方针有着必然联系。

其次,考察近年来四川省金融性农业投资的相对规模的变化情况,选用农业贷款占农业 GDP 的比重来反映金融业务向农业生产的倾斜程度。考察结果见图 3-9。

如图 3-9 反映,四川省 1999—2008 年间,农业贷款占金融贷款总额的比重一直处于比较平稳的态势,其中,1999 年和 2005 年处于相对较高的位置,农业贷款占金融贷款总额的比重均超过了 8%,分别达到 8.64% 和 9.09%。1999 年农业贷款比重较高原因在于当年贷款总额数量不高,其他金融贷款业务还不够活跃,2005 年的农业贷款比重迅猛增长原因在于当年

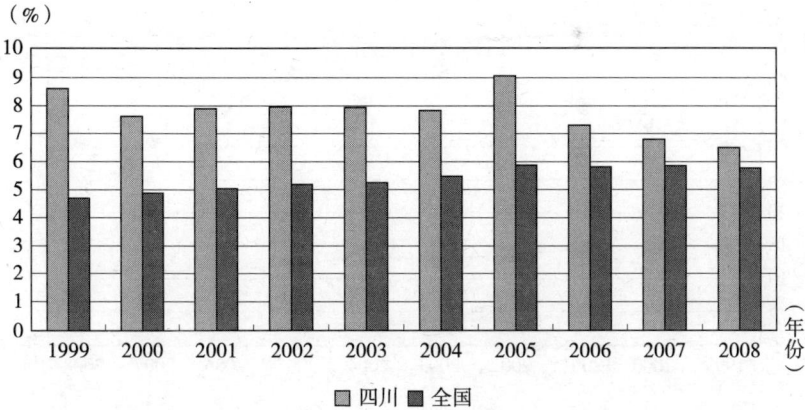

图3-9　四川省1999—2008年农业贷款占贷款总额比重的趋势图

数据来源:《四川省统计年鉴》(2007—2009),《中国统计年鉴》(2003、2006、2009)。

四川省农业贷款绝对数额的增加,其他年份中,四川省农业贷款均保持在6%—8%的区间内变化。自2005年以后,四川省农业贷款占贷款总额的比重开始下降,2006年为7.35%,2007年下降为6.85%,2008年进一步下降至6.56%。观察2006—2008年四川省农业贷款的绝对规模,金融性农业投资的数额并未下降,相反呈现出连年上涨的态势,说明农业贷款比重下降的原因在于贷款总额的基数扩大,而贷款金额总体规模扩大可以归因于四川省近年来开展的一系列金融改革使金融服务不断创新、贷款业务不断拓展。从对比的角度分析,图3-9明显反映出四川省农业贷款占贷款总额比重长期高于全国平均水平的数据,一方面说明四川省农业资金对金融机构贷款的依赖程度高于全国平均水平,另一方面说明四川省还需继续深化金融改革,进一步拓展金融服务领域,扩大业务范围。

四川省金融性农业投资对农业GDP的贡献采用金融性农业贷款金额占全省农业生产增加值的比重来衡量。为了客观评价四川省金融性农业投资对农业生产的贡献程度,给出1999—2008年全国金融性农业贷款占农业生产总值的比值作为对比。考察结果见图3-10。

从图3-10明显可以看出,1999—2008年,四川省金融性农业投资对农业GDP的贡献率远高于全国平均水平,是全国平均水平的2—3倍。

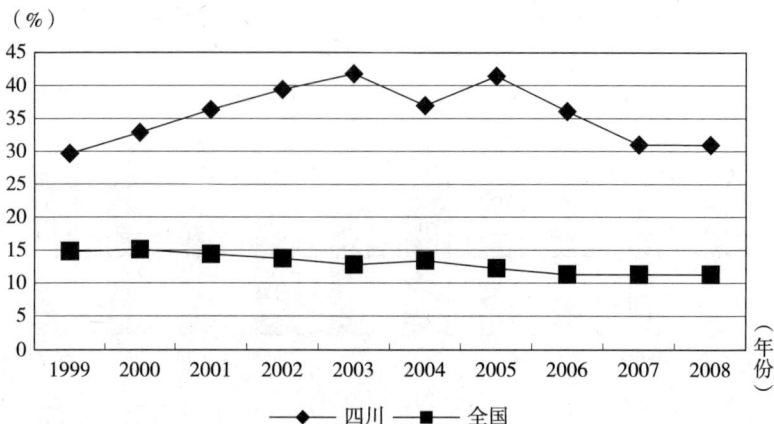

图 3-10   四川省 1999—2008 年农业贷款占农业 GDP 比重的趋势图

数据来源:《四川省统计年鉴》(2007—2009),《中国统计年鉴》(2003、2006、2009)。

1999—2003 年,四川省农业贷款占农业 GDP 的比重一直处于向上爬上的态势;2003 年,四川省农业贷款占农业 GDP 的 41.79%,而国内平均值仅为 12.8%,是全国的 3.3 倍,此时,农业生产对金融性农业投资的依赖程度已达到较高水平。2004 年,四川省农业贷款占农业 GDP 的比重有所下降,而全国平均水平有所上升,差距缩小为 2.7 倍。2005 年,四川省农业贷款金额的大幅增长导致四川省农业贷款金额占农业 GDP 的比重再次上升到 41.39%,与全国平均水平的距离再次拉大,为全国平均水平的 3.4 倍。2006 年,四川省金融性农业投资对农业 GDP 的贡献仍然保持在较高的位置,但比 2005 年有显著下降,为 36.06%,而全国平均水平仅为 11.3%,二者相差 3.2 倍。之后,全国农业贷款占农业 GDP 的比重一直非常稳定,比例数据均为 11.3%;2007 年,四川省农业生产增加值对农业贷款的依赖程度有所减少,但仍然高于全国平均水平;2008 年,省内农业贷款占农业 GDP 的比重是全国平均水平的 2.7 倍。综合图 3-10 的考察结果和以上的分析,一方面,四川省金融性农业投资对四川省农业生产增加值的贡献较大;另一方面,1999—2008 年农业贷款占农业 GDP 比重的平均值为 35.64%,远远超过全国平均水平,说明四川省农业生产对金融性贷款的依赖程度较大,城乡一体化将加快农业生产的现代化进程,对金融性投资的过度依赖容易禁锢农业资金投入来源,不利于农业向大规模现代农业生产经营方式的转变。不过,从 2007 年开始,四川省金融性农业投资对 GDP 的贡献程度已经呈现出下降趋势,随着城乡一体化的深入,这一比例必须朝着更科学的方向发展。

第四节　地震灾害使四川省耕地保护工作难度加大

耕地资源是土地资源的精华所在,为人类的生存和发展提供物质保障。灾区耕地资源安全对灾后重建的各项工作的顺利推进影响重大,主要表现在三个方面:①耕地是农业生产最基本的生产资料,耕地资源安全直接影响灾区的粮食安全;②耕地作为土地资源的重要组成部分,土地生态系统对整个生态系统的和谐性具有决定性作用,灾区耕地资源受损势必影响土地生态系统,进而对灾区整个生态系统形成威胁;③耕地是人类生存和发展的重要资源,灾区灾后经济建设恢复和社会生活的有序进行都依赖于耕地的物质保障功能,灾区耕地资源的安全性又关系到灾区的社会经济安全。

一、灾区耕地资源安全直接影响粮食安全

世界对于粮食安全问题的研究始于 20 世纪中期全球粮食危机之后,中国对于粮食安全问题的研究则始于 20 世纪 70 年代。粮食安全的定义在历届的世界粮食会议上都有所修改,根据 2001 年在德国波恩世界粮食大会上的定义,粮食安全是指"能够持续而稳定地向所有人群提供无污染、无公害、能增强健康和延年益寿的粮食和其他食物"。[1] 要达到粮食安全的目标,必须要保证充足的粮食供给,粮食生产受到农业生产环境的制约,而耕地资源是农业生产最重要的自然基础,耕地资源安全对粮食安全起着决定性的作用。

大量研究结果表明,耕地数量与粮食产量之间呈现为正相关关系,即便

---

[1]　转引自濮励杰、周峰、彭补拙:《长江三角洲地区县域耕地变化驱动要素研究——以原锡山市为例》,《南京大学学报》(自然科学版)2002 年第 38 期。

是在农业科技不断进步的现实背景下,耕地数量对粮食产量的影响因子下降,但耕地数量与粮食产量之间的正相关关系不会改变,耕地数量安全仍是粮食安全的基础。从这次地震耕地减少状况与粮食产量之间的变化关系来看,地震导致耕地大面积被损毁是导致灾区粮食减少的首要原因。据测算,"5·12地震"灾害造成全省14.26万亩耕地灭失,按照四川省震前耕地亩产粮食350公斤计算,地震造成粮食损失4991万公斤。①

从定性关系上来描述,耕地质量必然与耕地产能呈现为正向关系,即耕地质量越好其生产能力也就越强;有关耕地质量与产能的定性研究结果显示,高、中、低等农田的粮食单产能力比例为:2.7∶1.8∶1(假定低等农田的粮食单产能力为1)。② 高等质量的耕地其粮食生产能力接近是低等耕地的3倍,中等质量的耕地其粮食生产能力接近是低等耕地的2倍,耕地质量下降与耕地数量减少所面临的后果都是粮食产量的下降,耕地质量是实现粮食生产安全的有力保障。此次地震灾害造成全省154.54万亩的耕地质量不同程度的下降,据省农业厅测算,四川年粮食生产能力下降208万公斤。以上数据表明,地震损毁大量耕地,耕地数量与耕地质量同时下降,给灾区粮食生产安全造成巨大的威胁。

二、灾区耕地资源安全间接威胁生态安全

根据国际应用系统研究所(IASA)1989年提出的生态安全的定义,生态安全是指在人的生活、健康、安乐、基本权利来源、必要资源、社会秩序和人类适应环境变化的能力等方面不受威胁的状态,包括自然生态安全、经济生态安全和社会生态安全,组成一个复合人工生态安全系统。耕地资源安全是生态安全的子系统之一,生态系统安全与耕地资源安全之间的影响关系是双向的,灾区耕地资源安全直接影响生态安全,与此同时,灾区生态系统受损会反作用于耕地资源安全,使耕地资源安全所受到的威胁加剧。

一方面,灾区耕地数量与质量的双重锐减给当地生态系统带来巨大压

---

① 数据来源:由四川省农业厅发布的官方数据整理所得。
② 参见傅泽强、蔡运龙等:《中国粮食安全与耕地资源变化的相关性分析》,《自然资源学报》2001年第16期。

力。四川省人地矛盾突出,人均耕地面积长期低于联合国粮农组织确定的0.8 亩的警戒线,而此次地震发生的区域多集中在山地和丘陵地带,属于省内耕地资源非常稀缺的区域。地震导致大量熟耕地受到不同程度的损毁,使灾区人均耕地面积大大减少,以北川县为例:北川县此次耕地损毁面积为13 万亩,占全县耕地面积的 82.96%,其中仅耕地灭失面积就达到 5 万亩,占该县耕地面积的 31.9%,人均耕地减少 0.32 亩。[①] 明显的,地震导致灾区耕地人口承载压力加大,为了满足生产生活需要,农业生产极易向"高投入、高产出、高耗能、高污染"的粗放型模式发展。这种粗放型的农业经济发展模式可以在短期内创造大量的物质财富,满足当地对农产品的生产生活需求,但同时也给灾区带来了长期的生态安全隐患,最终将以资源过度开发,生产、生活环境严重破坏为代价。

另一方面,灾区生态安全将反作用于耕地资源安全,导致耕地安全与生态安全之间的恶性循环。耕地资源生态系统是生态安全系统的一个重要子系统,生态安全对于保障耕地资源安全具有极其重要的意义,生态系统的改善有助于耕地资源生态子系统的优化,耕地生态系统的优化又有助于提高耕地数量和质量的安全系数,反之,生态系统的恶化会带动耕地生态系统的恶化,从而降低耕地数量和质量的安全系数。第二次世界大战结束后,部分发展中国家为了谋求农业的高效率生产,积极推广生化肥料,大规模地毁林开荒,生态系统遭到严重破坏,致使耕地土壤结构改变,大面积水土流失,耕地迅速退化。可见,耕地安全与生态安全是一个相互依赖的系统。

三、耕地资源安全关系到灾区社会经济安全

社会经济安全是某一区域在一定阶段,社会、经济、资源和环境能够满足当前社会经济各个层面及发展的需要,并能促进整个社会经济的可持续发展。[②] 其中,资源意味着财产的来源,是人类生存和发展的不可或缺的自然物质,资源安全为社会经济安全提供保障,而耕地资源安全是资源安全的

---

① 数据来源:由四川省农业厅发布的官方数据整理所得。
② 参见左其亭、李琳:《社会经济安全条件下区域需水量预测方法》,《水资源保护》2008年第 1 期。

重要组成部分,即保障社会经济安全的诸多物质资源都必须要依赖耕地资源的安全。可见,耕地资源毁损不仅影响粮食和生态安全同时也给灾区带来社会经济安全的隐患。

从宏观角度考虑,农业是社会经济发展的基础产业,灾区工业、服务业的恢复与重建工作都依赖于农业生产能力的恢复,而农业生产又必须以耕地资源安全为依托,因此灾区耕地资源的安全间接影响社会经济安全。从微观的视角来看,农民作为灾区的微观经济体,其经济安全对地区社会经济安全具有强大的影响力量,"耕者有其田"是保障农民经济安全的前提条件,因此地震损毁大量耕地间接威胁着灾区农民的经济安全。"5·12 地震"受灾的大部分区域属于在农村地区,而农业收入目前还是四川农民的主要收入来源(具体见表 3-1)。

表 3-1　四川省 2005—2009 年农村家庭收入来源结构

(单位:元)

年份	总收入	工资性收入	家庭经营收入	财产性收入	转移性收入
2005	4158.19	954.89	2970.72	190.98	41.59
2006	4342.82	1219.51	2862.67	207.80	52.84
2007	5096.98	1438.68	3348.56	248.63	61.10
2008	5903.28	1620.40	3760.04	451.46	71.37
2009	6238.49	1821.37	3763.02	559.35	94.75
均值	5147.95	1410.97	3341.00	331.64	64.33
比重		27.41%	64.90%	6.44%	1.25%

数据来源:依据《四川省统计年鉴》(2010)发布的相关数据计算整理得出。

从表 3-1 中的数据反映情况来看,四川省农民收入的主要来源主要包括工资性收入、家庭经营收入、财产性收入、转移性收入,其中,大多数农民的家庭经营收入来源于农、林、牧、渔业收入,需要以土地为依托。近五年,全省农村家庭经营收入在农村家庭总收入年均比例占到了 64.9%,工资性收入占家庭总收入的 27.41%,财产性收入占 6.44%,转移性收入占1.25%。随着统筹城乡制度的不断推进,工资性收入已经成为农民收入增加的新动力,但从各种收入来源占总收入的比重来看,家庭经营收入仍然是农民收入增长的主要来源。此次地震造成耕地大量毁损,灾区耕地安全指数大幅下降,严重影响了农民的家庭经营收入,使灾区居民家庭总收入下降,居民家庭经济安全受到影响。

第四章

耕地保护激励机制建设的前提：
重构耕地价值体系

第一节　耕地补偿的现状和局限

一、土地使用权与所有权价格形成的理论依据

耕地市场价值补偿额度在土地交易中体现为土地成交价格,根据马克思地租地价理论的观点,土地价格并不是土地的购买价格,而是土地未来能够为其所有者提供的地租收益的购买价格。当土地所有权被转让时,意味着土地未来的永久收益权被转给新的土地所有者,折算年限为无穷。

（一）土地使用权价格的形成

土地价格包含土地资源本身的价格和土地资产价格,一般按照普通利息率进行折算。不论是农用地价格还是非农用土地价格原则上都由地租及其衍生收入的多寡来决定,同时,由于土地投资程度的差异,生地和熟地的价格计算方法不同。

$$P_1 = \frac{R}{r} \left[1 - \frac{1}{(1+r)^n} \right] \tag{4-1}$$

$$P_2 = \frac{R+I+h}{r} \left[1 - \frac{1}{(1+r)^n} \right] \tag{4-2}$$

式(4-1)表示生地使用权价格,式中,R 表示平均年地租,r 表示贴现

率,n 表示使用权出让年期。

式(4-2)表示熟地使用权价格,式中,I 表示土地资产平均年折旧,h 表示土地资产平均年利息。

(二)土地所有权价格的形成

土地出售使所有权发生变化,将之理解为 n 取为 ∞(假设土地永续存在),由此可得生地和熟地的征用价格为:

$$P_3 = \lim_{n \to \infty} \frac{R}{r}\Big[1 - \frac{1}{(1+r)^n}\Big] = \frac{R}{r} \qquad (4-3)$$

$$P_4 = \frac{R+I+h}{r}\Big[1 - \frac{1}{(1+r)^n}\Big] = \frac{R}{r} + K + m \qquad (4-4)$$

式(4-3)表示生地的所有权价格,即出售价格。

式(4-4)表示熟地的所有权价格,K 表示土地资产现值,m 表示土地资产的利润现值。

二、土地所有权与使用权价差的基本类型

由于我国土地市场不存在所有权交易市场,土地一级交易市场由政府垄断,政府征用土地后再出让土地是土地使用者获得土地使用权的唯一方式,土地征用出让包括以下几种情况:

(一)政府征用生地和转让生地

政府征用和转让生地,即土地仅以纯粹自然资源的形态被征用和转让,不包含任何由于投资而形成的土地资产,也不存在土地资产收益问题。生地所有权价格与生地使用权价格的差价可以表示为:

$$P^1 = P_3 - P_1 = \frac{R}{r} - \frac{R}{r}\Big[1 - \frac{1}{(1+r)^n}\Big] = \frac{R}{r} \times \frac{1}{(1+r)^n} \qquad (4-5)$$

如果余值 P^1 为正值,表明所有权价格高于使用权价格。在理论上,它表示从使用权让渡期限 n 年期满之后(即从 n+1 年开始)直至 ∞ 期间的地租折现值被包涵在所有权价格之中,这是就使用权的一次让渡而言。如果土地永续存在,政府可以将土地使用权进行无限多次转让,对 P^1 求极值,则 P^1 的极值为 0。这就是说,只要土地永续存在,则政府一次性支付的所有权价

格等于政府多次(或无限次)转让土地使用权价格的价值之和。

(二)政府征用生地和投资后转让熟地

这种情况下,土地以纯粹自然资源的形态被政府征用,政府再对其投资以形成土地资产,其后再进行使用权的让渡。生地所有权价格与熟地使用权价格的差价可以表示为:

$$P^2 = P_3 - P_2 = \frac{R}{r} - \frac{R}{r}\Big[1 - \frac{1}{(1+r)^n}\Big] - \frac{I+h}{r}\Big[1 - \frac{1}{(1+r)^n}\Big]$$

$$P^2 = P^1 - \frac{I+h}{r}\Big[1 - \frac{1}{(1+r)^n}\Big] \tag{4-6}$$

余值 P^2 的取值视具体情况而定。如果政府对土地投资的年折旧和年利息的贴现值(减数部分)大于 P^1(被减数),则 P^2 为负值。这意味着熟地使用权价格高于生地所有权价格。从永续的角度看,P^1 的极值为 0,而土地投资的年折旧和年利息的贴现值不可能为负值,则 P^2 不可能取正值。一般而言,P^2 是一个负值,差价因政府对土地投资形成的土地资本而产生。从量上看,由于 P^1 的极值是 0,P^2 近似等于公式(4-6)中的减数。

(三)政府征用熟地和投资后转让熟地

不同性质的用地要求不同,产生农业效益的投资不一定可以产生非农业效益。当对被征用的农业用地的投资不能满足城市用地的需要时,政府必须对所征用的熟地再进行一定的投资才能转让。所征熟地所有权价格与政府再投资后熟地使用权价格的差价可表示为:

$$P^3 = P_4 - P_2 = \frac{R}{r} - \frac{R}{r}\Big[1 - \frac{1}{(1+r)^n}\Big] - \frac{I+h}{r}\Big[1 - \frac{1}{(1+r)^n}\Big] + K + m$$

$$P^3 = P^1 - \frac{I+h}{r}\Big[1 - \frac{1}{(1+r)^n}\Big] + K + m = P^2 + K + m$$

$$\tag{4-7}$$

余值 P^3 的取值视具体情况而定。如果 P^2 为正值,则此时同样不会产生差价。如果余值 P^2 为负值,则要将 P^2 与(K+m)进行比较。如果(K+m)小于 P^2 的绝对值,则产生了差价。它等于政府从土地资本中获得的收益超过政府支付给农民的土地资本收益补偿的部分。

三、我国耕地市场价值补偿的现实考察

(一)我国耕地征购价格的形成

现阶段,我国对于包括耕地在内的农村集体土地的市场价值补偿仍仅限于农地征用领域。根据我国1998年修订的《土地管理法》第四十七条规定:征收耕地的补偿费用包括土地补偿费、安置补助费以及地上附着物和青苗的补偿费。其中,土地补偿费可以理解为土地所有权补偿价格,安置补助费及地上附着物和青苗补偿费则可以理解为耕地使用权补偿价格,耕地征购价表示为[①]:

$$P = P_0 + (K_1 + K_2) \tag{4-8}$$

在式(4-8)中,P表示耕地征购价格,P_0表示土地所有权价格,$(K_1 + K_2)$表示被征土地的补偿费用(安置补助费+青苗及附着物补偿费)。

根据《土地管理法》,征收耕地的土地补偿费,为该耕地被征收前3年平均年产值的6—10倍。征收耕地的安置补助费,按照需要安置的农业人口数计算。需要安置的农业人口数,按照被征收的耕地数量除以征地前被征收单位平均每人占有耕地的数量计算,每一个需要安置的农业人口的安置补助费标准,为该耕地被征收前3年平均年产值的4—6倍。但是,每公顷被征收耕地的安置补助费,最高不得超过被征收前3年平均年产值的15倍。耕地征购价格换算式中的变量可以相应地换算为:

$$P_0 = \frac{1}{3} \times n_1 \times \sum_{i=1}^{3} (Z_i/M_i) \tag{4-9}$$

$$K_1 = \frac{1}{3} \times n_2 \times m \times \sum_{i=1}^{3} (Z_i/M_i) \tag{4-10}$$

$$K_2 = N \times Q \times X \tag{4-11}$$

在式(4-9)中,P_0表示土地所有权价格,n_1表示征收耕地补偿费的倍数($n_1 = 6 \cdots 10$),Z_i表示第i年该土地上的年总产值,M_i表示第i年该土地的面积,i表示年期(i=1⋯3)。

在式(4-10)中,K_1表示安置补助费,m表示每亩耕地负担的人口数,

---

① 参见杨继瑞:《耕地的可持续利用与管制探讨》,《国土经济》1998年第4期。

n_2 表示耕地补偿的倍数($n_2 = 4\cdots15$,特殊情况下可以最高扩大到30),其余变量含义与式(4-9)中相同。

在式(4-11)中, K_2 表示青苗及附着物补偿费,N 表示农作物产量,Q 表示农产品单价,X 表示补偿系数。

根据上述公式,征用耕地给付的征购价格可表示为:

$$P = \frac{(n_1 + n_2 + m)}{3} \times \sum_{i=1}^{3} (Z_i/M_i) + (N \times Q \times X) \qquad (4-12)$$

(二)耕地征购价格与出让价格的差距

土地所有权价格由使用权价格的资本化而来,因此,从理论上说农民应该按照被征土地转变为城市用地后的地租进行资本化而获得所有权价格补偿。然而,现实补偿是按照该耕地被征用前3年平均年产值的若干倍数计算而来的。这中间存在巨大的差距。无论是土地的自然资源价格还是土地的资产价格,都是在时间取值为∞的情况下,以某一贴现率计算出的折现值。在实际补偿中,人们按照产值的一定倍数计算补偿费,例如,土地补偿费是6—10倍,安置补助费是4—15倍,特殊情况下最高不超过30倍。理论上讲,只有倍数足够大,补偿费在量上就可以不断逼近对时间取∞时的极值。但是,即使依照最新的补偿标准,可以突破30倍的上限,这两者之间仍有较大的差距。这是因为:①农地使用方式和耕种内容是不断变化的,简单地按照征地前3年的平均产值的若干倍计算出其价值,不能真实地反映土地的生产率;②农业生产经营日益市场化,农产品的市场价值变化较快,用征地前3年平均产值难以真实反映被征用土地的市场价值;③在工业化和城镇化加速的背景下,不同地段、不同用途土地的级差地租相差较大,土地市场价格与按照《土地管理法》计算的征地补偿费用相差较大。①

---

① 参见雷仕风、钟水映:《征地补偿的困境与对策》,《中国改革》2005年第6期。

四、我国耕地市场价值补偿价差的成因与后果①

(一)耕地市场价值补偿价差的成因

政府对土地资源价格和资产价格应该进行完全补偿。但是,根据我国现行的土地管理法律、法规,征地补偿的范围只限于土地本身、地上的青苗及附着物,以及农业人口和劳动力的安置。至于其他所受损失,例如,残余地分割的损失、经营损失、租金损失等,均未被列入补偿范围。这也是造成土地价格"剪刀差"的重要原因。价差则体现了国家对农民土地所有权收益的剥夺。农民之所以不可能以地租的资本化价格享受补偿,根本原因在于我国《宪法》、《民法通则》、《农业法》等重要法律虽然规定"农村集体土地归农民集体所有",但对"集体"的定义极为含糊,存在土地所有权主体不明确、归属不清晰的问题。农民合法拥有土地未来收益的权利在法律上不明确。土地的用途发生改变,同一块土地上实现的城市非农收益和农业收益之间的差距是巨大的。因此,政府征收农民的土地,只按照其农业用途时的产值对农民进行补偿,这意味着土地用途转变后的收益不能为农民所得。

在欧美等发达国家,征地及其补偿标准的确定相对简单。例如,美国征地的基本程序是:政府向被征地者提出一个价格建议,土地所有者对此认可即成交;如果土地所有者有异议,则提请法院裁决。但是,这一"简单"方法的条件是:土地自由转让和土地的市场价格客观存在。而我国的农村土地不可自由转让,土地没有市场价格,土地转让价格难以通过地租的资本化途径来确定。传统计划经济体制下,国家按土地的农业用途进行补偿,但是,并不有偿出让征用得到的土地。随着国家有偿出让使用权的城市土地一级市场的建立和扩展,土地增值得到显化,从而使农村土地所有权转移方面的矛盾日趋复杂和突出。土地价格由土地收益直接决定。土地被征用以后,由用途改变和土地所有权转移而产生的农村土地所有权价格与城市土地使用权价格之间的差价,具有一定程度的合理性。但是,由于政府限制集体土地直接进入市场,农民无法直接享有由此带来的土地增值。

---

① 参见曾令秋、杜伟、黄善明:《对土地价格"剪刀差"现象的经济学思考》,《中国农村经济》2006 年第 4 期。

（二）耕地市场价值补偿价差的后果

土地价格差的存在表明现行土地征用价格并没有真正反映地租地价规律。因此，人们要从价差的背后看到农村土地所有权价格形成和变动中存在的主要问题。由于忽视经济规律的作用，土地征用的补偿标准不能涵盖构成土地所有权价格的所有因素，从而造成土地征用费不足以补偿和安置失地农民的生产和生活。如果从更深的层面上观察，其症结就在于我国整体价格体系缺乏弹性，从而导致农村土地所有者的利益得不到完全的补偿。[①]

据估算，1953—1978 年，全国通过工农产品价格差使农民受到的损失为 3000 亿元；而 1979—2001 年，全国通过土地价格差使农民丧失的利益超过 20000 亿元。[②] 土地价格价差已经造成了很多严重的现实问题。这些问题集中体现在两个方面：①由于缺少有效的节约用地措施和合理的调控、约束手段，不少地方政府过多采用粗放式外延扩张的用地模式，从而出现了"多征少用"、"多占少用"、"早征迟用"甚至"征而不用"、"占而不用"、"好地劣用"、"非法租用"等粗放式用地模式。这种粗放式用地模式加剧了对耕地的乱占滥用，造成十分严重的土地不合理占用和浪费。②土地是农民生产和生活的重要场所和生存的基础。在城乡分割的二元政策下，土地是国家赋予农民社会保障的载体。然而，在城市化进程中，由于征地权的滥用和日趋严重的土地价格价差现象，以及失地农民没有得到妥善安置等问题的存在，失地农民既丧失了拥有土地所带来的社会保障的权利，又无法享受与城市居民同等的社会保障的权利，成为被边缘化的群体。

---

① 参见刘永湘、杨继瑞、杨明洪：《农村土地所有权价格与征地制度改革》，《中国软科学》2004 年第 4 期。

② 参见万朝林：《失地农民权益流失与保障》，《经济体制改革》2003 年第 6 期。

第二节　耕地保护的外部性效应和耕地的公共产品属性

一、耕地保护的外部性效应

（一）外部性效应的理论回顾

1. 外部性概念的形成

外部性又称为"外部效应"或"溢出效应"。在西方经济学进程中,最早意识到外部性存在并对其进行研究的是剑桥学派的奠基者——亨利·西奇维克,他在其著作《政治经济学原理》中写道:"在大量的各种各样的情况下,这一论断(即通过自由交换,个人总能够为他所提供的劳务获得适当的报酬)明显是错误的。"[1]他认为经济活动中的私人成本与社会成本、私人收益与社会收益之间并非经常一致,并举了灯塔问题的例子来说明:假设某个人从个人利益出发建造灯塔,这同时也起到了为他人服务的作用、得到免费服务的这些人并没有对此付出成本。[2]几乎与西奇维克同时,另一位剑桥学派代表人物——阿尔弗雷德·马歇尔于1890年正式提出了外部性的概念。马歇尔在其著作《经济学原理》中阐述道:"对于经济中出现的生产规模扩大,是否可以把它区分为两种类型:第一类,即生产的扩大依赖于产业的普遍发展;第二类,即生产的扩大来源于单个企业自身资源组织和管理的效率。我们把前一类称作'外部经济',将后一类称作'内部经济'。"[3]此后,这种导致无法达到竞争均衡的外部性开始受到众多经济学家的关注,在西奇维克和马歇尔开创性的研究之后,庇古运用外部性经济理论开创了福利经济学,他在其名著《福利经济学》中提出了"内部不经济"和"外部不经济"的概念,形成了静态技术外部性理论。庇古认为,在经济活动中,如果某企业给其他企业或整个社会造成不须付出代价的损失,那就是外部不经济,这时,企业的边际私人成本小于边际社会成本。[4]

---

[1]　Sidgwick.H.*Principle of Political Economy*,London:Macmillan,1887.

[2]　参见向昀、任健:《西方经济学界外部性理论研究介评》,《经济评论》2002年第3期。

[3]　Marshall.A.*Principle of Economics*,London:Macmillan,1920,p.266.

[4]　Cf.Pigou.A.C.*The Economicd of werfare*,London:Macmillan,1920.

2. 外部性的解决方法

进入 20 世纪,外部性问题对竞争性效率均衡的干预成为经济学当中亟待解决的问题,西方经济学家一直在积极寻找解决外部性的途径。众多经济学家针对外部性问题提出了许多"内部化"的方法。庇古主张政府间接干预方式,即依靠政府征税或补贴来解决经济活动中广泛存在的外部性问题,其中,政府税收的出发点是最优的负外部性,政府补贴的出发点则是最优的正外部性。[①] 在一段时期内,"庇古式税收"成为用于消除经济活动中外部性、政府干预经济的有力措施。1960 年,罗纳德·科斯提出了明晰产权的思路,否定了庇古福利经济学的分析方法,认为市场能够解决外部性问题,无须政府干预,并将外部性问题转变成产权问题。科斯在其论文《社会成本问题》中指出,外部性的产生并不是市场制度的必然结果,而是由于产权没有界定清晰,有效的产权可以降低甚至消除外部性,而且科斯将其进一步发挥成为所谓的科斯定理,即只要产权是明晰的,私人之间的契约同样可以解决外部性问题,实现资源的最优配置。[②] 针对科斯的方案,斯蒂格利茨(Joseph E.Stiglitz)在其 1997 年版《经济学》一书中,认为科斯定理的应用范围十分有限。首先,交易费用为零的社会如同没有摩擦力的世界一样,是不存在的;其次,当事人之间进行谈判的成本有时可能非常高,以至于无法交易。特别是交易涉及参与者众多的时候,参与者之间存在的信息交流障碍、逐个谈判的高昂交易成本以及"搭便车"行为,将使谈判破裂,故政府干预是必需的,"庇古式税"可能比产权谈判和签订契约更加有效。[③]

(二)耕地保护的正外部效应

在完全的市场体系中,每个经济行为人在进行消费和生产决策时,都无须顾虑其他人的行为,经济行为人之间全部通过市场机制的调节而产生影响,并确定消费和生产决策。经济活动的外部效应是相对于市场体系而言的,指某些存在于市场机制之外的物品或行为对其他经济人的决策和效用水平产生影响。当这种影响所产生的效用为正时,称之为正外部效应;反

---

① Cf.Pigou.A.C.*The Economicd of werfare*,London:Macmillan,1920.

② Cf.Coase.R.H.,"The problem of social cost",*Journal of Law and Economics*.Vol.3,1960.

③ 参见斯蒂格利茨:《经济学》,中国人民大学出版社 2000 年版,第 135—148 页。

之,则称之为负外部效应。耕地保护的目标是实现耕地资源的充分合理应用,在这一目标实现的前提下,人类可以共享耕地资源的粮食安全价值和生态服务价值等。人们消费耕地为其提供的这一系列的价值不需要通过市场交换,不需要供给和需求机制的调节便能获得效用享受。因此,耕地资源保护具有非常显著的正的消费外部效应。

耕地资源的合理保护应充分利用有助于提高粮食安全供给水平,为社会提供正外部效应,但正外部效应的供给意愿取决于农民是否得到了相应的行为激励。我国人地资源矛盾突出,"人多地少"加之农业生产技术落后,导致我国在改革开放以前长期存在粮食安全危机。直至家庭联产承包责任制的实施与普遍推广,才将土地的生产经营权交回到农民手中,极大地调动了农民的生产积极性,使农民的劳动力资源和生产技术能够充分有效地与耕地结合,大大提高了耕地资源的利用率。在家庭联产承包责任制的实施与普遍推广后,我国的粮食生产达到3930公斤/公顷,分别相当于美国(1470公斤/每公顷)、加拿大(1020公斤/公顷)、澳大利亚(330公斤/公顷)的2.67倍、3.85倍和11.9倍。[①] 家庭联产承包责任制的推广实施,在当时大大缓解了粮食的供求矛盾,保证了粮食安全和社会稳定。农民生产积极性的提高,使耕地资源得到合理利用,农民通过农产品收益满足自身效用的同时为全社会成员提供了社会保障价值和生态环境价值。而农民在参与农业生产和经营时自负盈亏,生产经营成本和所有行为风险均由农民自己承担,其他社会成员并不因其享受了耕地保护的外部性价值而与农民一起分摊供给成本,农民只能通过农产品市场价值的实现回收农业生产成本,却无法回收其为社会提供正外部性效益的供给成本。

耕地资源的生态服务价值是耕地的第二大外部性效应,直接影响耕地的市场价值和社会稳定价值。随着经济发展和科技进步,人们对生态系统服务功能的认识不断加深,对生态环境保护给予高度重视,国家采取了一系列加强生态保护和建设的政策措施,有力地推进了生态状况的改善,但耕地

---

① 参见王雨蒙:《耕地利用的外部性分析与效益补偿》,《农业经济问题》2007 年第 3 期。

资源的生态效益却并未得到重视。李文华等将生态要素补偿,划分为森林、草地、湿地、自然保护区、矿产资源等类型,但没有明确指出耕地作为一种重要生态要素来进行补偿。① 万军等在论述构建生态补偿体系的要素补偿环节中,虽然提到了耕地保护的生态补偿,但也只是在政策探讨中针对广东省的情况提出要增加耕地资源保护和补贴力度。② 耕地资源生态效益补偿的合理性取决于耕地资源生态环境价值的科学评估,对耕地生态系统服务功能及其价值的研究可为耕地资源合理定价、有效补偿、科学管理和持续发展提供科学的理论依据。③

二、耕地的公共产品属性

(一)公共产品研究的理论回顾

1. 早期的公共产品思想

公共产品经济学的历史与关于私人商品经济学的历史同样悠久。④ 1740 年,英国哲学家大卫·休谟(David Hume)在其著作《人性论》中以公共牧地排水为例,发现并提出了"搭便车"问题,对于某些能够给集体或整个社会带来好处的事情应该由政府参与完成。⑤

1838 年,朱尔·迪皮特(Jules Dupuit)作出一条公共商品需求曲线,以便选择社会最佳量并为公共工程筹措资金。迪皮特认为,在提供某种公共商品的剩余超过实现它的成本时,就可以提供此种公共产品,而公众对于公共产品的支付愿望直接与支付能力相关联,而支付能力又与支付者属于哪

---

① 参见李文华、欧阳志云、赵景柱:《生态系统服务功能研究》,气象出版社 2002 年版,第 20—21 页。

② 参见万军、张惠远、葛察忠等:《广东省生态补偿机制研究》,载《生态补偿机制与政策设计国际研讨会论文集》,2006 年,第 226—235 页。

③ 参见田春、李世平:《论耕地资源的生态效益补偿》,《农业现代化研究》2009 年第 1 期。

④ 参见约翰·伊特维尔、默里·米尔盖特、彼得·纽曼:《新帕尔格雷夫经济学大辞典》,经济科学出版社 1996 年版,第 1122 页。

⑤ 参见大卫·休谟:《人性论》,商务印书馆 1983 年版,第 577—579 页。

个社会阶层是分不开的。①

19 世纪后期,德国经济学家瓦格纳(Wagner.A)在分析了英、德、法、美、日等国的统计资料后发现,工业化经济的发展、收入的提高和社会的进步必然伴随着政府财政支出规模的增长,并且超过人均收入的增长。瓦格纳对财政支出和政府部门扩张趋势的预言和成因分析,最早从实证的角度研究并证实了政府的公共产品供给职责,且得出不断扩大的趋势,瓦格纳的发现后被称为瓦格纳法则(Wagner's Law)。

20 世纪初,以维克塞尔(Wicksell)和林达尔(Lindahl)为代表的瑞典经济学派开始将微观经济学的分析方法引入到公共经济领域。维克塞尔在有关征税的个人效用最大化的基本上,进一步将公平问题引入了公共产品理论,并认为政治秩序会对公共产品供应效用产生影响。在维克塞尔的基础上,林达尔于 1919 年在其博士论文《公平税收》中首次提出了"公共产品"一词,并建立了公共产品模型。②

2. 现代公共产品理论

一般认为,现代经济学对公共产品的研究是从新古典综合派的萨缪尔森(Samuelson.Paul)开始的。为严格表述公共产品的概念,萨缪尔森明确界定"公共产品是指每个人对这种产品的消费都不会导致其他人对该产品消费的减少;私人物品是指如果一种物品能够加以分割,因而每一部分能够分别按照竞争价格卖给不同的人,而且对其他人没有产生外部效果"。③ 同时,萨缪尔森借助"二分法"对私人产品和公共产品进行了严格的区分,指出大多数公共产品都不是纯公共产品,都存在某些"收益上的可变因素,使得某个市民以其成员的损失为代价而收益"。④

---

① Cf.Dupuit.J.De la messure de lutilite des travaux publics.*Annales des Ponts et Chausses*, 1844;Dupuit.J.Sur les peages et le prix des transports.*Annales des Ponts et Chausses*,1849.

② Cf.Musgrave.R.& Peacock.A.(eds),*Classics in the theory of Public Finance*.London:Macmillan,1958.

③ Samuelson.Paul,"The Pure Theory of Public Expenditure",*Review of Economics and Statistics*,Vol.36,1954.

④ 保罗·A.萨缪尔森、威廉·D.诺德豪斯:《经济学》,人民邮电出版社 2004 年版,第345 页。

1956 年,公共选择理论的创始人——詹姆斯·M. 布坎南(James. M. Buchanan)在萨缪尔森的基础上进一步指出,现实社会中大量存在的是介于公共物品和私人物品之间的"准公共产品"或"混合商品"。布坎南在《俱乐部的经济理论》的论文中所创造的"俱乐部产品"理论解释了非纯公共产品的特征、生产成本与产品数在内的俱乐部均衡,得出了俱乐部成员的最佳规模。俱乐部均衡的实现受到两个因素的影响:一是俱乐部产品与私人产品间的边际替代率与边际转换率相等;二是俱乐部成员数与私人产品间的边际替代率同俱乐部成员数和私人产品间的边际转换率相等。①

公共经济学的正式确立可以归功于美国著名经济学家马斯格雷夫(Richard A. Musgrave)和斯蒂格利茨(Joseph E. Stiglitz)。在经济学理论发展的很长时间里,公共经济学(public economics)或公共部门经济学(public Sector economics)并不是经济学理论的一个独立分支学科,公共经济学作为一个相对独立的经济学科,它的最终形成是从现代财政学(public finance)的理论体系中逐步扩展、衍生和发展出来的。② 20 世纪 50 年代末,马尔格雷夫在其著作《财政学原理:公共经济研究》中提出"公共经济学"的概念,完成了公共产品的非排他性特征的描述,"一种纯粹的公共产品在生产或供给的关联性上具有不可分割特征,一旦它提供给社会的某些成员,在排斥其他成员对它的消费上就显示出不可能或无效性"。③ 同时,马尔格雷夫在萨缪尔森"二分法"的基础上提出"三分法",又将非私人品区分为公共产品和有益品。④ 另一位研究公共经济学的杰出经济学家斯蒂格利茨对公共经济的主要贡献在于三个方面:一是公共部门所从事的活动;二是对政府经济活动的全部结果进行分析和预测;三是评价政府组织公共经济活动的各种政策。⑤ 同时,斯蒂格利茨还提出了公共经济学的实证研究和规范研究方

---

① Cf. James M. Buchanan, "An Economic Theory of Clubs", *Economica*, *New Series*, Vol. 32, 1965.

② 参见王爱学、赵定涛:《西方公共产品理论回顾与前瞻》,《江淮论坛》2007 年第 4 期。

③ Richard Able Musgrave: *The theory of public finance: A study of public economy*, McGraw-Hill, 1st Edition, 1959.

④ 参见理查德·A. 马斯格雷夫:《财政理论与实践》,中国财政经济出版社 2003 年版。

⑤ 参见斯蒂格利茨:《经济学》,中国人民大学出版社 2000 年版,第 129—148 页。

法,至此,现代公共经济学的理论体系得以完全确立。

（二）耕地保护行为的公共属性

公共物品是指对所涉及的消费者都必须供应相同数量的物品。公共物品是消费外部效应的特例,即每个人都必须消费相同数量的该种物品。耕地外部性价值的公共属性与一般的公共物品不同,有其特殊性,耕地的外部性价值是一种无形的、非物质的纯公共物品。首先,耕地的社会价值包括:①农民生存保障价值,②粮食安全价值,③耕地发展权价值,④科研文化价值,⑤娱乐休憩价值,⑥开放地价值,⑦景观维持价值。耕地的社会价值具有社会公共属性,是耕地资源除生产农产品之外给人类个体的精神和心理的满足,以及对人类社会组织（地区和国家）的发展所产生的宏观社会经济影响,是一种无形的但又被人类个体和区域组织所追求的效用享受。其次,耕地的生态价值包括:①水土保持价值,②气候改善价值,③空气净化价值,④生物多样性价值。耕地生态价值的生成是通过物理和化学过程而逐步产生的,具有无形性。另外,某一区域的耕地保护行为往往能够惠及更为广泛的地区,原因在于生态效用的扩散效应,即耕地生态价值能够跨区域共享,属于跨区域公共物品。

耕地保护行为是人类对耕地资源生态系统强行干预的行为,虽然凝结了人类无差别劳动,但耕地资源外部性价值的生成依赖于生态系统的作用,因此,耕地保护行为具有劳动力和自然力的双重属性。但耕地外部性价值的生成更多取决于人类的劳动力,耕地外部性价值与生态系统功能的发挥相互影响、相互制约,倘若人类劳动力完全缺失,耕地生态系统遭到破坏,自然力对耕地外部性价值的生成作用将会减弱甚至消失。目前,耕地保护行为主要通过人的活劳动和物化劳动的投入,耕地资源外部性价值产生的无形性、区域性和流动性要求人类耕地保护的联合行为,单个行为人的耕地保护行为所能够产生的耕地外部性价值生成促进作用在自然力的均衡下将变得所剩无几,因此,耕地资源又属于典型的需要联合提供的公共物品。在耕地保护过程中,通过基本农田保护制度和土地用途管制制度,强制农民和耕地保护地区将耕地固定在粮、棉、油等农产品的生产上,而不能转为效益更高的其他用途,再加上长期施行工农产品"剪刀差"式的价格政策,使农民和耕地保护地区的利益在对全社会的贡献中不断流失,而且长期得不到补偿,这是不公平的,严重挫伤了农民和地方政府保护耕地的积极性。[1] 由此可见,耕地保护的公共产品性质导致我国耕地保护的绩效严重偏离了耕地保护政策制度的初衷。在市场经济占主导地位的社会发展时期,政府应该适时调整和完善相关政策制度,顺应农民主体的利益需求,对农民和耕地保护地区的利益损失加以补偿,达到耕地保护利益的公平分配,以促进耕地资源的有效保护与配置。

三、耕地外部性价值供给的必要充分条件

耕地外部性价值的公共产品属性,要求多个行为人联合共同提供该种公共产品。假定经济体中每个人都愿意获得耕地外部性价值享受,耕地外部性价值对每个人的福利水平具有改进的功能。假设决策行为人共有 n 个(n 为自然数);每个行为人的初始财富为: ω_i ;每个行为人为耕地外部性价值供给所做的贡献为: g_i ;每个行为人用来私人消费的资金为: x_i ;耕地外部性价值供给的总成本是: c 。耕地外部性价值成功供给的条件式:

$$\sum_{i=1}^{n} g_i \geqslant c \quad (x_i + g_i = \omega_i) \tag{4-13}$$

(4-13)式表示单个行为人对耕地外部性价值所做的贡献和大于耕地价值供给成本是获得耕地外部性价值的先决条件,然而,由于各个行为人的个体差异,对耕地外部性价值的需求程度存在差异,其保留价格也各不相同。虽然耕地外部性价值能够为行为人提供正效用,但行为人的保留价格却是从自身效用最大化的角度来考虑的。

$$u_i(\omega_i - r_i, 1) = u_i(\omega_i, 0) \tag{4-14}$$

(4-14)式说明行为人 i 最多愿意为耕地外部性价值的供给提供贡献为 r_i ,一旦为耕地外部性价值供给所提供的贡献超过这个临界值,行为人 i 宁愿不获得耕地资源的一系列外部性价值享受。从效用偏好的角度来看,耕地外部性价值给行为人带来的效用为正,而行为人愿意为提供这一公共产

---

[1] 参见雍新琴:《耕地保护补偿激励机制研究》,华中农业大学学位论文,2010年,第23页。

品而作出自己的贡献的条件是：

$$u_i(\omega_i, 0) < u_i(x_i, 1) \tag{4-15}$$

运用保留价格 r_i 以及预算约束条件，可以将(4-15)式转化为：

$$u_i(\omega_i - r_i, 1) = u_i(\omega_i, 0) < u_i(x_i, 1) = u_i(\omega_i - g_i, 1) \tag{4-16}$$

考察(4-16)不等式的左边和右边，更多的私人消费与行为人的效用呈正相关关系，由此可以得出：

$$\omega_i - r_i < \omega_i - g_i, \text{即：} r_i > g_i \tag{4-17}$$

(4-17)式说明当每个行为人都想要享有耕地外部性价值时，必须满足的条件是：每个人对耕地外部性价值供给的贡献必定小于他愿意支付的保留价格。如果行为人能够按照低于他愿意支付的保留价格获得耕地外部性价值享受，那么，获得这一享受将能够改善他的福利水平。显然，只有单个行为人愿意提供相应的贡献还不能满足获得这一公共品的条件，要获得耕地外部性价值享受必须满足的必要条件是每个行为人提供的耕地外部性价值供给贡献都小于他愿意支付的保留价格。

$$\begin{cases} r_1 > g_1 \\ r_2 > g_2 \\ \vdots \\ r_n > g_n \end{cases} \tag{4-18}$$

(4-18)式是耕地外部性价值供给的必要条件，当必要条件成立时，即每个人愿意支付的保留价格都大于他的耕地保护费用分担额，那么，对每个人愿意支付的最该额进行加总必然大于耕地保护的总费用。

$$\sum_{i=1}^{n} r_i > \sum_{i=1}^{n} g_i = c \tag{4-19}$$

(4-19)式是获得耕地外部性价值的充分条件。如果该条件得到满足，那么，就一定存在某种通过提供耕地外部性价值这种公共产品使人们的福利水平得到改善的支付方案。如果 $\sum_{i=1}^{n} r_i \geq c$，那就说明，愿意支付总额至少与耕地外部性价值的生产成本相等，因而可以很容易地找到一种支付方案 $(g_1, g_2, \cdots g_n)$ 使得 $(r_1 \geq g_1, r_2 \geq g_2, \cdots, r_n \geq g_n)$ 和 $\sum_{i=1}^{n} g_i = c$。

四、耕地外部性价值供给的困境

为简化分析过程,假定只有 A 和 B 两个行为人的情况。每个行为人的初始财富为:ω_i;每个行为人为耕地外部性价值供给所做的贡献为:g_i;每个行为人用来私人消费的资金为:x_i;耕地外部性价值供给的总成本是:c。两人对耕地外部性价值的需求程度相同,按照效用理论,各应该分摊 $c/2$ 的成本。两人的效用函数表达式为:

$$u_i(x_i, g_1 + g_2) \tag{4-20}$$

当 $(g_1 + g_2) \geqslant c$ 时,$u_i(x_i, g_1 + g_2) = u_i(x_i, G)$,即两人贡献和超过耕地外部性供给成本时,两人都能获得耕地外部性价值。

当 $(g_1 + g_2) < c$ 时,$u_i(x_i, g_1 + g_2) = u_i(x_i, 0)$,即两人贡献和不足以弥补耕地外部性供给成本时,两人都不能获得耕地外部性价值。

倘若两人都很想获得耕地外部性价值这一公共物品,则两人的耕地保护目标可以表达为:

$$St. \begin{cases} \max\limits_{x_i, g_i} u_i(x_i, g_1 + g_2) \\ x_1 + g_1 = \omega_1 \end{cases} \tag{4-21}$$

(4-21)式的最优解满足以下条件:

$$|MRS_i| = 1 \tag{4-22}$$

(4-22)式说明,倘若两人都想获得耕地外部性价值,则两人的最优投入决策需满足私人消费效用与耕地外部性价值效用的边际替代率等于1,即再多投入一单位的耕地保护成本与增加一单位的私人消费所带给行为人的效用增量相同。理论情况是,当 A 耕地保护投入成本 $g_1 < c/2$ 时,即便是 B 的投入已经超过分摊成本 $c/2$,为了获得耕地外部性价值,B 会继续追加投入。但事实的情况是,A 和 B 都期盼对方能够多追加耕地保护投资,使自己能够预留出更多的资金用作私人消费。

A 和 B 最终分别决定从财富禀赋中支付 $g_1(g_1')$ 和 $g_2(g_2')$ 用来保护耕地以获得耕地外部性价值,其中:$g_1 \geqslant c/2$,$g_1' < c/2$;$g_2 \geqslant c/2$,$g_2' < c/2$,且满足条件:$(g_1 + g_2) \geqslant c$,$(g_1 + g_2') \geqslant c$,$(g_1' + g_2) \geqslant c$,$(g_1' + g_2') < c$,即当 A 和 B 都愿意提供超过配额贡献时,贡献和大于耕地外部性价值的供

给成本,同时,当 A、B 任意一方愿意提供超额贡献时,总贡献仍能够达到耕地外部性价值生产的成本,仍能保证耕地外部性价值的供给,如若两位行为人均不愿意提供差额贡献,此时贡献和将无法达到耕地外部性价值的供给成本,从而导致耕地外部性价值供给失败。用博弈矩阵来表示 A 和 B 两个行为人的决策效用可以描述为:

表 4-1 耕地外部性价值供给搭便车的博弈矩阵

A 的投入＼B 的投入	$g_2 \geqslant c/2$	$g_2' < c/2$
$g_1 \geqslant c/2$	$u_1(\omega_1 - g_1, G)$ $u_2(\omega_2 - g_2, G)$	$u_1(\omega_1 - g_1, G)$ $u_2(\omega_2 - g_2', G)$
$g_1' < c/2$	$u_1(\omega_1 - g_1', G)$ $u_2(\omega_2 - g_2, G)$	$u_1(\omega_1 - g_1', 0)$ $u_2(\omega_2 - g_2', 0)$

在表 4-1 中,分析行为人 A 和 B 在不同投资决策下的效用大小:

$$u_1(\omega_1 - g_1', G) > u_1(\omega_1 - g_1, G) > u_1(\omega_1 - g_1', 0) \qquad (4\text{-}23)$$

$$u_2(\omega_2 - g_2', G) > u_2(\omega_2 - g_2, G) > u_2(\omega_2 - g_2', 0) \qquad (4\text{-}24)$$

(4-23)表示 A 的效用水平,在能够获得耕地外部性价值享受的前提下,越多的私人消费,A 的效用水平越高。如若耕地外部性价值不能被提供,即便是私人消费稍有增加,A 的效用水平也不及能够获得耕地外部性机制的效用水平。

(4-24)式表示 B 的效用水平变化关系,其含义与 A 类似,不再阐释。

这个博弈的占优均衡是两个行为人都选择投入低于自身贡献配额的资金,结果导致耕地外部性价值不能被顺利供应。如果行为人 A 决定多投入资金以获得耕地外部性价值享受,那么搭便车对于 B 有利,B 在获得耕地外部性价值享受的同时,还保留了更多的资金用于私人消费,其效用水平最高;相反,如果行为人 B 决定多投入资金以获得耕地外部性价值享受,那么搭便车对于 A 有利,A 在获得耕地外部性价值享受的同时,还保留了更多的资金用于私人消费,其效用水平最高。实际的情况是,A 和 B 两个人都愿意追求更高的效用水平,期待对方能够比自己多提供贡献资金,自己只愿意支付小部分耕地保护资金,如此,导致耕地保护工作无法顺利实施进展,耕地外部性价值不能得到体现,行为人双方都不能获得耕地外部性价值享受。

五、外部性价值的补偿激励对耕地保护的重要意义

产权体系是"授予特定个人某种'权威'的方法,利用这种权威可以从不被禁止的使用方式中,选择任意一种特定物品的使用方式"①。正如德姆塞茨在《关于产权的理论》中所说,"产权是一种社会工具,其重要性就在于它们能够帮助一个人形成他与其他人进行交易时的合理预期,……而产权的一个主要功能就是为实现外部效应的更大程度的'内部化'提供行动的动力……"②然而,我国农村实行家庭联产承包责任制,遵从"人人有份、户户有田"的原则,将集体土地承包给农民经营,农民是农业生产的直接参与者,是耕地外部性价值和市场产出价值的提供者。然而,"二元"式产权制度是我国土地管理制度的显著特征,即土地所有权和使用权相分离,土地所有权属于农村集体所有,土地使用权归承包户所有,承包户在法律上仅有土地使用权。完整的土地所有权意味着对土地财产的自由处置权,土地所有者可以凭借对土地的所有权选择使其利益最大化的经营方式,并从中获取收益。"二元"式的土地产权制度使单个农民或家庭不具备完整的土地权利,为了在短期内发挥土地使用权利的最大收益,农民从事农业生产活动一般选择粗耕粗种的掠夺式经营方式,只注重追求耕地短期产出价值,拒绝提供耕地的外部性价值。同时,由于耕地农业生产价值成本收益的不匹配,农民甚至拒绝实现耕地的市场价值,选择从事非农产业,耕地被撂荒的现象频频出现。

我国94.4%的耕地属于农民集体所有,农村家庭联产承包责任制是按照"人人有份、户户有田"的原则将集体土地承包给农民经营,从事农业生产的农民是耕地保护工作的主要行为决策者。

x_i是农民私人消费资金,g_i是农民耕地外部性价值的贡献配额,ω_i是

① Alchian, Armen A, "Some Economics of Property Rights", *Politico*, Vol.30, 1965.
② 科斯等:《财产权利与制度变迁》,上海三联书店1994年版,第97—98页。

农民个人的初始财富禀赋,农民的预算约束为:

$$\{x_i, g_i\} \quad (x_i + g_i = \omega_i) \tag{4-25}$$

(4-25)式表示农民的预算约束,且私人消费资金与耕地保护投入资金呈反向约束关系,多投入耕地保护资金,就必须缩减当期的私人消费。

耕地外部性价值的特殊公共产品属性使农民并不是耕地保护的唯一受益群体,非农业生产者也是耕地外部性价值的受益者,但由于非农业生产者不直接从事农业生产,不需要承担获得耕地外部性价值的供给成本,因此,耕地外部性价值的供给成本一般从农民自身的财富禀赋中支出。权衡私人消费需要,农民对于耕地保护投资有一个最大限度投入金额,即保留价格: r_i 。

在我国,农民初始财富禀赋 ω_i 较低,私人消费需求 x_i 较旺盛,对大多数农业生产者来说,当期的消费效用往往大于预期耕地外部性价值所产生的效用。农民虽然是耕地保护工作的行为主体,但其参与耕地保护的积极性不高。

$$r_i < g_i \tag{4-26}$$

(4-26)式说明农民投入耕地的保留价格 r_i 低于农民应该提供的耕地外部性价值贡献配额。其结果是:

$$\sum_{i=1}^{n} r_i < \sum_{i=1}^{n} g_i = c \tag{4-27}$$

(4-27)式的含义是农民投入耕地的保留价格的和低于获得耕地外部性价值的供给成本,耕地外部性价值无法被提供。

为了纠正耕地外部性价值不被供给的这一目标偏差,需要介入关键人物[1]的力量,使保留价格的和大于等于获得耕地外部性价值的供给成本。

$$n_i = r_i - g_i \tag{4-28}$$

---

[1]　在公共物品理论中,一些人的评价值会使总的评价值发生大于或小于公共物品成本的变化,这些人叫作关键人物。可能存在关键人物,也可能大家都是关键人物。关键人物的重要性在于他们必须有一种如实表达其真实评价的恰当激励。而非关键人物实际上是无关紧要的。当然,任何人都可以是关键人物,因此,为了保证关键人物具有恰当的激励时,要确保每个人都有恰当的激励来决定是否表达真实的评价。

$$H_j = - \sum_{i \neq j} n_i > 0 \ ① \qquad\qquad (4-29)$$

(4-28)式中，n_i 是农民保留价格与所负担的成本分担额的差，由于 $r_i < g_i$，$n_i < 0$。

(4-29)式中，H_j 是关键人物为耕地外部性价值供给所做的贡献，净现值 $n_i < 0$，关键人物所提供的贡献值必须至少等于净现值之和的相反数。

将 H_j 按比例分配给农民专门用作耕地保护工作，便能使农民产生提供耕地资源外部性价值的补偿激励。由以上分析可知，耕地保护外部性价值的公共产品属性，使所有人都可能成为耕地保护的受益者，但是并非所有的耕地保护受益者都是耕地外部性价值的直接主体。由于耕地保护外部性价值的广泛性和扩散性，单个农民不能成为耕地外部性价值供给的关键人物。

从博弈模型来看，现阶段，世界各国耕地保护工作的关键人物一般是分享了耕地保护效益但未承担耕地保护任务的地区、部门及企业。在公共财政补偿途径下，扮演耕地保护补偿激励关键人物的首先是中央政府、粮食主销区地方政府及非农企业，其次才是社会组织及公民。然而，四川省乃至全国的耕地保护工作长期以来重视"约束性"保护和"建设性"保护，对"激励性"保护重视不足，经济激励政策在耕地保护中长期缺位。目前，四川耕地补偿制度主要是针对耕地用途转变的补偿，即农地征用补偿和"占一补一"的补偿。然而，四川省成都市虽然实施了耕地保护基本制度，但对农业用地的补偿力度仍然不足，对于基本农田和一般耕地的补偿标准为每年每亩400元和300元。即便是补偿资金随着省内平均生活水平的提高而连年递增，但相对于农业生产成本的迅速上升，以及非农收入的诱惑，直补资金难以充分激励农民从事农业生产的积极性，更难以推动农民在提供农产品的同时注重耕地外部性价值的供给。

由于耕地的外部性价值具有显著的正外部性和公共产品属性，耕地的外部性价值未能纳入农民的收入中，是导致耕地外部性价值消极供应的根源。消除耕地外部性价值供给困境的根本途径在于构建耕地外部性价值内

---

① (4-29)式的推导原理与克拉克税的推导原理相同。

部化的有效机制,而耕地外部性价值供给成本补偿是将外部性价值收益内部化的关键。政府须为农民提供外部性价值供给的必要生产条件,本着提高耕地质量的耕地保护原则,禁止农民使用高残毒农兽药等农业投入品,要求农民按标准化生产要求使用高效低毒低残留农药等新型投入品,并积极推广新型农业技术,重视农业基础设施建设,以提高农业生产效率,帮助农民增产增收,激发农民进行农业生产投入,从而保障耕地外部性价值的持续供给。与此同时,必须要切实完善耕地外部性价值补偿机制,切实保护耕地。按照"谁受益谁补偿"和"谁提供谁受益"的原则,要求分享了耕地保护效益,但未承担耕地保护任务的组织和个人向承担耕地保护任务的组织和个人提供补偿激励。另外,应该根据耕地保护补偿区域范围划分的原则,合理划分耕地保护区域,应在尽量扩大补偿覆盖范围的基础上,根据耕地质量划分耕地保护区域的不同等级。在确定补偿激励标准时,应充分考虑耕地资源在区际之间存在外部性价值的溢出效应,激励耕地盈余区域积极投入到耕地保护工作当中。

第三节　基于耕地外部性价值的耕地价值体系的构建

一、构建耕地价值体系的理论基础

(一)西方古典经济学的土地价值理论

西方古典政治经济学的创始人威廉·配第(William.Petty)认为:"扣除了自己食用及为换取衣服和其他必需品给予别人的部分之后,剩下的谷物就是这块土地一年的自然的真正地租"①,即地租的数额应该是土地全部货币收入减去费用之后的余额。另外,与马克思的观点一致,配第认为出售土地实际上就是将收取地租的权利让出,也就是出售一定年限的地租,确定土地的价格需要确定这个年限的长短。同时,配第提出地租是收入的基本形式之一,并且"靠近人口稠密的地方(即维持其居民生活需要很多土地的地方)的土地比距离远而土质相同的土地,不仅能产生更多的地租,而且所值

———————

① 威廉·配第:《配第经济著作选集》,商务印书馆1981年版,第40—41页。

的年租总数也更多一些"①。即地租数额的多寡与土地地理位置相关。

法国重农学派的重要代表人物杜尔哥(A.R.J.Turgot)认为:"土地产品
被分成两部分:一部分包括农夫的生活资料和利润,……剩余的另一部分是
独立的、可以自由支配的那部分,这是土地生产出来作为纯粹礼物送给土地
所有者的超过他已经垫付的那一部分。"②在这里,杜尔哥在将农产品的价
值进行划分的同时,强调了地权与地租之间的依存关系。对于土地的价格
和土地价值的评估,杜尔哥的观点是:"根据土地的收入与它所交换的可动
财富数量或比例而定,这种比例称为土地的价格。"③杜尔哥将土地价格的
变动等同于商品价格的变动,认为:"这种价格必然随着土地的买方或卖方
的人数的多寡而变动,如同其他商品的价格随着供给和需求之间变化的比
例而同步变动。"④另外,杜尔哥将地租现行价格的决定因素归因于农业方
面资本家性质的企业之间的竞争,"富裕的土地承包者之间的竞争决定了
地租的现行价格,……当他们之间的竞争十分激烈时,他们有时会把全部剩
余产品交给土地所有者;而土地所有者则把他的土地租赁给所报租金价格
最高的人"。⑤

亚当·斯密(Adam Smith)是英国古典政治经济学的主要代表之一,他
在《国富论》第一篇中通过对分工形式的研究,将地租作为三种收入(工资、
利润、地租)中的一种而对其进行了论述。斯密认为:"作为使用土地的代
价的地租,自然是租地人按照土地实际状况所支付的最高价格"。⑥而地租
则是产生私有制之后对劳动生产物的重新分配,是对从事土地耕作的劳动
者的一种剥削:"有了土地私有,……土地的地租变成为要从用在土地上的

① 威廉·配第:《赋税论》,商务印书馆1966年版,第50页。
② 杜尔哥:《关于财富的形成和分配的考察》,华夏出版社2007年版,第11—12页。
③ 杜尔哥:《关于财富的形成和分配的考察》,华夏出版社2007年版,第44页。
④ 杜尔哥:《关于财富的形成和分配的考察》,华夏出版社2007年版,第44—45页。
⑤ 杜尔哥:《关于财富的形成和分配的考察》,华夏出版社2007年版,第51页。
⑥ 亚当·斯密:《国民财富的性质和原因的研究》上卷,商务印书馆1972年版,第136—137页。

劳动的生成物中扣除的第一个项目"①,"对于未经改良的土地,地主也要求地租……,有时,地主对于完全不能由人力改良的自然物也要求地租……,这样看来,作为使用土地的代价的地租,当然是一种垄断价格"②。另外,鉴于地租不劳而获的剥削性质,斯密认为地租是三种收入中最适合征税的对象。"在许多场合,地皮租及其他普通地租,同为所有者不用亲自费神劳力便可享受得到收入。因此,把它这种收入提出一部分充当国家费用,对于任何产业都不会有何等妨害,……这样看来,地皮租及其他普通地租,就恐怕是最宜于负担特定税收的收入了"。③ 马克思是这样评价亚当·斯密的地租理论的:"亚·斯密觉得:地主在一定情况下有权力对资本进行有效的抵抗,使人感到土地所有权的力量并因而要求绝对地租,而他在其他情况下就没有这种权力"。④ 可见,在马克思看来,虽然斯密的《国富论》中没有明确提出绝对地租的概念,但是他字里行间已经肯定了绝对地租的存在。

大卫·李嘉图(David Ricardo)是英国古典政治经济学的完成者,他认为:"地租是为了使用土地原有的和不可摧毁的土壤生产力而付给地主的部分土地产品。"⑤对于地租和地价,李嘉图着重强调土地的稀缺性。同时,李嘉图也注意到土地等级对土地价值的影响:"在社会发展过程中,当肥沃程度为二等的土地被人们耕种时,一等土地立即开始有了地租,并且地租的数额取决于两块地在质量上的差别"。⑥ 进一步的,李嘉图提出了新投入的劣等地的产品决定市场价格的重要结论,并利用边际报酬递减的客观经济规律解释了土地等级差异对地租的影响,"如果旧土地的回报不减并可以无限地使用资本的话,地租则不会上涨,因为地租总是由于新增的额外劳动

① 亚当·斯密:《国民财富的性质和原因的研究》上卷,商务印书馆1972年版,第58—59页。

② 亚当·斯密:《国民财富的性质和原因的研究》上卷,商务印书馆1972年版,第137—138页。

③ 亚当·斯密:《国民财富的性质和原因的研究》上卷,商务印书馆1972年版,第403页。

④ 《马克思恩格斯全集》第34卷,人民出版社2008年版,第377页。

⑤ 大卫·李嘉图:《政治经济学及赋税原理》,华夏出版社2005年版,第43页。

⑥ 大卫·李嘉图:《政治经济学及赋税原理》,华夏出版社2005年版,第45页。

量所获得的回报相应减少而产生的"。①

（二）马克思政治经济学土地价值理论

马克思认为地租是土地租种者使用土地而向土地所有者支付的经济代价，是土地所有权在经济上的实现形式。地租的存在依附于土地所有权，不同的土地所有权存在不同性质的地租，因此，地租是一个历史的范畴。资本主义地租的实质是农业工人所创造的超过社会平均利润的那一部分剩余价值，根据地租产生方式的差异，马克思将地租区分为绝对地租、级差地租和垄断地租。其中，绝对地租是在土地私有权被垄断的条件下，租种任何土地都必须要缴纳的地租；级差地租是经营较优土地而获得的，归土地所有者占有的那部分超额利润。绝对地租和级差地租是资本主义地租的普遍存在形式，垄断地租只是个别条件下产生的特殊的资本主义地租形式。进一步的，马克思将级差地租划分为级差地租（Ⅰ）和级差地租（Ⅱ），并深入研究了两种形式的级差地租产生的过程、原因和计算方法。其中，级差地租（Ⅰ）是因土地丰度和位置不同，用等量资本投资在不同的等量土地上所产生的超额利润转化而成的地租；级差地租（Ⅱ）是在同一块土地上连续投资而改变了土地的经济丰度和相对位置，造成不同的生产率所产生的超额利润转化而成的地租。对于马克思所阐述的资本主义制度下的各种形式的地租可以归纳为：

$$M = \bar{P} + R_a + R_{d1} + R_{d2} \tag{4-30}$$

（4-30）式中，M 是劣等土地的农业工人所创造的剩余价值，$\bar{P}$ 是社会平均利润，R_a 表示绝对地租，R_{d1} 表示级差地租（Ⅰ），R_{d2} 表示级差地租（Ⅱ）。

马克思土地价格理论是以土地能够形成地租为前提的，而形成地租的前提就是土地所有权，因此土地价格的形成也必须以土地所有权为先决条件。虽然土地并不是商品，但在资本主义社会，土地所有者可以将收取地租的垄断权力转让给货币资本家，便形成了土地所有权与资本之间的交换关

---

① 大卫·李嘉图：《政治经济学及赋税原理》，华夏出版社 2005 年版，第 46 页。

系,因此所谓的土地价格就是地租的资本化。"实际上,这个购买价格不是土地的购买价格,而是土地所提供的地租的购买价格,它是按普通利息率计算的。"①从马克思对土地价格的定义出发,用来购买土地的资本每年按照市场利率所收取的利息就等于所购买土地每年能够收到的地租。用 R 表示地租,用 P 表示土地价格,r 表示利率,我们可以根据地租与购买利息的等价关系推出土地价格的计算公式:

$$R = P \times r \Rightarrow P = \frac{R}{r} \tag{4-31}$$

(4-31)式只考虑了地租与利率高低对土地价格的决定作用,而"土地价格不外是资本化的因而是提前支付的地租"②。既然是提前支付的地租,那么就是土地购买者以土地价格的形式将未来若干年的地租提前一次性支付给土地出卖者。这里,就涉及未来的年限与贴现的问题,因此,我们可以将马克思土地价格的公式进行修正。用 n 表示年限,土地价格的计算公式可以修正为:

$$P = \frac{R}{1+r} + \frac{R}{(1+r)^2} + \frac{R}{(1+r)^3} + \cdots\cdots + \frac{R}{(1+r)^n} = \frac{R}{r}\left(1 - \frac{1}{(1+r)^n}\right) \tag{4-32}$$

由于土地所有者将土地卖出时,其实也就同时将土地所有权转出,那么,从土地售出时刻起,土地就属于购买者。按照之前的阐述,土地价格是未来所有年限的地租的贴现,因此,n→∞ 时,对(4-32)式求极限可得:

$$P = \lim_{n \to \infty}\left[\frac{R}{r}\left(1 - \frac{1}{(1+r)^n}\right)\right] = \frac{R}{r} \tag{4-33}$$

考虑年限与贴现的土地价格与之考虑地租与购买土地资本的利息之间的等价关系,二者之间在数量上并不矛盾,可以得出土地价格的计算公式:

土地价格=地租÷利率

土地价格的计算公式充分体现了它是地租的资本化的这一本质属性,地租资本化的依据在于客观存在的资本利率。也就是说,土地购买者将资

---

① 《马克思恩格斯文集》第 7 卷,人民出版社 2009 年版,第 703 页。
② 《马克思恩格斯全集》第 25 卷,人民出版社 1974 年版,第 753 页。

本用来购买土地收取地租与将这笔钱作为借贷资本借出收取利息一样。但是资本家往往会选择购买土地，哪怕土地的出售价格高出这个计算结果，其原因在于它们不仅仅可以得到收取地租的权利，而且获得了土地的所有权。

（三）现代经济学土地价值理论

效用价值理论是现代西方经济学价值理论的主要基础，效用价值理论和边际分析方法是现在西方经济学研究土地价值问题的主要理论依据和分析方法。效用价值理论起源于 18 世纪的欧洲，主要强调人对商品的心理满足程度的评估，从而决定商品的价值大小。法国著名效用价值理论经济学家萨伊（J.B.Say）认为，土地价值的大小取决于土地为人类提供的效用的高低，地租是土地使用者向土地所有者所提供的土地服务的补偿。① 进一步的，在边际分析方法的指导下，西方众多经济学家开始着手使用边际效用理论研究价值问题，其中维塞尔（F.V.Wieser）的边际效用价值理论影响较为广泛，他认为：效用是评断商品价值的源泉，人们对于效用的追求热情程度以及商品的稀缺程度是反映商品价值尺度的依据，由于土地本身的稀缺性特点和人们生产生活对土地资源的依赖，导致土地价值的产生。②

效用理论主要从人们对于土地效用大小的主观评价来判定土地价值，除此之外，西方部分经济学家注重从市场供求博弈的角度来研究土地价格问题。萨缪尔森（Paul A.Samuelson）提出租金的定义，即对使用供给固定的生产要素所支付的报酬，在一定时期内使用土地而支付的价格则为土地的租金或纯租金。③ 从市场均衡的角度看，土地的供给是固定的，土地供给曲线完全没有弹性，土地的价格必须接近于市场均衡价格，市场均衡的价格主要受到市场需求竞争的影响，需求旺盛导致土地均衡价格上升，反之则下降。而对土地要素所产生的需求是由对要素所产生的产品的需求派生出来的，因此，萨缪尔森进一步强调："因为土地的供给没有弹性，土地在任何一

---

① 参见萨伊：《政治经济学概论》，商务印书馆 1972 年版，第 60 页。
② 参见冯·维塞尔：《自然价值》，商务印书馆 1987 年版，第 115 页。
③ 参见保罗·萨缪尔森、威廉·诺德豪斯：《经济学》，华夏出版社 1999 年版，第 202 页。

种情况下都会同样地工作,所以土地的价值完全的由产品的价值派生而来"。[1]

土地收益理论是现代西方土地价值理论又一重要分支,该理论认为"土地收益是确定它的价值的基础"[2],地租是土地总收益扣除总成本的余额。由于对土地的使用会年复一年地提供收益,从而形成地租流,把预期的土地收益系列资本化而成为一笔价值基金,经济学上成为土地资本或土地售价。[3] 土地收益理论对于土地售价的计算与马克思土地价格理论的计算方式相同,即土地的价格等于土地未来若干年地租的折现值。

$$P = \lim_{n \to \infty}\left[\frac{R}{r}(1 - \frac{1}{(1+r)^n})\right] = \frac{R}{r} \tag{4-34}$$

(4-34)式中,P 为土地售价,R 表示土地纯收益(地租),r 为贴现率,n 表示土地使用年限,一般土地的使用年限是年复一年无止境的,因此 n 一般趋近于无穷大。

随着世界经济的高速发展,人口与资源的矛盾日益突出,土地资源安全问题备受关注,土地价值的研究范畴开始向生态环境和社会外部性领域扩张。按照资源经济学的观点,土地作为重要的资源资产,包括商品价值、环境价值和折补价值三部分,即：

$$V = V_C + V_E + V_D \tag{4-35}$$[4]

(4-35)式中, V、V_C、V_E、V_D 分别表示土地资源的总价值、土地商品价值、土地生产价值、土地折补价值。由于土地的特殊生产和生活功能,土地资源安全不仅影响经济发展和生态安全,而且对社会的稳定和发展的作用也越发明显,因此,经济学家提出了土地社会价值的定义。土地社会价值包含土地社会保障价值、粮食安全战略价值以及土地发展权价值,将(4-35)

---

① 参见保罗·萨缪尔森、威廉·诺德豪斯:《经济学》,华夏出版社 1999 年版,第 203 页。

② 参见伊利等:《土地经济学原理》,商务印书馆 1982 年版,第 223 页。

③ 参见伊利等:《土地经济学原理》,商务印书馆 1982 年版,第 225 页。

④ 参见张效军:《耕地保护区域补偿机制研究》,南京农业大学学位论文,2006 年,第 32 页。

式修订为：

$$V = V_C + V_E + (V_{SB} + V_{SF} + V_{SS}) \text{①} \tag{4-36}$$

（4-36）式中，V、V_C、V_E、V_{SB}、V_{SF}、V_{SS} 分别表示土地资源的总价值、土地商品价值、土地生产价值、土地社会保障价值、粮食安全战略价值以及土地发展权价值。

二、耕地保护过程中耕地价值体系的基本框架

（一）耕地价值研究成果简述

传统的耕地价值理论注重强调耕地本身的生产资料功能,通过对耕地上所附着的农产品价值来衡量耕地价值,耕地的这种经济产出价值能够通过市场机制的调节功能而得以实现并达到均衡。然而,耕地资源价值不同于一般的劳动商品价值,除了其基本的产出功能以外,耕地资源还具有明显的市场机制无法有效调控的正外部价值,即非市场价值。现阶段关于耕地价值研究的主流观点有三种:第一,经济价值、生态价值和社会价值;第二,市场价值和非市场价值;第三,使用价值和非使用价值。② 这三种观点对耕地总价值的划分角度不同,但本质却是相同的,在传统耕地价值理论的基础上认识到了耕地的正外部性价值。首先,对于耕地的经济价值,经济价值由市场机制决定,是私人决定提供多少耕地产出物或经营多少耕地的决策依据,可以根据利润最大化的利己原则实现"帕累托最优",将这部分价值称为市场价值也相对准确。同时,耕地在生产过程中扮演了生产资料的角色,具有满足农民生产农产品需求的特殊属性,因此又可以将耕地的经济价值叫作使用价值。其次,对于耕地的外部性价值,包括生态价值和社会价值,是一种非使用价值,是未能直接在市场交换过程中得到体现的价值,不是私人利润最大化的考虑因素,然而耕地正外部性价值是耕地资源使用价值形成与延续的重要影响因素,并长期影响人们的生活环境与生产效率,要实现

---

① 参见张效军:《耕地保护区域补偿机制研究》,南京农业大学学位论文,2006 年,第 33 页。

② 参见马文博、李世平等:《基于 CVM 的耕地保护补偿激励探析》,《中国人口·资源与环境》2010 年第 11 期。

耕地资源外部性价值的效率均衡需借助非常力量,例如法律体系或政府干预,帮助实现耕地资源外部性价值的"帕累托最优"效率,因此,包括生态价值和社会价值的耕地外部性价值又被称为非市场价值。

(二)耕地保护中耕地价值体系重构的依据

耕地保护是人类为了自身的生存和发展对耕地需求,保存一定数量和质量的耕地,维持耕地生产与服务功能,防治耕地流失与破坏,实现耕地资源可持续利用目标所采取的一系列措施和行动。[①] 从国内外耕地保护的实施情况来看,国外耕地保护源于人们对土地资源的不合理利用以及生态环境破坏对土地资源的威胁,我国对于耕地保护问题的关注则源于粮食安全问题,世界各国对于耕地保护工作的展开均以不破坏土地生产潜力为前提,并同时注重耕地生物生产功能的保护和土地本身自然景观的生态保护。因此,耕地保护具有维持耕地产能、保护社会、生态安全的三重功能,有显著的社会、生态外部效应,在耕地保护过程中讨论耕地总价值必须全面考虑耕地保护行为所产生的正外部效应,合理评估耕地保护行为所能创造的经济价值与社会生态价值,配以相应的政策机制与法律体系,使耕地保护外部性内部化,从而有效激励耕地保护行为的发生。

(三)耕地保护中耕地总价值的基本框架

在耕地保护过程中重构耕地价值体系,需要构建相对完善的耕地总价值体系,如图4-1所示。

耕地总价值由耕地市场价值和耕地外部性价值两大部分组成,其中,耕地市场价值即耕地产出的农产品价值;耕地外部性价值分为耕地社会价值和耕地生态价值。耕地社会价值包括:①农民生存保障价值,②粮食安全价值,③耕地发展权价值,④科研文化价值,⑤娱乐休憩价值,⑥景观维持价值。耕地生态价值划分为:①水土保持价值,②气候改善价值,③空气净化价值,④生物多样性价值,⑤废物处理价值。

---

① 参见雍新琴:《耕地保护补偿激励机制研究》,华中农业大学学位论文,2010年,第19页。

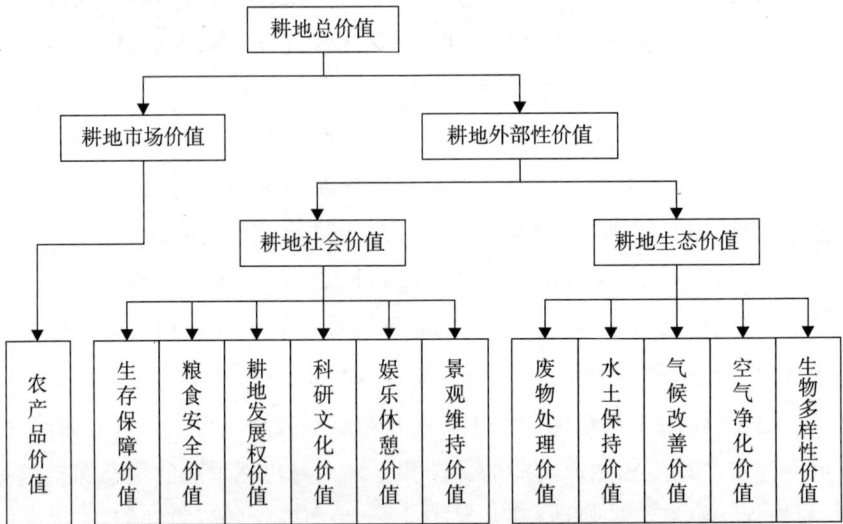

图 4-1 耕地资源总价值框架结构图

三、耕地保护中的市场价值

（一）耕地市场价值的界定

传统土地价值理论主要从土地的产能属性出发,以土地产出物的市场价值为依据来研究土地的价值。土地独具的生产功能,使土地使用者能够凭借对土地的使用权,年复一年地依靠出售土地产出物获取收益,从而形成地租流。土地价格则是资本化的提前支付的地租,是土地所提供的地租的购买价格,这一购买价格即为土地租金在一定时期内的折现值。耕地市场价值由农产品价值来衡量,是耕地生命支持功能的体现,耕地在被人类利用过程中为人类提供直接有利的因子,包括粮食作物、经济作物、作物纤维原料等。① 经济产出功能是耕地资源的基本功能,也是耕地资源的核心价值所在。据统计,耕地不仅直接为人类提供 88% 的包括粮、油、蔬菜等主要食物,而且 95% 以上的肉类、蛋类、奶类食品也间接由耕地资源的主副产品转

---

① 参见赵荣钦、黄爱民、秦明周:《农田生态系统功能及其评价方法研究》,《农业系统科学与综合研究》2003 年第 19 期。

化提供。① 除了人类的基本生活依赖于耕地,人类的生产活动也与耕地农产品息息相关,耕地是第二、第三产业发展的主要原料基地,特别是农产品加工行业和纺织品行业原料基地。不仅如此,耕地经营收入占农民收入的40%—60%,个别地区占到70%以上,是大多数农民的主要收入来源。② 耕地经济产出价值能够通过农产品的市场价值间接体现出来,是耕地所产农产品未来收入的价值,农产品收入直接影响耕地市场价值的实现。

(二)我国耕地市场价值呈现出上涨瓶颈

农民作为土地的直接耕作者,是耕地保护工作的主体,农民对耕地保护的直接性和广泛性对耕地保护工作取得突出进展意义重大。就农民而言,农民是自由的经济人,其行为方式受到利益目标的制约,农民是否参与耕地保护工作,并在其中承担主要责任取决于这一举措对其自身利益的影响。现阶段,随着就业制度改革的逐步深入,农民可以自由选择是否从事农业生产劳动,而这一决策受到农产品成本收益以及放弃参与其他形式的劳动所支付的机会成本的影响。

首先,不稳定的地权抑制农民耕地投入的经济性,耕地市场价值难以充分实现。家庭联产承包责任制是我国农村的一项基本经济制度,赋予农民更加充分而有保障的土地承包经营权,使现有土地承包关系保持稳定并长久不变是我国目前推行农村土地工作改革的基本原则。③ 长期以来,我国分别针对农村和城市实施两套不同的土地管理制度与实施法规。在农村,农民利用集体所有的土地在一定的法律约束范围内进行农业生产活动,相对于城市土地管理制度,农村土地制度显示出更多的不稳定性特征,主要表现为农地使用权的不稳定性。当农地地权不稳定时,地权变动概率的大小直接影响了农户投资行为的决策。影响地权变动概率的因素很多,包括土地供需情况的市场因素以及土地的地理位置、肥沃程度等非市场因素。可

---

① 参见杨瑞珍:《论中国耕地资源永久利用的战略地位与作用》,《地域研究与开发》1996 年第 15 期。

② 数据来源:依据《中国统计年鉴》(2009)的农民收入区域、时间序列数据整理计算所得。

③ 参见孙杨:《地权影响下的农户土地投资行为和绩效分析》,《农村经济》2011 年第 11期。

以说,不稳定的地权如同对农户征收的一项随机税一般,降低了农户的生产投资的积极性。[①] 而这些因素影响地权变更的程度受到制度因素的制约,合理明晰的土地权利变更法则可以降低土地使用权的不确定性,使农户能够在一定程度上对农地使用权变更的概率作出正确预期,以便更加理性地选择生产行为,最终实现经济权益的最大化。

其次,成本因素导致耕地低市场价值。我国农产品成本自 20 世纪 90 年代初期开始上涨,90 年代末期略微下降后,多数农产品成本再次呈现出明显的上升趋势。2001—2006 年,三种粮食(稻谷、小麦和玉米)、两种油料(花生和油菜籽)平均成本上升了 14.4% 和 8.3%,其中,2004—2006 年间,三种粮食和两种油料平均总成本分别上涨了 15.7% 和 13.2%。据国家发改委发布的数据,自 1990 年以来,我国农产品成本平均每年以约 10% 的速度递增,1978—1998 年间平均每年增加 8.44%。[②] 近几年,农产品生产成本继续保持着持续上涨的态势,根据农业部发布的农产品成本收益数据,截至 2008 年,全国各地区平均每亩稻谷、小麦和玉米的生产总成本分别为 790.51 元、498.55 元和 523.45 元;每亩大豆、花生、油菜籽的生产总成本分别为 347.99 元、677.07 元和 393.61 元。[③] 从成本价格指数来看,近几年我国农产品成本价格上涨迅速。2007—2009 年,全国农业生产资料价格指数分别为 107.7、120.8 和 97.5(上一年为 100);2000 年以前,两种生产资料价格指数比较接近,且工业原料价格指数略高于农业生产资料价格指数;2001 年,两种价格指数基本一致;从 2002 年开始,农业生产资料价格指数开始反超工业原料价格指数;2008 年,农业生产资料价格指数是工业原料价格指数的 108.85%;2009 年,全国农业生产资料均价为 2008 年年均水平的 97.5%,虽然略有回落,但仍然处于较高位置。

---

① Cf.Besley, T., "Property Rights and Investment Incentives:Theory and Evidence from Ghana", *Journal of Political Economy*, Vol.103, 1995.

② 参见方松梅、王为农:《成本快速上升背景下的农业补贴政策研究》,《管理世界》2009 年第 9 期。

③ 数据来源:《全国农产品成本收益资料汇编 2009》,中国统计出版社 2009 年版。

四、耕地保护中的社会价值

（一）耕地社会价值的界定

对于社会价值的界定，理论界还没有一个完整的公认的概念。国外学者从森林的社会价值构成因素方面予以界定：社会价值的构成因素包括精神价值和文化价值，具体包括地方敏感度、获得个人消费资源的机会（精神上接近资源、对资源的拥有权和使用权）、获得旅游、休憩、游戏和教育的机会、参与经营和决策的机会（参与国有林环境维护决策、参与国有林资源经营决策等）。对于耕地的社会价值，李传健、俞奉庆和蔡运龙认为：耕地的社会价值是指经济价值和生态价值等转化为社会功能的间接价值，主要包括提供就业保障、粮食安全保障和维护社会稳定等方面的价值。① 强真和朱道林等将耕地社会价值分为景观价值、农村劳动力就业价值、粮食安全价值、相关科学研究价值和其他社会效益价值。② 谢高地等认为：耕地社会效益包括国家粮食安全、实现充分就业、人们安居乐业、和谐共处等。③ 陈丽和曲福田等认为：从目前我国现实情况来看，耕地资源本身所具有的养育功能、承载功能、增值与保值功能、信用担保功能等，这些仍然是我国农民基本生活、养老、就业、医疗保险和信用担保可靠的物质基础以及实施保障的重要手段。因此，耕地资源社会功能可以归纳为：社会保障和社会稳定两大方面的功能，其中社会保障功能又可划分为基本生活保障、养老保障、失业保障；社会稳定功能可划分为粮食安全、遏止农业劳动力流失等。④ 在已有的研究成果的启发下，结合耕地保护补偿的现实需求，本书认为：耕地社会价值是耕地利用产生的后效应，是对社会需求的满足程度及其相应生产的社会、政治和文化影响。耕地社会价值包括：①粮食安全价值，②耕地发展权

---

① 参见李传健：《农业补贴与土地资源价值的实现》，《实事求是》2007年第1期；俞奉庆、蔡运龙：《耕地资源价值重构与农业补贴》，《中国土地科学》2004年第18期。

② 参见强真、朱道林、毕继业：《农用地转用生态补偿价格评估理论初探》，《中国国土资源经济》2002年第2期。

③ 谢高地、肖玉、鲁春霞：《生态系统服务研究进展、局限和基本范式》，《植物生态学报》2006年第30期。

④ 参见陈丽、曲福田、师学义：《耕地资源社会价值测算方法探讨——以山西柳林县为例》，《资源科学》2006年第11期。

价值,③农民生存保障价值,④科研文化价值,⑤娱乐休憩价值,⑥景观维持价值。

(二)耕地粮食安全价值①

联合国粮农组织认为:增加粮食有效供给是实现粮食安全的先决条件。粮食生产受到社会、经济、制度、技术和自然资源条件的制约和影响,可归结为农业的生产环境,其中耕地资源是最重要的自然资源基础,对粮食有效供给能力起着最根本的约束作用。② 耕地保护的粮食安全价值是耕地为社会提供粮食的功能效益的体现,是经济安全和社会和谐稳定的基本前提和有效保障。耕地数量和质量均对粮食安全具有显著贡献。首先,耕地数量是粮食安全的基本保障。近年来,随着我国工业化、城市化建设的不断推进,耕地数量锐减,但粮食产量却稳步增长,这一耕地数量与粮食产量反映出增长现象源自于农业科技进步,科技进步在完全抵消耕地面积减少所导致的粮食减产的同时还有赋予科技正效应。然而,农业科技进步也必须建立在一定数量的耕地基础上,耕地是实现科技进步的前提条件。其次,耕地质量对粮食安全影响重大。近年来,一方面由于农业化肥的过量施用和工业"三废"的任意排放,已经导致部分地区耕地土壤质量严重受损,耕地产能受到严重影响,生产出的农产品当中有害物质含量不断上升,粮食安全恐慌在世界各地频繁出现,导致部分地区个别农产品滞销,造成了广泛的不良社会影响。另一方面,我国粮食安全受人口增长的压力仍未解除,据预测,到21 世纪中叶,我国人口将到达或接近 16 亿左右,要确保国家政治安全和经济安全,我国必须能够确保粮食安全,而耕地对于保障粮食安全具有不可取代的社会价值。

---

① 1966 年 FAO 在罗马召开的联合国世界粮食会议上,提出最初的粮食安全概念,其定义是:"保证任何人在任何时候都能得到为了生存和健康所需的足够的食品"。经过近半个世纪的发展,粮食安全的概念不断被补充和完善,但由于发展需求和国情差异,目前国内外对粮食安全的界定和工作侧重点也各有不同,但就各国理论界和工作实施情况来看,通常认为粮食安全包括以下四个方面的目标:第一,确保生产足够的粮食;第二,保证粮食健康;第三,最大限度地稳定粮食供应;第四,确保需要粮食的人们都能获得粮食。

② 参见朱红波:《中国耕地资源安全研究》,华中农业大学学位论文,2006 年,第 20 页。

（三）耕地发展权价值

农地发展权是农地产权的组成部分之一,学术界关于农地发展权的研究较多,定义也比较清晰准确:农地发展权是指根据社会经济发展需要,按照土地利用规划和用途管制规划,将农地转变为其他用途的权利,它是从农地所有权中分离出的可单独处分的物权,是获得土地用途转换后收益增值的权利。① 英国是最早意识到耕地发展权价值的国家,20 世纪 30 年代后期和 40 年代后期,英国为了疏散工业及工业人口,对于拥挤的城市地区进行再发展,同时,为减少人口和工业遭受空中攻击的威胁等问题,于 1947 年颁布了《城乡规划法》以法律制度的形式保障土地发展权,美国、法国、日本等国家也相继通过了相应的土地发展权制度。随着我国耕地保护形势愈发严峻,我国众多学者建议在我国产权体系中显化耕地发展权价值,以切实落实耕地保护工作,然而在我国土地法律制度中,具体体现耕地发展权价值的法律制度仍未明确设立。从我国未来社会经济发展对农业发展与城乡建设需求的角度看,我国耕地发展权价值主要体现在以下三个方面:第一,在保持耕地农业用途的条件下,农民可以进行农业结构调整,转向较高收益的经济作物生产,或转变耕地经营方式实现耕地规模经营的价值;第二,由农用性质变更为集体建设用地的权利价值,在集体所有权不变的条件下,其用途可作为农村宅基地、农村公共设施、公益事业以及企业建设用地;第三,变更为国家建设用地的权利价值,国家为公共利益需要或经济建设需要,通过行政征用的方式将集体土地变更为国家建设用地,其用途分为纯公益性建设用地和经营性建设用地。②

（四）耕地其他社会价值

耕地社会保障价值:在我国,耕地经营收入占农民收入的 40%—60%,个别地区占到 70%以上,是大多数农民的主要收入来源,对农民维持基本生产生活具有保障性意义,在未来相当长的一段时期内,耕地仍将履行我国

---

① 参见沈守愚:《论设立农地发展权的理论基础和重要意义》,《中国土地科学》1998 年第 1 期。

② 参见季禾禾、周生路、冯昌中:《试论我国农地发展权定位及农民分享实现》,《经济地理》2005 年第 3 期。

农村社会保障的重要功能,对于构建和谐的社会主义新农村具有不可取代的社会价值。科研文化价值:耕地的存在和利用为科学文化研究提供了研究对象和研究载体,对农业科技进步和生物、环境、气象等科学研究的进行与发展具有特殊价值。娱乐休憩价值、开放地价值、景观维持价值都是基于耕地开阔的空间与生态景观而产生的休闲、娱乐、游憩的社会价值。伴随着城乡统筹发展的逐步推进,以及各种体系经济的兴起,以"农家乐"为代表的休闲农业、观光农业、乡村旅游的社会效益已经开始逐步转化为农村的经济效益,农民也从中获得了较为丰富的经济收益。

五、耕地保护中的生态价值

(一)生态价值的界定

对于生态价值,王礼先从生态投资效果的角度,用生态功能产生的对人类有益的全部效用与人类付出的劳动消耗的对比关系来权衡生态价值。[①]张叶提出:生态价值是与人类活动相联系的生态环境状况变化而使生产成果增加或减少的量的表现,而生态价值的经济计量就是对这种物质的货币评价,同时,生态价值是人类经济活动引起生态环境状况变化的结果,这一结果进而影响到生产成果的经济价值的增减。[②] 对于耕地生态价值的研究,国内的成果比较丰富,承认耕地的多功能性质,即耕地除了在生产经济上的贡献外,同时也衍生出具有公益性的非商品产出,具体体现为资源、环境和生态保持等方面的贡献。[③] 在已有的研究成果的启发下,结合耕地保护补偿的现实需求,本书将耕地生态价值划分为:①水土保持价值,②气候改善价值,③空气净化价值,④生物多样性价值,⑤废物处理价值。

(二)耕地水土保持价值

耕地水土保持价值体现为耕地水源涵养、水质净化和土壤保护的生态

---

① 参见王礼先、王瑞斌:《林业生态工程学》,中国林业出版社1998年版,第34页。
② 参见张叶:《试论生态效益与经济效益的统一》,《生态经济》1998年第1期。
③ 参见黄宗煌:《现阶段农地保育的经济效益分析》,《农业金融论坛》1991年第25期;萧景楷:《农地环境保育效益之评价》,《水土保持》1999年第6期;陈明健、阙雅文:《农地的环境保育及粮食安全效益评估》,《台湾土地金融季刊》2000年第37期;孙海兵、张安录:《农地外部效应保护研究》,《中国土地科学》2006年第20期。

效应。涵养水源包括浅层地下水涵养和深层地下水涵养,据蔡明华估计,1982 年台湾水田每年地下水涵养总量为 58.33 亿立方米,约为台湾水库年运用量(29 亿立方米)的 2 倍,以原成本 5 元/立方米计算,其年收益为 290 亿元。另据陈明健的研究,1992 年台湾稻田涵养地下水资源的价值相当于水稻产值的 2.5 倍。日本在 1992 年公布的粮食、农业与农村政策方向中也特别强调了水田在涵养水源等方面的功能。同时,农作物通过吸收、吸附、阻滞等形式去除浮游物质、污染物离子及各种有机物,达到净化水质的功用。土壤保护效应是农作物可以缓和有机物在高温下的过度分解,调节土壤的酸碱值。水田保持经常渗水可防止土壤风蚀及水蚀。农地残余作物回归土壤可以维持地力,如稻草、蔗叶含氮达 0.5%,回归土壤后可使作物获得营养,减少化学肥料的施用。①

(三)耕地气候改善和空气净化价值

耕地资源生态系统通过光合作用固定太阳能,将二氧化碳等物质转化为有机质,增加生物量,同时释放出氧气。陆地土壤是地球表面最大的碳库,耕地土壤碳贮量尤其丰富。虽然耕地资源生态系统不像森林那样具有明显的碳汇功能,但其功能的强弱和效益的大小是值得考虑的。绿色植物的光合作用使郊区耕地成为城市的"绿肺",为城市居民输送氧气,加速空气流通,维持生态平衡而使城乡居民有一个良好的生存环境。② 同时,农田作物的蒸腾作用,使其周围的湿度明显高于非农用地,尤其是水田的蒸发、散热过程具有降温作用,能使环境舒适宜人,从而起到气候调节的生态效益。另据肖玉等的研究,上海五四农场稻田生态系统对温室气体调节起着抑制作用,同时氧气释放的变化范围为 1658—38517 公斤/公顷,若以成本法计算,其效益约在 5467—12842 元/公顷。③

(四)耕地生物多样性价值

生物多样性包括生态系统的多样性、物种的多样性和遗传多样性,耕地

---

① 参见孙海兵、张安录:《论农地的外部效益与补偿》,《生态经济》2006 年第 4 期。

② 参见田春、李世平:《论耕地资源的生态效益补偿》,《农业现代化研究》2009 年第 1 期。

③ 参见肖玉、谢高地、鲁春霞等:《稻田生态系统气体调节功能及其价值》,《自然资源学报》2004 年第 5 期。

生态系统以农作物为主体,还包括大量动物、植物和微生物等多种生物群落。耕地可以为多种植物提供了生境,也为动物和其他生物提供栖息条件、隐蔽条件和各种各样的食物资源,因此,耕地往往是这些生物物种栖息、筑巢、生长、繁殖和觅食的理想场所,可见,耕地的利用有利于生物多样性的保护。[1] 生态经济学家 Costanza 在评估全球生态系统价值时认为,耕地生物多样性功能的价值多达 24 亿美元/年。[2]

第四节　四川省耕地资源经济总价值的测算

一、四川省耕地产出价值的测算

(一)经济产出价值的测算方法——收益还原法

收益还原法是通过所测算地区相关的收益和费用数据,计算测算时间范围内的年净收益,将净收益进行贴现以还原当地耕地的经济产出价值的方法。

收益还原法的计算公式为:

$$V_e = \frac{R}{r} \times \left[1 - \left(\frac{1}{1+r} \right)^n \right] \tag{4-37}$$

(4-37)式中, V_e 表示当期耕地产出价值,R 为当期耕地净收益,r 为贴现率,n 表示耕地耕种年限(n=30)。

关于贴现率的取值问题,理论界的观点较多,按照经济合作发展组织(OECD)的建议,使用复合贴现率。复合贴现率等于社会时间偏好率和资本机会成本的加权平均值:

$$r = h_1 s_1 + h_2 s_2 \tag{4-38}$$

(4-38)式中, h_1 是国民收入的投资部分,比例为 20%; h_2 是国民收入的消费部分,比例占 80%; s_1 是私人资本平均实际收益率,表示资本的边际机会成本,一般为 8%; s_2 为社会时间偏好率,根据 OECD 的研究结果,中国

---

[1]　参见孙海兵、张安录:《论农地的外部效益与补偿》,《生态经济》2006 年第 4 期。

[2]　Cf.Costanza,R,"The value of the world's ecosystem services and antural capital",*Nature* Vol.387,1997.

的社会时间偏好率为4%。① 将数值带入到(4-38)式中,可计算出中国复合体现率为4.8%。

(二)2009年四川省各市(州)耕地经济产出价值试算

四川省是西南地区乃至全国的粮食主产区,四川省耕地经济产物以稻谷、小麦为主,另有油菜、花生、玉米、棉花、甘蔗等多种经济作物,各市(州)地区的耕地保有面积和农业生产总值也存在差异。根据《四川省统计年鉴2010》所提供的农业生产数据,可以计算出全省21个市(州)的耕地经济产出价值。详见表4-2:

表4-2　2009年四川省各市(州)耕地经济产出价值

地区	农业纯收益(亿元)	耕地总面积(千公顷)	耕地经济产出价值(亿元)	平均经济产出价值(万元/公顷)
全省	541.82	3976.09	8522.37	21.43
成都市	66.99	334.71	1053.65	31.48
自贡市	19.40	133.62	305.12	22.83
攀枝花市	5.11	39.50	80.41	20.36
泸州市	24.36	209.53	383.21	18.29
德阳市	32.26	185.98	507.36	27.28
绵阳市	37.81	279.93	594.66	21.24
广元市	16.28	165.97	256.04	15.43
遂宁市	22.96	154.45	361.08	23.38
内江市	23.82	164.57	374.62	22.76
乐山市	21.68	150.95	340.93	22.59
南充市	38.19	300.02	600.65	20.02
眉山市	22.38	170.89	351.97	20.60
宜宾市	29.22	243.52	459.56	18.87
广安市	24.95	169.00	392.41	23.22
达州市	42.98	294.25	676.06	22.98

① 参见王金南:《中国与OECD的环境经济政策》,中国环境科学出版社1997年版,第52—56页。

（续表）

地区	农业纯收益（亿元）	耕地总面积（千公顷）	耕地经济产出价值（亿元）	平均经济产出价值（万元/公顷）
雅安市	10.39	55.39	163.41	29.50
巴中市	18.33	152.68	288.36	18.89
资阳市	28.87	273.03	454.09	16.63
阿坝藏族羌族自治州	2.72	59.87	42.85	7.16
甘孜藏族自治州	3.13	90.90	49.26	5.42
凉山彝族自治州	37.05	347.35	582.81	16.78

从表4-2的计算结果看，2009年，四川省21个市（州）地区成都市的耕地经济产出价值最高，为1053.65亿元，阿坝藏族羌族自治州耕地资源相对较低，耕地经济产出水平为全省最低，仅有42.85亿元。相较平均每公顷的耕地产值，成都地区每公顷耕地的经济产出价值为31.48万元/公顷，高于其他市（州）地区，阿坝藏族羌族自治州每公顷耕地的经济产出价值为5.42万元/公顷，处于全省耕地经济产出最低水平。

（三）四川省耕地经济产出价值的时序变化

根据《四川省统计年鉴2010》所提供的农业生产数据，可以计算出全省21个市（州）2002—2009年的耕地经济产出价值。详见表4-3：

表4-3 2002—2009年四川省耕地经济产出价值一览表

年份（年）	农业纯收益（亿元）	耕地面积（万公顷）	耕地产出价值（亿元）	耕地平均产出价值（万元/公顷）
2002	242.229	405.99	3810.07	9.38
2003	241.41	390.37	3797.19	9.73
2004	296.31	390.44	4660.73	11.94
2005	311.16	390.60	4894.30	12.53
2006	322.524	391.66	5073.05	12.95
2007	394.98	394.59	6212.73	15.74

（续表）

年份 （年）	农业纯收益 （亿元）	耕地面积 （万公顷）	耕地产出价值 （亿元）	耕地平均产出价值 （万元/公顷）
2008	513.24	395.95	8072.87	20.39
2009	541.818	397.61	8522.37	21.43

注：本表按当年价格计算，2003年起农业生产总产值为新口径。

从表4-3的计算结果可以看出，四川省耕地面积逐年减少，2002年耕地总面积为405.99万公顷，2009年缩减至397.61万公顷，减退幅度达20.64‰。然而，尽管耕地面积持续减退，但耕地经济产出价值却呈现为逐年上涨趋势，2002年耕地经济产出纯收益为242.229亿元，2009年增至541.818亿元，是2002年的两倍多。除了币值因素以外，农业科技进步是导致耕地面积减退与耕地产出价值反向增长的重要原因。

二、四川省耕地生态价值的测算

（一）耕地生态价值的测算方法——当量因子法

目前，被用来量化耕地生态价值的方法包括支付意愿法、条件评价法、投标博弈法、当量因子法等。霍雅勤等利用支付意愿法评价出甘肃省会宁县的耕地生态功能价值为9.22万元/公顷；[1]萧景楷利用条件评价法衡量农地在环境保育方面的价值，得出农地环境效益约为每年新台币26万元/公顷；[2]Beasley对阿拉斯加的PDR区域进行调查，利用图片和投标博弈法得出每户平均一年保护农地景观的支付意愿是100—189美元；[3]日本三菱综合研究所在1991年的试算结果表明，1985年日本全国水田的稻谷产出额为3兆日元，而水田所产生的纯外部效益的经济价值为12兆日元。

当量因子法是在已测算的某一特定生态服务功能价值或效益的基础

---

① 参见霍雅勤、蔡运龙：《耕地资源价值评价与重建》，《干旱区资源与环境》2003年第5期。

② 参见萧景楷：《农地环境保育效益之评价》，《水土保持研究》1999年第6期。

③ Cf.Beasley S D, Workman W G, WilliamsN A., "Estimating Amenity Values of Urban Fringe Farmland: A Contingent Valuation Approach", *Growth and Change*, Vol.17, 1986.

上,依据待评估生态系统的区域和生物生长量特征(即当量因子),进行修正得到的需要评估的某一区域特定生态服务功能或效益。[1] Costanza 等人利用该方法对全球不同生物群体的各类型生态系统的功能效益进行了评估,评估结果表明,耕地生物多样性功能的价值多达 24 亿美元/年。Costanza 所确立的生态服务效益参照体系被国内外众多研究学者广泛应用。在国内,谢高地基于 Costanza 的研究方法进行总结修正,根据对我国200 位生态学专家的调研结果分析,得出了"中国生态服务价值当量因子表",该成果适合中国生态系统状况和经济发展水平,在国内生态学研究领域的认可度较高。本书研究耕地资源的生态价值采用当量因子法,参照因子也可以采用耕地资源生态服务价值当量因子,依据四川省的耕地资源生态系统特征测算四川省耕地资源的生态价值。

表4-4　中国耕地资源生态服务价值当量因子表

价值类型	当量因子	价值类型	当量因子
食物生产	1.00	废物处理	1.39
原材料生产	0.39	保持土壤	1.47
气体调节	0.72	维持生物多样性	1.02
气候调节	0.97	娱乐文化	0.17
水源涵养	0.77	合计	7.90

数据来源:谢高地、甄霖、鲁春霞等:《一个基于专家知识的生态系统服务价值化方法》,《自然资源学报》2008 年第 5 期。

(二)四川省耕地资源单位当量因子价值量测算

谢高地的生态服务价值当量因子指的是一公顷平均产量的农田每年自然粮食产量的经济价值,用以描述生态系统对耕地生产能力贡献值的潜在大小。本书拟采用谢高地的影子工程法计算四川省耕地生态功能的单位当量因子价值。[2]

---

① 参见牛海鹏:《耕地保护的外部性及其补偿激励研究》,华中农业大学学位论文,2010年,第 66 页。

② 参见谢高地、鲁春霞、冷允法等:《青藏高原生态资产的价值评估》,《自然资源学报》2003 年第 18 期。

$$E_\alpha = \frac{1}{7} \sum_{i=1}^{n} \frac{m_i p_i q_i}{M} \tag{4-39}$$

(4-39)式中，E_α 为一单位当量因子的价值量，i 为粮食作物种类，四川省主要粮食作物有小麦、稻谷、玉米、油菜、花生、甘蔗、棉花；为 i 种粮食作物的播种面积；p_i 为 i 种粮食作物全国平均价值；q_i 为粮食作物单产量；M 表示粮食作物的总播种面积。1/7 是指在没有人力投入的自然生态系统提供的经济价值是现有单位面积耕地提供的食物生产服务价值的1/7。结合《中国农业统计年鉴2010》《四川省统计年鉴2010》的相关数据，由(4-32)式可得四川省 2002—2009 年的单位当量因子的价值量，见表4-5：

表4-5　2002—2009 年四川省耕地资源单位当量因子价值量计算表

（单位：$\times 10^4 hm^2$；亿元；元 $/hm^2$）

年份	项目	粮食	花生	油菜	棉花	甘蔗	小计	E_α
2002	播种面积	642.55	26.40	77.30	3.30	3.19	752.74	7741.9
	总产值	487.35	20.51	23.43	1.38	50.09	582.77	
2003	播种面积	608.78	27.00	80.60	3.12	3.19	722.69	7885.7
	总产值	466.12	26.48	30.13	2.02	45.15	569.89	
2004	播种面积	633.33	26.27	81.40	3.58	2.88	747.46	10628.2
	总产值	683.74	30.84	37.18	2.09	40.58	794.42	
2005	播种面积	650.16	26.40	81.72	2.78	2.67	763.73	10655.6
	总产值	706.99	29.18	34.70	1.74	41.19	813.80	
2006	播种面积	688.77	26.10	79.70	2.45	2.64	799.66	11027.4
	总产值	774.28	23.24	36.44	1.08	46.78	881.82	
2007	播种面积	680.39	25.78	79.73	2.16	2.56	790.62	12017.8
	总产值	816.90	32.91	51.41	1.25	47.67	950.15	
2008	播种面积	682.72	25.62	88.62	1.85	2.30	801.11	13447.9
	总产值	915.74	45.12	72.43	1.05	42.97	1077.32	
2009	播种面积	685.90	25.60	93.70	1.62	1.99	808.81	13593.4
	总产值	947.86	43.27	71.96	1.13	35.22	1099.45	

注：表中粮食作物是指四川省主产粮食作物，包括小麦、稻谷、玉米。经济作物选取了四川省生产主产的经济作物，包括花生、油菜、甘蔗、棉花，另外还有麻类作物由于耕种数量相对较少，未统计其中。作物总产值由当年全国粮食均价，结合四川省粮食单产数据计算得出。

(三)四川省耕地资源生态价值的测算

根据当量因子法的计算原理，结合谢高地所得耕地生态服务价值的当量因子(表4-4)和四川省2002—2009年耕地资源各年度的单位当量因子价值(表4-5),计算出四川省2002—2009年各年度耕地资源的生态价值,见表4-6:

表4-6 2002—2009年四川省耕地资源生态价值一览表

（单位:元）

项目	当量因子	耕地生态效益值			
		2002年	2003年	2004年	2005年
涵养水源	0.77	5961.294	6072.015	8183.739	8204.825
水土保持	1.47	11380.653	11592.029	15623.502	15663.756
气候改善	0.97	7509.682	7649.162	10309.386	10335.948
空气净化	0.72	5574.197	5677.729	7652.327	7672.044
生物多样性	1.02	7896.779	8043.449	10840.797	10868.729
废物处理	1.39	10761.297	10961.171	14773.243	14811.307
合计		7011.986	49083.903	49995.555	67382.994
项目	当量因子	耕地生态效益值			
		2006年	2007年	2008年	2009年
涵养水源	0.77	8491.127	9253.709	10354.860	10466.920
水土保持	1.47	16210.334	17666.172	19768.370	19982.302
气候改善	0.97	10696.615	11657.270	13044.435	13185.601
空气净化	0.72	7939.755	8652.819	9682.467	9787.250
生物多样性	1.02	11247.987	12258.160	13716.828	13865.271
废物处理	1.39	15328.139	16704.747	18692.540	18894.830
合计		9987.708	69913.956	76192.876	85259.500

注:表中当量因子是中国1公顷平均产量的耕地每年自然粮食产量的经济价值。

从图4-2的时序走势可以看出,四川省耕地资源的各项生态功能价值均呈现为逐年上涨的态势,其中,2004年和2008年上涨速度最快,原因主要可以归结为当年粮食价格指数增长迅速,相应地抬高了当年的当量因子单位价值量。这些特征反映了耕地生态价值与社会发展水平、耕地利用效率呈现为正相关关系,耕地生态功能是产生经济效益价值的基础,而良好的

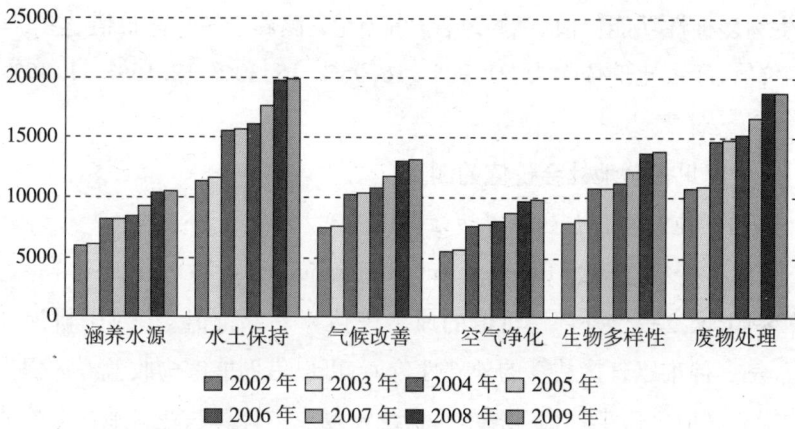

图4-2　四川省近年耕地资源生态价值趋势变化图

经济效益水平又反作用于耕地生态服务效率的改善。从 2002—2009 年耕地生态价值的各项分支价值水平的组合情况,可以进一步分析耕地生态价值的结构组成,见图 4-3:

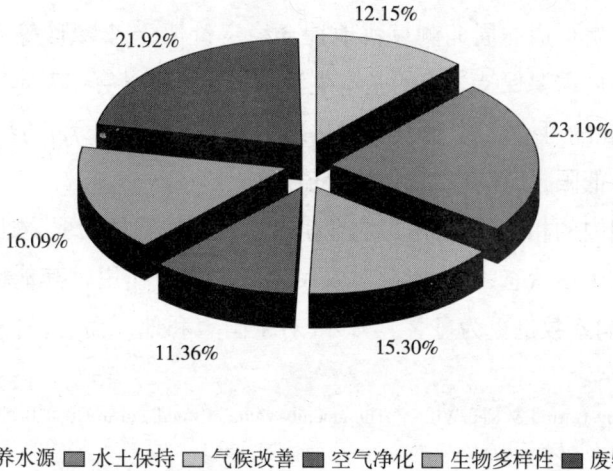

图4-3　四川省近年耕地资源生态价值结构组织图

注:图中百分比数据由 2002—2009 年耕地生态价值分支价值的均值数据计算得来。

　　根据图 4-3,四川省 2002—2009 年间生态总价值当中,水土保持功能价值体现最为明显,占生态总价值的 23.19%,以下依次是废物处理功能价值、生物多样性功能价值、气候改善功能价值、涵养水源功能价值、空气净化功能价值,所占比例依次为:21.92%、16.06%、15.30%、12.15%、11.36%。

三、四川省耕地社会价值的测算

(一)耕地社会价值的测算方法——替代/恢复成本法

替代/恢复成本法(Replacement/Restoration Cost Method,RCM)是通过计算替代/恢复提供外部性价值的成本来估算外部价值。[①] 对于耕地社会价值,是一种难以直接估算的外部性价值,可以借助能够为收益群体提供类似功能的其他价值来替代/恢复。替代/恢复成本计算法在耕地社会价值的计算中已经被广泛采用:刘慧芳以保险趸缴为依据测算耕地社会保障价值,以耕地开垦费、耕地熟化过程的收益损失为依据测算耕地稳定价值;[②]蔡运龙等以保险费趸缴为依据测算耕地养老保险价值,以乡镇企业人均固定资产原值为依据测算耕地就业保障价值;[③]陈丽等采用农民再就业所需要的教育和培训费用来代替耕地失业保障价值,通过考察水浇地的资本投入量和土壤经济费形成的周期测算耕地社会稳定价值;[④]李翠珍等以居民在平均预期寿命内需要保持一定的基本生活水平为标准计算出基本生活保障价值,基于土地的可持续利用原则,以耕地生态系统的人口承载能力为耕地能承担的人口低限,计算其失业保险价值。[⑤]

结合国内的相关研究,考虑农业生产本身抗风险能力弱,农民收入相对较低的现实生活状态,耕地资源对农民生活的保障作用较其他社会价值更为关键,影响系数也更为显著。另外,对于国家和地区而言,耕地粮食安全

① Cf.Guy Garrod & Ken Willis,"The amenity value of woodland in Great Britain:A compariasion of estimates",*Evironmental & Resource Economics*,Vol.1,1992.

② 参见刘慧芳:《论我国农地地价的构成与量化》,《中国土地科学》2000年第3期。

③ 参见蔡运龙、霍雅勤:《耕地资源价值重建方法与案例研究》,《地理学报》2006年第10期。

④ 参见陈丽、曲福田、师学义:《耕地资源社会价值测算方法探讨》,《资源科学》2006年第6期。

⑤ 参见李翠珍、孔祥斌、孙宪海:《北京市耕地资源价值体系及价值估算方法》,《地理学报》2008年第3期。

价值对国家和地区的经济发展和社会稳定具有保障作用。本书计算耕地的社会价值主要考虑耕地资源的社会保障功能、由粮食安全价值而产生的社会稳定价值，以及由耕地生态效益所产生的文化娱乐价值。

$$V_S = V_\alpha + V_\beta + V_\gamma \qquad (4\text{-}40)$$

（4-40）式中，V_S 表示耕地资源的社会总价值，V_α 表示耕地资源的社会保障价值，V_β 表示耕地资源的社会稳定价值，V_r 表示耕地资源的娱乐文化价值。

（二）四川省耕地资源社会保障价值测算

耕地资源对于农村居民的社会保障价值主要体现在养老保障和就业保障两大方面，课题组研究采用替代成本法，以城镇养老保障和失业保障福利来替代耕地在农村所起到的社会保障功能，依次来计算耕地资源的社会保障价值。

$$V_\alpha = V_1 + V_2 \qquad (4\text{-}41)$$

（4-41）式中，V_1 表示耕地资源的养老保障功能价值，V_2 表示耕地资源的就业保障功能价值，分别使用城镇养老保障支出金额和城镇失业保险支出成本来折算耕地养老保障和失业保障的供给价值。

$$V_1 = \frac{k \times \mu_1}{S} \qquad (4\text{-}42)$$

$$V_2 = \frac{k \times \mu_2}{S} \qquad (4\text{-}43)$$

（4-42）式中，k 表示农村和城镇居民的年收入比，μ_1 表示城镇居民社会养老保险年金，S 表示农村人均耕地面积。

（4-43）式中，k 表示农村和城镇居民的年收入比，μ_2 表示城镇居民失业保险年金，S 表示农村人均耕地面积。

根据《四川省统计年鉴》（2010）、《中国统计年鉴》（2010）、《中国统计年鉴》（2009）、《中国统计年鉴》（2008）和《中国劳动统计年鉴》（2008）的相关数据，经筛选、整理分别代入（4-34）、（4-35）、（4-36）式，计算得出2002—2009 年四川省耕地资源社会保障价值，详见表4-7：

表 4-7　2002—2009 年四川省耕地资源社会保障价值一览表

（单位:%;元/人; hm^2 ;元）

年份 (年)	城乡居民 收入比	城镇养老保 险金	城镇失业保 险金	人均耕地 面积	养老保险 价值	失业保险 价值	社会保险 价值
2002	31.88	8229	4012.82	0.059732	43922.98	21418.78	65341.76
2003	31.67	8272	4978.41	0.057968	45188.91	27196.42	72385.34
2004	33.47	8871	4763.52	0.058440	50802.11	27279.53	78081.65
2005	33.42	9303	5301.89	0.058929	52762.96	30070.25	82833.21
2006	32.11	10365	6220.86	0.058881	56525.14	33925.22	90450.37
2007	31.96	11733	11858.41	0.059113	63430.02	64107.98	127538.00
2008	32.62	12273	9016.39	0.059058	67793.58	49804.74	117598.32
2009	32.24	16413	13700.00	0.059359	89149.73	74413.65	163563.38

注:由于省内各地区社会保障支出标准差异性较大,未能获得较为明确的人均保险金支出标准数据,表中 2002—2009 年城镇人均养老保险金和失业保险金由历年保险金总支出金额除以领取保险金的人数计算而得。

（三）四川省耕地资源社会稳定价值测算

耕地社会稳定价值的测算采用替代方法的特殊计算方法——影子过程计算方法进行测算。根据已有的研究成果,给出耕地社会稳定价值的计算公式[1]:

$$V_\beta = K_1 + K_2 + P \tag{4-44}$$

(4-44)式中, K_1 表示耕地资源的土地资本投入量(任浩对全国 26 个省市土地整理项目的开发预算资料,2000 年西南地区单位面积土地投资均值为 91516.05 元/公顷);[2] K_2 表示土壤培肥投入量,以土壤经济肥力形成的周期折现计算各年的资金投入;P 表示耕地收益损失。

$$K_2 = \frac{b \times \sum_{i=1}^{n} (1+R)^i}{(1+r)^n} \tag{4-45}$$

----

① 参见李佳、南灵:《耕地资源价值内涵及测算方法研究》,《干旱区资源与环境》2010 年第 9 期。

② 参见任浩:《征地制度中低价补偿标准的研究》,中国农业大学学位论文,2003 年,第 55 页。

(4-45)式中,b 表示土壤培肥投入金额(任浩对全国 26 个省市土地整理项目的开发预算资料,2000 年四川省土壤培肥投入金额值为 16253.25元/公顷);①R 表示贷款利率(近几年金融机构中长期法定贷款利率均值为7.21%);i 表示土地开垦后第几年,n 表示土壤经济费力形成周期,一般为开垦后 5 年,n=5;r 表示还原利率,r=4.8%。

$$P = \sum_{i=1}^{n} \frac{y}{(1+r)^i} \qquad (4-46)$$

(4-46)式中,y 表示收益损失额,以耕地资源的年纯收益表示,n 为土地开发年限,n=5,r 表示还原利率,r=4.8%。

由于受到历年土地整理投入资金数据和土壤培肥投入资金数据可得性的限制,课题组根据历年固定资产投资价格指数折算出 2002—2009 年历年的土地整理投入资金数据和土壤培肥投入资金数据运用到计算中。由公式(4-44)、(4-45)、(4-46)可算得出四川省 2002—2009 年耕地资源社会稳定价值,详见表 4-8:

表 4-8　2002—2009 年四川省耕地资源社会稳定价值一览表

(单位:元)

年份	土地整理投入	当期土壤培肥投入	培肥投入资金折现	土地收益损失	耕地社会稳定价值
2002	92065.9	16350.9	80078.1	3515.2	175659.2
2003	94091.3	16710.6	81839.8	3503.3	179434.4
2004	99360.4	17646.4	86422.9	4300.0	190083.3
2005	100950.2	17928.8	87805.6	4515.5	193271.3
2006	102464.5	18197.7	89122.7	4680.4	196267.6
2007	106460.6	18907.4	92598.5	5731.8	204790.9
2008	115935.6	20590.2	100839.8	7448.0	224223.3
2009	127181.3	22587.4	110621.2	7862.7	245665.3

---

①　参见任浩:《征地制度中低价补偿标准的研究》,中国农业大学学位论文,2003 年,第56 页。

（四）四川省耕地娱乐文化价值测算

娱乐文化价值是耕地生态功能在社会价值中的特殊体现,根据谢高地对于中国生态服务价值当量因子的测算,中国1公顷平均产量的农田1年产生的文化娱乐价值当量因子为0.17。运用当量因子法的测算原理,可以计算出四川省2002—2009年耕地资源的文化娱乐价值,详见表4-9:

表4-9　2002—2009年四川省耕地资源文化娱乐价值一览表

（单位:元）

年份	单位当量因子价值量	娱乐文化价值	年份	单位当量因子价值量	娱乐文化价值
2002	7741.941	1316.13	2006	11027.44	1874.664
2003	7885.734	1340.57	2007	12017.8	2043.027
2004	10628.23	1806.80	2008	13447.87	2286.138
2005	10655.62	1811.45	2009	13593.4	2310.878

根据表4-9的计算结果,四川省耕地资源娱乐文化价值呈现为逐年上涨趋势,年均增速达到8.91%,增速明显。娱乐文化价值是耕地生态功能所衍生出的重要社会价值,随着社会经济发展和人们生活水平的提高,耕地文化娱乐价值增长态势将更加明显,可以说,耕地资源娱乐文化价值增长潜力巨大。

（五）四川省耕地资源社会总价值测算

耕地资源的社会价值由耕地资源的社会保障功能、社会稳定价值以及文化娱乐价值三部分组成,根据前文的计算结果,可以获得四川省2002—2009年耕地资源社会总价值,详见表4-10:

表4-10　2002—2009年四川省耕地资源社会价值一览表

（单位:元）

年份	养老保险价值	失业保险价值	社会稳定价值	娱乐文化价值	社会总价值
2002	43922.98	21418.78	175659.16	1316.13	241188.94
2003	45188.91	27196.42	179434.44	1340.57	252011.29

（续表）

年份	养老保险价值	失业保险价值	社会稳定价值	娱乐文化价值	社会总价值
2004	50802.11	27279.53	190083.28	1806.80	268423.04
2005	52762.96	30070.25	193271.32	1811.45	276363.31
2006	56525.14	33925.22	196267.57	1874.66	286985.74
2007	63430.02	64107.98	204790.93	2043.03	332620.79
2008	67793.58	49804.74	224223.34	2286.14	342148.25
2009	89149.73	74413.65	245665.27	2310.88	409558.77

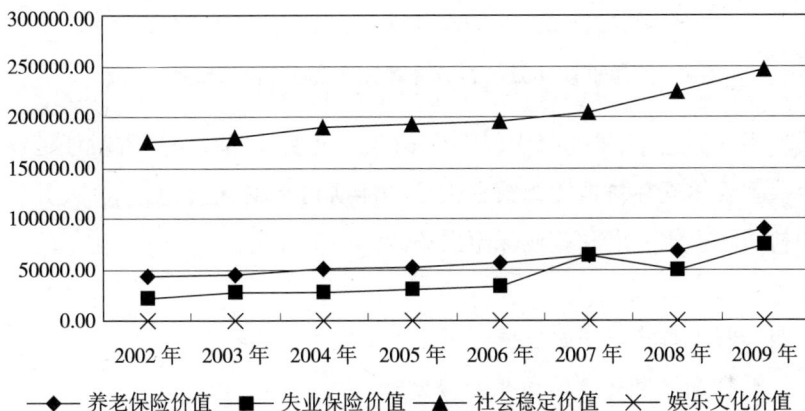

图4-4　四川省2002—2009年耕地资源社会价值走势图

　　根据表4-10的数据得出图4-4:四川省2002—2009年耕地资源社会价值走势图。从图4-4可看出,2002—2009年耕地资源养老保险价值、失业保险价值、社会稳定价值、文化娱乐价值均呈现为总体上涨趋势,唯有失业保险价值在2008年出现短暂下滑。再由表4-10的数据得出耕地资源社会总价值的构成比例柱状图,如图4-5所示。四川省2002—2009年耕地资源社会总价值各组成分支社会价值的构成比例比较稳定。其中,耕地的社会稳定价值对社会总价值的贡献最大,平均每年占社会总价值的66.45%;其次是耕地的养老保障价值,平均每年占社会总价值的19.39%;再次是耕地的失业保障价值,平均每年占社会总价值的13.55%;娱乐文化

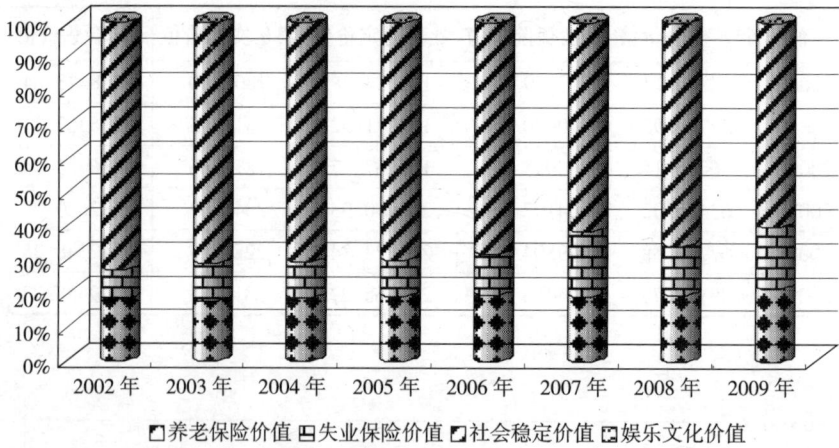

🏠 养老保险价值 🔲 失业保险价值 📦 社会稳定价值 🔲 娱乐文化价值

图 4-5　四川省 2002—2009 年耕地资源社会价值构成比例图

价值所占比例很小,平均每年仅占 0.61%。可见,目前,四川省耕地资源社会价值主要体现在耕地资源粮食生产功能所带来的社会稳定效应,并为广大农村居民提供养老和就业保障服务。

四、四川省耕地资源价值分析

(一)四川省耕地资源价值趋势分析

根据前文的计算结果,汇总耕地各项分支价值得出,四川省 2002—2009 年耕地经济总价值汇总结果,详见表 4-11:

表 4-11　2002—2009 年四川省耕地经济总价值汇总表

(单位:万元/ hm^2 ;%)

年度	产出价值	比例	生态价值	比例	社会价值	比例	耕地总价值
2002	9.3846	24.36	4.9084	12.74	24.2317	62.90	38.5247
2003	9.7272	24.29	4.9996	12.49	25.3160	63.22	40.0428
2004	11.9371	26.14	6.7383	14.75	26.9972	59.11	45.6726
2005	12.5302	26.62	6.7557	14.35	27.7916	59.03	47.0775
2006	12.9527	26.54	6.9914	14.33	28.8593	59.13	48.8033
2007	15.7448	27.72	7.6193	13.41	33.4372	58.87	56.8012

（续表）

年度	产出价值	比例	生态价值	比例	社会价值	比例	耕地总价值
2008	20.3886	32.20	8.5260	13.46	34.4108	54.34	63.3253
2009	21.4341	30.10	8.6182	12.10	41.1540	57.80	71.2062

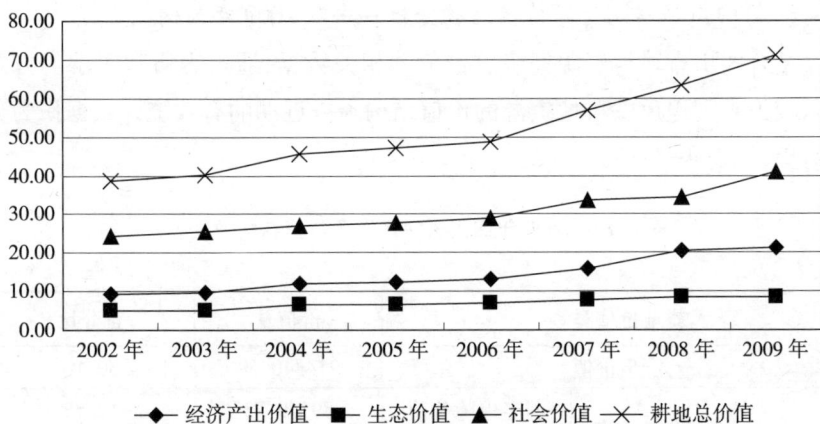

图4-6　四川省2002—2009年耕地资源经济总价值走势图

　　表4-11清楚地反映了四川省2002—2009年历年的耕地经济总价值金额。由表4-11的数据可以绘制出耕地经济总价值及各分支价值的趋势变化图,如图4-6所示:

　　从数据变化情况来看,耕地经济总价值增长迅速,2002年为28.52万元/公顷,到2009年,增长至71.21万元/公顷,仅8年的时间,耕地经济总价值增长近2倍,年均增长速度达9.29%。再看各分支价值,耕地产出价值、生态价值、社会价值的绝对数值均呈现为上涨态势,其中,耕地产出价值由2002年的9.38万元/公顷增长至2009年的21.43万元/公顷,生态价值由4.91万元/公顷增长至8.62万元/公顷,社会价值由24.23万元/公顷增长至42.15万元/公顷,增长速度都非常明显。从耕地各分支价值所占经济总价值的比例结构来看,四川省耕地经济总价值中,耕地资源的社会价值对耕地经济总价值的贡献程度最大,其贡献率历年均保持在50%以上,其次是耕地产出价值,耕地产出价值一直处于稳步增长的态势,对耕地经济总价值的持续增长具有主要影响作用,再次是耕地生态价值,在耕地经济总价值中所占比例较少,维持在 12%—15% 的比例水平之间。值得注意的是,耕地生态价值对耕地总价值的直接贡献相对较少,但是耕地生态功能价值是耕地产出价值和社会价值形成的基础保障,对耕地总价值的增长具有不可动摇的基础性作用。

(二)四川省耕地资源价值结构分析——以 2009 年为例

结合四川省耕地资源经济总价值的相关数据,通过表格和图示的方式可以较为直观地反映耕地资源的价值结构。以近期的有效统计数据作为分析对象,见表 4-12:

表 4-12　2009 年四川省耕地资源价值结构数据表

(单位:元;%)

耕地价值类型			价值量	百分比
产出价值			214340.59	30.10
社会价值	社会保障价值	养老保障价值	89149.73	12.52
		就业保障价值	74413.65	10.45
	社会稳定价值		245665.27	34.50
	文化娱乐价值		2310.88	0.32
	小计		411539.52	57.80
生态价值	涵养水源价值		10466.92	1.47
	水土保持价值		19982.30	2.81
	气候改善价值		13185.60	1.85
	空气净化价值		9787.25	1.37
	生物多样性价值		13865.27	1.95
	废物处理价值		18894.83	2.65
	小计		86182.17	12.10
耕地资源经济总价值			712062.28	100.00

根据表 4-12 的数据信息以及相对应的图 4-7 可以看出 2009 年四川省耕地经济总价值的组成结构。从对耕地经济总价值的贡献程度来讲,耕地社会稳定价值所占比重最大,达到 34.5%,耕地农产品产出价值的贡献

21.43，30%

41.15，58%

8.62，12%

■ 经济产出价值　■ 生态价值　□ 社会价值

2% 3%

2% 1%

3%　　　　　　　30%

1%

0%

35%

10%

13%

□ 产出价值　　　■ 养老保障价值　　□ 就业保障价值　　■ 社会稳定价值
□ 文化娱乐价值　■ 涵养水源价值　　■ 水土保持价值　　■ 气候改善价值
■ 空气净化价值　■ 生物多样性价值　■ 废物处理价值

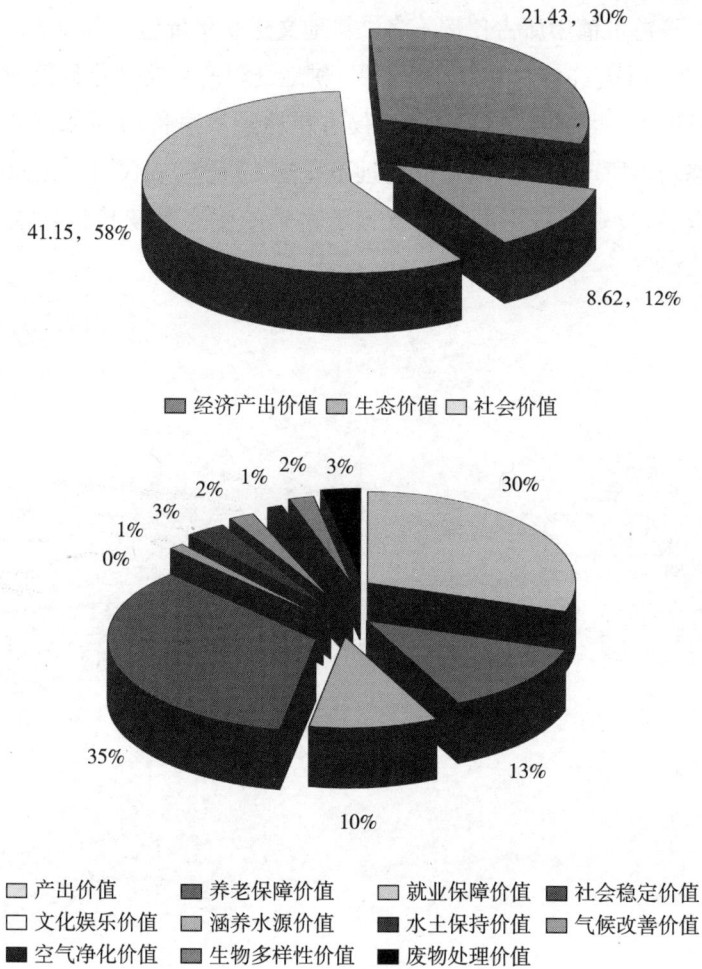

图4-7　2009年四川省耕地经济总价值结构组织图

程度紧随其后,占到 30.1%,这两部分价值都与耕地生产粮食的基本功能
相关,对耕地经济总价值的贡献程度之和达到了 64.6%。在耕地社会价值
中,除了耕地社会稳定价值外,养老保障价值和就业保障价值也是耕地经济
总价值当中重要组成部分,2009 年四川省平均每公顷耕地为社会提供的养
老保障和就业保障功能价值分别为 89149 元和 74413 元,占耕地经济总价
值的 12.52%和 10.45%。另外,耕地社会文化娱乐价值、涵养水源价值、气

候改善价值、空气净化价值、生物多样性价值和废物处理价值诸多功能价值在耕地经济总价值中所占比例不多。耕地文化娱乐价值仅占经济总价值的0.32%,随着社会经济水平的不断发展,耕地资源的社会文化价值隐藏着巨大的增长潜力。耕地生态价值虽然仅占耕地经济总价值的12.1%,但是,耕地生态功能所产生经济效益价值远不止这12.1%,农民对耕地进行农业生产投资,其投资回报率的高低依赖于耕地的生态系统价值功能的有效发挥。

第五章

耕地保护激励机制的基础：
建立激励基本框架

　　严守耕地保护红线，切实加强耕地保护，关键在于形成完善的耕地保护经济补偿机制，强化耕地保护行为主体的经济激励，有效提高各参与主体的积极性。为此，应当从耕地保护经济补偿的角度深入分析四川省构建和完善耕地保护激励机制的基本框架和思路，科学界定耕地保护经济补偿的给付主体和受偿对象；合理划分耕地保护经济补偿范围；科学设计耕地保护经济补偿的具体项目；因地制宜地科学制定耕地保护经济补偿标准；采取多元化的耕地保护经济补偿形式。

第一节　明确耕地保护的激励对象

一、确定激励主体与对象的产权约束功能

（一）产权的行为约束与利益分配功能

　　产权是一种通过强制审核而实现的对某种经济物品的多用途进行选择的权利。属于个人的产权即私有产权，它可以转让——以换取对其他物品同样的权利。① 德姆塞茨在《关于产权的理论》中说道："产权是一种社会

---

① 参见约翰·伊特维尔等：《新帕尔格雷夫经济学大辞典》，经济科学出版社 1992 年版，第 1101 页。

工具,其重要性就在于它能够帮助一个人形成他与其他人进行交易时的合理预期,⋯⋯产权包括一个人或其他人受益受损的权益,⋯⋯产权的一个主要功能就是为实现外部效应的更大程度的'内部化'提供行动的动力⋯⋯"。① 在明确的产权制度下,人们可以寻找到一种使市场交易费用最低的交易方式,基于产权降低市场交易费用。阿尔钦认为产权是一个社会所强制实施的选择一种经济商品使用的权利,产权体系是"授予特定个人某种'权威'的方法,利用这种权威可以从不被禁止的使用方式中,选择任意一种特定物品的使用方式"。② 柯武刚和史漫飞将产权进一步定义为"个人和组织的一种受保护的权利,⋯⋯不让他人使用一项资产的权利,以及使用、向人出租或出售该资产的权利。因此,产权是一种权利约束:拥有一项资产并持有它(消极运用);将它用于交易或让他人暂时使用其某些方面(积极运用)"。③ 国内学者则将产权定义为存在于任何客体之中或之上的完全权利,包括对资源或生产要素的所有权、占有权、使用权(经营权)、收益权、支配权(处置权)其他与财产有关的权利。④ 总之,"完备的私人产权意味着没有经过你的许可或没有给你补偿,任何人都不能合法地使用或影响那些产权归你所有的物品",⑤补偿是为了保护产权的完整。

(二)我国耕地耕地保护产权约束功能缺失

1. 产权不明晰导致集体组织难以自觉成为耕地保护主体

《土地管理法》第八条指出:我国农村和城市郊区的土地,除由法律规定属于国家所有的以外,都属于农民集体所有。按行政划分,集体有乡、村、组三级,自从"政社合一"、"队为基础"的框架被打破以后,并未明确规定集体所有制的基点到底在哪里。按照《土地管理法》的规定,耕地资源属于农村集体财产,而大部分地区的乡或村已经不存在具有法人资格的社区合作经济组织,造成集体土地产权主体不明确,土地所有权及其他各项权能无法

① 科斯等:《财产权利与制度变迁》,上海三联书店 1994 年版,第 97—98 页。
② Alchian, Armen A.: Some Economics of Property Rights Ⅱ, Politico, Vol.30,1965, p.816.
③ 柯武刚、史漫飞:《制度经济学》,商务印书馆 2000 年版,第 224 页。
④ 参见潘义勇:《产权经济学》,暨南大学出版社 2008 年版,第 19 页。
⑤ 卢现祥:《新制度经济学》,武汉大学出版社 2004 年版,第 64 页。

有效地行使。农户虽然是耕地的直接使用、经营者,但法律对承包给农户的土地使用权缺乏约束力,农民是集体组织的成员却不知道自己占有集体财产的份额,农村集体财产名为"人人所有",实则"人人没有",另外,随着社会生产力的提高、经济社会的发展、工业化和城市化进程的加速,导致建设用地需求严重大于供给,土地市场处于严重供需不平衡状态,土地供给价格攀升,丰厚的比较利益驱使农村集体组织把农地转换为非农用地,更甚之,部分农户也期盼其所承包的耕地能被非农化,以便能够获得一份"丰厚"的补偿激励金。可见,集体组织难以自觉成为耕地保护主体,势必会导致因追求短期经济效用而滥用、乱用土地,耕地保护无法从根本上得到实施。

2. 产权不完整导致耕地保护难以得到切实落实

我国农村土地所有权和使用权相分离,根据《土地管理法》第十四条,农民集体所有的土地由本集体经济组织的成员承包经营,土地承包经营期限为 30 年,农民的土地承包经营权受法律保护。土地所有权属于农村集体所有,土地使用权归承包户所有,承包户在法律上仅有土地使用权的保护。然而,对于真正的土地所有者来说,完整的土地所有权意味着对土地财产的自由处置权,土地所有者可以凭借对土地的所有权选择使其利益最大化的经营方式,并从中获取收益。承包户既然不具备土地的所有权利,在土地资产经营中扮演的是租种者的角色,其获得土地经营权的代价应该是向土地所有者支付"地租",而我国绝大多数地区实行的是"零地租"的土地承包方式,农村土地所有权在经济上未能得到体现,农户承包经营土地几乎完全依照其自身的利益最大化原则决定经营策略。加上现行农地平均承包使用及土地定期或不定期的调整制度,使农民对土地的预期收益难以稳定地实现,从而出现撂荒、粗耕粗种的掠夺式经营方式,导致耕地生产潜能下降,可持续利用的耕地保护目标难以实现。[①] 综上所述,不完整的土地产权制度,使农村土地所有权约束弱化,农地经营控制和制裁乏力,导致耕地质量不断下降,耕地保护难以得到切实落实。

---

① 参见王淑珍:《论农村土地产权制度与耕地保护》,《理论前沿》2004 年第 18 期。

（三）耕地保护补偿激励机制的产权约束功能

补偿激励有两种含义：一是指抵消损失和消耗；二是补足缺欠和差额。通常前者是指对损害和损失的填补；后者是指对生活补助费用的一种支付。其中，对损害和损失的填补是补偿的本质内涵，其实质在于对某一产权主体造成的损失给予弥补，包括损失补偿、侵权赔偿和民事损害补偿等。从经济学上来看，损失性补偿实际上是产权转让问题，是不同产权主体之间发生的一种经济关系。①

耕地保护补偿激励是对耕地产权主体因参与耕地保护而造成的损失给予弥补，使其参与耕地保护后所获得总效用水平至少等于不参与耕地保护所能获得预期效用水平。因此，耕地保护的补偿激励又是对耕地保护效益的一种再分配形式，是耕地保护产出效益在不同产权主体之间的转让，使耕地保护主体能够合理拥有相当于耕地所有者的财产收益获得权。

为了保障国家粮食及经济社会安全，国家提出了坚守18亿亩耕地红线的战略目标，并要求达到耕地数量、质量和生态保护三方面的协调统一。国家粮食安全、社会稳定、生态安全承载于国家耕地资源安全之上，是耕地保护实施所能到达的最高境界，然而，耕地保护的这一系列成果具有明显的公共产品性质，不具竞争性和排他性，理论上应完全由公共部门来提供，但实际上却必须依赖于社会众多私人部门。国家要实现耕地保护的粮食安全、社会稳定、生态安全的战略目标必须向耕地产权主体提供合理的财产收益补偿，即通过向耕地所有者购买耕地处置权，与耕地所有者统一限制耕地的用途，保证耕地只能用于农业生产用途，禁止过度开发耕地，禁止将耕地转为非农用途。

二、耕地保护补偿激励的给付主体

根据公共物品的有关理论，耕地保护的社会效益和生态效益具有完全的非竞争性和非排他性，耕地保护外部效应涉及众多消费主体。按照"谁

---

① 参见雍新琴、张安录：《耕地保护补偿激励主体与对象分析》，《安徽农业科学》2010年第38期。

受益谁补偿"的原则,耕地保护补偿激励的给付主体应该是分享了耕地保护效益,但未承担耕地保护任务的地区、部门(企业)及个人。① 根据耕地保护的实施框架的构想,耕地保护补偿激励给付主体首先是中央政府、未承担相应耕地保护任务地区的地方政府及非农企业,其次是社会组织及公民。

（一）中央政府

耕地保护的公共行为所提供的"公共产品"包括国家粮食安全、社会稳定和生态平衡效益,这一系列"公共产品"是政府行政工作的重要目标,是政府必须履行的职责。然而,耕地保护效益的纯公共产品的特殊性使私人部门不具备支付供给成本的一般激励,容易出现"搭便车"的行为。倘若中央政府放弃进入耕地保护干预,"搭便车"必会导致市场失灵,耕地保护行为缺失,由此社会将付出巨大成本,因此,公共产品完全由私人供给是无效率或者不经济的。耕地保护的急迫性要求政府通过强制性的制度变迁降低制度变迁中的组织成本和实施成本。强制的耕地保护政策限制了耕地的非农用途,甚至限制了耕地耕种方式,造成了耕地产权主体的经济损失,给予耕地产权主体合理的补偿也是理所当然的。

（二）粮食主销区地方政府

耕地保护效益具有区际外部性,即某一区域所创造的耕地社会、生态效益被其他一个或多个区域消费主体所使用或享有。耕地生态效益(涵养水源效益、水土保持效益、改善小气候效益、改善大气质量效益、生物多样性效益以及土壤净化效益等)的自动扩散性以及社会效益(粮食安全效益、社会保障效益、文化娱乐效益等)区域共享性特征的存在,使得耕地保护外部性具有跨区域性特征。

耕地保护对粮食主销区(经济发达地区)具有正溢出外部效应。粮食主销区享受了周边粮食主产区(经济欠发达地区)的粮食安全价值和生态价值,使其占用耕地的机会成本下降,导致工业化和城市化的加速进行,优化了发达地区的投资发展环境,推动了经济的高速发展。以城市地区为例,

① 参见雍新琴、张安录:《耕地保护补偿激励主体与对象分析》,《安徽农业科学》2010年第38期。

2011 年年底我国城镇人口占总人口比重只有 51. 27%,但在固定资产投资方面向城镇倾斜,占 87%,尤其是把资金投向大都市,导致城乡收入差距拉大。据中国社会科学院城市发展与环境研究所发布的《中国城市发展报告(No.4:聚焦民生)》显示,目前我国城乡收入差距比为 3. 23:1,是世界上城乡收入差距最大的国家之一,而中西部省区高于全国平均水平,城乡收入差距更大,比例也更高,达 4:1 以上。① 因此,从耕地保护的区际外部性效益来看,粮食主销区政府、经济组织和公民均属于耕地保护的受益群体,必须承担相应的补偿激励给付职责。

(三)非农产业部门

近年来,非农产业发展迅速,2010 年的统计数据显示:全年国内生产总值 397983 亿元,比上年增长 10.3%。其中,第一产业增加值 40497 亿元,增长 4.3%;第二产业增加值 186481 亿元,增长 12.2%;第三产业增加值 171005 亿元,增长 9.5%。第一产业增加值占国内生产总值的比重为 10.2%,第二产业增加值比重为 46.8%,第三产业增加值比重为 43.0%。② 非农产业的发展同样需要依赖一定数量的土地,非农产业的迅速发展同时也伴随着耕地面积的锐减,导致建设用地供需矛盾空前尖锐。非农产业的迅速发展是以牺牲耕地资源安全为代价的,理应为耕地保护工作提供补偿激励。

非农产业对耕地保护另一负面影响来自非农业与农业生产效率的落差吸引农村富余劳动力转移,这部分"富余劳动力"以青壮年为主,属于农村的"精英群体"。大量富余劳动力的迁出促使城镇地区劳动力密集型产业的快速发展,也加速了城市向周边农村的扩张,导致城市周边地区耕地非农化速度加快。而在非农产业快速发展的同时,由于农村劳动力投入不足,农业发展缺乏有生力量,农业生产已经陷入"空心化"的尴尬境地,不利于农业的可持续发展,不利于耕地保护工作的顺利实施。可见,非农产业除了以直接占用耕地的形式减少耕地数量,还通过掠夺劳动力的方式进一步降低

---

① 数据来源:人民网,www.people.com.cn,2011 年 9 月 20 日。
② 数据来源:中华人民共和国统计局:《中华人民共和国 2010 年国民经济和社会发展统计公报》,2011 年。

农业生产的比较收益,阻碍耕地保护激励的形成,需为其所造成的损失支付补偿。

（四）其他社会组合和公民

其他社会组织和公民也是耕地保护外部性效应的受益群体,理论上也应为耕地保护提供补偿激励,但由于社会组织和广大公民对耕地保护、社会生态效应的享受比较分散,且公民对于耕地保护的补偿已经部分体现在对粮食购买所支付的购买价格上,已经部分履行了耕地保护补偿主体的职责。因此,其他社会组织和公民作为耕地保护补偿激励的给付主体,他们可以出于自身的觉悟本着自愿的原则承担更多的补偿激励给付义务。正如尤艳馨所述:"他们是一些社会成员出于自身的政治目的、宗教信仰、个人伦理道德修养或对于公益事业的关心和热爱而自发组织起来的社会团体,是纯粹的公益组织,属于义务性的补偿。其社会组织用于补偿的经费来源主要来自对耕地保护有觉悟的非利益相关者通过某种形式的捐助和资金募集。"①

三、耕地保护补偿激励的受偿对象

受偿对象是指补偿的接受主体,按照"谁提供谁受益"原则,耕地保护受偿对象应是耕地保护效益的提供方。由于我国农村土地产权制度的缺失,导致耕地保护的产权约束功能弱化,难以形成自发性的耕地保护效益的供给群体。耕地保护的补偿激励机制的初衷在于通过对受偿对象（受偿群体）提供经济激励使其成为耕地保护效益的提供者,界定补偿对象除了要遵循"谁提供谁受益"原则外,还要重点考虑补偿效率激励的问题,即受偿对象界定为对补偿激励敏感的行为群体。通过考察我国目前耕地保护效益的各个供给主体,可以看出我国耕地保护补偿对象主要是农户、新兴农业经营组织以及粮食主产区地方政府。

（一）农户

按照《土地管理法》第八条"农村和城市郊区的土地,除由法律规定属于国家所有的以外,都属于农民集体所有;宅基地和自留地、自留山,属于农

---

① 尤艳馨:《我国国家生态补偿体系研究》,河北工业大学学位论文,2007 年,第 46 页。

民集体所有",我国除个别划定归国家所有的区域外,其他绝大部分农村和市郊土地都归农民集体所有,农民集体所有的土地由本集体经济组织的成员承包经营,从事种植业、林业、畜牧业、渔业生产。因此,农民是耕地经营最为庞大的群体,是耕地保护计划成败的关键,只有充分考虑农民在耕地保护中的切身利益,才能保障耕地保护工作顺利有效实施。农民承包经营权的取得基于两方面原因:一是由于实行的是土地集体所有制,故集体的成员自然享有集体土地中属于自己的一份权利,即社区成员权,非社区成员不能分享该集体的土地;二是农民在取得承包经营权的同时,必须承担国家的税收以及对集体缴纳租金的义务。[①] 农民愿意承担经营承包地则是基于人类的基本生存需求,农民为更好地满足生存需求,会选择在承包期内实现利润最大化的土地经营策略,而这一土地经营目标与耕地保护的目标并不完全一致。给予农民补偿激励的目的在于弥补不完整的产权制度所导致的农民耕地保护约束缺失的问题,即农民在法律上虽然不是耕地的产权主体,法律仅赋予农民耕地使用权限。耕地保护补偿激励机制需要通过补偿激励给予农民一定程度上的产权缺失弥补,使农民在耕地保护上的产权完整,激励农民转变经营策略,由追求短期收益转向谋求长期收益,从而改变生产方式,积极维护土壤,改变耕种环境,不断提高耕地质量。

(二)新兴农业生产经营组织

20 世纪下半叶特别是 90 年代以来,世界各国竞相推进基因工程技术、细胞工程技术、蛋白质工程技术、微生物工程技术、生物质能工程技术、发酵和酶工程技术为主导的农业高新科学技术产业化,开创了一系列现代农业的新兴产业。其中,生物能源产业、生物医疗产业、生物环保产业、生物基因产业已经初见规模,赢得了远远高于现代工业和现代服务业的经济效益、社会效益和环境效益,堪称现代农业的四大新兴产业。新兴农业相较于传统农业具有低消耗、低排放、高效率的基本特征,符合我国耕地资源可持续利用的耕地保护理念。这种新兴的资源利用和经营模式更能适应农业现代化发展的需求,将逐步取代"大量生产、大量消费、大量废弃"的传统农业经营

---

① 参见毕宝德:《土地经济学》,中国人民大学出版社 2001 年版,第 361—362 页。

模式,使包括耕地在内的农业生产资源真正实现集约利用。可见,新兴农业生产经营组织不仅是耕地资源农业用途的维护者,还是耕地资源的集约利用者,是耕地资源经济、社会、生态价值的再生产者。按照"谁提供谁受益"原则,新兴农业生产经营组织属于耕地保护补偿激励的敏感群体,应该是耕地保护补偿激励重点考虑的补偿效率激励对象。耕地保护补偿激励机制将新兴农业生产经营组织纳入到补偿对象的行列,应着重补偿新兴组织的技术研发与推广费用,以及组织管理者和研发人员为了集约利用耕地资源而放弃其他收益的机会成本。

（三）粮食主产区地方政府

　　耕地保护效益具有区际外部性,耕地保护的外部性价值由耕地资源相对丰富的粮食主产区（经济欠发达地区）提供。粮食主销区（经济发达地区）地方政府在享受耕地社会、生态保障价值的同时,也在当地土地非农化中获得巨额收入。国土资源部的数据显示:2010年,全国房地产开发企业完成土地购置面积4.1亿平方米,比上年增长28.4%,土地购置费9992亿元,增长65.9%,全国房地产开发企业土地成交价格为2437元/平方米,比2009年上涨29%。2010年,全国土地出让成交总价款2.7万亿元,同比增加70.4%,北京、上海、大连3个城市已进入"千亿俱乐部",成交金额分别为1600亿、1500亿和1100亿元。① 然而,粮食主产区（经济欠发达地区）在严格保护耕地制度的管制下,丧失了公平发展的机会,从而一方面使耕地保护重点区的居民可能会丧失就业机会,减少收入来源,无能力提高和改善生活水平;另一方面使耕地保护重点区的当地政府丧失经济发展带来的税收等财政收入,没有能力提供足够的公共服务来满足区域内居民的需求,如无法改善区域内交通运输条件、教育设施、医疗条件以及农田建设条件等续发性问题。② 粮食主产区的地方政府和粮食主销区的政府同样肩负着振兴地区经济的重任,应提供耕地保护外部性价值而不得不放弃比较收益较高的非农业发展道路,按照"谁提供谁受益"原则,耕地保护补偿激励机制必须将过多承

---

① 数据来源:中国新闻网,www.chinanews.com,2011年10月10日。
② 参见牛海鹏、许传阳等:《耕地保护补偿激励的接受和给付主体分析》,《资源科学》2011年第33期。

担耕地保护责任的粮食主产区的地方政府纳入到补偿激励对象的行列当中。

第二节　合理划分耕地保护的补偿范围和项目

一、合理划分耕地保护补偿激励范围的基本原则

四川省地域分布差异明显,资源配备较不平衡,省内耕地保护工作实施难度大,耕地保护激励机制是耕地保护计划的重要组成部分,合理划分耕地保护激励范围是耕地资源得到有效保护的前提,也是耕地保护激励机制实施效果的关键因素。划分激励范围应该充分考虑以下几点原则:

(一)耕地数量保护的原则——补偿区域大覆盖

我国目前针对耕地保护所设定激励机制,普遍具有严格的使用范围界定,必须要符合一定的标准才能被纳入到补偿行列中。以《土地开发整理项目资金管理暂行办法》为例,只有土地开发整理项目才享有使用该项资金的权利,且项目资金的开支范围只能为组织、实施、管理土地开发整理项目发生的各项支出,包括前期工作费、工程施工费、竣工验收费和业主管理费与不可预见费等,与现在正在经营或未来即将经营的承包户没有任何关联。虽然国家层面上相关法规稀缺,但个别地方政府为更好落实耕地保护的政府职责出台了类似于耕地保护激励的法规,在耕地保护激励机制的建设上进行了积极的探索。然而,截至目前为止,只有成都、广州、株洲等几个地区通过了耕地保护激励的相关法案,耕地保护激励的覆盖区域仍然非常有限。从区域内的耕地保护的覆盖面来讲,成都市耕地保护基金所确定的补偿客体比较全面,对完善全国耕地保护激励机制的覆盖范围有一定的借鉴作用。成都市人民政府发布的《成都市耕地保护基金使用管理办法(试行)》规定,耕地保护基金根据全市耕地质量和综合生产能力实行分类保护与补贴,1亩基本农田的补贴标准每年要比一般耕地高出100元。而按照对基本农田的一般理解,基本农田是根据在一定时期人口和社会经济发展对农产品的需求、依据土地利用总体规划确定的不得占用的耕地。在一定区域内划入基本农田保护区内的耕地,都是基本农田,在具体形态上包括有:粮、棉、油和名、优、特、新农产品生产基地;高产、稳产田和有良好水利与

水土保护设施的耕地和已经或正在改造的中低产田;大中城市蔬菜生产基地;农业科研、教学试验田;等等。随着成都耕地保护基金制度在省内的推广,耕地保护激励所覆盖的范围将进一步扩大。

(二)耕地质量保护的原则——按耕地等级补偿

为充分体现耕地保护激励机制的作用,应该采取差别补偿的原则,即在耕地等级评价的基础之上,根据耕地质量等级给予相应等级的激励。耕地保护的评价可以参见我国的农用地分等成果。

农用地分等基于土地的自然特性,辅以科学的计算方法并最终得出农用地自然质量等,其中自然质量等指数即为耕地质量的体现形式,为一"本底"产量水平。采用相对稳定的农用地自然质量等指数作为基础,以较为直观的农用地自然质量等作为依据,分析耕地的质量分布规律,并对基本农田的数量确定和范围划定进行研究,从而对耕地质量作出更科学的评价。在具体的等级划分上宜采用综合指数法,即根据土地多种属性对规定用途的适宜性和生产能力之间的相关性分别给予每种土地属性指数,把各种不同量纲的土地属性变成无量纲的指数,利用这些经过区域系数修正后的指数确定土地的等级。农用地利用等指数则是在当地最有利经济条件下,农用地所实现的最大可能产量水平。经济等指数是指在当前的农业技术经济条件下,农用地所能实现的最大经济产量水平。耕地质量包括本底质量与追加质量两个部分。本底质量是主要的、基本的,它由耕地自然属性决定;追加质量是在人为的投入或改造、改善管理的条件下形成的。本底质量是相对稳定、不易改变的,而且在发生逆转之后不易短期内恢复;追加质量是欠稳定的、易变的。所以,应以本底质量作为讨论耕地质量好坏的依据。在农用地分等中,农用地自然质量等指数即为耕地质量的体现形式,它反映的是耕地的"本底"质量水平。在调查农用地的立地情况基础上进行分析计算即可得出区域内的农用地自然质量等。由于自然条件和社会经济状况的不同,农用地自然质量必然存在差异,不同质量的农地面积分布各异。[①] 根

---

① 参见王波、郑宏刚、刘淑霞、闫宁、余建新:《云南省农用地分等成果在基本农田保护中的应用研究》,《云南农业大学学报》2009 年第 1 期。

据这一原理,四川省已经对耕地保护等级进行了划分。① 因此,在划定补偿范围时,除满足数量上的要求外,也要结合农地分等的成果,对质量进行综合考虑。采用自然等别从高等别向低等别逐级累加面积,借助自然质量等别图,就可以清晰、直观地看出各乡镇的农用地等别的面积和区域分布状况。基于此,在确定耕地保护激励等级时,可以通过对农地分等成果的综合掌握,以自然质量等别图为基础,数量指标为限制,等别高低为依据,把真正质量高、立地条件优的地块纳入耕地保护的重点补偿范围。

(三)公平的补偿激励原则——准确灵活地补偿

在现实操作中,多数农民要求按现在实际耕种的土地面积计算耕地保护补贴金额,但是如果重新测算农民现在实际耕种的土地面积,工作量大,技术手段暂时难以跟上;不重新测算,实际耕种的土地面积与账面记载的土地面积出入较大,难以确定采用何种面积作为计补基数。农村耕地面积账实不符,是由多方面的原因所致,如:国土部门与农业部门在农村耕地面积的统计口径上不一致;农民实际承包耕种的土地与账面土地存在折算关系,例如耕地1亩计1亩,旱地每2亩计1亩,坡地每3亩计1亩,但承包经营权证上对农户承包土地类型并无严格区分和记载;此外,为减少纳税额,农民实际承包土地的面积与作为计税依据的承包经营权证上记载的面积也有很大出入。耕地保护补偿区域的划分需要解决的是长期的耕地保护任务,对耕地的质量和面积进行详尽科学的测量和统计势在必行,借助对耕地等级的划分工作,同时对农户实际耕种的土地面积进行重新确认,可以从根本上解决上述不公平问题。

在遵守耕地质量保护的原则下,本书提倡按耕地等级进行激励,然而,土地自然质量等级是建立在利用指定作物的土壤指标分值对光温或气候生产潜力的修正基础上的,虽然指标相对较为稳定,但由于中、低产田的改造以及实施土地开发整理,土地的多项特性得到逐步改善,因此,农用地分等

---

① 根据《四川省成都平原耕地保护区耕地保护条例(修正)》第二章第七条的规定:"保护区耕地按自然条件划分以下等级加强保护:(一)有自流灌溉条件的平坝耕地和台地耕地为一级保护耕地;(二)有水利灌溉条件保证的十五度以下的坡耕地和台地耕地为二级保护耕地;(三)其他耕地为三级保护耕地。"

成果具有一定的时效性。另外,耕地保护是土地利用规划的一部分,在划定耕地保护补偿区域时,如果只考虑农用地自然质量高低而忽略农用地的区位因素,难免会与其他规划产生冲突,因此宜采取农用地质量等别和土地利用总体规划相互结合的方式划定耕地保护补偿区域,以便保证耕地保护激励制度的公平性,防止产生负激励效应。[①]

二、耕地保护补偿激励地域范围的划分

由于耕地分布不集中,耕地质量差异巨大,加上区域经济发展水平和人口密集程度的不同,耕地保护工作地域差异显著。相应的,耕地保护激励机制需根据各地区耕地保护工作的等级性质进行差别补偿,以保证耕地保护工作的高效率。根据耕地保护补偿区域范围划分的原则,合理划分耕地保护区域应在尽量扩大补偿覆盖范围的基础上,考虑耕地质量等级划分耕地保护区域的不同等级。

（一）重点补偿区域

耕地保护的重点补偿区域应该是优质耕地的分布区域。四川省优质耕地存量十分有限,且耕地质量呈现出逐年下降趋势,重点保护优质耕地是保证国家粮食安全的基本前提,因此,优质耕地分布区域必须是耕地保护激励的重点覆盖区域。四川省耕地资源流失以水田类型为主,水田属于产量较高的优质耕地,优质耕地的流失必定对四川省耕地资源安全形成威胁。同时,目前四川省建设用地需求最为旺盛的区域正好属于优质耕地的聚集区域,优质耕地保护与建设用地需求不仅存在供需数量上的矛盾,而且存在地域上的矛盾。除了发展空间上的矛盾外,优质耕地分布区域土壤质量下降态势也是将其列入重点保护区域的主要原因。优质耕地土壤污染主要表现在:①农业生产大量使用化肥、农药,由于使用方法不合理,不但使用效率低,且残留严重;②工业企业排放的废水、废渣对耕地造成污染,特别是近年来工业的快速发展,污染物排放量大,一般又未经处理,对耕地危害极大;③

---

① 参见王波:《云南省农用地分等成果在基本农田保护中的应用研究》,《云南农业大学学报》2009 年第 1 期。

在引用污水灌溉过程中,如果污水未经处理,没有达到灌溉用水标准,也会对耕地造成严重污染。耕地污染不仅使耕地质量下降、产量降低,更严重的后果是,由于某些化学物质不可降解,农产品的品质受到影响,直接危害人类的健康。优质耕地产能提升是全国耕地平均质量提升的有力保障,如果优质耕地数量不断锐减,土壤受污染程度不断加深,其结果会导致全国耕地总量严重失衡,国家粮食安全将受到严重威胁。优质耕地分布区域必须被纳入到耕地保护的重点补偿范围内,而该区域中尚未将耕地非农化的地方政府和农地承包户应该是耕地保护的重点补偿对象。

(二)扶持补偿区域

耕地保护的扶持补偿区域是后备耕地储备区域,一般是耕地欠发达地区。截至 2010 年年末,四川省共有耕地 401.07 万公顷,人均耕地仅 0.668 亩,低于全国平均水平。国务院要求"四川的粮食基本上应做到自给",即四川省要以占全国 4.2% 的耕地养活占全国 6.8% 的人口。当前,四川省正处于工业化城镇化的加速期、建设西部经济发展高地的攻坚期、全面建设小康社会的关键期,加快经济发展与土地资源相对紧缺的矛盾较为突出,再加上四川剩余的后备耕地资源已经严重不足,且开发难度较大,必须采取切实有效的政策措施激励开发宜农荒地,增加国家后备耕地储备,保障实现全省耕地资源总量的动态平衡。

四川省耕地保护的扶持补偿区域应重点扶持水田开发,将开垦水田视作耕地保护的扶持项目符合耕地保护目标。但如果将新开荒地纳入耕地保护基金补贴范围,则有可能导致部分农民为多得到补贴而随意垦荒,尤其是在不宜进行开垦的生态保护区域,更会造成生态环境破坏。对此,可以依托农用地等级评价体系进行规范,农民在非生态保护区开垦的耕地必须达到了相应标准,可以纳入基本农田的补助范围,这样既鼓励农民垦荒积极性,也避免农民随意垦荒、破坏生态。至于农民自留地问题,它在农村经济中主要是一种小规模的家庭个体经营方式,只是家庭副业中的一个部分,建议不必纳入耕地保护基金范围。

(三)非耕地保护补偿区域

为实现耕地资源的"占补平衡",四川西部地区的耕地后备资源开发加

剧,大量的荒地、草地、湿地被开发成为耕地,全省耕地开垦重心向西部地区
移动,造成林地、草地减少,其直接后果是地表植被被破坏、蓄养水土能力降
低,进而造成水土流失。特别是不合理地开垦坡度过大的土地,造成严重的
水土流失。以四川的西部干旱河谷地区为例,严重的水土流失是长江流域
最主要的生态环境问题;西部干旱河谷也是区域内绿化建设的攻坚目标,生
态恶化正极大地制约和影响区域内绿化目标的全面实现;同时西部干旱河
谷地区往往也是区域内旅游支柱产业的通道,生态环境恶化和旱、涝、泥石
流等灾害频繁制约了旅游产业向广度和深度的开发;更重要的是,西部干旱
河谷地区人民生活长期处于贫困之中,亟待脱贫致富,而贫困与生态环境恶
化之间呈现出错综复杂的恶性循环关系。另外,四川土地沙化的形势十分
严峻,全省现有 85 个县存在土地沙化,共有沙化土地面积 94.1 万公顷,其
中,川西北地区 31 个县有沙化土地 75.9 万公顷,占全省沙化土地总面积的
80.6%。川西北地处长江、黄河上游,是两大母亲河重要的水源涵养地。若
尔盖湿地是世界上最大的高原沼泽湿地,是世界上最大的"天然水库",每
年为黄河提供 30%左右的水量,有黄河"蓄水池"之称。沙化引起生态环境
恶化,造成严重的水土流失,涵养水源能力降低,直接威胁到两大母亲河流
域的经济社会发展。对于不适宜耕种的新开垦耕地不应纳入到耕地保护激
励的范围当中,如若给予不适宜农耕地区的劣等耕地经济补给,会加剧人们
乱耕乱垦的行为,造成生态环境的恶化,导致总体耕地质量的下降。为积极
改善省内生态环境,防止水土流失和土壤沙化的蔓延,耕地保护工作应主动
配合国家生态保护工作,鼓励退耕还林(草),将耕地保护激励的重心转移
至防止优质耕地的非农化,而农户由于退耕还林(草)所造成的损失可以通
过获得生态保护基金而获得补偿。

三、明晰耕地保护补偿激励的具体项目

　　耕地保护激励范围最终所要解决的是具体补偿哪些事项,即从某种程
度上将激励的客体具体化。理论上讲应该包括:①对因保护耕地而蒙受的
财产损失补偿;②对因保护耕地而使生存与发展机会受到限制的机会成本
补偿。在实际操作中,耕地保护激励项目可以具体化为以下几方面:

（一）对耕地数量控制的成本补偿

耕地保护区域为完成耕地保护的数量目标严格控制该地区耕地的保有量,放弃耕地非农化转变,丧失了公平发展的机会。严格的耕地数量控制使耕地保护重点区的当地政府丧失经济发展带来的税收等财政收入,没有能力提供足够的公共服务来满足区域内居民的需求,如无法改善区域内交通运输条件、教育设施、医疗条件以及农田建设条件等续发性问题。[1] 耕地数量控制的成本补偿包括:①土地出让金收入。土地出让金是各级政府土地管理部门将土地使用权出让给土地使用者,按规定向受让人收取的土地出让的全部价款(指土地出让的交易总额)。随着建设用地供需矛盾的日益凸显,土地出让金的额度也在不断上涨,在诸多地区,土地出让金已经成为地方政府财政的重要补充。承担耕地保护任务的区域由于坚守耕地的农业用途,失去了将农用土地转变为建设用地储备从而换取土地出让金的机会。因此,承担耕地数量控制任务的地区政府实质上在耕地数量保护的过程中产生了失去土地出让金收入的机会成本。②区域内包括交通、教育、医疗在内的公共产品的部分供给费用。

（二）对开垦优质耕地的成本补偿

优质耕地包括优等地和高等地,优质耕地的开发是耕地保护工作的主要组成部分,四川后备耕地资源中,优质耕地数量极少,且分布不集中,开垦难度较大。2008 年开始,四川省启动了耕地地理评价工作,对耕地地理状况和质量进行了调查与评价。调查和评价结果显示:按照《全国耕地类型区、耕地地力等级划分》(NY/T309—1996)标准划分,截至 2009 年年底,调查的 45 个项目县耕地中一等地占 1.72%,二等地占 2.59%,三等地占 8.72%,四等地占 17.13%,五等地占 33.12%,六等占 27.92%,七等地占 8.02%,八等地占 0.78%;亩产大于 800 公斤的耕地占 13.03%,亩产在 500—700 公斤的耕地占 50.25%,亩产低于 500 公斤的耕地占 36.72%。[2]

---

[1]　参见牛海鹏、许传阳等:《耕地保护激励的接受和给付主体分析》,《资源科学》2011年第 33 期。

[2]　数据来源:四川省农业厅 2010 年 2 月 4 日公布的《我省耕地地力评价取得初步成效》。

四川省耕地资源流失以水田类型为主,水田属于产量较高的优质耕地,优质耕地的流失必定对四川省耕地资源安全形成威胁。同时,目前四川省建设用地需求最为旺盛的区域正好属于优质耕地的聚集区域,优质耕地保护与建设用地需求不仅存在供需数量上的矛盾,而且存在地域上的矛盾。这表明,四川省最具发展潜力的地区与优质耕地的分布区域在空间上重叠,经济发展与耕地保护的要求在实施上存在巨大的空间矛盾,给耕地保护工作带来一定难度。因此,保护和开垦优质耕地对耕地保护工作意义重大,耕地保护的激励机制应该专门针对优质耕地的开垦列出补偿项目。本书认为,对开垦优质耕地的成本补偿包括:①开发复垦工作的管理、检查验收及档案管理等事业经费;②耕地开发复垦和对开发复垦工作的奖励;③新开垦耕地的维护和经营扶持费用。

(三)对新型农业投入品的使用成本补偿

2006年8月8日,四川省印发了《四川省土壤肥力监测方案》,要求测土配方施肥项目实施要与耕地地力调查与评价结合。截至2010年,四川省同上一次土壤普查结果比较,耕地地力有所提高,其中土壤有机质、全氮含量上升了20%,碱解氮和有效磷含量分别上升了14%和175%,微量元素中有效铜、锌分别升高了45%和80%。但通过评比发现土壤速效钾下降了18%,土壤缺硼、缺钼面积分别达95.6%和66.4%,土壤酸化趋势明显等问题。但是,全省农业生产科学普及程度仍然不够,大多数农民缺乏合理使用农业投入品的耕地土壤保护意识。农民作为市场经济当中的行为主体,往往选择价格便宜、见效快的农业投入品,对于新型农业投入品一般出于成本因素和规避风险的考虑,而不会轻易尝试。本着提高耕地质量的耕地保护原则,高残毒农兽药等农业投入品应在耕地保护区域禁用,耕地保护区的农户必须按标准化生产要求,使用高效低毒低残留农药等新型投入品,以保证耕地土壤质量不被污染。相应的,为避免农户因生产成本增加而对该政策产生抵触情绪,耕地保护的激励项目应该包括新型农业投入品的使用成本补贴,降低农民的生产投入成本,通过实践,让农民检验新型投入品给农业生产带来的可持续性收益。

（四）对新型农业技术的推广成本补偿

新型农业技术推广成本补偿主要用于示范、培训、指导以及咨询服务等推广工作环节中发生的生产资料费、培训费、检测化验费、小型仪器设备费、差旅费、劳务费等。①生产资料费，主要用于科技推广单位在项目区内直接建设的示范方占（租）用耕地的青苗补助等；②培训费，主要用于培训项目区农民或县、乡级农技人员的讲课费、教材资料费、制作相关音像制品费、场地租用费、培训设备租赁费及必要的食宿费；③检测化验费，主要用于测土配方施肥中土样采集、化验分析、数据处理、印制配方施肥材料等；④小型仪器设备费，主要用于购买或租赁推广工作必需的小型仪器设备；⑤差旅费，主要用于科技人员到项目区开展推广工作的交通、食宿等费用；⑥劳务费，主要用于推广工作中发生的专家咨询费和雇佣人工费（含聘请乡镇农技人员参与技术推广的费用）。

（五）对农业基础设施建设的成本补偿

1. 水利灌溉设施成本补贴

水利灌溉是耕地产能的保证。国家专门有一笔"大型灌渠继建配套和节水改造项目资金"，2008 年以前的投入模式是国家和地方政府各出一半，2008 年以后国家投入的比例提高到"六成"，地方为"四成"。国家投入的资金每期都能到位，但该地方出的却配不齐，上不了工程。由于资金不足等原因，项目启动近十年，进展缓慢。耕地保护激励项目可以部分承担耕地保护区内水利灌溉设施的成本补贴功能，帮助解决当地财政资金紧缺的难题。①

2. 农机购置成本补贴

农机设备关系到农业生产效率的高低，关系到农户种粮的积极性，更关系到耕地数量和质量的保护成效。近年来，国家不断加大农机购置补贴政策实施力度，对农民个人、农场职工、农机专业户和直接从事农业生产的农民专业合作组织购买先进适用农业机械给予一定比例的补助，将喷灌、滴灌

---

① 参见樊江涛：《农业水利设施最后一公里普遍"差钱"——河北省农业灌溉现状调查》，《农村·农业·农民》（A 版）2011 年第 3 期。

等节水灌溉设备纳入农机购置补贴范围,极大地调动了农民购买和使用农业机械的积极性。耕地保护激励资金可以部分用于当地农民农机购置的成本补贴,进一步降低农业生产成本,提高农民参与耕地保护的积极性。

(六)对耕地数量和质量监测的成本补偿

2009 年起,耕地质量监测被纳入了国土资源部、农业部、国家统计局三部委联合组织的省级政府耕地保护目标履行情况检查工作的重要内容。各级政府对监测工作更加重视,耕地质量监测的作用和地位明显增强。四川省 2006 年出台了《四川省土壤肥力监测方案》,在一定程度上促进了耕地质量的改善。2010 年 7 月,四川省在郫县选址建立了首个"198"生态及现代服务业功能区耕地质量保护监测点,开始对监测点周边土壤、灌溉用水进行了抽样监测。从监测点的运转工作情况来看,耕地数量和质量监测工作需要大笔资金投入,省级财政一般能够充分供应耕地检测系统费用,再下一级的市(区)、县、乡镇基层政府财政对构建本地的耕地质量检测系统的财政资金则缺乏相应的拨付能力。建立耕地保护基金可以将使用范围覆盖到这一层面,改善基层政府检测资金不足的局面,建立起更加完善的能够代表不同土壤类型和种植制度的耕地质量监测网络。耕地保护基金所涵盖的耕地数量、质量检测成本的具体补偿项目可以包括耕地质量监测点设置、样品采集、分析化验、田间记载与管理、资料整理与应用、人员的选择、培训与表彰、经费来源与使用等。

第三节　科学确定耕地保护的激励标准

一、耕地经济总价值的激励标准

耕地总价值由耕地市场价值和耕地外部性价值两大部分组成,其中,外部性价值分为耕地社会价值和耕地生态价值。耕地保护激励标准的确定必须充分体现耕地经济总价值,传统的耕地补偿标准一般以耕地市场价值,即耕地农产品产出价值为补偿标准,科学确立耕地保护激励价值的标准还需考虑对耕地外部性价值即耕地社会价值和生态价值的补偿。

（一）耕地市场（产出）价值补偿标准

耕地市场（产出）价值由农产品价值来衡量，是耕地生命支持功能的体现，耕地在被人类利用过程中为人类提供直接有利的因子，包括粮食作物、经济作物、作物纤维原料等。[1] 除了人类的基本生活依赖于耕地，人类的生产活动也与耕地息息相关，耕地为第二、三产业发展的主要原料基地，特别是农产品加工行业和纺织品行业的第一车间。

对于耕地市场（产出）价值补偿标准的确定可以采取收益还原法。收益还原法是通过测算地区相关的收益和费用数据，计算测算时间范围内的年净收益，将净收益进行贴现以还原耕地当地的经济产出价值的方法。计算公式为：

$$V_e = \frac{R}{r} \times \left[1 - \left(\frac{1}{1+r} \right)^n \right] \qquad (5\text{-}1)$$

（5-1）式中，V_e 表示当期耕地产出价值，R 为当期耕地净收益，r 为贴现率，n 表示耕地耕种年限。

关于贴现率是取值问题，按照经济合作发展组织（OECD）的建议，使用复合贴现率。复合贴现率等于社会时间偏好率和资本机会成本的加权平均值：

$$r = h_1 s_1 + h_2 s_2 \qquad (5\text{-}2)$$

（5-2）式中，h_1 是国民收入的投资部分；h_2 是国民收入的消费部分；s_1 是私人资本平均实际收益率，表示资本的边际机会成本；s_2 为社会时间偏好率。

我国现有的比较完善的土地价值评估准则是《城镇土地估价规程》，其对土地评价的原则是正常市场条件下的价值。在确立耕地保护的激励价值时不仅要考虑耕地所产农产品的市场价值，还需将农民在从事农业生产的同时所丧失的获得社会平均利润的机会成本纳入补偿标准的计算中，因此，在计算耕地市场（产出）价值的公式中采用复合贴现率，使其等于社会时间

---

① 参见赵荣钦、黄爱民、秦明周：《农田生态系统功能及其评价方法研究》，《农业系统科学与综合研究》2003 年第 19 期。

偏好率和资本机会成本的加权平均值。

（二）耕地社会价值补偿标准

耕地社会价值包括：粮食安全价值、耕地发展权价值、农民生存保障价值、科研文化价值、娱乐休憩价值、景观维持价值。结合国内的相关研究，考虑农业生产本身抗风险能力弱，农民收入相对较低的现实生活状态，耕地资源对农民生活的保障作用较其他社会价值更为关键，影响系数也更为显著。本书认为确立耕地社会价值补偿标准主要考虑耕地资源的社会保障价值、由粮食安全价值而产生的社会稳定价值，以及由耕地生态效益所产生的文化娱乐价值。

$$V_S = V_\alpha + V_\beta + V_\gamma \tag{5-3}$$

（5-3）式中，V_S 表示耕地资源的社会总价值，V_α 表示耕地资源的社会保障价值，V_β 表示耕地资源的社会稳定价值，V_r 表示耕地资源的娱乐文化价值。

对耕地社会保障价值补偿标准的确定采用替代/恢复成本法，即通过计算替代/恢复提供外部性价值的成本来估算外部价值。[1] 耕地资源对于农村居民的社会保障价值主要体现在养老保障和就业保障两大方面，以城镇养老保障和失业保障福利来替代耕地在农村所起到的社会保障功能，以此来计算耕地资源的社会保障价值。

$$V_\alpha = V_1 + V_2 \tag{5-4}$$

$$V_1 = \frac{k \times \mu_1}{S} \qquad V_2 = \frac{k \times \mu_2}{S} \tag{5-5}$$

（5-4）式中，V_1 表示耕地资源的养老保障功能价值，V_2 表示耕地资源的就业保障功能价值，分别使用城镇养老保障支出金额和城镇失业保险支出成本来折算耕地养老保障和失业保障的供给价值。

（5-5）式中，k 表示农村和城镇居民的年收入比，μ_1 表示城镇居民社会养老保险年金，μ_2 表示城镇居民失业保险年金，S 表示农村人均耕地面积。

---

[1]　Cf.Guy Garrod & Ken Willis, "The amenity value of woodland in Great Britain：A compariasion of estimates", *Environmental & Resource Economics*, Vol.1, 1992.

耕地社会稳定价值的测算采用替代方法的特殊计算方法——影子工程计算方法进行测算。根据已有的研究成果,给出耕地社会稳定价值的计算公式[1]:

$$V_\beta = K_1 + K_2 + P \tag{5-6}$$

(5-6)式中,K_1 表示耕地资源的土地资本投入量;K_2 表示土壤培肥投入量,以土壤经济肥力形成的周期折现计算各年的资金投入;P 表示耕地收益损失。

$$K_2 = \frac{b \times \sum_{i=1}^{n} (1 + R)^i}{(1 + r)^n} \tag{5-7}$$

(5-7)式中,b 表示土壤培肥投入金额,R 表示贷款利率,i 表示土地开垦后第几年,n 表示土壤经济肥力形成周期。

$$P = \sum_{i=1}^{n} \frac{y}{(1 + r)^i} \tag{5-8}$$

(5-8)式中,y 表示收益损失额,以耕地资源的年纯收益表示,n 为土地开发年限。

娱乐文化价值 V_r 是耕地生态功能在社会价值中的特殊体现,借助于当量因子测算法。具体在耕地生态价值补偿标准中阐述。

(三)耕地生态价值补偿标准

耕地生态价值补偿应该以耕地的生态价值量大小为基础。国内外关于资源生态价值补偿标准的研究成果比较丰富,形成了系统的关于衡量生态价值的测量方法,对耕地生态价值补偿标准的确立具有很强的借鉴意义。耕地的生态价值主要由涵养水源、水土保持、净化土壤、改善小气候、改善大气质量、保持生物多样性、净化土壤等方面组成,这些功能将主要通过耕地的物理和化学功能完成。

根据上一章的相关分析,本研究拟采用当量因子价值量法测算耕地的生态价值补偿标准。该方法的基本思路是:首先,根据研究区域各作物种植

---

[1] 参见李佳、南灵:《耕地资源价值内涵及测算方法研究》,《干旱区资源与环境》2010年第9期。

面积、单产、平均价格,确定单位当量因子的价值量;其次,根据当量因子权
重计算耕地各项功能的效益;再次,将各项功能的效益加总,便可获得当年
耕地的生态价值;最后,对以后各年耕地所产生的生态价值进行折现,便可
获得单位面积耕地的生态价值总量。

已知当量因子系数,根据各地区的当期耕地当量因子价值便可测算出
当地一定时间范围内的耕地生态价值。

$$E_\alpha = \frac{1}{7} \sum_{i=1}^{n} \frac{m_i p_i q_i}{M} \tag{5-9}$$

(5-9)式中, E_α 为 1 单位当量因子的价值量, i 为粮食作物种类;为 i 种
粮食作物的播种面积; p_i 为 i 种粮食作物全国平均价值; q_i 为粮食作物单产
量;M 表示粮食作物的总播种面积。1/7 是指在没有人力投入的自然生态
系统提供的经济价值是现有单位面积耕地提供的食物生产服务价值
的 1/7。

二、耕地外部性价值溢出效益的补偿标准

由于工业化和城镇化的迅速推进,在经济发展过程中大量的优质耕地
转变为了城市建设用地,因此区域之间的耕地平衡关系产生了变化。工业
化和城市化快速推进的地区经济比较发达,而耕地数量和质量不断降低,而
经济相对落后的地区,工业化和城市化的耕地占用相对较少。经济发达区
域往往是粮食主销区域,而经济欠发达区域往往也是粮食主产区域,即经济
发达地区的粮食安全效益大部分由经济欠发达地区承担。另外,经济发达
地区还在一定程度上分享了经济欠发达区域保护耕地所产生的社会保障价
值和生态服务价值。不言而喻,耕地资源在区际之间存在外部性价值的溢
出效应,确立耕地保护的激励标准应该将其列入当中。

(一)外部性价值溢出效益的补偿标准

外部性价值溢出效益补偿标准的确定依据是:如若研究区域耕地总量
足够满足当地居民粮食供给,则该区域已达到耕地总量供需平衡,不需要付
出任何补偿,如若研究区域耕地总量供不应求,出现耕地赤字现象,此时则
需要其他地区为其填补供需缺口,该地区便需向为其提供补给的区域支付

一定数量的补偿资金。

补偿资金的具体数额由研究区域耕地赤字(盈余)数量、耕地面积折算系数以及单位耕地补偿价值决定。

$$R = A_{S-D} \times \gamma \times V_T \qquad (5-10)$$

(5-10)式中,R 表示补偿数额,A_{S-D} 表示耕地赤字(盈余),γ 为耕地面积折算系数,V_T 为耕地用途转变的经济收益。耕地赤字(盈余)数量,是研究区域实际耕地存量与当地耕地需求数量的差;耕地面积折算系数是将研究区域耕地面积折算成标准耕地面积的比例;耕地转变用途收益也是政府进行耕地保护,放弃耕地转换成建设用地的机会成本,即政府所能获得的土地出让金。综合考虑还原利率、土地出让年限的影响因素,得出耕地保护的机会成本计算公式:

$$V_T = \frac{P \times r \times (1+r)^n}{(1+r)^n - 1} ① \qquad (5-11)$$

(5-11)式中,P 表示耕地转让为建设用地土地纯收益,以中等土地出让收益为标准;r 表示土地还原利率;n 表示土地出让年限。我国土地出让年限因用途而异,根据《中华人民共和国城镇国有土地使用权出让和转让暂行条例》规定,居住用地使用权出让的最高年限是 70 年,工业用地、教育、科技、文化、卫生、体育、商业、旅游、娱乐用地使用权出让的最高年限是 50 年。

(二)区域间耕地面积补偿标准

区域间的耕地面积补偿标准取决于耕地赤字(盈余)和耕地面积折算系数。耕地赤字(盈余)和耕地面积折算系数的计算公式分别为:

$$A_{S-D} = A_S - A_D \qquad (5-12)$$

$$\gamma = \frac{q_i}{q_0} \qquad (5-13)$$

(5-12)式中,A_S 是研究区域实际耕地存量,A_D 是研究区域所需的耕地数量,耕地需求量受诸多因素影响,包括区域人口密集程度、耕地产能、耕地

---

① 参见雍新琴:《耕地保护激励机制研究》,华中农业大学学位论文,2010 年。

复种率、粮食播种面积、人均粮食消费水平等。(5-13)式中,q_i 表示研究区域耕地粮食单产量,q_0 表示标准耕地粮食单产量。

$$A_D = \frac{Q}{q_i \times \lambda \times \omega} \qquad (5-14)$$

(5-14)式中,Q 表示研究区域粮食需求总量,λ 表示耕地复种指数,ω 表示粮食播种面积占农作物播种面积的比例。

$$Q = N \times C \qquad (5-15)$$

(5-15)式中,N 表示研究区域的人口总量,C 表示研究区域每年人均粮食消费水平。

复种指数是影响耕地需求量的因素之一,反映耕地利用频率的高低,复种指数越高,耕地垦殖程度越高,与耕地需求量成反比。

$$\lambda = 复种指数 = \frac{农作物播种面积}{耕地面积} \qquad (5-16)$$

$$\omega = 粮食播种面积比重 = \frac{粮食播种面积}{农作物播种面积} \times 100\% \qquad (5-17)$$

$$q_i = 耕地面积粮食单产量 = 播种面积粮食单产量 \times \lambda \qquad (5-18)$$

(5-16)、(5-17)、(5-18)式中,农作物播种面积、耕地实际面积、粮食播种面积均为研究区域原始数据,通过数据收集获得。

三、耕地保护激励标准的修正

测算出耕地保护的激励标准,但激励给付的实现,还取决于耕地赤字区域的给付意愿和给付能力大小,尤其是给付能力的大小受到区域财政资金累积水平和区域社会发展阶段的影响,并非所有的耕地赤字区域都是经济发达区域,受地质条件的影响一部分耕地赤字区域其实属于退耕、限耕的经济欠发达地区。为了实现耕地补偿标准的公平性,耕地补偿标准的确立不可实施"一刀切"的制度,应该充分考虑区域特殊性,对耕地保护的激励标准进行修正。因此,可在测算出区域耕地可持续利用水平系数、区域物价总指数和社会经济发展阶段系数的基础上,修正当地的耕地保护激励标准值。

(一)社会发展阶段系数的测算

根据已有的研究成果,多数研究成果普遍认为:人们对耕地保护的生态社会效益认识和重视程度以及为其进行支付的意愿是随着区域社会经济发展和生活水平的不断提高而变化的。[1] 人们对耕地生态社会效益的这种认识过程和支付意愿符合 S 型 Pearl 生长曲线(Logistic 曲线)的变化趋势。因此可以借用皮尔生长曲线模型来探讨人们对耕地保护价值效益的支付意愿和能力。皮尔生长曲线的数学模型可以简化表示为[2]:

$$l = \frac{1}{1 + e^{-t}} \tag{5-19}$$

(5-19)式中,l($0 < l < 1$)表示与支付意愿相关的社会发展阶段系数,e表示自然对数的底数,t 为时间(一般认为时间与支付意愿呈正向变动关系),当 $t \to -\infty$,$l = 0$;当 $t \to +\infty$,$l = 1$。

(二)耕地保护激励标准的修正值

考虑不同经济发展阶段对支付意愿和支付能力的影响,进而根据耕地保护区域补偿系数 l_t 修正不同区域的耕地补偿标准,修正值可用公式表示为:

$$W_t = l_t \times V_t \tag{5-20}$$

(5-20)式中,W_t 表示考虑支付意愿和能力条件下的单位耕地的激励标准修正值;l_t 表示影响耕地保护激励资金支付条件的社会发展阶段系数;V_t 表示修正前的耕地保护激励标准值。

对社会经济发展水平和人民生活水平的量化,可采用恩格尔系数来衡量。[3] 因为恩格尔系数表示了一个家庭食品消费支出占其生活消费总支出的比例,恩格尔系数的大小在一定程度上反映了一个家庭或国家的贫富程

---

① 参见李金昌:《生态价值论》,重庆大学出版社 1999 年版,第 94—105 页;欧名豪、宗臻铃、董元华等:《区域生态重建的经济补偿办法探讨》,《南京农业大学学报》2000 年第 23 期;粟晓玲、康绍忠等:《内陆河流域生态系统服务价值的动态估算方法与应用》,《生态学报》2006 年第 26 期;高素萍、李美华、苏万措:《森林生态效益现实补偿费的计量》,《林业科学》2006 年第 42 期。

② 参见李金昌:《生态价值论》,重庆大学出版社 1999 年版,第 98 页。

③ 参见高素萍、李美华、苏万措:《森林生态效益现实补偿费的计量》,《林业科学》2006 年第 42 期。

度,恩格尔系数的下降意味着居民生活水平的提高。[①]

第四节 采取多元化的耕地保护模式

一、耕地保护的现金补偿形式

对于农民而言,土地种植的相对效益低下是农民对耕地保护缺乏主动性与积极性的主要原因,对其进行补贴,就应能有助于农民提高土地种植的比较效益。对农民进行耕地保护补贴,提高其农业生产比较收益的现金补偿形式可以包括农业补贴的补偿形式和保护基金的补偿形式。

(一)国际财政直补的耕地补偿激励制度的借鉴

财政直补经济补偿方式是国际上众多国家普遍采取的耕地保护经济补偿方式之一,旨在通过对农民提供经济补贴以激励农民参与耕地保护计划。发达国家的财政补贴制度针对耕地生态环境保护的立法非常普遍,例如英国环境部制定《野生生物、田园地域法》,通过为农民提供法定补贴以保护优等耕地的高效利用,农渔业粮食部制定《农业法》为在区域内从事农业生产的农民提供财政补贴。欧盟的"2000年议程"规定农民只有在首先使土地质量保持在一定的标准上才能获取相应的补贴。财政补贴是美国耕地保护计划的主要保护激励措施,耕地保护计划中包括环境质量奖励计划、资源保护安全计划、农田保护计划。农民自愿选择是否参与此项计划,并与政府签订1—10年期的补偿合同,对于愿意在土地上采用有利于可持续环保的土地管理和结构保护方法的农民,由政府为其提供相关信息、技术援助、成本分摊或奖励补贴。相对于其他国家来说,日本耕地面积非常有限,政府为保护农民从事农业生产的积极性,也是通过财政直补经济激励方式激励农民保护耕地,除了法定补偿金以外还为农民提供包括生产资料购置补贴、保险补贴、灾害补贴等。

1. 英国关于耕地保护的财政补贴制度

英国是世界上较早实施耕地保护补贴制度的国家之一。英国早在20

---

① 参见李金昌:《生态价值论》,重庆大学出版社1999年版,第98—101页。

世纪六七十年代就已经开始执行严格的立法制度以保护耕地资源,在耕地资源数量保护得以有效实施后,英国开始更加关注耕地资源的质量和环境保护,而这项保护任务只能由土地所有者(或耕种者)来完成,如何促使这些社会经济当中的微观个体来完成全社会的宏观政策目标成为亟待解决的问题,由此耕地保护补贴制度应运而生。1981 年,英国环境部制定《野生生物、田园地域法》,旨在将劣等土地转化为草地和林地,农民的经济损失由政府全额支付;同时,为保障保护优等耕地的高效利用,1986 年,英国农渔业粮食部制定《农业法》,将部分区域的优等土地划定为"环保农业地区",对于在区域内从事农业生产的农民提供财政补贴。①

2. 欧盟关于耕地保护的财政补贴制度

欧盟的耕地保护财政补偿制度只是制定一个总体方针,成员国对本国的耕地保护经济补偿计划和补偿标准的制定具有自主权。"2000 年议程"是欧盟通过的关于耕地保护的财政补贴制度的主要法律标准,该议程规定欧盟各个成员国对农民发放生产补贴必须与农民遵守法定环保标准、食品安全、动物卫生与福利标准紧密联系,以促进农民进行环保式农业生产,农民只有在土地质量保持在一定的标准上才能获取相应的补贴。为激发农民从事农业生产的积极性,摒除土壤本身质量所带来的客观影响因素,欧盟1257/99 号规定:只有连续 5 年以上使用环保性生产方法的农民才能得到欧盟的农业生产补贴,对于在资源贫瘠地区从事农业生产的农民也按照相应的土壤测评标准给予补贴。对于补贴资金的提供范围以及补贴标准的制定,欧盟对属于各种政策目标范围内的绝大多数耕地保护、农业环保措施提供补贴,补贴标准的计算基础根据土地的具体用途而定,每公顷耕地可获得的最高补贴为 450—900 欧元。②

3. 美国关于耕地保护的财政补贴制度

美国耕地保护计划是对于愿意在土地上采用有利于可持续环保的土地管理和结构保护方法的农民,由政府为其提供相关信息、技术援助、成本分

---

① 参见国家农用地分等定级评估办公室,国土资源部土地整理重点实验室:《中国耕地质量保护研究进展》,地质出版社 2007 年版,第 1310 页。

② 参见尹红:《美国与欧盟的农业环保计划》,《中国环保产业》2005 年第 3 期。

摊或奖励补贴。该项计划由政府制定相应的法律规定和具体补贴条例,农民自愿选择是否参与此项计划,计划的合同一般为1—10年,可以进行续签。耕地保护计划中包括环境质量奖励计划、资源保护安全计划、农田保护计划。其中,环境质量奖励计划和资源保护安全计划重点在于耕地和牧地的保护,目的在于促进生产作物和饲养家畜的农民采用有利于环境的生产和土地管理方法。2002—2007年,美国用于耕地环境质量奖励的资金总额达58亿美元,仅2007年投入的财政资金就高达13亿美元,而对于资源保护安全计划的专项资金,美国财政已经划拨37.7亿美元作为2003—2013年的奖励或补贴资金。农田保护计划是对延续农地农业用途的农场主给予奖励或补贴,目的在于保持耕地数量平衡,美国新《农业法》规定,2002—2007年,用于农田保护计划的专项资金为5.97亿美元。①

4. 日本关于耕地保护的财政补贴制度

日本耕地面积有限,政府为保护农民从事农业生产的积极性,为农民提供包括生产资料购置补贴、保险补贴、灾害补贴等财政补贴政策。其中,生产资料购置补贴是政府对农民购置农业生产资料所产生的成本进行补贴,补贴资金50%来自中央财政,25%来自地方财政,剩余25%由金融机构贷款提供。保险补贴是政府给予农民由于参加农作物商业保险而支付保险费的补贴,凡是生产数量超过一定数额的农户必须参加农业保险,为了减轻农民负担,政府承担农民参加保险所缴纳保费的50%—80%。② 自然灾害补贴旨在确保农民在遭受自然灾害时,依然能够保持稳定的收入水平和恢复生产能力,在发生自然灾害时,由政府对遭受自然灾害破坏的公共基础设施进行修复,并对受灾农户的农业设施及农作物进行补贴。另外,由于山地耕地生产能力远低于平原地区,山区抛荒现象严重,为了激励山区农民充分利用耕地,日本于2000年出台《针对山区、半山区地区的直接支付制度》,对山区农民实行直接收入补贴,以弥补农业生产的成本差异,具体的补贴标准是山区或半山区与平原地区平均生产成本差异的80%,对每户的补贴上限可

---

① 参见尹红:《美国与欧盟的农业环保计划》,《中国环保产业》2005年第3期。
② 参见肖海峰、李鹏:《美国、欧盟和日本粮食生产能力保护体系及其对我国的启示》,《研究视角》2004年第11期。

以达 100 万日元。①

(二)采取农业补贴的现金补偿形式

农业补贴是促使农民保护耕地最直接的一种补偿形式,通过现金补贴来直接增加农民收入,鼓励农民科学合理地经营承包地,注重提高耕地土壤质量,以达到耕地可持续利用的目标。农业补贴的补偿形成是当前世界各国采用最为普遍的耕地保护经济激励措施,美国、日本、英国以及欧盟等国家都实行了农业直接收入补贴制度。从实施效果来看,农业现金补贴的发放不仅促使农民休耕轮种、加大农业基础设施建设和土地整治,保护了耕地质量,还间接促进了耕地集中规模经营和农业的现代化发展。以英国为例,如果农场主每年将其 20% 的土地作为永久性休耕地,其所享受的补贴最高可达 200 美元;如果将 20% 的耕地进行轮耕,其所享受的补贴最高可达 180美元;整治、改良土地可获 60% 的补贴,对园艺农场进行的土地改良、建筑和购置设备,给以 15%—25% 的补助;对农场主自己修建道路、堤坝、供电系统等则提供所需费用 2/3 的补助。②

为保障农业在国民经济中的基础地位,提高农民种粮的积极性,我国从2004 年开始粮食直补政策,2006 年又增加了农资综合直补政策,详见表 5-1。

表 5-1　2004—2009 年我国农业补贴发放资金一览表③

年 份	农资综合直补资金	粮食直补资金	合 计
2004	——	116	116
2005	——	132	132
2006	125	142	267
2007	276	151	427
2008	482	151	633
2009	716	151	867

注:2006 年以前,我国还未开始发放农资综合直补资金。

---

① 参见肖海峰、李鹏:《美国、欧盟和日本粮食生产能力保护体系及其对我国的启示》,《研究视角》2004 年第 11 期。

② 参见赵学涛:《发达国家农地保护的经验和启示》,《国土资源情报》2004 年第 6 期。

③ 参见徐小峰:《发达国家与地区耕地保护发放总结与借鉴》,资源网,2010 年 10 月 27 日。

表 5-1 的数据显示,我国农业补贴力度呈现为逐年递增态势,特别是农资综合直补资金递增态势明显,在一定程度上激励了农民参与农业生产和实施耕地保护的积极性。为进一步加强农业补贴资金的激励效用,应该在扩大补贴资金规模的基础上,进一步完善农业补贴资金的发放细则,保障补贴资金的及时、准确发放,切实提高农民种粮的积极性,有效保护承包地的土壤质量。

(三)采取耕地保护基金的现金补偿形式

耕地保护基金制度最早于 2008 年在成都开始实施,该制度的形成是四川省积极探索耕地保护制度道路上的一项重要成果。其建立耕地保护基金,以现金补偿的形式激励农民参与耕地保护,积极改善农业生产环境的成功经验,值得在全省范围内普遍推广和完善。

成都市建立耕地保护基金制度的基本思路是:在城乡统筹、以城带乡、以工补农原则指导下,创新耕地保护机制,通过多渠道筹集资金,加大对农村、农业和农民的投入,有效保护耕地特别是基本农田,提高耕地综合生产能力,提高农民保护耕地的积极性和主动性,做到权、责、利对称,以确保在统筹城乡发展建设过程中耕地总量不减少、质量稳步提高,让广大农民共享经济社会发展成果。《成都市耕地保护基金使用管理办法(试行)》对耕地保护基金的来源、使用对象、补贴标准、使用范围、基金管理、监督与处罚均作出明确规定。在成都市范围内拥有土地承包经营权并承担耕地保护责任的农户,以及承担未承包到户耕地保护责任的村组集体经济组织具备领取耕地保护补贴的资格。基本农田的补贴标准为 400 元/亩/年,一般耕地的补贴标准为 300 元/亩/年。截至 2010 年,成都市拨付到农户的耕地保护资金达 21.4 亿元,涉及 3 万多个村民小组、176 万余农户、592.4 万亩耕地。流转农用地面积 308 万亩,占全市农用地面积的 22.1%,流转耕地面积 236.3 万亩,占全市耕地面积的 36.6%。

成都市建立耕地保护基金的成功经验可在全省范围内试点实施,并从中总结经验教训,不断完善耕地保护基金的建立、管理、发放、监管等实施细则,最终使耕地保护基金补偿制度覆盖到全国范围。耕地保护基金的现金补偿制度一方面可以缓解国家财政部拨付农业生产补贴的资金压力,另一方面可以扩大农民所获得的补贴资金的绝对数,对农民从事农业生产、保护耕地质量有正面激励效应。

二、耕地保护的税费优惠激励形式

税收是国家实行相关经济政策的有力杠杆,几乎世界各国都积极采取税收政策限制耕地农业用途转变、激励农民增加农业生产投资。具体的税种非常丰富,包括土地增值税、土地保有税、土地原价税、土地转让收益税等。其中,土地增值税、土地原价税是为了限制私人过多拥有土地,以抬高土地利用效率;土地转让税则是为了抑制土地投机,防止土地所有者哄抬地价,并抑制农用土地受利益因素影响过多向非农用途转变。税收优惠政策是一项直接针对耕地保护工作的税收制度,在西方国家中实施比较普遍,美国是最早针对耕地实施税收优惠制度的国家,以荷兰为代表的欧洲国家也紧随美国通过了与耕地保护相关的税收优惠政策,其政策核心基本一致,由政府依法设定农地保护区,并与农场主签订保证农地农用的协议,实施减免农地财产税、遗产税和农业所得税等优惠税收政策。税费优惠政策是众多发达国家普遍采用的耕地保护激励调节杠杆。2005年12月29日,十届全国人大常委会第十九次会议高票通过决定,自2006年1月1日起废止《农业税条例》,取消除烟叶以外的农业特产税,全部免征牧业税。农业税的废除并不意味着税费制度不再对耕地保护的工作绩效产生影响,有效推进耕地保护工作在农村地区落到实处,必须要从根本上改善农业生产环境提高农民农业收益,税收的杠杆作用仍然可以在耕地保护中起到激励作用。

(一)耕地保护的税费优惠制度的国际借鉴

1. 抑制土地投机的税收政策

第一,土地增值税。土地增值税是按照土地价格增加数额征税。对于为未转让的土地按照土地价格增加部分征税;对于产权发生变更的土地按照出售价格高于购买价格的部分征税。土地增值税最早始于德国,19世纪末,工业发展产生大量的建设用地需求,为了稳定土地供给,德国从1874年起开始对土地交易价格征收一部分税收。德国当时的土地增值税的目的并非避免耕地总量流失,但随着土地稀缺性的逐步显现,土地增值税抑制土地投机的土地数量保障功能开始逐步显现,并先后被英国、丹麦、意大利、美国等国家广泛采用,各国根据本国的土地政策而制定适时的税率。目前,土地增值税已成为世界大多数国家共同使用的土地税制,为抑制土地投机,防止耕地过度开发起到了经济控制作用。

第二,土地转让收益税。土地转让收益税是将土地转让收益直接纳入到个人所得税或法人税中征收。由于不同的社会经济发展背景,土地转让收益税大部分甚至全部被转嫁到土地出售价格中的可能性存在,从而引起土地价格的进一步上涨,反而激发了土地投资的积极性,因此,土地转让收益税的应用范围不如土地增值税广泛,大部分国家的做法一般是审视当前土地需求的弹性,再制定相应的土地转让收益税。如在德国、新加坡和中国香港对不是进行农业的土地转让,一般不征收土地转让收益税。与之相反,日本则将土地转让收益归于一般财产收益,以财产收益为对象统一征税。另外,为了抑制土地投机,控制地价上涨,使土地收益社会化,日本对土地等短期租赁转让还采取了重税制,即对土地转让期按其年数长短追加征税,期限越短加税率越重。

2. 提高土地利用效率的税收政策

第一,土地原价税。土地原价税又称为"未改良地价税",是对未被利用的土地征税,目的在于减少土地闲置率,缓解后备建设用地供给和耕地资源开发压力。土地原价税是澳大利亚政府于1977年创立的,凡私人或公司占地超过640英亩、总价值在2500镑以上者,必须增纳普通地价税,而在此限额以下者,可以免除普通地价税而只征收为改良地价税。除澳大利亚外,美国也是施行土地原价税的国家之一,与澳大利亚不同的是,美国施行的是单一税制,即将未经改良的土地所产生的全部收益(即地价)作为税收归国家所有,而其他租税一概免除。[①] 土地原价税对专门针对未改良的土地征税的特殊税制,从征税对象不难看出,该种税制的实施其实质是对闲置土地所有者的间接处罚,督促土地所有者进行土地投资,改良土地,提高土地利用效率,增加国内可利用耕地的后备资源。

---

① 参见刘书楷等:《土地经济学》,中国农业出版社2004年版,第346页。

第二,土地保有税。提高土地占有成本,增加土地供给,促进土地的有效利用是征收土地保有税的主要社会功能。土地保有税在美国、加拿大、英国、法国、德国、瑞典、日本、韩国、新加坡、中国香港等国家和地区广泛采用,各国根据国情的差异分别采取不同的保有税形式。美国、加拿大、中国香港推崇将土地保有税纳入到固定资产税体系当中。美国的土地保有税是地方税收中的一种,征税标准按固定资产的核定价格,不同种类的固定资产(如住宅、公寓、公益性建筑、商业性建筑等)按本区域内的实际交易价格,制定不同的税率。中国香港实行土地保有税则是以建筑物等所有者和租借人为纳税人,并按资产的租金水平制定差异性的税收。除固定的土地保有税外,还有与区域和时间相关的特别土地保有税,是对一年内在同一地区连续购买一定面积以上的土地征税的税种,这种税制同样是通过提高土地保有的成本,从而达到抑制土地投机,促进土地的有效利用的目的,并间接降低耕地用途转变的潜在风险。

3. 耕地保护的税收优惠政策

由于工业发展对土地的旺盛需求,越来越多的农业用地被转变为建设用地,而土地农业用途和非农业用途的收益差距却导致耕地所有者产生转变耕地用途的倾向。耕地保护的税收优惠政策正是为保障本国粮食安全,控制农地非农化速度的一种特殊的税收方式,政府直接对保留耕地农业用途的所有者实施退税、减税的优惠政策,间接降低农业生产成本,缩小工农业产品的利润差距,激励农民进行农业投资,以达到保护耕地的目的。美国是实施耕地保护税收优惠制度最成功的国家之一,大多数州政府都将税收优惠政策作为落实耕地保护政策的有效手段。早在1965年,美国加利福尼亚通过了《威廉逊法》,即《加利福尼亚土地保护法》,该法律规定,县政府可以按照耕地现状评估的价值征收不动产税,由此造成的税收损失由州政府支付,凡是享受此项优惠税收政策的农地所有者必须在10年内保持农地的农业生产用途,若违背该承诺,须将税收优惠全额退回。现阶段,美国耕地保护税收优惠政策的分为三类:①没有附带条件的纯粹减税,即农地的"特惠估税值";②区别征税,根据农地开发时间的不同而征收不同比率的税金;③土地所有者与州政府签订限制性协议,在规定期限内保证土地的农业用途,从而获得税收减免的资格。① 另外,荷兰也依靠税收减免作为其保护耕地的主要经济手段,具体做法与美国相似,政府依法设定农地保护区,并农场主签订保证农地拟用的协议,实施减免农地财产税、遗产税和农业所得税等优惠税收政策。②

(二)耕地占用税税率与土地价格挂钩

美国几乎每个州都采用税费优惠的政策来保护耕地,除了实行农地减税和免税优惠外,各州政府还通过对农转非的转让环节征收高额转让税,提高农地转让的成本,限制农地的非农化流转,既能延缓农地开发的速度,又能为耕地保护工作的实施提供资金来源。同时,美国还对农地转让过程征收影响费。影响费是指由土地所有者(或土地的买方或开发商)缴纳,以补偿土地性质的转变给公众带来的损害。这些税费征收通过提高土地转让的成本,限制土地用途变更。如果考虑实际的开发成本,这些费用的征收意味着现有的土地期货需要支付更高的费用,以适度地降低城镇或城市开发占用农地的可能性。③ 这在一定程度上限制了加速式的开发,起到了保护耕地的积极作用。

为了合理利用土地资源,加强土地管理,保护耕地,我国于 2008 年 1 月 1 日开始施行《中华人民共和国耕地占用税暂行条例》,凡占用耕地建房或者从事非农业建设的单位或者个人,须依照本条例规定缴纳耕地占用税。耕地占用税实行差别税制:对于人均耕地不超过 1 亩的地区,每平方米为 10 元至 50 元;人均耕地超过 1 亩但不超过 2 亩的地区,每平方米为 8 元至 40 元;人均耕地超过 2 亩但不超过 3 亩的地区,每平方米为 6 元至 30 元;人均耕地超过 3 亩的地区,每平方米为 5 元至 25 元。耕地保护税税率虽为梯度式的税制方式,但特定地区单位面积所缴纳税额固定,未与地价变动挂

① 参见雍新琴:《耕地保护经济补偿机制研究》,华中农业大学学位论文,2010 年,第 38 页。

② 参见雍新琴:《耕地保护经济补偿机制研究》,华中农业大学学位论文,2010 年,第 39 页。

③ 参见冯文利、史培军、陈丽华等:《美国农地保护及其借鉴》,《中国国土资源经济》2007 年第 5 期。

钩。以成都市为例,2010 年成都市成交地价均价已达到 2460 元/m²,而成都市 2009 年新确定的五城区以内的耕地占用税为 50 元/m²,税率仅为 2%。随着地价的进一步上升,耕地占用税所占的比例将进一步下降,占用税对耕地流转的约束功能也会逐步减弱。目前,固定式的耕地占用税制不足以体现税收制度对于耕地"农转非"的约束作用,有必要将其改为与土地价格挂钩的、与占用面积相关的累进制的税额标准,即耕地占用税随着地价的上涨而上涨,随占用面积的增加而累计增加,并将税收收入的一部分作为耕地保护激励资金的来源。

(三)对环保企业实行税率优惠

耕地保护重在耕地质量保护,耕地质量又依赖于土壤质量,土壤质量的改善则依赖于周边环境条件。周边生态环境对耕地保护成效的好坏起着决定性的意义,根据税收调节机制的杠杆原理,环保企业可享受一定的所得税减免。

首先,在增值税优惠政策中,对企业购置的环保设备应允许进行进项抵扣,从而鼓励企业对先进环保设备的购置与使用;对环保设备实行加速折旧;鼓励环保投资包括吸引外资,实行环保投资退税等。其次,加大税收优惠,扶植引导环境无害产业和环保产业的发展。如降低环保企业各种税负,以及环保产业设备、仪器的进口关税,对于"三废"综合利用产品和清洁生产给予一定的税收优惠等。正确灵活地运用关税手段(如降低税率、特别关税、反倾销税等),积极参与国际竞争,保护国内环境和资源。制定利用全球节能和环保技术的税收政策,促进对这些技术的吸收、消化和应用,鼓励采用清洁煤技术,开发高效、洁净、经济新能源,有利于积极推广风能、太阳能的税收政策。①

三、耕地保护的福利补贴补偿形式

福利补贴的激励方式是众多耕地保护的激励政策之一。目前,英国是国际上使用福利补贴形式的典型国家之一。英国 78% 的人口为城市人口,

---

① 参见肖坚:《完善生态环境税收补偿制度》,《税收征纳》2007 年第 11 期。

城市化程度居发达国家前列,由于人多地少,英国非常重视耕地保护问题,为提高耕地使用效率,鼓励农业规模化经营,英国政府主张向大型化、规模化的农场发展,对愿意合并的小农场,可提供50%的所需费用,对愿意放弃经营农业的小农场主,可获得2000英镑以下的补贴,或领取终生养老金。[①]

社会保障是影响一国经济是发展的基本制度,也是最基础最重要的民生问题之一。近几年,四川省城市社会保障发展迅速,而农村社会保障事业发展却相对滞后。随着城镇化加速推进和农村人口老龄化的加快发展,农村社会保障需求越加旺盛,然而由于地方财政支付压力巨大,农村社保服务体制和相关设施建设投入不足,难以满足农村日益增长的社会保障需求。为填补农村社会保障投入资金的空缺,个别地方采取了所谓的“土地换社保”的不当措施,将农民承包的土地置换为货币给农民购买社保。然而农民用土地“购买”到的社保,大多数是单一的养老保险,而且保障水平也不太高,不但没能彻底解决农民的后顾之忧,还加速了耕地资源流失。耕地保护的福利补贴的激励形式,是通过为农民提供福利补贴,补偿农民因承担耕地保护工作而支付的机会成本,旨在保障农民相应社会权益的前提下,到达保护耕地的目的。

现阶段,《成都市耕地保护基金使用管理办法(试行)》中采用了这种福利补贴式的激励模式。根据该《办法》第9条的相关规定:耕地保护基金可用于承担耕地保护责任农户的养老保险补贴。第11条进一步明确规定:养老保险补贴金额需以耕地保护补贴标准为依据。为符合参保条件的每个农民建立养老保险个人账户,每户养老保险补贴由符合参保条件的家庭成员平均分享,每户符合参保条件的人数出现增减情况时仍然平均分享;家庭参保成员有符合养老金领取条件并已开始领取的,其原养老保险补贴由其他家庭参保成员平均分享。养老保险补贴直接划入农民养老保险个人账户,购买养老保险的不足部分,由农民个人承担。参保农民按规定标准和时限缴足个人缴费部分后,可按规定领取养老金。成都市将耕地保护基金与农村福利补贴之间的有效对接,不仅可以缓解地方财政农村社保支出的资金

---

① 参见赵学涛:《发达国家农地保护的经验和启示》,《国土资源情报》2004年第6期。

压力,在一定程度上弥补长期以来农村社保的资金空缺,同时也可以对农民参与保护耕地起到积极作用。

四、价格干预的激励方式

（一）美国农产品价格支持政策

为充分调动农民从事农业生产的积极性,美国于1933年将价格支持政策写入《美国农业调整法》,其基本原理是通过政府干预,为农民设定一个最低限价以降低农业生产风险,从而保障农民的切身利益。美国农产品价格支持的基本做法是由联邦政府成立农产品信贷公司,凡是参与农产品计划的农场主可以在农产品信贷公司获得为期10个月的短期贷款,贷款利率根据粮食市场价格的变动而起伏,贷款利率原则上不得高于农民参与农产品计划所获得的收益率。1973年,作为价格支持政策的兄弟政策——差额补贴政策出台,由政府制定一个目标价格,这个价格是能够保证农场主收入的合理价格,一旦市场价格低于目标价格,政府就对农场主进行差额补贴,差额补贴幅度为目标价格与市场价格、贷款率两者中较高的差额。1996年,美国对农产品价格支持政策进行了修改完善,其实施措施灵活多样,当农产品价格低于政府目标价格或单位贷款生产成本利息时,农民既可以选择按市场价出售产品,领取差额补贴,也可以将农产品作为贷款利息交给农产品信贷公司,上缴农产品由政府统一分类储藏。

（二）日本稻作安定经营政策

日本工业生产一直处于世界先进水平,非农业生产比较收益明显较高,土地作为稀缺资源如果完全由市场进行配置,大部分耕地将转为非农用地。同时,非农业生产的高人力资本回报率也使日本面临农业生产人力资本匮乏的境地,加上农产品收益率的不稳定性,使日本农业生产在20世纪六七十年代出现严重萎缩的趋势。日本充分重视本国粮食生产安全,为防止自由流通米价下跌给农户收入造成较大损失,日本政府实行了稻作安定经营对策,该项政策的实质是对农民因价格下跌而蒙受的经济损失实施经济补偿。该项政策与美国的差额补贴政策相似,旨在通过为农民提供粮食价格差额补贴来平衡市场价格波动给农民带来的损失。日本稻作安定经营政策的实施方案是根据前三年的自主流通米价格的平均数计算出基准价格,再根据年当大米的实际价格计算出与基准价格的差额,农民将获得价格差额80%的生产补贴。至于价格支持资金的来源,美国施行的是由联邦政府和州政府共同分摊的做法,日本则通过建立稻作安定经营基金,基金中大部分由政府出资,另一部分通过鼓励民间力量来筹集,参与稻作安定经营计划的农民是民间基金的主要来源。

综上所述,财政补贴方式和税收杠杆调节使耕地保护者直接获得经济利益,价格干预则是政府通过强制力量干预价格,改变耕地(或土地附着产品)市场收益,间接使耕地保护者获得经济利益的方式。但由于价格干预是直接影响市场调节机制,故采取价格干预政策的国家并不十分普遍,以美国和日本作为代表。美国于1933年将价格支持政策写入《美国农业调整法》,其基本原理是通过政府干预,为农民设定一个最低限价以降低农业生产风险,从而保障农民的切身利益。除直接价格支持政策以外,美国还采取农产品差额补贴政策,政府就对农场主进行差额补贴。为保住极为有限的农用土地,日本政府实行了稻作安定经营政策,该项政策的实质是对农民因价格下跌而蒙受的经济损失实施经济补偿,其实质与美国的差额补贴政策相似,旨在通过为农民提供粮食价格差额补贴来平衡市场价格波动给农民带来的损失。

第六章

耕地保护激励机制的发展：
构建耕地保护区域补偿机制

第一节　耕地保护区域补偿机制的内涵

一、耕地保护区域补偿机制的特点和意义

（一）耕地保护区域补偿机制的特点

耕地保护区域补偿机制是通过明确各区域在保护耕地,确保国家粮食安全和社会稳定的责任和义务,从区域间耕地保护责任和义务对等角度出发,由部分经济发达、人多地少的区域通过财政转移支付等方式对经济欠发达区域而过多承担了耕地保护任务的区域进行经济补偿,以协调不同区域在耕地保护利益关系,从而达到既能满足社会经济发展对农地非农化的合理需求,又能在总体上最大限度地保护有限的耕地以保障我国的粮食安全的目标。

耕地保护区域补偿机制是耕地保护激励机制的一种重要形式,是在区域层面实施的耕地保护激励制度。和微观耕地保护激励机制相比,区域补偿机制有着鲜明的特点。一是主体上的区别,微观耕地保护机制激励主体主要是从事农业生产的个人和家庭,而区域补偿机制激励的主体主要是地方政府;二是层面不同,微观耕地保护机制是在一家一户的层面上来建立耕地保护激励,而耕地保护区域补偿是从区域的层面来建立耕地保护激励;三

是保护侧重的不同,由于我国目前农地转建设用地是由政府统一进行运作的,而农户在其中作用有限,所以微观耕地保护机制通过激发农户保护意识从而保护的是农村耕地的质量,而耕地保护区域补偿激发的是地方政府保护意识保护的是数量和质量;四是约束条件不同,微观耕地保护机制对于地方政府来说是有一个两难矛盾,保护资金太少则保护效果不显著,保护资金过大又会对财政造成不小的压力,而耕地保护区域补偿是部分经济发达、人多地少的区域通过财政转移支付等方式对经济欠发达区域而过多承担了耕地保护任务的区域进行经济补偿,面临的约束条件相对要弱一些。

(二)构建耕地保护区域补偿机制的原则

我国耕地数量的减少和质量的下降对我国粮食安全和社会稳定构成威胁。在耕地保护中,耕地保护产权不清、耕地价值的不完全体现(市场失灵)和耕地保护制度的不完善(政府失灵),使我国实行的世界上最为严厉的耕地保护制度并没有达到预期的目标。经济发展需要占用一定数量耕地,耕地保护需要制度的约束与激励,使需要占用耕地的地区有地可用,耕地保护的地区有意愿和激励来保护耕地。因此,缓解耕地保护(吃饭)与经济发展(建设)间的尖锐矛盾,建立耕地保护区域补偿机制就显得非常必要。[①] 由于区域经济发展存在差异,不同地区工业化、城市化对土地需求不同。通过构建耕地保护区域补偿机制,可以使建设用地在挖掘存量土地集约潜力的同时,一些经济发达地区建设用地指标仍不能满足经济发展需要的情况下,通过财政转移支付等形式,对欠发达且多承担耕地保护任务的地区实行经济补偿,以保障地区经济的非均衡性对土地的不同需求。制定耕地总量动态平衡的激励机制需遵守以下几点基本原则:

1. 公平性原则

一个人应在平等范围内承担普遍的社会义务,当特定主体为社会做了某一不可期待的牺牲时,只有补偿才能使个别主题牺牲的不平等性转变为平等。耕地保护区域补偿的基础是由于不同区域间耕地保护承担的责任和义务不同,一些区域以农业为主,经济不是很发达,但是承担了耕地保护的

---

① 参见张效军:《耕地保护区域补偿机制研究》,南京农业大学博士论文,2006年。

重任,确保了我国耕地 18 亿亩红线底线的实现,确保国家的粮食安全和社会稳定。在这一过程中由于耕地保护的实施会丧失一些发展的机会,产生较大的机会成本。而一些以非农产业为基础的地区,没有承担耕地保护的负担,农业用地较多的转变为了城市建设用地,从而获得了快速发展的机会。从公平性的角度来说,非农经济的快速发展是以农业的稳定为前提的,因此承担耕地保护的地区就应该获得相应的经济补偿。

耕地保护是一个系统工程,耕地保护的社会成本巨大,一个区域无法单独顺利实施,应由全社会共同承担,要改变目前保护耕地无利、占用耕地得发展的利益分配不均衡状态,通过区域间的转移支付抵补耕地保护者保护耕地的巨大机会成本,降低耕地占用的巨大获益,平衡中央、耕地保护区以及非耕地保护区之间的利益关系。

2. 激励性原则

垄断、外部性、公共物品和不完全信息是造成市场失灵的四大原因,耕地具有生态、经济和社会功能这些外部性特征,而从整个社会福利的角度来看,其带来的社会、生态效益为整个社会所享用,但体现不到农地使用者和保护者身上,保护者难以在经济上享受到耕地保护所带来的效益,因为耕地与非农用地的收益相差很大,耕地相对于其他各种土地利用方式的比较经济利益是最低的。[①] 因此,耕地保护工作需要当地政府部门的正确引导,而直接从事耕地保护工作的农业工作者,即农民,对于农民来讲,维护和保护耕地并不是其能从耕地中获取最大收益的一种行为方式。耕地保护的经济补偿制度不仅需要激励政府积极落实耕地保护的政策方针,还需要激励农民积极从事农业生产,避免因农业低产而产生弃耕现象。经济补偿的目标在于使行为主体在获得相应补偿后,既实现了自身利益最大化,同时也实现了耕地保护的社会价值最大化,即个人与社会效用均达到"帕累托最优"。正确的补偿激励制度和科学的补偿标准能够使地方政府与农民在耕地保护的博弈过程中,改变利益取向,从而选择符合耕地总量动态平衡的经济保护

---

① 参见马驰:《构建我国区域间耕地保护补偿机制探讨》,河海大学学位论文,2009 年,第 30 页。

目标的行为。另外,为保障耕地总量平衡机制的长期性,应充分考虑不同地区的社会经济发展水平,并结合各地的土地出让价格从而确定耕地保护的补偿标准,以更好地调动农户保护耕地的积极性,并不断提升农民的文化素质,使农民能充分认识到耕地资源的价值,从而更好地激励其保护耕地资源。

3. 完全补偿原则

对于经济补偿范围,本书主张实现完全补偿原则。首先,实现区域内耕地总量动态平衡,使区域内耕地价值服务的供给功能恰好能够满足区域内的需求耕地价值需求,包括经济产出功能价值、社会服务价值、生态改善价值。区域内的经济补偿标准应包含耕地的全部功能价值。其次,区际之间为实现总量平衡,补偿支付区域所支付的补偿资金应包含补偿获得区域放弃耕地非农用途所产生的全部机会成本,包括政府可能获得的土地出让金和农民可能获得的土地征用补偿资金。再次,按照可持续发展的观点和科学发展观的要求,全面认识耕地资源的经济、生态和社会价值,重新建立耕地资源价值评价指标体系,把耕地的社会、生态价值和对后代的价值纳入耕地价值体系,将耕地保护的外部收益"内化",使耕地利用者和保护者有利可图;同时,将耕地损失的外部成本"内化",把耕地减少造成的社会、生态环境及对后代的机会成本纳入市场成本,重新建立耕地用途的成本核算体系,使耕地占用者付出足够的代价来弥补耕地损失。通过将耕地利用行为的外部性内部化,从而增加耕地保护的收益和占用耕地的成本,以调动人们耕地保护的积极性和抑制人们占用耕地的欲望。①

4. 科学补偿原则

现有征地补偿的标准是一种建立在不平等产权基础上的带有一定强制性的标准,征用是一种强制关系,征用补偿的决定缺乏市场基础,国家征用不仅将农民的集体土地所有权永久性地变成了国家所有权,将农民永久性地排除在分享农地以后的升值过程之外,而且对失地农民的补偿也没有考

---

① 参见何格:《耕地总量失衡的经济学分析》,《云南农业大学学报》2007 年第 11 期。

虑到国家赋予他们的长期而有保障的土地使用权、收益权和转让权。① 对此政府虽然进行了局部改良,但是即使实际操作中适当的提高了补偿标准,也并不意味着可以真实反映土地的市场价格,因为目前的征地补偿标准只考虑了农地的产值价值,未将其外部性纳入到农地价格体系中来。在按照被征收土地的市场价值支付补偿款的前提下,为了保证社会的稳定和正义的实现,除了被征收土地上的附着物和青苗的补偿费应当直接支付给所有权人之外,还需要合理地分割土地补偿款,首先在被征地农民和国家之间分割补偿款,然后将被征地农民获得补偿款分割为社会保障款项和自由支配款项,包括为不能就业的被征地劳动力安排足够的就业保障费用和生活补助费用,为被征地未成年人安排社会保障费用。② 科学合理地评估耕地的价值,建立对耕地进行保护的科学价值观,不仅要考虑耕地的市场价值,更重要的是要考虑耕地的社会价值和生态价值。应该树立全面的耕地价值观,从可持续发展的角度,正视耕地的非市场性价值和外部效益,把耕地的社会、生态价值和保证后代人生存发展的价值纳入到耕地的市场收益中,把耕地损失、浪费、非农转移造成的社会生态机会成本以及对后代人生存、发展危害的成本纳入到耕地的市场成本中,建立耕地的全面价值评价体系,利用收益法、条件价值评估法等对耕地的非市场价值进行评估,然后有效地转移社会资本,对耕地的非市场价值进行补偿。③

二、省际区域补偿机制与省内区域补偿机制

耕地保护区域补偿机制是当前我国耕地保护激励理论研究的一个热点,在实践方面,经国家批准,上海市和新疆维吾尔自治区在试点以跨省耕地总量平衡为形式的耕地保护区域补偿的试点。

虽然耕地保护区域补偿机制被学术界认为是激励我国不同区域间耕地保护的有效机制,但是由于种种原因,省际区域补偿机制至今未能得到国家

---

① 参见胡一帆:《把脉中国农地制度》,《财经时报》2004 年 3 月 22 日。
② 参见邹爱华:《被征地农民的补偿权与社会保障权》,《政法论坛》2009 年第 3 期。
③ 参见王雨蒙:《耕地利用的外部性分析与效益补偿》,《农业经济问题》2007 年第 3 期。

有关部门的正式推广,国土资源部仅允许上海市在新疆维吾尔自治区进行过跨省耕地占补平衡的试点,但是除此之外,再没有进行新的试点。

　　而四川省目前进入了城市化和工业化加速发展期,地区之间发展不平衡,一些地区承担了较多的耕地保护任务,此外国家对四川省省域内耕地保护面积也有严格的要求。四川最具发展潜力的地区与优质耕地的分布区域在空间上重叠。在大部分经济发达地区优质耕地已经被开发且垦殖率较高,而一些经济欠发达地区又由于资金缺乏,土地开发投入不足,导致耕地利用率低。因此,保护四川耕地资源,应该打破地域限制,采取异地激励方式,由后备耕地匮乏的发达地区向后备耕地资源相对富有的地区支付补偿资金,激励欠发达地区增加耕地垦殖投入,保障区域内实现耕地总量平衡。所以四川应该根据当前经济发展的实际,构建耕地保护省内区域补偿机制。

　　耕地保护省内区域补偿机制就是在一个省级行政区内部,从各个地区间耕地保护责任和义务对等角度出发,由部分经济发达、人多地少的地区通过财政转移支付等方式对经济欠发达地区而过多承担了耕地保护任务的区域进行经济补偿,以协调不同区域在耕地保护利益关系,从而达到既能满足社会经济发展对农地非农化的合理需求,又能保障区域内实现耕地总量平衡。

三、构建耕地保护区域补偿机制的内容

　　耕地保护区域补偿,是研究各区域在保护耕地,确保国家粮食安全和社会稳定的责任和义务,从区域间耕地保护责任和义务对等角度出发,由部分经济发达、人多地少的地区通过财政转移支付等方式对经济欠发达地区以及过多承担了耕地保护任务的区域进行经济补偿,以协调不同区域在耕地保护利益关系,从而达到既能满足社会经济发展对农地非农化的合理需求,又能在总体上最大限度地保护有限的耕地以保障我国的粮食安全的目标。①

---

　　①　参见张效军、欧名豪、高艳梅:《耕地保护区域补偿机制研究》,《中国软科学》2007 年第 12 期。

（一）采取合理的区域补偿方法

耕地保护区域平衡补偿机制的基本思路是：确定耕地补偿的标准，应依据各区域耕地生产力粮食消费量以及自给率因素确定各区域最低耕地保有量，最低耕地保有量和实际存量之差为耕地赤字或盈余，将其标准化为可以比较的标准面积，作为提供补偿面积的依据。通过建立耕地保护补偿基金实施对区域耕地保护的检查监督和管理。① 耕地保持农业用途，除了具有明显的生产功能外，耕地保护还具有正外部效应，即生态溢出效应和社会保障效应。然而，在现行的耕地补偿体制中，耕地的生态溢出效应和社会保障效应并未得以体现，耕地外部性价值往往被忽略。因此，建议耕地保护的区域平衡的补偿激励机制须以保障区域发展公平为前提，即弥补粮食主产区由于实行严格的耕地保护而丧失的部分发展权。首先，要改变对粮食主产区地方政府的考核标准与办法，转变以追求经济增长为主要目标的传统考核导向；其次，要充分认识耕地保护外部性的特征，粮食主销区要为全国粮食安全承担相应的责任，粮食主销区必须对主产区因为耕地保护而让渡出的发展权、经济增长权做科学补偿，以便实现区域经济的一体化。这种补偿目前在中国一些地方已经开始尝试，如粮食主产区与主销区之间的产销合作衔接、主销区在产区的异地储备、主销区对产区提供粮食贸易的额外补贴，等等。但这种产销协作是在全国粮食供求基本平衡的大背景下，产销双方互利博弈的结果。而在全国范围粮食紧缺的情况下，这种松散的协作很难真正得到履行。② 四川省实施耕地保护的区域平衡的补偿激励制度须采取合理的补偿方法，根据粮食主销区和主产区的地域差异制定因地制宜的补偿方案，在政策实施初期，省政府须在区域补偿过程中扮演重要的行政监督角色，监督粮食主销区支付补偿，监督粮食主产区严格保护耕地。对于较为长远的耕地保护区域平衡补偿必须建立在制度层面上，应当由国家来主导政策的制定与贯彻，使主产区与主销区各得其所，优势互补。这样，从全

---

① 参见张效军、欧名豪、李景刚等：《对构建耕地保护区域补偿机制的构想》，《农业现代化研究》2006 年第 3 期。

② 参见罗守全：《中国粮食流通政策问题研究》，首都经济贸易大学学位论文，2003 年，第 156 页。

国范围看,粮食安全与经济增长都能够得到有效保障。①

(二)制定科学的区域补偿标准并划定补偿范围

耕地外部性价值分为耕地社会价值和耕地生态价值。耕地外部性价值补偿标准的确定必须充分体现耕地社会价值和生态价值。耕地社会价值和生态价值具有明显的外部性,承担耕地保护的地区往往只能得到耕地保护的经济价值或者是产出价值,但是承担耕地保护的成本却是全部承担的,其中包括会计成本和机会成本。经济发达地区还在一定程度上分享了经济欠发达区域保护耕地所产生的社会价值和生态价值,但是却没有承担相应的成本。因此,耕地保护过程中不仅要考虑耕地的经济价值补偿,而且还要考虑社会价值补偿和生态价值补偿,制订合理的偿标准并划定补偿范围。

另外,由于耕地分布不集中,耕地质量差异巨大,加上区域经济发展水平和人口密集程度的不同,耕地保护工作地域差异显著。相应的,耕地保护激励机制需根据各地区耕地保护工作的等级性质进行差别补偿,以保证耕地保护工作的高效率。根据耕地保护补偿区域范围划分的原则,合理划分耕地保护区域应在尽量扩大补偿覆盖范围的基础上,考虑以耕地质量等级划分来界定耕地保护区域的不同等级。

(三)妥善处理区域间补偿资金问题

耕地总量平衡的激励机制实质上是一种区域间补偿机制,由后备耕地匮乏的发达地区向后备耕地资源相对富有的地区支付补偿资金,激励欠发达地区增加耕地垦殖投入,保障区域间实现耕地总量动态平衡。补偿支付区域是否能够准确及时地向补偿接受区域提供资金补偿是耕地总量激励机制的核心问题。由于区域间地方财政相对独立,要保证补偿资金到位的准确性和时效性,需借助公共财政的行政手段,即通过设立耕地总量平衡基金,由上级政府实施资金管理和决策权,保障专款专用。基金专门用于跨区域的区际补偿,上级财政通过转移支付的方式向受偿区域提供资金补偿。以省级区域为例,耕地赤字区域即补偿支付区域,将新增建设用地有偿使用

① 参见曲福田、朱新华:《不同粮食分区耕地占用动态与区域差异分析》,《中国土地科学》2008年第3期。

费上缴省级财政的部分、土地出让金的省级集中部分、耕地开垦费、耕地占用税,归集到省级耕地总量平衡基金,专门用于省域内的区际补偿,省级财政转移支付补偿承担过多耕地保护指标任务的市、县。市、县级当届政府从土地出让金提取一定比例归集到市、县级耕地总量平衡保护基金,专门用于补偿下届政府,在换届时移交给下届政府支配使用。①

（四）健全总量平衡补偿的监督机制

能否做到数量与质量的双平衡,关键在于受偿区域补充耕地和护养优质耕地所需的开发整理资金是否按时足额地到位,包括社会利益与环境利益等在内的利益均衡问题是否得到全面解决。然而,由于空间地理位置的跳跃性和行政层次的增多,给耕地总量平衡的激励机制的实施带来较大的监管难度。健全耕地总量平衡补偿的监督机制必须与加强法律约束、技术监管、行政处罚和舆论宣传等手段相衔接,全面发挥政府与公众监督作用。一是加大执法监察力度,利用遥感监测、实地检查等手段,及时掌握耕地保护责任履行情况,发现违法用地的,加大惩处力度,使违法用地得不偿失;二是建立内部监督约束机制,以集体经济组织为单位考核耕地保护责任履行情况,促进集体经济组织内部农民互相监督;三是建立公众参与机制,设立举报热线、举报信箱,鼓励公众对耕地保护责任履行情况进行监督,举报破坏耕地的行为,对查证属实的给予奖励;②四是上级政府应当建立专门的机构从对区政府补充要求的裁定、耕地补充的区位、质量、补偿模式的建立、补充款额的到位、以后资金的发放与应用等方面都实行全方位跟踪,建立事先预防和事后检查制度,以确保耕地保护的有效性。③

---

① 参见陈会广、吴沅箐、鸥名豪:《耕地保护补偿机制构建的理论与思路》,《南京农业大学学报》(社会科学版)2009 年第 9 期。

② 参见陈秀欣:《耕地保护补偿机制建设初探》,《中国土地》2011 年第 9 期。

③ 参见陈旻、方斌、葛雄灿:《耕地保护区域经济补偿的框架研究》,《资源产业经济》2009 年第 4 期。

第二节　耕地保护区域补偿激励机制的思路

构建耕地保护区域补偿机制的基本思路如下(如图6-1所示):①

1. 在四川省统一的领导下,由国土资源部门牵头成立一个负责耕地保护区域补偿的协调机构,全面负责各个地市州之间的耕地保护区域补偿事宜。

2. 依据各区域区域人口密集程度、耕地产能、耕地复种率、粮食播种面积、人均粮食消费水平等等因素确定各区域耕地需求量,然后和各区域耕地实际存量进行对比,然后计算区域耕地赤字/盈余。

3. 根据区域耕地粮食单产量和标准耕地粮食单产量计算补偿区域耕地面积折算系数,以确定耕地补偿的面积标准。

4. 依据资源环境经济学相关理论与方法核算耕地的价值。耕地价值不仅包括耕地的经济产出价值,而且还包括耕地的生态环境价值和社会价值,以确定耕地补偿的价值标准。

5. 在上述基础上,确定区域补偿或被补偿的资金额,并实施对区域耕地保护执行情况的检查、监督和管理。

第三节　耕地保护区域补偿激励机制的测评方法

从区域责任、义务对等和公平的角度而言,各区域都应该保护一定面积的耕地以确保本区域粮食安全和社会稳定。依据各区域人口、消费水平、粮食播种面积单产,复种指数以及粮食作物播种面积占农作物播种面积比重等因素,在国家统一粮食自给率情况下测算各区域所需保护耕地面积区域耕地需求量。用本区域耕地需求量减去实际存量,计算得出本区域的耕地赤字或盈余,用以反映一区域耕地存量能否满足本区域粮食需求情况。对

---

① 参见张效军:《耕地保护补偿机制研究》,南京农业大学博士论文,2006年,第66—70页。

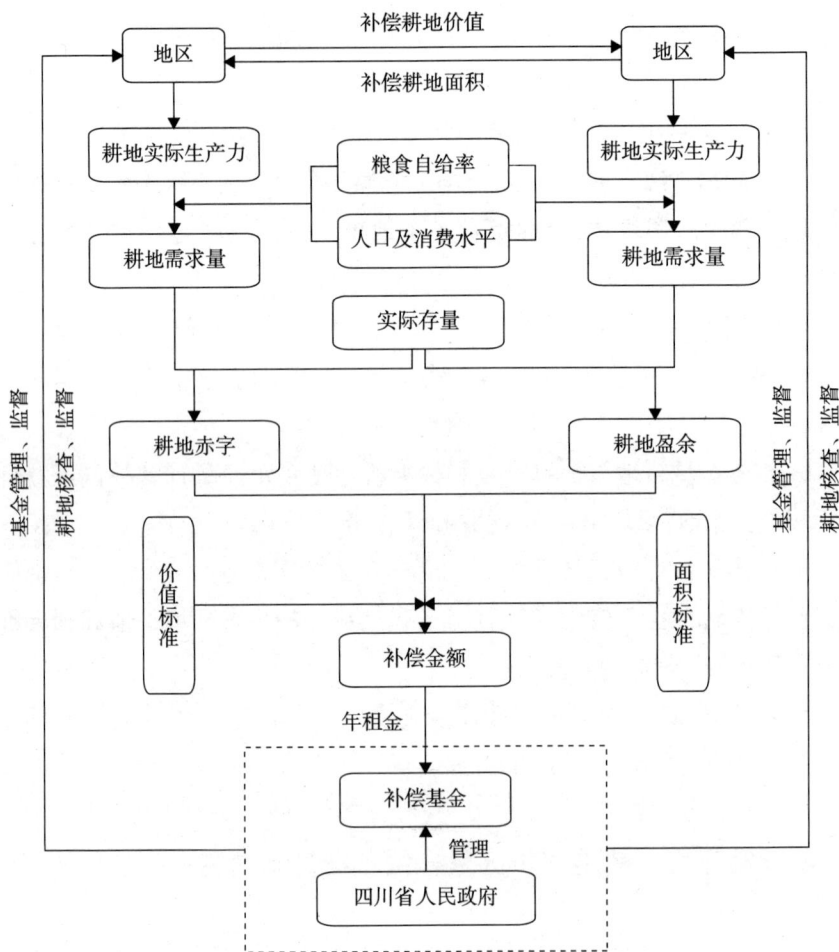

图 6-1　耕地保护区域补偿机制的基本思路

于耕地赤字区,由于其未能承担自己应尽责任和义务,且粮食在流通中的外部性未能完全体现耕地价值,所以,耕地赤字区应该对耕地盈余区予以一定经济补偿。这样,可以依据区域耕地赤字/盈余情况来确定我国耕地保护区域补偿的主体与对象。由于耕地赤字区未能完全履行保护耕地,确保国家粮食安全和社会稳定战略的责任和义务,而由其他区域代为履行,因此,耕地赤字区是我国耕地保护区域补偿的主体;相反,耕地盈余区由于过多承担了耕地保护任务,从区域公平和利益协调原则出发,耕地盈余区自然就成为耕地保护区域补偿的对象。

维持耕地总量平衡的补偿支付方式为:如若研究区域耕地总量足够满足当地居民粮食供给,则该区域已达到耕地总量供需平衡,不需要付出任何补偿;如若研究区域耕地总量供不应求,出现耕地赤字现象,此时则需要其他地区为其填补供需缺口,该地区便需向为其提供补给的区域支付一定数量的补偿资金。

补偿资金的具体数额由研究区域耕地赤字(盈余)数量、耕地面积折算系数以及单位耕地补偿价值决定。

$$R = A_{S-D} \times \gamma \times V_T \qquad (6-1)$$

(6-1)式中,R 表示补偿数额,A_{S-D} 表示耕地赤字(盈余),γ 为耕地面积折算系数,V_T 为耕地用途转变的经济收益。耕地赤字(盈余)数量,是研究区域实际耕地存量与当地耕地需求数量的差;耕地面积折算系数是将研究区域耕地面积折算成标准耕地面积的比例;耕地转变用途收益也是政府进行耕地保护,放弃耕地转换成建设用地的机会成本,即政府所能获得的土地出让金。

根据国土资源部 2004 年颁布的《用于农业土地开发的土地出让金收入管理办法》(财综[2004]49 号)所制定的全国土地纯收益标准等级,中等土地(第八等)的土地纯收益为 53 元/平方米。综合考虑还原利率、土地出让年限的影响因素,得出耕地保护的机会成本计算公式:

$$V_T = \frac{P \times r \times (1+r)^n}{(1+r)^n - 1} \text{①} \qquad (6-2)$$

(6-2)式中,P 表示耕地转让为建设用地土地纯收益,以中等土地出让收益为标准;r 表示土地还原利率;n 表示土地出让年限。与前文计算耕地价值还原利率的原理一致,取土地还原利率为 4.8%。我国土地出让年限因用途而异,根据《中华人民共和国城镇国有土地使用权出让和转让暂行条例》规定,居住用地使用权出让的最高年限是 70 年,工业用地、教育、科技、文化、卫生、体育、商业、旅游、娱乐用地使用权出让的最高年限是 50 年,

---

① 参见雍新琴:《耕地保护经济补偿机制研究》,华中农业大学学位论文,2010 年。

根据大多数文献的研究,非居住用地占土地使用类型的权重较小,一般在5%,因此,取土地出让的平均年限 n=60 年。

耕地赤字(盈余)和耕地面积折算系数的计算公式分别为:

$$A_{S-D} = A_S - A_D \qquad (6-3)$$

$$\gamma = \frac{q_i}{q_0} \qquad (6-4)$$

(6-4)式中,q_i 表示研究区域耕地粮食单产量,q_0 表示标准耕地粮食单产量。

(6-3)式中,A_S 是研究区域实际耕地存量,A_D 是研究区域所需的耕地数量,耕地需求量受诸多因素影响,包括区域人口密集程度、耕地产能、耕地复种率、粮食播种面积、人均粮食消费水平等。

$$A_D = \frac{Q}{q_i \times \lambda \times \omega} \qquad (6-5)$$

(6-5)式中,Q 表示研究区域粮食需求总量,λ 表示耕地复种指数,ω 表示粮食播种面积占农作物播种面积的比例。

$$Q = N \times C \qquad (6-6)$$

(6-6)式中,N 表示研究区域的人口总量,C 表示研究区域每年人均粮食消费水平。

复种指数是影响耕地需求量的因素之一,反映耕地利用频率的高低,复种指数越高,耕地垦殖程度越高,与耕地需求量成反比。

$$\lambda = 复种指数 = \frac{农作物播种面积}{耕地面积} \qquad (6-7)$$

$$\omega = 粮食播种面积比重 = \frac{粮食播种面积}{农作物播种面积} \times 100\% \qquad (6-8)$$

$$q_i = 耕地面积粮食单产量 = 播种面积粮食单产量 \times \lambda \qquad (6-9)$$

(6-7)、(6-8)、(6-9)式中,农作物播种面积、耕地实际面积、粮食播种面积均为研究区域原始数据,通过数据收集获得。考虑到数据的可得性,同时考虑到跨省际的耕地占补平衡制度至今未能得到中央有关部门的正式推广,本书选择以四川省为研究区域,试图通过区际补偿机制实现四川省内的耕地总量动态平衡。

第四节　四川省耕地保护区域补偿的测评

一、四川省耕地赤字(盈余)的测评

耕地赤字(盈余)的计算原理来自于其粮食供给能力与人口对粮食需求之间的供需平衡原理。四川省是人口大省,全省 2009 年的人口总量为8984.7 万人,列居全国第 4 位,粮食需求总量较大,耕地需求压力明显。通过 2009 年的四川省各市州的人口统计数据,按照全国每年人均粮食消费水平 400(kg/人/年)进行折算,2009 年四川省粮食需求分布数据如下,见表6-1。

表6-1　2009 年四川省各市州粮食需求总量一览表

(单位:万人,万吨)

市(州)	人口	粮食需求量	市(州)	人口	粮食需求量
成都市	1139.6	455.84	眉山市	348.1	139.24
自贡市	328.5	131.40	宜宾市	534.9	213.96
攀枝花市	111.6	44.64	广安市	470.0	188.00
泸州市	497.2	198.88	达州市	683.4	273.36
德阳市	388.4	155.36	雅安市	155.2	62.08
绵阳市	544.7	217.88	巴中市	385.2	154.08
广元市	312.7	125.08	资阳市	501.3	200.52
遂宁市	387.1	154.84	阿坝藏族羌族自治州	89.2	35.68
内江市	425.6	170.24	甘孜藏族自治州	102.3	40.92
乐山市	353.2	141.28	凉山彝族自治州	473.0	189.20
南充市	753.5	301.40			

注:表中四川省各市州人口总量数据来自于《四川省统计年鉴 2010》。

表6-1 中的数据反映粮食需求总量与人口数量呈显著线性关系,人口较为集中的地区的粮食需求压力较大。成都市是四川省乃至中国整个西南地区经济发展的中心,人口集中度高,粮食总需求最高,按照 2009 年的人口

数量统计,一年需要消费粮食455.84万吨。南充市、达州市粮食需求总量
分别排在第二和第三位,2009年各需要粮食301.40万吨和273.36万吨。
省内人口相对分散的甘孜藏族自治州和阿坝藏族羌族自治州对粮食需求总
量也相对较少,统计结果显示,2009年甘孜藏族自治州粮食需求总量为
40.92万吨,阿坝藏族羌族自治州粮食需求总量为35.68万吨,仅为成都市
年需求量的1/13。

根据(6-7)、(6-8)、(6-9)式,将2009年四川省各市州农作物播种面
积、粮食播种面积、耕地面积以及播种面积粮食单产的统计整理数据,可计
算得出2009年四川省各市州耕地复种指数、播种面积比重、耕地面积粮食
单产。可得出2009年四川省各市州耕地需求量和耕地赤字(盈余),具体
计算结果见表6-2:

表6-2 2009年四川省各市州耕地需求量一览表

市(州)	复种指数	粮食播种比重	耕地面积粮食单产量(公斤/公顷)	耕地需求量(千公顷)
成都市	2.00	62.71%	12213.49	595.18
自贡市	2.21	80.68%	12859.06	126.66
攀枝花市	1.51	48.61%	8502.48	108.02
泸州市	2.28	81.54%	12361.88	197.31
德阳市	2.60	66.11%	16611.93	141.47
绵阳市	2.58	61.03%	13598.26	262.52
广元市	2.74	60.93%	14339.03	143.17
遂宁市	2.96	70.84%	15390.30	142.03
内江市	2.13	71.54%	10375.95	229.33
乐山市	2.33	71.57%	10930.11	180.60
南充市	3.05	64.53%	16811.56	277.82
眉山市	2.62	71.58%	14681.81	132.50
宜宾市	2.20	77.97%	12205.44	224.82
广安市	2.97	72.30%	16383.65	158.71
达州市	3.13	61.99%	16290.95	270.71
雅安市	3.39	71.51%	14948.50	58.07

（续表）

市(州)	复种指数	粮食播种比重	耕地面积粮食单产量(公斤/公顷)	耕地需求量(千公顷)
巴中市	3.18	68.74%	16820.07	133.26
资阳市	2.76	73.47%	11686.77	233.54
阿坝藏族羌族自治州	1.37	80.50%	4069.97	108.91
甘孜藏族自治州	1.01	88.90%	2800.83	164.34
凉山彝族自治州	1.94	72.38%	8455.13	309.17

　　表6-2的数据反映,首先,2009年四川省耕地平均复种指数为2.43,耕地垦殖频率较高,其中,雅安市、巴中市、达州市、南充市的耕地复种指数超过3.0,即农作物播种面积是该地区耕地面积的3倍以上,是四川省耕地利用效率最高的几个市州地区,而土地质量较差的凉山彝族自治州、攀枝花市、阿坝藏族羌族自治州和甘孜藏族自治州的耕地复种指数较低,在2.0以下,其中,阿坝自治州的耕地复种指数仅为1.01,耕地利用效率较低。其次,2009年四川省粮食播种面积占农作物播种面积的平均比例为70%,粮食播种比重较高,属于我国的粮食主产区。另外,由于省内地质结构差异和土质特征落差明显,各市州粮食播种比重区域差异较大,阿坝州粮食播种比重最高,达88.90%,而攀枝花市农作物主要以经济作物为主,其粮食播种比重仅为48.61%,为全省最低水平。再次,土壤质量差异以及耕地投入的不同分布,导致四川省内各地区耕地粮食单产量也存在较大差异,2009年四川省平均每公顷耕地的粮食产能为12492.25公斤,在国内处于较高水平。21个市州地区中,巴中市、南充市、德阳市等11个市州地区的耕地粮食单产量超过全省耕地粮食单产量的平均水平,其中,巴中市的2009年的耕地粮食单产量为16820.07公斤/公顷,是阿坝州粮食单产量6倍多。以上是各地区的土壤条件分析,综合考虑人口因素对耕地需求量的影响,根据相关年鉴统计数据可以得出四川省21个市州2009年的耕地需求量。人口数量与耕地需求量成正比,耕地复种指数、粮食播种面积比重以及耕地粮食

单产量则与耕地需求量成反比,即耕地垦殖率和耕地粮食产能越高、粮食播种面积越大,对耕地数量的需求就越小。从表 6-2 的计算结果显示,成都市的耕地需求数量位居全省首位,2009 年成都市的耕地需求数量为 59.52万公顷,与此相矛盾的是,由于城市化建设的迅速推进和经济社会的快速发展,成都市的建设用地需求弹性较小,建设用地供需矛盾非常突出。比对各地区的耕地存量,容易考察出各市州地区 2009 年的耕地赤字/盈余情况,计算结果见表 6-3:

表 6-3 2009 年四川省各市州耕地赤字/盈余

(单位:千公顷)

市/州	耕地存量	耕地赤字/盈余	市/州	耕地存量	耕地赤字/盈余
成都市	334.71	−260.48	眉山市	170.89	38.39
自贡市	133.62	6.96	宜宾市	243.52	18.71
攀枝花市	39.50	−68.52	广安市	169.00	10.29
泸州市	209.53	12.22	达州市	294.25	23.55
德阳市	185.98	44.51	雅安市	55.39	−2.69
绵阳市	279.93	17.41	巴中市	152.68	19.43
广元市	165.97	22.80	资阳市	273.03	39.49
遂宁市	154.45	12.42	阿坝藏族羌族自治州	59.87	−49.04
内江市	164.57	−64.77	甘孜藏族自治州	90.90	−73.44
乐山市	150.95	−29.66	凉山彝族自治州	347.35	38.18
南充市	300.02	22.20			

根据表 6-3 的耕地赤字/盈余的数据绘制出 2009 年四川省 21 个市州地区耕地赤字/盈余的柱状图,如图 6-2 所示:

根据表 6-3 和图 6-1 的数据图形直观显示,2009 年,四川省有 7 个市州地区出现耕地赤字,按照耕地赤字面积的大小依次是:成都市、阿坝州、攀枝花市、内江市、阿坝州、乐山市、雅安市。其中,成都市的耕地赤字现象值

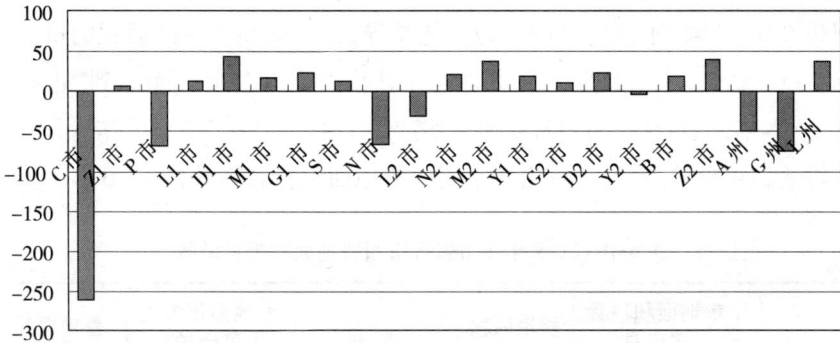

图 6-2　2009 年四川省各市州地区耕地赤字/盈余的柱状图

得重视,2009 年仅成都市,耕地赤字面积达 26.05 万公顷,即城市现存的 33.47 万公顷的耕地仅能满足成都市居民耕地面积需求总量的 56.24%,剩余 43.76% 全部依靠其他地区补给。除以上 7 个市州地区外,2009 年四川省其余 14 个市州地区的耕地存量大于耕地需求量,处于耕地盈余状态,其中德阳市耕地盈余面积最大,为 4.45 万公顷,资阳市、眉山市分列第二和第三,耕地盈余面积分别为 3.5 万公顷和 3.84 万公顷。综上分析,2009 年四川省 21 个市州地区虽然由 2/3 的地区耕地供给大于需求,但是盈余面积都较少,耕地供给后备力量均非常有限,从全省的耕地供需情况来看,全省耕地赤字面积达 22.20 万公顷,耕地供给已经无法满足耕地需求,耕地盈余地区的耕地储存完全不能平衡耕地赤字地区的耕地需求,省内耕地保护工作形势非常严峻。

二、四川省耕地保护激励的测评

(一)四川省耕地面积折算系数的考察

耕地经济产出能力的高低一般由耕地单位面积粮食产出水平来衡量,耕地单位面积粮食产量越大,说明耕地产出能力越高。四川省自然环境、土壤质量、复种指数等影响因素对耕地生产能力的影响非常显著。根据表 6-3 的研究结果,2009 年度,四川省阿坝州耕地面积粮食单产量为 2800.83 公斤/公顷,而巴中市耕地面积粮食单产量为 16820.07 公斤/公顷,是甘孜

州的 6 倍以上。根据粮食产能比例不难看出,巴中市 1 公顷耕地相当于阿
坝州 6.01 公顷,不同地区的耕地产能差异,使不同地区相同面积的耕地不
具备可比性,巴中市减少 1 公顷耕地在甘孜州需 6 公顷才能达到"占补平
衡"。本书以 2009 年四川省耕地平均产能 12492.25 公斤/公顷作为省内标
准耕地的粮食单产量,计算出各市州的耕地面积折算系数,如表 6-4:

表6-4　2009年四川省各市州耕地面积折算系数

市/州	耕地面积粮食单产量（公斤/公顷）	耕地面积折算系数	市/州	耕地面积粮食单产量（公斤/公顷）	耕地面积折算系数
成都市	12213.49	0.98	眉山市	14681.81	1.18
自贡市	12859.06	1.03	宜宾市	12205.44	0.98
攀枝花市	8502.48	0.68	广安市	16383.65	1.31
泸州市	12361.88	0.99	达州市	16290.95	1.30
德阳市	16611.93	1.33	雅安市	14948.50	1.20
绵阳市	13598.26	1.09	巴中市	16820.07	1.35
广元市	14339.03	1.15	资阳市	11686.77	0.94
遂宁市	15390.30	1.23	阿坝藏族羌族自治州	4069.97	0.33
内江市	10375.95	0.83	甘孜藏族自治州	2800.83	0.22
乐山市	10930.11	0.87	凉山彝族自治州	8455.13	0.68
南充市	16811.56	1.35			

　　根据表 6-4 的计算结果,以四川省耕地平衡产能 12492.25 公斤/公顷
为标准,2009 年,巴中市和南充市的耕地折算系数最高,为 1.35,即巴中市
和南充市 1 公顷耕地相当于四川省 1.35 公顷标准耕地的产能水平。2009
年,四川省 21 个市州地区共有 11 个市的耕地折算系数>1,说明这 11 个市
州地区的耕地产能超过全省耕地的平均产能。在另外 10 个耕地折算系
数<1 的市州地区,耕地质量较差、气候条件比较恶劣的攀枝花市、凉山州、
阿坝州的耕地的折算系数也相对处于较低水平,以阿坝州为例,该地区的耕

地折算系数仅为0.33,说明阿坝州的1公顷耕地仅相当于四川省0.33公顷标准耕地的产能。

(二)四川省耕地保护机会成本的考察

以中等土地出让收益为标准,耕地转让为建设用地土地纯收益 P = 53 元/平方米;土地还原利率 r = 4.8%;土地出让年限 n = 60 年。不难得出,政府因执行耕地保护工作,放弃将耕地转换为建设用地的机会成本: V_T = 2.71 元/平方米。

(三)四川省耕地保护激励的测评

四川省耕地保护激励的测评 = 耕地赤字/盈余面积×耕地面积折算系数×政府耕地保护的机会成本。由相关计算变量得出四川省2009年耕地总量平衡的经济补偿金额,如下表6-5。

表6-5　2009 年四川省各市州耕地经济补偿金额

市/州	耕地赤字/盈余（万公顷）	耕地面积折算系数	耕地保护成本（万元/公顷）	获得补偿金额（亿元）
成都市	−26.05	0.98	2.71	−68.92
自贡市	0.70	1.03	2.71	1.94
攀枝花市	−6.85	0.68	2.71	−12.62
泸州市	1.22	0.99	2.71	3.27
德阳市	4.45	1.33	2.71	16.02
绵阳市	1.74	1.09	2.71	5.13
广元市	2.28	1.15	2.71	7.08
遂宁市	1.24	1.23	2.71	4.14
内江市	−6.48	0.83	2.71	−14.56
乐山市	−2.97	0.87	2.71	−7.02
南充市	2.22	1.35	2.71	8.09
眉山市	3.84	1.18	2.71	12.21
宜宾市	1.87	0.98	2.71	4.95
广安市	1.03	1.31	2.71	3.65
达州市	2.35	1.30	2.71	8.31
雅安市	−0.27	1.20	2.71	−0.87

市/州	耕地赤字/盈余（万公顷）	耕地面积折算系数	耕地保护成本（万元/公顷）	获得补偿金额（亿元）
巴中市	1.94	1.35	2.71	7.08
资阳市	3.95	0.94	2.71	10.00
阿坝藏族羌族自治州	-4.90	0.33	2.71	-4.32
甘孜藏族自治州	-7.34	0.22	2.71	-4.46
凉山彝族自治州	3.82	0.68	2.71	6.99
全省（合计）	-22.20	1①	2.71	-13.91

注：表中耕地补偿金额>0，表示该地区应该获得的耕地经济补偿金额；耕地补偿金额<0，表示该地区应支付的耕地经济补偿金额。耕地面积盈余地区是获取补偿资金的地区，而耕地赤字地区则是支付补偿资金的地区。

根据表6-5的计算结果，2009年四川省21个市州地区，7个地区为耕地总量平衡经济补偿资金的支付区域，按照支付补偿资金的大小顺序，依次是：成都市（68.92亿元）、内江市（14.56亿元）、攀枝花市（12.62亿元）、乐山市（7.02亿元）、甘孜州（4.46亿元）、阿坝州（4.32亿元）、雅安市（0.87亿元）。成都市是全省耕地供需失衡最为严重的地区，按照四川省耕地资源总量平衡的基本设想，要使成都市全体城乡居民的年均粮食消费水平保持全国平均水平，2009年成都市应该向其他地区总共支付68.92亿元的耕地保护补偿资金，用于补偿其他地区保持耕地农业用途的经济补偿激励。再看获得经济补偿的区域，2009年，四川省共有14个市州地区属于耕地盈余区，应该获得经济补偿，按照获得补偿资金的高低顺序依次是：德阳市（16.02亿元）、眉山市（12.21亿元）、资阳市（10.00亿元）、达州市（8.31亿元）、南充市（8.09亿元）、广元市（7.08亿元）、巴中市（7.08亿元）、凉山州（6.99亿元）、绵阳市（5.13亿元）、宜宾市（4.95亿元）、遂宁市（4.14亿元）、广安市（3.65亿元）、泸州市（3.27亿元）、自贡市（1.94亿元）。尽管全省有2/3的市州地区能够依靠现存耕地保障本地区居民年均粮食消费达

① 本书采用四川省平均每亩耕地的平均粮食单产量为标准耕地产量，耕地面积折算系数等于各地区耕地面积粮食实际单产量与标准耕地单位面积粮食单产量的比值，全省的耕地面积折算系数的均值等于1。

到全国平均水平,但四川省的耕地供给总量却不能保证省内每位居民都获得全国平均的粮食消费水平,四川省居民部分粮食需求需要由其他省市地区的耕地产能来保障。根据耕地总量平衡的补偿激励设想,2009 年四川省需投入 13.91 亿元的资金用于耕地保护经济补偿。

第七章

耕地保护激励机制的调控：
保护效应和反馈模型的构建

第一节　耕地保护激励机制效应分析

耕地保护激励机制效应是指在一定的经济补偿标准下，采用合适的补偿方式实施耕地保护经济补偿后所产生的效果的总称，主要表现为在实施补偿后，经济补偿接受主体的耕地保护意愿、态度、行为的变化及其对耕地收益水平和生活水平的影响。四川省已经实施了多种模式的耕地保护激励机制建设，特别是在 2008 年 1 月，成都市率先建立了耕地保护基金制度，基于此，本书通过问卷设置，对成都地区的耕地保护激励机制效应进行调查和分析。[①]

一、调研区域与对象的选取

（一）调研区域特征概况

本书选取四川省成都市新都区作为研究耕地保护补偿激励机制效应的调研区域，现对调研背景和区域基本特征简述如下。

---

① 参见牛海鹏：《耕地保护的外部性及其经济补偿研究》，华中农业大学学位论文，2010年。

1. 新都区人地关系概况

表 7-1 新都区人地关系一览表

统计指标		2009 年	2010 年
人口指标	总人数(人)	675545	682860
	总户数(户)	260845	265498
土地指标	土地面积(平方公里)	496	496
	耕地面积(公顷)	27038	26587
	粮食总产量(吨)	210659	209442
人口密度(人/平方公里)		1353	1369
人均耕地(亩/人)		0.60	0.58
人均粮食产量(公斤/人)		311.84	306.71

注:数据来源于成都统计信息公开网,http://www.cdstats.chengdu.gov.cn/。

从新都区人地关系的基本情况来看,该区域人口密度较大,人均耕地面积较少。2010 年新都区人口稳中有升,总人口数量达到 68.29 万人。然而该区域的土地面积仅为 496 平方公里,保有耕地面积 2009 年为 27038 公顷,2010 年为 26587 公顷。人口密度 2009 年为 1353 人/平方公里,2010 年增至 1369 人/平方公里,是全国平均人口密度(138 人/平方公里)的 9.9 倍,是世界平均人口密度(43.8 人/平方公里)的 28 倍。人均耕地保有量在 2010 年为 0.58 亩/人,是全国人均耕地保有量(1.3 亩/人)的 44.62%,是世界人均耕地保有量(4.8 亩/人)的 12.08%。可见,该区域人地资源矛盾非常突出,人口压力极大,耕地保护任务十分严峻。另一方面,该区域 2010 年粮食生产总量为 209442 吨,人均粮食产量为 306.71 公斤/人,略低于同期全国粮食平均水平(407.46 公斤/人),说明耕地产能较高,可以推断,该区域耕地质量等级较高,应该被纳入耕地保护的重点区域。

2. 新都区社会经济背景概况

表7-2 新都区社会经济背景情况一览表

统计指标		2009 年	2010 年
生产指标	区域生产总值(万元)	2608203	3213431
	区域发展速度(%)	116.1	118.0
	农业生产总值(万元)	179000	187201
	农业发展速度(%)	103.8	104.2
收入指标	农村居民人均总收入(元)	8684	9885
	农村居民人均可支配收入(元)	7232	8547
	农村居民人均纯收入(元)	7699	8985
社保指标	城市居民最低生活保障人数(人)	2762	2547
	农村居民最低生活保障人数(人)	8363	7788
	城镇居民最低生活保障支出(万元)	567.7	550.6
	农村居民最低生活保障支出(万元)	690	840.7

注:数据来源于成都统计信息公开网,http://www.cdstats.chengdu.gov.cn/。

　　根据新都区社会经济背景一览表,新都区经济发展情况良好,比对 2009 年和 2010 年的生产指标数据,该区域生产总值、发展速度、农业生产总值、农业发展速度均呈现上涨趋势,2010 年该区域发展速度为 118.0%,超过成都市同期水平(115.0%),但农业发展速度为 103.8%,低于该区域总体经济发展速度和成都市同期农业发展速度(104.1%)。从收入指标来看,农村居民处于全市中等水平,2010 年,新都区农村居民人均总收入 9885 元/人,略低于同期成都市人均水平(10626 元/人),但是,区域内农村人均可支配收入和纯收入分别达到 8547 元/人和 8985 元/人,高于同期成都市人均水平(7607 元/人、8205 元/人)。另外,新都区社保指标数据表现不佳,区域内社会保障环境还有待改善,城市和农村居民最低生活保障覆盖范围将进一步提高。

　　(二)调研对象的选取与属性特征描述

　　调研以新都区居民作为调查总体,采用分层抽样的方法,将新都区居民分为城镇居民和农村居民,再在各层内部进行随机抽样,对所采样本以面访的调查形式展开,以便增加调查数据的准确性。为增强调查数据的全面性,调查的范围覆盖新都区 11 个镇和 2 个街道。同时,考虑到城市居民和农村居民分别在耕地保护过程中所扮演的不同角色,设计了 A、B 两套问卷,A 卷针对农村居民样本,B 卷针对城市居民样本。我们共发放 A、B 两套问卷各 1000 份,A 卷最终回收问卷 736 份,除去数据缺失率超过 30% 的样本,最终得到有效样本数据 461 个;B 卷最终回收 835 份,除去数据缺失率超过 30% 的样本,最终得到有效样本数据 532 个。现将调研样本的属性特征描述如下。

1. 农村居民样本的基本特征

第一,年龄分布情况。

表 7-3　新都区农村居民样本年龄分布一览表

（单位:岁）

年龄	<18	18—30	30—45	45—60	>60	空缺
频数	29	54	129	173	59	17
百分比	6.29%	11.71%	27.98%	37.53%	12.80%	3.69%

注:相邻两组上下限数值,归并到下限组,例如标志表现"18 岁"归为"18—30 岁"数据组当中,标志表现"30 岁"归为"30—45 岁"数据组当中,以此类推。

从新都区农村居民样本的年龄分布频数表来看,样本年龄特征呈右偏分布状态,45 岁以上 60 岁以下的样本占样本容量的 37.53%,其次是 31 岁到 45 岁的样本,占样本容量的 27.98%。样本年龄特征表现为中年农民群体居多。

第二,教育程度分布情况。

表 7-4　新都区农村居民样本受教育程度分布一览表

受教育程度	小学及以下	初中	高中	职高、中专	大学	大学以上	空缺
频数	99	201	61	65	19	4	12
百分比	21.48%	46.85%	13.23%	14.10%	4.12%	0.22%	2.60%

所采农村居民样本中,受教育程度在初中及以下的样本占据绝大多数,其中,小学及以下的样本个数为 99 个,占 21.48%,初中文化水平的样本个数为 216 个,占所采样本的 46.85%。除了初中以下群体外,高中和中专教

育程度的样本基本占据了样本的其他比例,大专和大学本科以上的农村居民受访对象极少。

第三,耕地利用情况。

表7-5 新都区承包土地面积和实际耕种土地面积分布一览表

承包地面积	<1 亩	1—2 亩	2—3 亩	3—4 亩	4 亩以上	空缺
频数	37	67	144	97	102	14
百分比	8.03%	14.53%	31.24%	21.04%	22.13%	3.04%
实际耕种面积	<1 亩	1—2 亩	2—3 亩	3—4 亩	4 亩以上	空缺
频数	30	90	112	105	96	28
百分比	6.51%	19.52%	24.30%	22.78%	20.82%	6.07%

注:相邻两组上下限数值,归并到下限组,例如标志表现"1 亩"归为"1—2 亩"数据组当中,标志表现"2 亩"归为"2—3 亩"数据组当中,以此类推。

根据农民耕地利用情况的数据分布整理结果,新都区农村居民土地承包面积多数处于 2—3 亩的区间内,其中有 21.04%的样本承包土地面积为 3—4 亩,有 22.13%的农户承包土地面积在 4 亩以上。新都区农村居民实际耕地面积的分布情况更为平稳,标准差更小,实际耕种土地面积多分布在 1—2 亩、2—3 亩、3—4 亩和 4 亩以上的分组范围内。

第四,家庭年收入情况。

表7-6 新都区农村居民样本家庭年收入分布一览表

(单位:元)

年收入	3000 以下	3000—6000	6000—10000	1 万—2 万	2 万—3 万
数量	18	36	66	140	76
百分比	3.90%	7.81%	14.32%	30.37%	16.49%
年收入	3 万—5 万	5 万—8 万	8 万以上	空缺	
数量	58	19	10	38	
百分比	12.58%	4.12%	2.17%	8.24%	

注:相邻两组上下限数值,归并到下限组,例如标志表现"3000 元"归为"3000—6000 元"数据组当中,标志表现"6000 元"归为"6000—10000 元"数据组当中,以此类推。

新都区农村居民样本的家庭年收入大多超过 1 万元,1 万元以下收入区间包含的样本占样本容量的 26.03%,在家庭收入超过 1 万元的家庭当中,有 30.37% 的农村样本的家庭年收入在 1—2 万元间,16.49% 的农村居民样本的家庭年收入在 2—3 万元间。

2. 城镇居民样本的基本特征

第一,年龄分布情况。

表7-7　新都区城市居民样本年龄分布一览表

（单位:岁）

年龄	<18	18—30	30—45	45—60	>60	空缺
频数	16	126	245	88	46	11
百分比	3.01%	23.68%	46.05%	16.54%	8.65%	2.07%

注:相邻两组上下限数值,归并到下限组,例如标志表现"18 岁"归为"18—30 岁"数据组当中,标志表现"30 岁"归为"30—45 岁"数据组当中,以此类推。

从新都区城市居民样本的年龄分布情况来看,所采样本大多年龄集中在 31—45 岁之间,频数为 245,所占比重达 46.06%,19—30 岁的有效受访者有 126 个,所占比重为 23.68%,属于第二大年龄群体。与农村样本年龄特征相比,城市居民样本的年龄更向前倾斜,趋向于标准正态分布的特征。

第二,受教育程度情况。

表7-8　新都区城市居民样本受教育程度分布一览表

文化程度	小学及以下	初中	高中	职高、中专	大学	大学以上	空缺
频数	31	86	113	192	78	29	3
百分比	5.83%	16.17%	21.24%	36.09%	14.66%	5.45%	0.56%

所采 532 个城市居民样本受教育程度普遍较高,小学文化程度及以下的受访者仅有 31 位,占 5.83%;初中程度的样本发生频数为 86,占所采样本比重为 16.17%;高中和中职、中专的样本比例分别为 21.24% 和

36.09%,在城市居民样本中所占比例最多;大学和大学以上受过高等教育的受访者总共 32 位,占所采样本的 6.01%,该比例明显高于农村居民所采样本。总体来看,城市居民样本的受教育程度普遍高于农村居民的受教育程度,数据分布情况也有较大差异。

第三,收入情况。

表7-9 新都区城市居民样本家庭年收入分布一览表

(单位:元)

收入	3000 元以下	3000—6000	6000—10000	1 万—2 万	2 万—3 万
数量	2	12	56	168	176
百分比	0.38%	2.26%	10.53%	31.58%	33.08%
收入	3 万—5 万	5 万—8 万	8 万以上	空缺	
数量	58	24	15	21	
百分比	10.90%	4.51%	2.82%	3.95%	

注:相邻两组上下限数值,归并到下限组,例如标志表现"3000 元"归为"3000—6000 元"数据组当中,标志表现"6000 元"归为"6000—10000 元"数据组当中,以此类推。

新都区城市居民样本的家庭年收入普遍超过 1 万元,有 31.58%的样本家庭年收入在 1 万—2 万元之间,有 33.08%的样本家庭年收入在 2 万—4 万元之间,有 10.09%的样本家庭年收入在 3 万—5 万元之间,有接近 10%的样本的家庭年收入超过 5 万元。城市居民家庭年收入明显超过农村家庭,但差距不大。

二、对耕地外部性价值认知程度的调研分析

如前文所述,传统的耕地补偿机制将耕地价值仅仅视作可用农作物价值衡量的单一价值体系,相应的,传统的耕地补偿制度大多只针对耕地产出物进行补偿,甚至补偿标准还不足以补偿耕地所有者或使用者因耕地用途转变所蒙受的经济损失。了解公众对于耕地价值体系完整性的认知程度,特别是对耕地外部性价值的认知程度,对于建立科学的耕地保护补偿激励标准有指导意义。根据调研所反馈的 532 个城市居民调查样本和 461 个农村居民样本,从居民的户籍、文化程度、收入状况等多角度展示对耕地外部

性价值的认知情况。

(一)新都区城乡居民对耕地外部性价值认知情况调研数据反馈

为考察调查样本对耕地外部性价值的认知程度,课题组分别对耕地生态价值和社会保障价值认知程度进行考察。在反馈的新都区 993 个城乡居民有效样本中,耕地生态价值认知调查的有效样本总共 972 个,空缺问卷 21 份,问题有效回答率为 97.89%;耕地社会价值调查的有效样本共 970 个,空缺问卷 23 份,问题有效回答率为 97.68%。新都区城乡居民总样的调查数据整理如下:

表 7-10 城乡居民样本对耕地外部性价值的认知程度调研反馈表

耕地是否具有生态保持的功能?				耕地是否具有社会保障和养老功能?			
选项	有	没有	不清楚	选项	有	没有	不清楚
频数	759	73	140	频数	562	180	228
比重	76.44%	7.35%	14.10%	比重	56.60%	18.13%	22.96%

注:由于问卷中存在空缺样本,表中百分比数据求和小于百分之百。

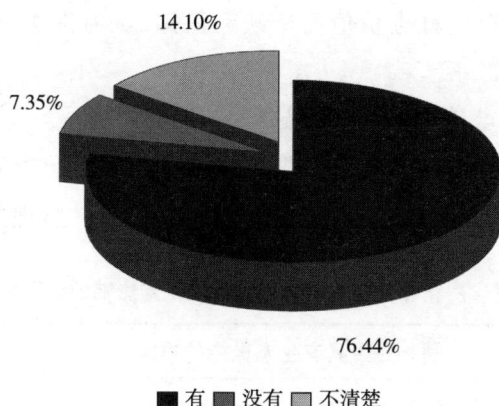

图 7-1 耕地生态价值认知情况

由于近年来政府和社会对于生态环境问题的广泛关注,生态保护和环境保护意识已经深入民心,人们对于自然资源生态环境价值有较高的认知

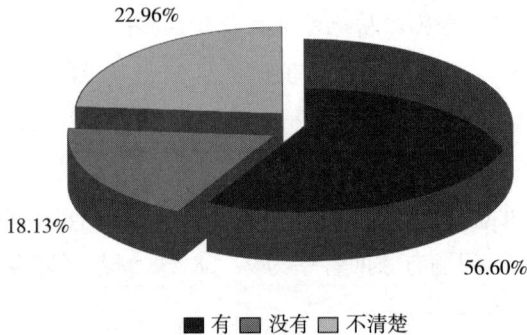

22.96%

18.13%

56.60%

■ 有　■ 没有　■ 不清楚

图7-2　耕地社会保障价值认知情况

度。从调查反馈数据可以看出,新都区城乡居民对耕地保护的生态保持的功能价值认知程度较高,但对耕地社会保障的功能价值认知程度有限。全部993个城乡样本中,认为耕地具有生态保持功能的频数为759,占总样本的76.44%;认为耕地具有社会保障和养老功能的频数为562,占总样的56.6%。相较而言,耕地社会价值的认知程度比生态价值低19.84%。另外,还有73个样本(占7.35%)对耕地生态价值完全缺乏认知,有180个样本(占18.13%)对耕地社会价值完全缺乏认知,认为耕地没有社会保障价值。

(二)户籍差异对耕地外部性价值认知的影响

新都区城市居民样本和农村居民样本对耕地外部性价值的认知存在差异,以调查样本的户籍标志为分组依据做分配数列,具体整理如下表:

表7-11　户籍差异对耕地外部性价值认知影响的调查表

耕地是否具有生态保持的功能?						
选项	有		没有		不清楚	
	频数	比重	频数	比重	频数	比重
农村居民	289	62.69%	54	11.71%	109	23.64%
城市居民	470	88.35%	19	3.57%	31	5.83%
合计	759	76.44%	73	7.35%	140	14.10%

（续表）

| 选项 | 耕地是否具有社会保障和养老功能? | | | | | |
| | 有 | | 没有 | | 不清楚 | |
	频数	比重	频数	比重	频数	比重
农村居民	213	49.24%	97	21.04%	137	29.72%
城市居民	349	65.60%	83	15.60%	91	17.11%
合计	562	56.60%	180	18.13%	228	22.96%

注:由于问卷中存在空缺样本,表中百分比数据求和小于百分之百。

　　虽然对耕地生态保持功能价值的认知度普遍较高,但是农村居民的认知程度仍然低于城市居民,从调研结果来看,农村居民对耕地生态价值的认知度为62.69%,城市居民、对耕地生态价值的认知度达88.35%,比农村居民高25.66个百分点。城市居民对耕地资源带来的生态保持价值具有更深的认识程度。值得注意的是,还有11.71%的农村居民完全忽略了耕地的生态保持价值,另外还有23.64%的农村居民不知道耕地是否具有生态价值。

　　由于耕地的社会保障价值比耕地生态价值更加隐蔽,是学术界近期探得的耕地外部性价值,加之政府对耕地社会保障价值的相对忽视,导致社会公众对耕地的社会保障价值的认知程度较低。从之前对总样本的考察,新都区城乡居民仅有56.6%的公众认为耕地仅有社会保障的价值。从城乡居民样本的对比数据来看,城市居民样本对耕地社会保障价值的认知程度反而高于农村居民样本,城市居民样本中有65.6%的居民对耕地社会保障价值有认知,而农村居民对耕地社会保障价值的认知度不超过一半,比城市居民的认知度低16.36%。可见,必须充分重视耕地社会保障价值的普及与宣传工作,使社会公众加强对耕地社会保障价值的了解程度,激励其积极参与耕地保护。

　　(三)受教育程度对耕地外部性价值认知的影响

　　考虑到农村居民与城市居民样本受教育程度的差异,对耕地外部性价值的认知程度或许还与调查样本的受教育程度有关,因此,以调查样本的文

化程度为分组标志,得出统计分配数列,如下表:

表7-12 受教育程度差异对耕地外部性价值认知影响的调查表

耕地是否具有生态保持的功能?						
文化程度	有		没有		不清楚	
	频数	比重	频数	比重	频数	比重
小学及以下	30	23.08%	30	23.08%	64	49.23%
初中	211	73.52%	22	7.67%	47	16.38%
高中	156	89.66%	7	4.02%	11	6.32%
职高、中专	231	89.88%	9	3.50%	9	3.50%
大学	96	98.97%	0	0.00%	1	1.03%
大学以上	33	100.00%	0	0.00%	0	0.00%
空缺	2	13.33%	5	33.33%	8	53.33%
合计	759	78.55%	73	7.35%	140	14.10%
耕地是否具有社会保障和养老功能?						
文化程度	有		没有		不清楚	
	频数	比重	频数	比重	频数	比重
小学及以下	12	9.23%	39	30.00%	79	60.77%
初中	113	39.37%	84	29.27%	79	27.53%
高中	119	68.39%	25	14.37%	27	15.52%
职高、中专	202	78.60%	23	8.95%	23	8.95%
大学	84	86.60%	3	3.09%	10	10.31%
大学以上	31	93.94%	0	0.00%	2	6.06%
空缺	1	6.67%	6	40.00%	8	53.33%
合计	562	56.60%	180	18.13%	228	22.96%

整理结果反映出,耕地外部性价值与文化程度的正相关关系,在993个城乡居民有效样本中,认为耕地具有生态保持功能和社会保障功能的样本

比例随文化程度的提高而提高。

对于耕地生态价值,仅有 23.08% 的小学及以下文化程度的样本认为耕地具有生态保持功能,更多的人对耕地生态价值的认识比较模糊,占该类样本总量的 49.23%。初中文化程度的样本对生态价值的认知程度明显提高,有 73.52% 的样本认为耕地具备生态保持功能,对于大学及大学以上的样本,其对耕地生态价值的认知程度基本达到 100%。

对于耕地社会价值,总体认知程度低于生态价值。小学及以下文化程度样本仅有 9.23% 的认为耕地具有社会保障和养老功能,初中文化程度的样本所占的比例为 39.37%,高中文化程度的样本对耕地社会保障价值认知程度明显提高,该比例增至 68.39%,职高和中专文化程度的样本比例为 78.60%,大学文化程度的样本当中有 86.60% 的样本肯定了耕地社会保障价值的存在,大学以上的样本认知程度进一步增加,达到 93.94%。可见,对于耕地的社会价值,公众的认知程度也与文化程度成正比。

三、对耕地保护补偿激励主体的调研分析

耕地保护补偿激励主体包括补偿激励资金的给付主体和补偿激励资金的受偿对象。对耕地保护补偿激励主体考察旨在了解包括城市居民和农村居民对在内的社会公众,对耕地保护补偿激励制度的了解程度、补偿意愿以及其参与耕地保护的积极性。

(一)对耕地保护补偿激励给付主体认知程度的调研分析

从理论上讲,耕地保护是一项以国家政策为导向,通过政府指导全民参与的公共事业。但由于耕地资源本身的公共产品性质,导致我国耕地保护工作处在市场失灵和政府失灵的"双失灵"状态。建立耕地保护补偿激励机制的根本目的在于充分利用激励制度,促进公众参与耕地保护工作。该制度落到实处,必须了解民众对于耕地保护补偿激励主体的认知情况,有针对性地制定和完善耕地保护补偿激励工作的相关配套机制。本书根据成都市新都区的调查样本反馈数据,以耕地保护补偿激励主体的认知情况为考察指标,绘制出饼状图(图 7-3)来反映该区域民众对于耕地保护补偿激励主体的认知情况:

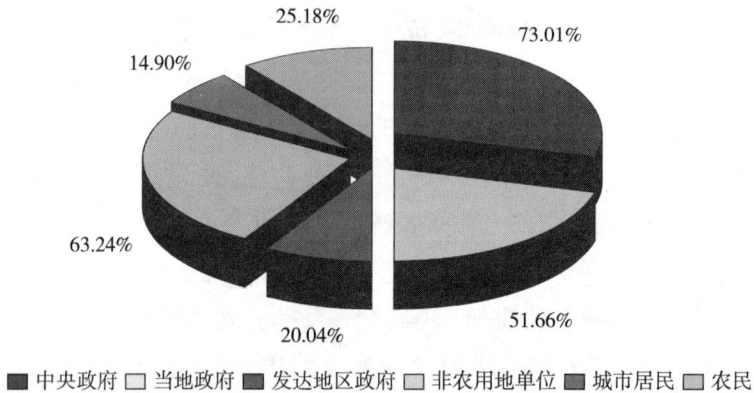

图7-3　新都区耕地保护补偿激励主体认知情况抽样分布①

从对成都市新都区的调研反馈情况看,公众对于耕地保护的补偿激励主体认识不强。调查区域内461个农村居民有效样本和532个城市居民有效样本当中,一方面,有73.01%的居民选择将中央政府作为耕地保护补偿激励的承担主体;有51.66%的居民样本认为当地政府应是补偿给付主体;有20.04%的居民样本认为补偿资金应由发达地区政府承担。从对政府的认可度上可以看出,大多数公众认为保护耕地更多的是政府的责任,中央政府和地方政府应该承担耕地保护的支出,而选择发达地区政府作为给付主体的样本相对较少,究其原因,在访谈中我们得知,公众普遍认为:"自己地盘的土地,关别家什么事",说明民众对耕地外部性价值溢出现象并不了解。另一方面,有63.24%的样本认为耕地保护的成本补偿应该由非农用地单位来承担,而只有14.09%的民众认为城市居民也应承担耕地保护所产生的成本,认为农民应该自己承担耕地保护的成本支出的样本占25.18%。可见,民众普遍认为政府和非农用地单位应该是耕地保护成本补偿的主要给付主体,只有极少数民众具备承担耕地保护成本补偿的意识,可以预见,如若不采取相应的、切实有效的激励措施,在一定时期内,我国的耕

---

① 由于问卷设计该题目为多选,因此,各选项所占百分比之和不等于100%。此图的原始数据源于问题:"为弥补由于保护耕地而产生的额外成本,您认为补偿金应有谁来提供?"

地保护工作将继续处于"依靠国家治理"的低效率状态。

为进一步区分城乡居民样本对耕地保护补偿激励给付主体的认知程度,将调查数据整理成分配数列表7-13,和直方图图7-4。

表7-13 新都区城乡居民对耕地保护补偿激励给付主体的认知程度

为弥补由于保护耕地而产生的额外成本,您认为补偿金应有谁来提供?						
补偿主体	中央政府		当地政府		发达地区政府	
	频数	比重	频数	比重	频数	比重
农村居民	283	61.39%	196	42.52%	87	18.87%
城市居民	442	83.08%	317	59.59%	112	21.05%
合计	725	73.01%	513	51.66%	199	20.04%
为弥补由于保护耕地而产生的额外成本,您认为补偿金应有谁来提供?						
补偿主体	非农用地单位		城市居民		农民自己	
	频数	比重	频数	比重	频数	比重
农村居民	215	46.64%	51	11.06%	21.48%	21.48%
城市居民	413	77.63%	97	18.23%	28.38%	28.38%
合计	628	63.24%	148	14.90%	25.18%	25.18%

注:由于问卷设计该题目为多选,因此,各选项所占百分比之和不等于100%。表格中的原始数据源于问题:"为弥补由于保护耕地而产生的额外成本,您认为补偿金应有谁来提供?"

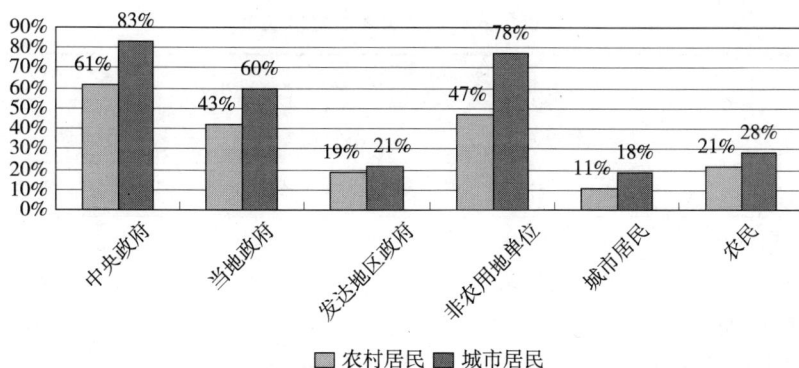

图7-4 新都区城乡居民对耕地保护补偿激励给付主体的认知程度

表 7-13 和图 7-4 进一步反映出,社会公众对于耕地保护补偿激励工作参与积极性低,"搭便车"的心理倾向非常明显。新都区仅有 18% 的城市居民认为自己应该为耕地保护工作提供成本补偿,由 21% 的农民认为自己应该为耕地保护产生的额外成本买单。值得注意的是,在图 7-4 中,城市居民对各个补偿给付主体的认知程度普遍高于农村居民,城市居民对于耕地保护补偿激励给付主体的认识比农村居民更为全面和完整。

(二)对农民农业生产积极性的调研分析

农民是耕地经营最为庞大的群体,是耕地保护计划成败的关键,只有充分考虑农民在耕地保护中的切身利益,才能保障耕地保护工作顺利有效实施。考虑到成都市新都区地处成都市郊区,近年来,城乡一体化的推进速度较快,土地流转频率较高,失地农民的比例也逐年递增。因此,本书从耕地征用倾向的角度,侧面了解农民从事农业生产的积极性,从而推导得出激励农民耕地保护积极性的着力点。

从调研的情况来看,在现行补偿标准下,有 46.64% 的农民希望自己的承包地被征用,有 40.78% 的农民不希望自己的承包地被征用,另有 12.58% 的农民持"无所谓"的态度。若以从事农业生产积极性论之,愿意继续从事农业生产的农民仅占总样本的 40.78%。为详细了解农民种地积极性的分布情况,本书从经济因素的角度出发,以农民年收入为分组标志,得出反映新都区农民征地意愿的分配数列。

表 7-14　新都区农村居民样本征地意愿的分配数列

收入	现行补偿标准下是否希望承包地被征用?					
	希望		不希望		无所谓	
	频数	比重	频数	比重	频数	比重
3000 以下	11	61.11%	6	33.33%	1	5.56%
3000—6000	21	58.33%	13	36.11%	2	5.56%
6000—10000	34	51.52%	25	37.88%	7	10.61%
1万—2万	68	48.57%	65	46.43%	7	5.00%
2万—3万	33	43.42%	28	36.84%	15	19.74%

（续表）

现行补偿标准下是否希望承包地被征用?					
3万—5万	19	32.76%	31	53.45%	8	13.79%
5万—8万	7	36.84%	4	21.05%	8	42.11%
8万以上	3	30.00%	2	20.00%	5	50.00%
空缺	19	——	14	——	5	——
合计	215	46.64%	188	40.78%	58	12.58%

　　根据收入差异,新都区家庭年收入在 10000 元以下的农村居民样本有较强的农地被征用意愿,希望自己所承包的土地被征用的比例超过 50%,其中,年收入在 3000 元以下农民征地意愿最强,达到 61.11%。随着家庭年收入的增加,农民的征地意愿开始呈现递减趋势,但这并不能说明收入越高的农民越不愿意土地被征用。调查反馈数据显示,家庭年收入在 5 万元以上的农村居民样本对是否希望承包地被征用持"无所谓"的态度,说明该部分收入群体既不在乎土地的农业收入,也不在意土地被征用的补偿收入。将在现行征地补偿标准下不希望承包地被征用的 188 个样本抽出,其中有14 个样本不愿意透露家庭收入情况,以收入为标志的有效考察样本有 174个,将其绘制成直方图可更加清晰反映出调查区域农民收入差异与种地积极性之间的关系。

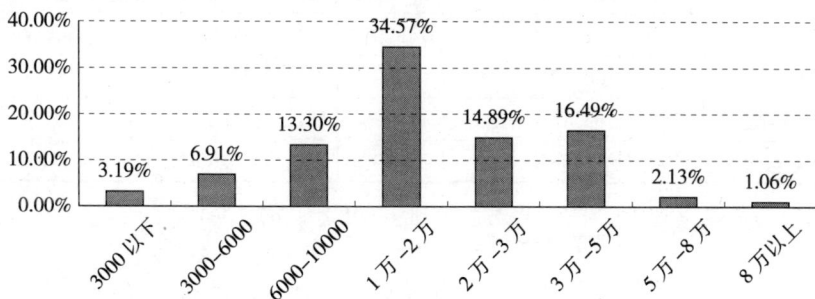

图 7-5　收入差异对种地积极性的影响

　　根据图 7-5,新都区所采 174 个家庭收入状况已知的不愿意承包地被征用的农村居民样本中,家庭收入呈现为正态分布。其中,有 34.57% 的农村居民样本的家庭年收入在 1 万—2 万元之间,3 万—5 万元年收入的样本次之,所占比例为 16.49%。家庭年收入过低和过高的调查样本多占的比例较少,家庭年收入在 3000 元以下的样本占 3.19%,家庭年收入在 5 万—8 万元的样本占 2.13%,家庭年收入在 8 万元以上的占 1.06%。可见,家庭年收入处于中等偏下的农村家庭从事农业生产的积极性明显较高,高收入家庭和低收入家庭从事农业生产的积极性偏低。

对于希望承包地被征用的 215 个农村居民样本,将其希望承包地被征用的原因按照收入标志进行分组,推导得知农民耕地保护积极性低的原因。

表 7-15 新都区农村居民希望承包地被征用的原因的分配数列

收入 (元)	希望承包地被征用的原因是什么?(多选)							
	种地没钱赚		可获现金创业		农药化肥太贵		更愿从事非农行业	
	频数	比重	频数	比重	频数	比重	频数	比重
3000 以下	4	36.36%	2	18.18%	8	72.73%	4	36.36%
3000—6000	12	57.14%	9	42.86%	18	85.71%	9	42.86%
6000—10000	22	64.71%	19	55.88%	21	61.76%	13	38.24%
1 万—2 万	14	20.59%	26	38.24%	40	58.82%	37	54.41%
2 万—3 万	13	39.39%	7	21.21%	14	42.42%	25	75.76%
3 万—5 万	11	57.89%	5	26.32%	10	52.63%	15	78.95%
5 万—8 万	5	71.43%	1	14.29%	3	42.86%	7	100.00%
8 万以上	5	166.67%	0	0.00%	1	33.33%	3	100.00%
空缺	12	63.16%	3	15.79%	11	57.89%	6	31.58%
合计	98	45.58%	72	33.49%	126	58.60%	119	55.35%

注:由于问卷设计该题目为多选,因此,各选项所占百分比之和不等于 100%。

从调研看,不同年均收入的农民希望承包地被征用的原因差异明显:收入越高的农民,往往从事较为稳定的非农产业,则越不愿意回农村务农,没有长期稳定非农收入来源的农民则不希望土地被征。这从更深层次上表明了由于我国农村目前缺乏较为健全的社会化保障体系,土地仍然承担着我国数亿农民的社会保障功能。人均收入越高的农民对耕地的依赖性越低，表现为对耕地被征所持无所谓态度的程度越高。进一步反映了经济利益是影响当前农民对耕地征用态度的最重要的因素。在回答"希望自己承包耕地被征用的主要原因"时，总体上有一半多的农民认为种地没出息或种地没钱赚，但从收入水平变化看，经济收入低的农民要比经济收入高的农民更在乎耕地的经济效益，与之相对应的是，经济收入高的农民要比经济收入低的农民，更看重一笔创业资金，有着更强的非农化就业欲望。另外，农业生产成本高是农民不愿意继续从事农业生产的主要原因，新都区调研样本中有 58.6%的农村居民认为农药化肥太贵而不愿意再种地。

四、对耕地保护补偿激励相关经济效应的调研分析

成都市耕地保护基金制度于 2008 年开始实施，对调研区域新都区的耕地保护基金制度实施的经济效应进行分析，对进一步完善成都市耕地保护基金制度具有重要的实践指导意义，在一定意义上有助于全国耕地保护补偿激励机制的建立和健全。由于调研区域内随机抽样的居民样本的属性特殊差异，对成都市耕地保护基金制度的认知程度存在差异，本书认为研究现行耕地保护基金制度的经济效应，应筛选出对签订了《耕地保护合同》的样本，将其作为研究的有效样本。

由于成都市耕地保护基金的补偿对象，是在成都市范围内拥有土地承包经营权并承担耕地保护责任的农户以及承担未承包到户耕地保护责任的村组集体经济组织，因此对于成都市现行耕地保护基金制度经济效应的考察，只针对农村居民调查样本。调研反馈数据显示，在 461 个农村居民有效样本中，共有 442 个样本签订了《耕地保护合同》，是耕地保护工作的实际参与者，参与率高达 95.88%。

（一）现行耕地保护基金制度的激励效应的调研分析

成都市建立耕地保护基金制度的目的在于，通过创新耕地保护机制，确保做到权、责、利对称，提高农民保护耕地特别是基本农田的积极性和主动性，提高耕地综合生产能力，确保在统筹城乡发展建设过程中耕地总量不减少、质量稳步提高。可见，耕地保护基金制度的核心在于补偿激励，因此，本书首先考察了耕地保护基金制度的激励效应。

凡是签订《耕地保护合同》的农民享有获得耕地保护补贴的权利,同时承担以下义务:不得弃耕抛荒,保护耕地不受破坏,不得用于非农业用途。因此,现行的耕地保护基金制度对农民有激励和约束的双重效应。从考察结果来看,在现行的耕地保护基金制度下,继续耕种并保持耕地质量的农村居民样本合计达 265 个,占 442 个有效样本总量的 59.95%;仅有 39 个样本不愿意继续耕种土地,所占比例为 8.82%,意味着这 39 个样本在下一年度继续签订《耕地保护合同》的可能性极低。另外,值得注意的是在 442 个有效样本中,有 138 个样本持模棱两可的态度,其中,有 102 个样本要视情况决定是否继续从事农业生产,参加耕地保护,有 36 个样本则持"无所谓"的态度。可见,成都市现行耕地保护基金制度对于农民的激励效应还有一定的提升空间。

表 7-16　现行耕地保护基金制度对新都区农村居民激励效应的调查结果

年龄（岁）	愿意		不愿意		看情况		无所谓	
	频数	比重	频数	比重	频数	比重	频数	比重
<18	2	8.70%	13	56.52%	4	17.39%	4	17.39%
18—30	17	34.69%	7	14.29%	20	40.82%	5	10.20%
30—45	64	51.20%	6	4.80%	45	36.00%	10	8.00%
45—60	130	76.92%	11	6.51%	19	11.24%	9	5.33%
>60	46	77.97%	1	1.69%	6	10.17%	6	10.17%
空缺	6	35.29%	1	5.88%	8	47.06%	2	11.76%
合计	265	59.95%	39	8.82%	102	23.08%	36	8.14%

在调研过程中,调研组成员发现,农村居民样本的年龄结构与耕地保护基金的激励效应存在一定的相关关系。在数据整理的过程中,选择以年龄为统计标志,可以得出按年龄分组的激励效应分布数列,即表 7-16。在 265 个在现行耕地保护基金制度下愿意继续耕种农作物、保护耕地质量的农村

居民调查样本中,有 130 个样本的年龄处于 48 岁—60 岁之间,30 岁以下的样本只有 19 个,说明年轻一代的农村居民继续参与农业耕种的愿意并不强烈,这一点可以从机会成本的角度来解释。随着户籍制度的松动,年轻一代的农村居民更加倾向于参与非农行业的生产活动,且相对于年长的农村居民,年轻一代的农村居民参与耕地保护所承担的机会成本更大。因此,本书认为,耕地保护的激励工作的关键在于如何激励年轻一代的农村劳动积极参与到耕地保护工作当中。

（二）现行耕地保护基金制度的满意度的调研分析

对新都区 442 个签订了《耕地保护合同》的样本,分别从补偿基金的补偿标准、发放速度、发放方式三个方面,进行耕地保护基金制度满意度调研。

表 7-17　新都区农村居民对现行耕地保护基金制度的满意度调查

满意度	补偿标准		发放速度		发放方式	
	频数	比重	频数	比重	频数	比重
满意	307	69.46%	285	64.48%	251	56.79%
一般	96	21.72%	137	31.00%	117	26.47%
不满意	39	8.82%	20	4.52%	74	16.74%

根据调研反馈数据,新都区农村居民对耕地保护基金制度的满意度处于中上水平。对耕地保护基金制度的补偿标准、发放速度、发放方式持满意态度所占的比例依次是 69.46%、64.48%、56.79%,对现行耕地保护基金制度的补偿标准、发放速度、发放方式持不满意态度所占的比例依次是 8.82%、4.52%、16.74%。

首先,对于耕地保护基金制度的补偿标准。新都区 442 个农村居民样本中,有 135 个样本对耕地保护基金制度的补偿标准持"一般"和"不满意"态度,从深入调查的反馈数据来看,这 135 个样本普遍认为现行耕地保护基金补偿制度的补偿标准"偏低"或者"太低",其中,由 78.37%的样本认为补偿标准偏低,有 21.63%的样本认为补偿标准太低。

其次,对于耕地保护基金的发放速度。成都市耕地保护基金是按照

《耕地保护合同》约定的时间发放，《耕地保护合同》是年年签订，一般情况下耕地保护基金应该是按年发放。耕地保护基金的发放速度体现的是区域相关执行部门的行政效率，从调查反馈数据来看，新都区农村居民样本对耕地保护基金的发放速度满意度处于中上水平。有285个样本对耕地基金发放速度持满意态度，占64.48%；有137个样本对耕地基金发放速度持一般的态度，占31%；另有20个样本对耕地基金发放速度持不满意态度，占4.52%。

再次，对于耕地保护基金的发放方式。成都市耕地保护基金制度规定，耕地保护基金可用于耕地流转担保资金和农业保险，也可用来缴纳承担耕地保护责任农户的养老保险，或用于支付承担未承包到户耕地保护责任的村组集体经济组织的现金补贴。在耕地保护基金的具体发放过程中，也采取了多种的发放方式。从反馈数据来看，新都区442个农村居民样本中，有251个样本对耕地保护基金的发放方式满意，占56.79%，另有74个样本对耕地保护基金的发放方式不满意，占16.74%。

（三）对耕地保护补偿激励资金发放方式的调研分析

为进一步了解现行成都市耕地保护补偿经济的经济效应，将耕地保护补偿基金的具体发放方式以及耕地保护基金用途的调研反馈数据整理如下：

表7-18　新都区农村居民耕地保护补偿资金的具体用途

资金用途	是不是以领取现金的形式获得补贴资金？						不是
	是						
	修建水利	买农业机械	买化肥农药	请农业专家	买社保	改善生活	151
频数	2	165	241	53	267	97	
比重	0.69%	56.70%	82.82%	18.21%	91.75%	33.33%	
合计	291（65.84%）						34.16

注：由于"耕地保护资金土地"问题回答方式为多选，各选项所占百分比之和不等于100%。

新都区442个农村居民样本中，有291个样本是以现金形式获得耕地保护补偿资金,占样本总量的65.84%,而另外151个样本是以其他方式获得耕地保护补偿,占样本总量的34.16%。本书进一步考察了以现金形式获得耕地保护补贴资金的农民使用该项基金的具体方式。从反馈数据来看,绝大多数农村居民样本将耕地保护补贴资金用于购买化肥和农药,该选项在291个以现金形式获得保护补贴资金的样本中,入选频数为241次,所占比例高达82.82%,充分说明现今农业生产成本对农业生产的严重影响。除此之外,值得关注的是,有91.75%的农民将这笔补贴资金用于购买社保,可以看出,农民加入社保体系的强烈愿望。在所有备选用途中,另有56.70%的农民将耕地保护的补贴资金用于购买农业机械,有33.33%的农民将其用于改善生活,只有18.21%的农户将这笔资金用于聘请农业专家,指导其提高生产效率,愿意将这笔资金用于修建水利的农民仅有2个,仅占0.69%。可见,农民种地多数只是延续传统的耕种模式,引进新型农业生产技术、提高农业生产效率、降低农业风险的意识非常淡薄,对农业规模经营投入的意识则更加匮乏。

在整理调研结果时,我们发现,农民对于耕地保护补贴资金的发放方式各执己见,且收入差异对于农民的补贴资金的发放意愿的影响程度较大。因此,以收入为分组标志,比较新都区各收入水平的农民耕地保护资金的发放意愿。

表7-19 新都区农村居民关于补偿资金发放方式的意愿调查结果

(单位:元)

收入		3000以下	3000—6000	6000—10000	1万—2万	2万—3万
发放现金	频数	18	32	59	96	35
	比重	100.00%	88.89%	89.39%	68.57%	46.05%
买农业设备	频数	5	7	7	35	27
	比重	27.78%	19.44%	10.61%	25.00%	35.53%
买社保	频数	8	22	45	98	50
	比重	44.44%	61.11%	68.18%	70.00%	65.79%
其他	频数	0	0	3	7	4
	比重	0.00%	0.00%	4.55%	5.00%	5.26%

收入		3万—5万	5万—8万	8万以上	空缺	合计
发放现金	频数	18	6	6	8	278
	比重	31.03%	31.58%	60.00%	21.05%	60.30%
买农业设备	频数	16	4	3	3	107
	比重	27.59%	21.05%	30.00%	7.89%	23.21%
买社保	频数	39	17	10	2	291
	比重	67.24%	89.47%	100.00%	5.26%	63.12%
其他	频数	1	3	4	1	23
	比重	1.72%	15.79%	40.00%	2.63%	4.99%

注：由于问卷设计该题目为多选，因此，各选项所占百分比之和不等于100%。

　　根据新都区农村居民关于耕地保护补贴资金发放方式的意愿调查结果，有278个农村居民样本希望以现金的形式发放耕地保护补贴资金，有107个农村居民样本希望以购买农业生产设备的形式发放耕地保护补贴资金，有291个农村居民样本希望以购买社保的形式发放耕地保护补贴资金，另外还有23个农村居民样本赞成以其他形式发放耕地保护补贴资金。从发生的频数来看，农民最强烈的意愿还是在于将自己纳入到社保体系中，其次是偏好于以现金这种相对比较灵活的形式给予补贴。

　　具体分析收入差距与补贴资金发放方式的相关关系。首先，农民渴望现金补贴的愿望与农民的收入呈反向相关关系，收入越高的样本对于是否以现金的形式发放补贴资金的关切程度越低，调研结果表明，在家庭年收入3000元以下的样本中，100%的样本都表明了以现金形式发放耕地保护补贴资金的愿望。其次，农民渴望加入社保体系的愿望与收入水平呈正相关关系，即随着家庭收入水平的提高，农民对是否能够加入到社保体系的关系程度越高，调研结果显示，家庭年收入3000元以下的农村居民样本中，有44.44%的样本表明了参保的愿望，而对于家庭收入在8万元以上的农村居民样本中，全部样本都希望以购买社保的形式给予耕地保护补贴。另外，选择以购买农业设备的方式给予补贴和选择以其他方式给予补贴的样本较少，从家庭收入状况的分布来看，选择这两个选项的分布特征不强，具有较强的随机性,且占样本总量的比例不高。

五、关于耕地保护补偿激励机制效应的分析

通过分析实施补偿后,经济补偿接受主体的耕地保护意愿、态度、行为的变化及其对耕地收益水平和生活水平的影响,可以得出以下几个基本结论:

第一,农民对于耕地外部性价值的认知程度较低。耕地对于农民而言并没有很高的经济效益,更重要的是为全社会的稳定及生态环境带来了巨大的效益,这种强烈的外部性在客观上要求耕地保护不仅是农民的责任,也应是社会的共同责任。调研结果从多个角度反映出,耕地生产经济效益差,从事农业生产的机会成本负担是影响耕地保护积极性的主要因素。农民的耕地保护观念并不强烈,越是年轻的农民,虽然其文化水平相对较高,但是由于种地的机会成本也因此更高,所以其耕地保护的意识和积极性反而越低,从长远看,耕地保护的前景不乐观。

第二,农民对耕地流转有着较为矛盾的态度,虽然耕地的经济效益对于农民而言并没有很大的激励,且农民对耕地的外部性价值认知程度不高,但农民对于参保的强烈渴望又显示出农民对于土地保障的不稳定预期。这与我国农村土地产权约束缺失的制度特征是密切相关的,如若农民能够拥有长期稳定的土地使用权,耕地的保障功能则会自动显现,农民对耕地外部性价值的认知程度和耕地保护的积极性都势必会有所提高。

第三,成都市建立耕地保护基金的成功经验可在全国范围内试点实施,并从中总结经验教训,不断完善耕地保护基金的建立、管理、发放、监管等实施细则,最终使耕地保护基金补偿制度覆盖到全国范围。耕地保护基金的现金补偿制度一方面可以缓解国家财政部拨付农业生产补贴的资金压力,另一方面可以使扩大农民所获得的补贴资金的绝对数,对农民从事农业生产、保护耕地质量有正面激励效用。

第四,从调研反馈情况可以基本看出,农民对现行补偿标准和补偿方式的满意程度并不高。因此,构建耕地保护的补偿激励机制需科学制定耕地保护补偿标准、完善补偿激励项目,并以灵活多样的方式发放补偿资金。根

据农民的意见反馈,对于耕地保护补偿激励标准的制定,则需充分结合耕地产出价值、社会保障价值、生态维护价值以及耕地价值区域间溢出价值,综合考虑区域耕地的经济总价值和区域间溢出价值,因地制宜地制定科学的补偿激励标准;耕地保护补偿激励的具体项目应该包括:耕地数量控制成本补偿、优质耕地开垦成本补偿、新兴农产品投入成本补偿、新型农业技术推广成本补偿、农业基础设施建设补偿、耕地总量平衡的监测成本补偿。对于补偿资金的发放形式,可采用现金补偿、税费优惠补偿、福利补贴补偿相结合的形式。

四川省成都市试点开展的"耕地保护基金制度"是耕地保护激励的制度创新,但实施范围有限,补偿力度不足,对耕地保护的激励作用不够充分,需要进一步完善四川省耕地保护的激励制度,使耕地保护变"被动"为"主动"。

第二节　耕地保护激励机制反馈模型

一、耕地保护激励机制反馈与模糊评价

耕地保护激励机制是一个不断探索不断完善的动态过程,不仅需要从实际出发结合耕地价值重构理论研究和设计一套耕地保护激励机制,而且要在实践过程中不断完善和不断发展耕地保护激励机制,实现对耕地保护激励机制的动态调控。而要实现对耕地保护激励机制的动态调控,需要对实施中的耕地保护激励机制建立一个评价标准,从而能动态反馈耕地保护激励机制实施过程的效果。

当前的耕地保护激励机制评价往往是从效应分析入手,具体分析耕地保护激励机制导致的各种效应,不能够从整体上对耕地保护激励机制的效果进行科学的评价。但是耕地保护激励机制的实施,需要有一个比较全面科学的评价体系。因此,探讨对于耕地保护激励机制实施效果的评价方法是构建耕地保护激励机制的重要组成部分。

耕地保护激励机制的实施牵涉到多个方面,而很多方面不能够用量化的指标来准确的界定,根据实际情况,有一些指标不是精确的数值,而是比

较模糊的基本判断,比如重要、比较重要,不重要;或者正常、有一定风险、风险较大等等。所以用传统数学方法构建的耕地保护激励机制实施评价分析系统不能够很好的满足耕地保护激励机制评价的需要,耕地保护激励机制实施效果的评价方法应该建立在基于模糊数学的分析方法之上。

对模糊信息进行数学处理从而作出模糊判断和决策的理论和方法就称为模糊数学。1965 年美国控制论学者 L.A.扎德发表论文《模糊集合》,标志着这门新学科的诞生。他指出:若对论域(研究的范围)U 中的任一元素 x,都有一个数 $A(x) \in [0,1]$ 与之对应,则称 A 为 U 上的模糊集,$A(x)$ 称为 x 对 A 的隶属度。当 x 在 U 中变动时,$A(x)$ 就是一个函数,称为 A 的隶属函数。隶属度 $A(x)$ 越接近于 1,表示 x 属于 A 的程度越高,$A(x)$ 越接近于 0,表示 x 属于 A 的程度越低。模糊集论自诞生以来,发展很快,在短短的三十年间,不但理论的框架已基本形成,而且应用的成果也不断增加,现在应用模糊理论的技术已成为学术和开发的双重热点。各门学科,尤其是人文、社会学科及其他"软科学"的数学化、定量化趋向把模糊性的数学处理问题推向中心地位。更重要的是,随着电子计算机、控制论、系统科学的迅速发展,使我们处理模糊问题的能力大大提高,所以建立一个基于模糊数学的耕地保护激励机制实施效果的评价方法不仅有着重要的意义,而且已经具备了可能。

二、耕地保护激励机制实施效果评价方法的构架

(一)评价反馈指标体系选择的原则

1. 能够综合反映耕地保护激励机制实施状况及其变动趋势。通过监测分析指标体系,既可以综合描述耕地保护激励机制实施现状,也可以反映耕地保护激励机制实施变动趋势。

2. 能够分析影响耕地保护激励机制实施的主要因素。耕地保护激励机制实施效果是由它的各个组成部分的变动所形成的。通过分析各个分类指数的变动,可以找出影响耕地保护激励机制实施的主要因素。

3. 能够监测耕地保护激励机制实施情况。监测分析指标体系选择应该主要包括前瞻性指标和实时性指标,能够及时、准确掌握耕地保护激励机

制实施状况,为政策制定提供依据。

4. 易获得性。如果选择的统计指标虽然很科学,但平时却难以取得数据资料,列在指标体系之中就不便实施,指标体系的应用范围也因此会受到极大的限制。因此,设定的指标,最好能从常规的统计方法中取得,除少数十分重要的指标需要另做专门处理外,一般到年终就可借助统计数据进行检测,这样有利于实施与检查。

5. 国际可比性。在项目决策分析研究中,为便于进行国家与地区间的比较研究,应尽量使指标和资料的口径、范围与国际上常用的指标相一致。

(二)监测分析指标体系选择的确立

根据上述指标选择原则,本书认为可以通过五项指标反映耕地保护激励机制实施效果,具体来看有对耕地价值的认知程度、耕地保护意愿、耕地保护行为、耕地补偿形式、农户生活水平五项一级指标,各一级指标又可以进一步细分为一些二级指标。其中对耕地价值的认知程度指标可以进一步细分为耕地产出价值认知程度、耕地社会价值认知程度和耕地生态价值认知程度三个二级指标;耕地保护意愿可以进一步细分为农户保护意愿、村集体保护意愿、基层政府保护意愿三个二级指标;耕地保护行为可以进一步细分为质量保护行为、数量保护行为和外部性保护行为三个二级指标;耕地补偿形式指标可以进一步细分为现金偏好、社会保险偏好和农业保险偏好三个二级指标;农户生活水平指标可以进一步细分为家庭年均收入变化、耕地保护现金收入占比和耕地保护其他货币收益三个二级指标。

表 7-20 监测分析指标体系

一级指标	对耕地价值的认知程度	耕地保护意愿	耕地保护行为	耕地补偿形式	农户生活水平
二级指标	耕地产出价值认知	农户保护意愿	质量保护行为	现金偏好	家庭年均收入
	耕地社会价值认知	村集体保护意愿	数量保护行为	社会保险偏好	耕地保护现金收入
	耕地生态价值认知	基层政府保护意愿	外部性保护行为	农业保险偏好	耕地保护其他货币收益

（三）监测分析系统的构架

由于耕地保护激励机制实施评价指标的界定具有一定的模糊性,因此本书用多层次的模糊综合评判决策模型进行评判。评价分析系统的构架如下:

1. 构建评价因数集。在耕地保护激励机制实施评价构成指标中,确定模糊综合评价的因素集:U=(U1,U2,U3,U4,U5),其中:U1=(U11,U12,U13),U2=(U21,U22,U23),U3=(U31,U32,U33),U4=(U41,U42,U43),U5=(U51,U52,U53)。

2. 建立评价标准等级集。评价标准等级集为评价者对评价对象作出的各种总的评价结果组成的集合,设耕地保护激励机制实施评价标准等级集为V,评价标准等级分为5级,V1表示激励效果好,V2表示激励效果较好,V3表示激励效果一般,V4表示激励效果较差,V5表示激励效果很差,则V=(V1,V2,V3,V4,V5)。

3. 建立权重集。权重集包括第一层因素集和第二层因素集,它将直接影响到最终的评价结果。权重的确立方法很多,有专家估计法、加权统计法、频数统计法、模糊协调决策法、层次分析(AHP)法等,可根据系统的复杂程度和实际工作需要适当地选择相应的方法,根据耕地保护激励机制实施评价的特点,本书采用专家咨询的方法。设第一层因素集B对目标A层的权重集为:b=(b1,b2,b3,b4,b5),$\sum bi = 1$。

第二层因素集C对第一层因素集B的权重集分别为:

c1=(c11,c12,c13),$\sum c1j = 1$

c2=(c21,c22,c23),$\sum c2j = 1$

c3=(c31,c32,c33),$\sum c3j = 1$

c4=(c41,c42,c43),$\sum c4j = 1$

c5=(c51,c52,c53),$\sum c5j = 1$

4. 构造模糊评价矩阵并进行模糊评判。在进行模糊综合评判时用的计算方法有加权平均法、主因素突出法及主因素决定法,常有四种类型:①M(∧,∨)"主因素决定型算子";②M(·,∨)"主因素突出型算子";③M(∧,ⓒ)"不均衡平均型算子",其中:$\alpha ⓒ \beta = \min(1, \alpha+\beta)$（有界和）;

④M(· ,+)"加权平均型算子",即普通矩阵乘法意义。该种算子能让每个因素都对综合评判有所贡献。$b_j = \sum a_i \cdot r_{ij}$,$j = 1,2,\cdots,m$,其中要求$\sum a_i = 1$,权重归一化。以上算子在应用中,应该根据具体问题选择合适的算子,要能够描述实际问题的本质,才能得到满意的效果。

先对第二级因素集 U_{ij} 进行单因素评判,确定它对标准等级集为 V_t($t=1,2,3,4,5$)的单因素评判矩阵 R_i。将每个单因素模糊评价结果 c_i 与 R_i 结合在一起,构成高一级的评价矩阵 B_i,采用同样方法将 B_i 与权重系数矩阵 B 结合,求出综合评价结果,得到一个模糊综合评价的数学模型。步骤如下:

首先求出第一层因素的评价集合为:

$B_i = c_i \cdot R_i$,($i=1,2,3,4$)

同样求出评价对象的模糊评价矩阵为:

$A = b \cdot [B_1,B_2,B_3,B_4,B_5]T$,

进行归一化处理后得到:

$A = (A_1,A_2,A_3,A_4,A_5)$.

A_t($t=1,2,3,4,5$)为评价标准等级的隶属度,根据最大隶属度原则作最终评价。

三、耕地保护激励机制实施评价的应用——以新都区耕地保护为例

新都区处于成都市第二圈层,是介于市中区和城市远郊的过度区域,区内耕地较多,农业人口处于快速城镇化的过程中。在耕地保护基金制度的实践中,新都区积极响应国家和上级政府耕地保护的政策方针,充分发挥基层政府在耕地保护中的主体作用,在推进耕地保护的补偿激励工作领域具有一定的典型性。一方面,新都区通过补偿激励和契约式管理相互结合的新机制强化了"保土、护土"的意识,从根本上调动起了广大群众保护耕地的积极性;另一方面,通过补偿基金的灵活使用,基本解决了农民养老问题,使区内大多数农民真正实现"老有所养,老有所依"。

(一)确立各指标层的权重。

根据耕地保护激励机制实施评价特点,本书确立的指标的权重如下表:

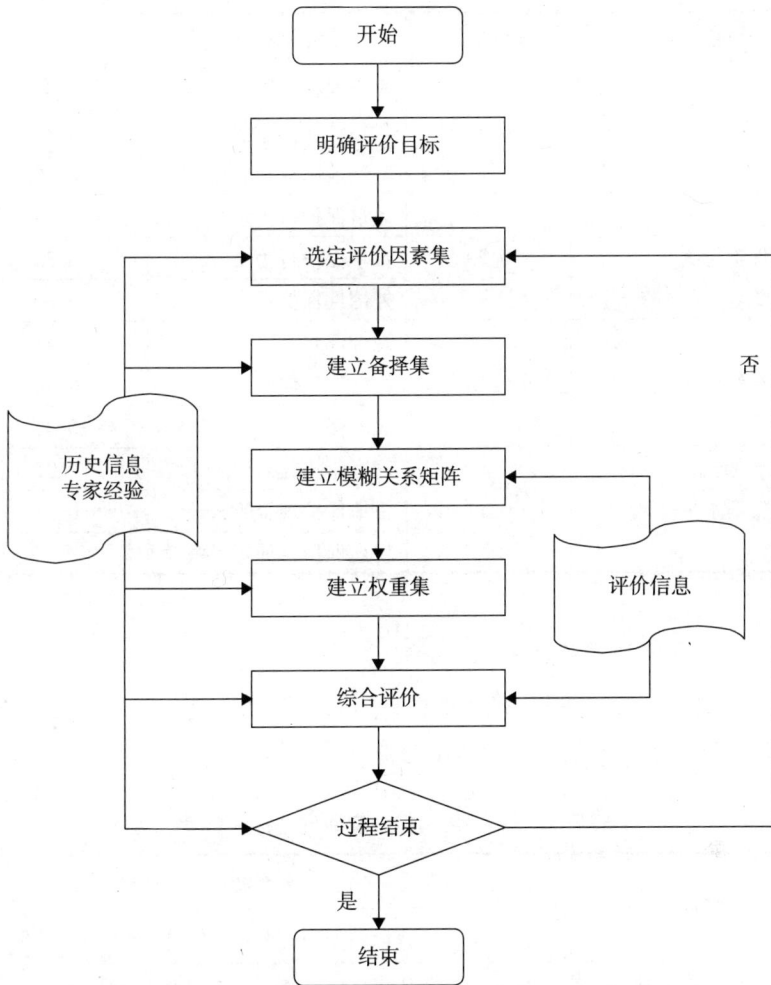

图 7-6　耕地保护激励机制实施评价的构架

表 7-21　耕地保护激励机制实施评价指标权重

一级指标(U_i)	权重(R_i)	二级指标(U_{ij})	权重(R_{ij})
对耕地价值的认知程度	0.18	耕地产出价值认知	0.35
		耕地社会价值认知	0.28
		耕地生态价值认知	0.37

（续表）

一级指标（U_i）	权重（R_i）	二级指标（U_{ij}）	权重（R_{ij}）
耕地保护意愿	0.21	农户保护意愿	0.30
		村集体保护意愿	0.34
		基层政府保护意愿	0.36
耕地保护行为	0.29	质量保护行为	0.38
		数量保护行为	0.32
		外部性保护行为	0.30
耕地补偿形式	0.15	现金偏好	0.41
		社会保险偏好	0.28
		农业保险偏好	0.31
农户生活水平	0.17	家庭年均收入	0.32
		耕地保护现金收入	0.31
		耕地保护其他货币收益	0.37

（二）据专家调查构造模糊评价矩阵。

1. 通过征求专家意见，将耕地保护激励机制实施评价的第二层指标等级及其相应的指标强度评价分析汇总成表7-22：

表7-22　第二层指标强度评价分析汇总表

指标	评价集				
	V1	V2	V3	V4	V5
耕地产出价值认知	0.2	0.4	0.3	0.1	0
耕地社会价值认知	0.1	0.1	0.6	0.1	0.1
耕地生态价值认知	0.5	0.3	0.1	0	0
农户保护意愿	0.1	0.2	0.3	0.2	0.2
村集体保护意愿	0.2	0.2	0.4	0.1	0.1
基层政府保护意愿	0.3	0.3	0.3	0.1	0
质量保护行为	0.4	0.4	0.2	0	0
数量保护行为	0.2	0.3	0.3	0.1	0.1

指标	评价集				
	V1	V2	V3	V4	V5
外部性保护行为	0.2	0.3	0.2	0.2	0.1
现金偏好	0.2	0.3	0.2	0.2	0.1
社会保险偏好	0.1	0.2	0.3	0.2	0.2
农业保险偏好	0.4	0.3	0.3	0	0
家庭年均收入	0.1	0.2	0.2	0.3	0.2
耕地保护现金收入	0.3	0.3	0.2	0.2	0
耕地保护其他货币收益	0.1	0.1	0.6	0.1	0.1

2. 由表 7-22 写出第二因素层对应的模糊关系矩阵 Ri:

$$R_1 = \begin{pmatrix} 0.2 & 0.4 & 0.3 & 0.1 & 0 \\ 0.1 & 0.1 & 0.6 & 0.1 & 0.1 \\ 0.5 & 0.3 & 0.1 & 0 & 0 \end{pmatrix}$$

$$R_2 = \begin{pmatrix} 0.1 & 0.2 & 0.3 & 0.2 & 0.2 \\ 0.2 & 0.2 & 0.4 & 0.1 & 0.1 \\ 0.3 & 0.3 & 0.3 & 0.1 & 0 \end{pmatrix}$$

$$R_3 = \begin{pmatrix} 0.4 & 0.4 & 0.2 & 0 & 0 \\ 0.2 & 0.3 & 0.3 & 0.1 & 0.1 \\ 0.2 & 0.3 & 0.2 & 0.2 & 0.1 \end{pmatrix}$$

$$R_4 = \begin{pmatrix} 0.2 & 0.3 & 0.2 & 0.2 & 0.1 \\ 0.1 & 0.2 & 0.3 & 0.2 & 0.2 \\ 0.4 & 0.3 & 0.3 & 0 & 0 \end{pmatrix}$$

$$R_5 = \begin{pmatrix} 0.1 & 0.2 & 0.2 & 0.3 & 0.2 \\ 0.3 & 0.3 & 0.2 & 0.2 & 0 \\ 0.1 & 0.1 & 0.6 & 0.1 & 0.1 \end{pmatrix}$$

(三)根据评价模型,写出第一层因素的评价集合

B1 = c1·R1 = (0.283　0.279　0.31　0.063　0.028)

同理可得：

B2 = c2 · R2 = (0. 206　0. 236　0. 334　0. 13　0. 094)

B3 = c3 · R3 = (0. 276　0. 338　0. 232　0. 092　0. 062)

B4 = c4 · R4 = (0. 234　0. 272　0. 259　0. 138　0. 097)

B5 = c5 · R5 = (0. 162　0. 194　0. 348　0. 195　0. 101)

计算并建立模糊评价矩阵：A = b · [B1, B2, B3, B4, B5]

得出 A = (0. 23688　0. 27158　0. 29123　0. 11917　0. 07448)

归一化处理后得 A = (0. 2384　0. 2734　0. 2931　0. 1199　0. 0749)

（四）结论

根据最大隶属原则，耕地保护激励机制目前实施效果一般(V3 最大)，但是有较好的发展前景，因为保护效果好和保护效果较好的比重超过保护效果较差和保护效果很差的比重。从模糊评价结果也可以看出，成都市新都区试点开展的"耕地保护基金制度"是耕地保护激励的制度创新，但实施范围有限，补偿力度不足，对耕地保护的激励作用不够充分，需要进一步完善耕地保护的激励制度，使耕地保护变"被动"为"主动"。

第八章

耕地保护激励机制建设的保障体系

第一节　构建适合耕地保护激励机制的政策环境

一、进一步明确管理制度的基本方向

（一）以宪政框架为依据的基本方向

耕地保护激励机制的核心在于平衡补偿给付群体与补偿受偿群体双方的市场效用值,促进耕地保护目标的实现。政府在耕地保护的激励机制中扮演着非常重要的角色,但是政府的出现又是一把双刃剑。一方面,耕地保护受偿群体的权利与补偿群体的权利存在不对称性,多数受偿者属于社会阶层的权利弱势群体,他们无力保护自己,需要政府权力的庇护;另一方面,政府在耕地保护的激励机制中多属于补偿给付群体,容易产生侵犯受偿群体利益的机会主义倾向。政府机构在耕地保护的激励机制中存在职责与利益上的矛盾关系,倘若政府行政机关不能正确寻找平衡权责与利益的均衡点,行政失范的出现将导致受偿群体利益被侵蚀,耕地保护的经济补偿无法实现,从而偏离耕地保护的政策目标。对行政机构权责、利益均衡点的维护要靠宪政严加防范。宪政的根本原则是限政与法治,其核心是对政府权力的限制。离开对政府的约束和制约,公民权利将失去保障;而不能有效约束政府权力的法制,只是权力扩张的工具而不是公民权利的"保护伞"。宪法的权威性划定了政府和公民的权利范围,这是防范政府在耕地保护激励机制中出现行政失范的关键,政府在耕地保护的激励机制的实施中应该在宪政框架下合理使用自身的行政权力。

(二)构建有利于四川耕地保护的政策环境

耕地保护的内容包括:耕地数量保护、质量保护和生态保护。其中,数量保护是耕地保护工作的最基本的要求,是刚性指标;质量和生态保护是在保护一定数量的前提下,保证耕地质量不下降,保持耕地生态环境的优化与稳定。四川要实现耕地保护的总体目标,需对耕地数量、质量及生态进行全面保护,才能实现。

四川省人地矛盾十分尖锐,人均耕地已由解放初的 1.73 亩减少到 0.67 亩,大大低于全国平均水平,低于联合国粮农组织提出的人均 0.8 亩的警戒线。人均耕地不断减少,土地后备资源十分匮乏,耕地质量不断恶化也令人担忧。全省现有 85 个县存在土地沙化,共有沙化土地面积 94.1 万公顷,其中,川西北地区 31 个县有沙化土地 75.9 万公顷,占全省沙化土地总面积的 80.6%。全省石漠化土地分布在 10 个市(州),46 个县。全省岩溶区面积 2764322.0 公顷,占全省幅员面积的 5.7%。其中石漠化土地 775022.5 公顷,潜在石漠化土地 736863.8 公顷,非石漠化土地 1252435.7 公顷。岩溶山区自然环境恶劣,生产条件差,而且长期得不到有计划的治理,经济社会发展相对滞后,是四川典型的贫困地区和生态脆弱地区。一系列的客观数据显示四川人地资源矛盾将更为突出,耕地质量恶化,保护形式将越发严峻。2006 年,十届全国人大四次会议上通过的《国民经济和社会发展第十一个五年规划纲要》提出"18 亿亩耕地红线"的保护目标,至此,18 亿亩耕地称为一个具有法律效力的约束性指标。然而,四川执行耕地保护工作更注重耕地数量保护,在数量上基本实现了"占补平衡",但补充耕地的质量难以达到被占用耕地的质量,耕地生态环境保护被忽视,导致耕地污染、耕地沙漠化、水土流失现象严重,全省各地不同程度地存在耕地隐性减少的现状。政府承担耕地保护的行政工作不仅要严格履行耕地数量保护目标,还要特别注重耕地质量保护目标,保证耕地的总体质量和生产能力不下降。耕地保护的激励机制旨在通过补偿激励,弥补耕地保护参与者因参与耕地保护而蒙受的损失,从根源上激发相关利益主体保护耕地的积极性,政府既是耕地保护补偿机制的决策者和参与者,又是监督管理者,其行政方向必须与耕地的数量保护目标和质量保护目标相一致。

（三）完善公平补偿的政策体系

补偿的本质是使受损者的效用水平因受益者的补偿而得到改善,补偿的最佳标准是使受损者在获得补偿后,其效用水平与受损前一样好,保持原有的效用水平是补偿原理的核心内容。

公平补偿原则主要体现在征地补偿制度上。公平补偿的根本目标是将被征地的所有者或使用者处在与征用之前同样的经济条件下,他应当既不因此致富也不因此变穷。确定什么是"公平补偿"有多种方法。

在欧洲,土地公平补偿的立法原则起步较早,现今已发展地较为成熟,有健全的法律法规制度保障。1789 年,法国《人权宣言》第 17 条规定:"财产是神圣不可侵犯的权利。除非由于合法认定的公共需要的明显要求,并且在事先公平补偿的条件下,任何人的财产不能被剥夺"。在这一原则的指导下,法国确立了包含"公平补偿被征收人的损失"和"在占有被征收财产前,必须实现支付补偿"的两项基本补偿原则。① 现行法国《公用征收法典》第 1 部第 1 编指出:"补偿数额必须包括由于公用征收产生的全部直接的、物质的和确定的损失在内"。② 英国 1845 年《土地重整法》确立了土地补偿标准应为"所有者所享有的价值",其实质也是公平补偿原则的立法体现。在英国,"土地强制取得的法定补偿根本原则被描述为等价原则,亦即补偿额应尽可能使所有权人处于,就如同他们的财产从来没有被征收过一样的相同境况"。③

美洲的土地公平补偿原则在其补偿体系中也体现得较为突出。美国确定公平赔偿原则完全取决于征地时的市场价格,即愿买愿卖的现金额。而加拿大立法受英国影响较多,属于英美法系,加拿大 1985 年修订通过的《联邦征收法》第 25 节对补偿标准作出规定:"政府征收土地所应支付的补偿

---

① 参见王名杨:《法国行政法》,中国政法大学出版社 1989 年版,第 366 页。
② 王名杨:《法国行政法》,中国政法大学出版社 1989 年版,第 393 页。
③ *The Law Commission toward a Compulsory Purchase Code* (1): *Compensation* (*a consultation paper*),http://www.tso.com.uk.2008-12-01.

数额应当等同于被征收利益的价值总额以及其他剩余财产的任何减损价值之和"。加拿大改革委员会曾明确指出,公平补偿原则是征收法律所必须具备的不可或缺的指导原则之一。① 巴西宪法也包含有"公平补偿"这一条款。根据巴西《宪法》第153条,为公共利益征用财产,必须由国家进行公平赔偿。1956年,巴西在《土地征用法》指出了"公平补偿"的决定因素:第一,对税收的评估价值;第二,地产的买价;第三,从地产得到的利润;第四,地产的位置;第五,地产的保护情况;第六,地产的投保价值;第七,可比较的地产在过去5年的市价;第八,被指定的土地被征用之后,剩余地产的估价或减值。②

耕地保护中实施经济补偿是使耕地保护者因放弃耕地其他用途而蒙受的损失得到经济补偿,使其愿意放弃转变耕地农业用途,继续保护耕地农用。由于城市化进程产生建设用地刚性需求,完全意义上的耕地总量平衡在某一特定区域是难以实现的,特别是在城市建设步伐较快的地区,耕地总量的动态平衡强调的是发挥区域互补优势,区域间共享耕地总量平衡,收益区域向实施耕地保护区域提供相应的补偿。耕地保护不利的地区将非农产业的巨大收益的一部分按照一定的数额支付给其他实施耕地保护的地区作为机会成本补偿,如此,经济发达地区既享受了耕地保护成果,经济欠发达地区也同时享受了城市经济进步的成果,实现了城乡区域经济成果共享,充分体现了经济补偿的公平原则。因此,在耕地保护激励机制中,政府行政干预是必要的,是应保障补偿公平的要求而出现的,其目的是使各个参与耕地保护的经济主体的相关权益得以更好地实现,是保证耕地保护目标实现、追求各利益主体利益平等的一种有效手段。政府参与耕地保护激励机制的运作,以保障公平补偿为基本行政方向,其实质是借用国家强制权力维护社会公平。

---

① Cf. *Law Reform Commission of Canada Expropriation*, http://www.expropriationlaw.ca/, 2009-11-03.

② 参见刘丽、王正:《世界主要国家的土地征用补偿原则》,《国土资源情报》2004年第1期。

（四）采用合理的激励方法得到激励的目标

农民从事农业生产的积极性是影响耕地保护实施效果的主要因素。纵观国际上大多数国家的耕地保护经济补偿政策，无论是耕地资源充裕的澳洲国家，还是耕地资源稀缺的东亚国家，都十分注重保护农业生产者的利益、保护农民的生产积极性。农产品价格支持政策曾是世界多数耕地保护国家采用的间接经济补偿方式，旨在保护农民利益，鼓励农民大力发展农业生产。之后为了符合 WTO 的农业规则要求，欧盟和美国等粮食储备充裕的国家，采用休耕补贴、作物面积补贴等措施鼓励农民适度垦殖耕地，以便保护耕地的潜在粮食生产能力。相比价格支持政策直接干预农产品流通领域的做法，休耕补贴和作物面积补贴的方式将对粮食和农业的补贴转向生产领域，既符合 WTO 的农产品贸易规则，又保护了农民的生产积极性，从保护粮食生产能力的角度达到了耕地保护的目的。

合理补偿在世界上一些国家又被称为"相当补偿"。根据世界上大多数国家合理补偿的立法原则，可将合理补偿或相当补偿界定为：补偿范围仅限于被征用的财产价值；可以量化的财产上的损失、迁移损失、营业损失以及各种必要的费用等具有客观价值而又能举证的具体损失；难以量化的精神损失、生活权损失等个人主观价值损失，应当视为社会制约所导致的一般牺牲，个人有忍受的义务，不给予补偿。[①]

美国在《财产法》中对"合理补偿"原则做了明确界定："合理补偿"是指补偿所有者财产的公平市场价格，包括财产的现有价值和财产未来盈利的折扣价格。[②] 在土地的相关补偿法律中，"合理补偿"又被解释为"正当补偿"："（征收）权利，只能在被征收财产人得到完全和足够的补偿情况下行使，不是过多或者过高的补偿，而是正当补偿"。[③] 将合理（正当）补偿原则运用到土地征用补偿过程中，即土地征用方不仅需要补偿被征土地的现有价值，而且还需补偿土地的未来折算价值。除土地现值和未来折算价值的补

---

① 参见张术环：《浅谈国外征地补偿的方式和原则》，《农业经济》2007 年第 6 期。
② 参见李珍贵：《美国土地征用制度》，《中国土地》2001 年第 4 期。
③ Alan T., A ckerm an Principle of Compensation in Eminent Domain, *Michigan Bar Journal*, Vol.12, 1994, p.116.

偿外,土地征用方还需补偿周边邻近土地经营者因征地而造成的或可能造成的经济损失。原联邦德国法律规定,对土地征用实行"相当补偿"原则。根据德国征地补偿的相关法律,征地补偿的项目主要包括:土地补偿;青苗、地面附着物的损失补偿;由于地块分割或工程障碍而使耕作不便的损失补偿;由于地产主土地减少导致劳动力过剩以及设备利用率降低的补偿;其他如车辆绕道行驶等有关损失补偿。① 相比美国,德国的补偿原则对补偿项目明晰化,使征地补偿有非常具体的法律依据,而美国的合理补偿原则下的补偿范围更加灵活,土地所有者可以根据具体发生事实对土地征用方提出赔偿要求。

另外,弹性补偿也是普遍用于补偿激励的方法。弹性补偿考虑到了征地补偿的不同情况,相对于完全补偿原则更加灵活、实用,避免了"一刀切"的做法。但是,这种补偿原则可能带上太多的人为因素和不确定性,有可能导致政府、用地单位、被征地者在利益分配上的失衡和不公平,因此,弹性补偿原则在国际上采用的范围不大,往往只针对特殊时期或特殊补偿事件。

政府为了保障农民的利益,激励农民发展农业生产,除了实行价格支持和直接收入补贴政策之外,耕地保护国家还采取了其他一些配套措施保障参与耕地保护计划的农民的相关权益。一方面,重视农村地区福利水平的提升,加强农村政府服务,支持农村基础设施建设,加强农业科研、教育和推广体系建设等;另一方面,颁布众多惠农政策,帮助降低农民生产成本,提高和保护耕地生产能力,提高农民收入水平,如优惠贷款政策、生产资料补贴政策、实行灾害补贴与农业保险等。农民是耕地保护的直接参与者,也是最为广泛的耕地保护群体,保障农民的切身利益,给予农民适当的经济补偿是激励农民积极参与耕地保护工作、提高耕地生产潜能,保证国家粮食生产安全的关键。对农民进行经济补偿激励,保障农民的核心利益,激励其保护耕地的积极性,是世界各个耕地保护国家通行的普遍做法,也是耕地保护经济补偿制度的基础原则。

---

① 参见刘丽、王正立:《世界主要国家的土地征用补偿原则》,《国土资源情报》2004年第1期。

二、进一步完善土地利用总体规划

土地利用总体规划是国家根据国民经济可持续发展和社会发展的需要及土地本身的适应性,对土地资源的开发、利用、整理、保护等在时间上和空间上所作的总体的、战略的安排与布局。① 它具有综合性、战略性、指导性和权威性,是国家宏观调控土地利用的重要手段,是有效实施耕地保护特别是优质耕地保护的重要措施。

(一)明确城市发展基本界限

土地利用规划应充分发挥土地利用总体规划对城市规模的整体控制作用。以英国为例,英国是一个岛国,国土面积狭小,耕地面积所占比重低于欧洲平均水平。英国是工业革命的发源地,工业发展和城市的扩张占用大量耕地,导致耕地面积急剧减少,20世纪30年代,英国已经意识到土地资源的稀缺性将抑制本国经济发展,开始关注耕地保护问题。英国于1932年颁布了《城镇和乡村规划法》,旨在通过立法限制私人对土地的开发权,以保证土地的有效利用。至此,英国成为世界上第一个通过规划立法限制土地开发的国家。

为了实现土地的最佳利用,英国在1941年公布了《阿斯瓦特报告书》,该《报告》将国土区分为为开发地区和已开发地区:对未开发地区,根据规划确定土地用途,有偿收购土地将来的开发权;对已开发地区,通过税赋的办法将土地增值部分收归国家所有,从而有效解决土地发展权的购买和转让问题。第二次世界大战以后,由于各殖民地和附属国纷纷独立,英国失去了农产品原料和食品的供应基地,加上国际自由贸易政策使英国进口农产品的成本剧增,为了促进本国农业经济发展,英国政府不得不采取一系列措施以有效保护耕地。1947年,英国政府修订了1932年颁布的《城镇和乡村规划法》,规定本国土地的发展权归国家所有,由中央土地局制定总体发展规划,要求各郡制定出本郡土地20年的发展规划,任何形式的土地开发活动都必须与本郡发展规划一致。"城市限制"和"城市围墙"是英国城乡规

---

① 杜潇、王秋兵、李玉芳:《现行土地利用总体规划的问题与建议》,《辽宁农业职业技术学院学报》2006年第3期。

划政策的显著特点,主要通过土地用途管制的方式限制私人土地开发权,确保城市土地利用率和耕地面积比例。英国采取的是先审查后开发的土地开发许可制度,任何类型的开发活动都必须得到地方规划当局的同意,即使土地所有权人或土地开发者改变土地用途并不与城乡发展规划冲突也必须得到规划机关的开发许可。另外,土地开发者接到开发许可后,必须在5年内着手开发,严禁闲置土地。为了更好实施耕地保护的相关政策,英国政府相继制定了《新城镇法》《村庄土地法》等十多部与土地有关的法律,成为世界上公认的耕地保护立法最健全的国家,其广阔的乡村美景在城市扩张的强大压力下被安全地保留了下来。

相较而言,四川耕地流转后发生用途改变的情况也主要发生在城市化扩展的城乡边缘地带,因为在这个地带土地用途转化带来的价值差额体现得最为显著,是农地非农流转最集中的地区,是城乡土地利用竞争、土地投机行为表现最剧烈的地段,也是政出多头、管理最为混乱的地段,因此,统筹管理城市边缘带的城乡发展及土地利用,包括核查交错带范围,编制该地带土地利用规划,评定并划分基本农田保护区是管理工作的首要职责。然而,城市郊区的土地往往是土质优良,亩产量高的优质农田,城郊土地加速"农转非"已经成为四川耕地总体质量下降的主要原因。鉴于规划建设用地区一般有数量无边界,规划图上有标记,但实地无标志,从而造成城市边缘带土地界线模糊不清,对于城乡统一规划所确定的城市发展边界区应营造城乡绿色分隔带,明晰城市发展的限制区和基本农田保护区。① 可参照美国划定城市增长线的做法,在全省土地利用总体规划中为市、自治区(县)人民政府所在地的城市划定城市增长线。增长线以内允许开发,并提供足够的公共设施增长线,以外则限制开发,以防止城市规模的不断扩大而侵占农用地。②

---

① 黄广宇、蔡运龙:《城市边缘带农地流转驱动因素及耕地保护对策》,《福建地理》2002年第1期。

② 陈利根:《国外(地区)土地用途管制特点及对我国的启示》,《现代经济探讨》2002年第3期。

(二)扩大四川土地用途管制区域

土地用途分区管制是国家管理公共物品(土地)的重要措施,是土地利用规划当中的重要组成部分。在这方面,以色列的经验值得借鉴。以色列地处干旱少雨的中东地区,加上急剧增长的人口数量,给以色列农业生产带来了巨大压力。自以色列 1948 年建国以来,便十分重视耕地资源的保护。

在土地产权方面,以色列实行混合土地所有权制度,全国 93% 是土地归国家所有,农业用地在任何情况下都不能出售,农业生产者可从土地管理局获得土地长期租用权,每次租期一般为 49 年,最长不得超过 97 年,但可续租。在立法方面,为了避免组织或个人滥用耕地,以色列政府于 1965 年颁布了《规划和住宅法》,规定农地保护是地方、区域和国家各级规划的法定目标,所有规划当局必须把农业保护放在首位。区域规划由中央政府进行审批,低一级规划必须服从上级规划,任何建设用地(包括农村公共设施和住宅建筑)如道路、建筑物甚至围墙必须得到规划许可。为解决新增人口的生活用地需求,以色列从 20 世纪 80 年代开始实施农村居民住宅计划:在荒山上大兴土木,成片开发配套设施齐全的住宅小区,尽量不占用耕地资源。另外,以色列非常注重农业科技研发的投入,优化耕地资源配置,要求地方政府指导农民因地制宜选择适当的农作物品种,大力发展生态农业,要求把农药和化肥使用量降低到最小程度。同时,以色列优先扶持农村地区企业,尤其是高科技产业。以色列拥有世界上最先进的农业灌溉系统,农业每立方米水的生产效率是世界上最高的,可达到 2.34 千克,特别是温室滴灌技术,农业水的利用率一般可达到 95% 的水平。[①] 据统计,尽管以色列人均耕地仅为 0.88 亩,远低于世界平均水平,但自建国以来,全国耕地面积并无明显减少,不仅粮食供应实现自给,粮食年均出口总额达到 8 亿美元,享有"欧洲冬季厨房"的美誉。[②]

另外,美国为激励农民耕地保护的积极性,美国政府鼓励农民建立专门的商业农业区域,具体农业区域法规由地方州政府制定并实施。从目前美

---

① 参见程杰:《发达国家保护耕地政策的启示》,《中国农村科技》2008 年第 3 期。
② 参见刘立伟:《综述:耕地保护是以色列农业发展的重中之重》,新华网,http://www.sina.com.cn,2005 年 10 月 16 日。

国各州建立农业商业区域的政策上来看,登记建立农业区的农民一般可获得差异评估权、避免土地征用和被城市合并、提高农业保护权、免除地方税评估以及加入农业保护地役权的资格,部分州政府在批准农民农业区域申请时要求同时签署开发禁止协议,在激励农民参与耕地保护计划的同时,又减低了农民投机违约的风险。

四川现阶段实施用途管制的区域是基本农田保护区域。基本农田保护区内不允许进行城镇、村镇、开发区、工业小区建设,不允许安排新建非农建设项目(天然气、高压线、地下管线等小型公共基础设施和水井、油井等除外);允许用于基本农田和为其服务的农村道路、农田水利、农田防护林和农业建设用地;原有非农建设项目鼓励其搬迁;区内土地不得闲置、荒芜,应培肥地力,提高质量。[1] 基本农田的具体界定目前在学术界存在争议,本书认为,可将基本农田的界定条件适当放宽,将更多的优质耕地纳入到基本农田保护的行列中,即扩大农业用途土地管制区域,使更多位于城市郊区地带的土质肥沃、灌溉条件良好的优质农田得以保护。根据韩国的农业振兴地域制度,将农业振兴地域划分为农业振兴区域和农业保护区域。农业振兴地域的农地一般都是优质农地,一旦划定,在农业振兴地域的行为就受到限制。韩国的农业振兴地域制度有效地保护了优质耕地。实行该制度以前,韩国耕地转用面积的 40% 以上是优质耕地,而实行该制度以后则下降到20%左右。[2] 可见,在土地利用规划中,充分利用土地用途分区管制度的法律强制手段,有利于减少优质耕地"沦为"建设用地,有利于保障耕地总体质量不下降。

三、通过土地整理进一步提高耕地质量

2009 年中央 1 号文件明确提出要"大力推进土地整治,搞好规划,统筹安排土地整理复垦开发、农业综合开发等各类建设资金,集中连片推进农村

---

① 参见王静:《土地用途管制与区域土地资源可持续利用浅析》,《中国人口资源环境》2001 年第 11 期。

② 参见潘明才:《人多地少怎么办? 透视韩国农地保护制度》,《中国土地》2001 年第 11 期。

土地整治,实行田、水、路、林综合治理,大规模开展中低产田改造,提高高标准农田比重"。土地整理工作的推进和完善关乎全省耕地总量平衡的实现,有利于实现耕地资源的集约利用,缓解省内耕地保护目标与建设用地需求旺盛的矛盾,有利于优化耕地保护激励机制实施的制度环境。

(一)在土地整理中推广实施市场化运作"增减指标挂钩"

土地整理工程旨在为城市建设用地提供占补平衡指标,为农村发展打下基础。在土地整理中市场化运作"增减指标挂钩",是将若干拟复垦为耕地的农村建设用地地块(即拆旧地块)和拟用于城镇建设的地块(即建新地块)共同组成建新拆旧项目区,通过建新拆旧和土地复垦,最终实现项目区内建设用地总量不增加,耕地面积不减少、质量不降低。

在美国,为了阻止土地所有者将土地用于其他开发项目,政府规定政府组织和专门组织具有购买土地所有者农业保持地役权的优先权。即通过向土地所有者支付的该土地用于农业和其他最高或最好用途的价值之间的差额,以确保耕地农业用途不被转变。这是在充分尊重市场规则的基础上确保耕地数量和质量保持不变的有效方法。购买农业保持地役权计划使农民可以收到相对公平的现金,是一种通过资金补贴的方法来代替土地出售给非农业用途的经济补偿方法。购买农业保持地役权的流通资金既分摊了农民保持农田所需的费用,增加了单个农户的经济能力,帮助农户永久地占有土地,又实现了政府保护农用土地的政策目的。

从2003年年底开始,成都市大规模开展以土地整理为主要内容的"金土地工程",到目前成都市实施的土地整理大体上先后经历了三个阶段,土地整理内容也相应从单一目标逐步发展为综合目标。2005年,成都市被国土资源部批准为全国城镇建设用地增加与农村建设用地减少挂钩试点城市。为了做好建设用地增减挂钩,成都市抓住科学规划、项目实施和竣工后续管理这三个土地整理前、中、后当中的重要环节,编制了《成都市土地整理专项规划》和《成都市土地整理近期实施规划》、《城乡建设用地增减挂钩专项规划》。在具体项目中,相关规划间主动衔接,及时合理调整;在项目工程实施过程中,严格执行项目法人制、工程招投标制、合同制、公告制、工程监理制、财务审计制、竣工验收制等制度,并充分利用土地管理信息系统技术成果,坚决杜绝弄虚作假行为;在项目竣工验收后的后续管理上,积极推动土地承包经营权属流转和农业规模经营,发展现代农业。制定农村劳动力的转移培训计划,引导农民向农业产业工人转变或向第二、第三产业转移,实现农民持续增收。例如新津县袁山社区项目位于距成都市区 42 公里、相对较近的三圈层区县,地形以平原为主,紧邻新津县城,土地整理项目实施与形成第一、第二、第三产业联动的产业结构相结合,探索发展种植、养殖、深加工循环经济,形成了较为完整的产业链。

在工作中,成都市逐渐完善起一整套工作机制:建立相关部门通力协作、共同推进土地整理的工作机制,在新津县袁山社区项目中,国土部门完成田、水、路、林的综合整治与中心村、聚居点的修建,农业部门负责新增耕地的培肥、适宜耕种作物的测评以及产业化项目的引进,民政部门为贫困户发放了建房补贴,交通部门完善了项目区的交通路网及公车站点设置,水利部门建设供水设施和污水处理系统,电力、广电部门完善了电力供给与网络系统,另有 8 个部门为项目区配套完善了相关公共配备;形成以国土部门土地整理专项资金投入为主,其他相关部门涉农资金为辅,统筹推动土地整理工程开展的资金投入机制,新津袁山社区项目土地整理投资 4426 万,带动其他部门配套 150 万;金堂县祝新村项目,土地整理投资 3950 万,带动其他部门配套 2276 万;蒲江县复兴乡项目,土地整理投资 7829 万,带动其他部门配套 758 万。鉴于成都市在土地整理中市场化运作"增减指标挂钩"的成功经验,可以在土地整理工作中向全国推广实施。

(二)土地整理工作以农民土地承包权益为基础

土地整理不是对集体土地所有权的直接处分,从性质上不同于土地征收、征用、土地用途管制等行政强制行为,只是行政指导行为。① 所以,土地整理行为应属于集体土地所有权人自主行使所有权的行为,基于法律属性,对土地是否进行整理,应由农村集体土地所有权主体决定。

---

① 《土地管理法》对土地整理并未作出强行性规定,该法第四十一条规定:"国家鼓励土地整理。县、乡(镇)人民政府应当组织农村集体经济组织,按照土地利用总体规划,对田、水、路、林、村综合整治,提高耕地质量,增加有效耕地面积,改善农业生产条件和生态环境。"国土资源部《土地开发整理若干规定》第六条规定:"(国家)指导土地开发整理活动"。

然而,在实践中,由于对土地整理的性质理解有所偏差,有些地方政府为了多上"项目",多争取国家的土地整理资金,把土地整理作为一项行政强制性工作进行运作,忽视集体土地所有权人的决定权,同时也忽视了对土地承包人合法利益的保护。少数集体经济组织缺少与土地使用权人的沟通协商,在没有法定事由的情形下强行变更或解除土地承包合同。这些不当行为极易引发矛盾和纠纷。因土地整理而损害承包人财产权益的,原则上应当根据《合同法》、《农村土地承包法》有关规定及法律精神给予合理补偿,准确编制土地整理预算,保证补偿项目的全面性,合理确定补偿标准,在补偿费协商过程中无法达成协议的时候,应通过调解、诉讼等方式解决问题。

农村土地整理后,承包经营权的调整根据承包的不同形式而有所区别。家庭承包方式下的承包权的直接产生依据是农户在集体经济组织中的成员权,土地整理后,仅发生土地形态变化的,原承包合同标的物发生变化,原承包人履行变更后的承包合同;土地性质发生变化导致原承包合同终止的,集体经济组织必须与承包人订立新的承包合同,以确保其应享有的承包权得到实现。集体经济组织不得以土地经过整理后利用价值提高为由增加承包人的义务。其他承包方式下的承包权产生依据是双方签订的承包合同,土地整理后,原承包合同经协商变更的,承包人履行变更的承包合同,原承包合同终止的,是否签订新的承包合同完全取决于双方的意思表示,集体经济组织没有必须重新签订承包合同的义务。重新订立承包合同的,集体经济组织可根据土地整理后的情况适当增加承包费。①

(三)建立健全土地整理的政策法规

美国农业经济发达,耕地 19745 万公顷,占世界耕地总面积的 13.15%,是世界上耕地面积最大的国家,全国人均耕地保有量为 10.9 亩,而中国人均耕地面积仅有 1.59 亩,可见,美国与中国国土面积相当,但美国人地关系远比中国宽松。② 但美国同时又是世界上耕地保护法律最为完善的几个国

---

① 参见谭斌:《土地整理如何保护农民承包权——对一起因土地整理引发的行政诉讼案件的思考》,《中国土地》2005 年第 6 期。

② 参见方贤雷、邓映之、杜文玲:《美国的耕地保护制度经验及对我国耕地保护的启示》,《中国商界》2010 年第 3 期。

家之一。

1981 年,美国统一州法委员会通过了统一保持地役权法案的决议。土地所有者根据自愿原则与土地管理会、土地保护机构、政府机构达成协议,其中,土地管理会、土地保护机构、政府机构作为受让人负责监督土地和执行该地役权,土地所有者则根据协议的具体内容享受被给予的权利并同时履行相应的义务。凡是享有农业保持地役权的土地所有者必须将土地用于农业、牧业和其他不干扰和削弱农业生产能力的用途,并可以根据自己的意愿限制他人进入、出售或转让他们的地产,并且有权加入任何保护州和联邦政府的农业协议。保持地役权的实质是通过限制土地用途,达到抑止土地用途转变,从而实现保护耕地的作用。

同时,美国还积极指定发展管理法,旨在通过调节城市发展的时间安排和空间状态,由州政府或地区政府决定土地利用形式,以达到耕地保护目的。目前,美国大多数州政府已经根据本州的土地利用形式和耕地保有量的具体情况,建立了规划标准并制定了控制开发的法律。俄勒冈州是美国发展管理法最为严厉的州,自 1972 年开始实施土地保持和开发法案通过以后,该州每个县都已经实行了农业保护区,受保护农业用地面积超过 1600万亩。

可见,以法律法规、国家政策的形式明确农民参与土地整理的合法性、组织机构、参与形式和程序是土地整理发达国家的成熟做法。在我国,鉴于制定法律程序的长期性,当前可通过政府政令或《土地整理农民参与规程》的形式,对农民参与土地整理从组织设置、参与规模、参与形式、参与步骤等方面作出明文规定,时机成熟后引入法律,为农民参与土地整理提供法律依据。法律的制定与执行应该让农民有充分的知晓与理解,应加大宣传教育和培训力度,帮助农民掌握土地整理政策和业务技能知识,提高参与积极性、参与能力和参与质量。[①]

---

① 参见高明秀:《和谐社会背景下土地整理农民参与机制研究》,《资源与产业》2008 年第 5 期。

第二节　多渠道保障耕地保护资金筹集

四川省现行耕地保护激励政策的实施过多依赖于财政补贴,这一传统资金运行模式缺乏可持续性。目前四川耕地保护资金主要来源于新增建设用地土地有偿使用费和市、区(市)县两级财政收入。伴随社会经济的不断发展,耕地保护的经济补偿标准将不断提高,所覆盖的地域范围和参与人数也将呈现双重扩张之势,这势必给地方财政带来巨大压力。必须从粮食安全、生态共享的角度,按照"谁受益、谁补偿"的原则,拓展耕地保护经济补偿资金的给付主体,引入市场机制构建耕地保护资金的内生循环体系,既缓解财政资金压力,又在全社会广泛树立耕地保护意识。

一、优化耕地保护补偿激励资金的财政筹集渠道

耕地资源的外部性价值使耕地保护成果具有非竞争性和非排他性的公共产品性质。耕地保护成果对社会公众具有广泛的正面效应,但却缺乏有效的利益激励机制。耕地保护工作需由政府部门来组织安排实施,借助法律法规的约束机制推进耕地保护的有效进行。然而,政府工作所产生的一切成本皆由财政来承担,优化耕地保护补偿激励资金的财政筹集渠道是政府统筹安排耕地保护补偿激励工作的有力保障,可以通过征收耕地保护税和发行国债的方法补偿国家为实施耕地保护激励工作产生的行政成本和经济补贴成本。

(一)耕地保护补偿税

耕地资源外部性价值的收益者不计其数,经济社会中的每一个部门几乎都直接或间接地从耕地保护中受益。耕地资源的公共产品性质需要国家政府机构直接参与关于耕地保护的相关工作,而政府履行耕地保护职责所产生的成本一般由国家财政来承担。国家财政收入主要来源于税收,政府开征耕地保护补偿税,将这部分税收收入作为耕地保护费用的成本补偿,其实质就是社会生产(消费)单位或个人由于得益于耕地资源的保护,而向国家支付的环境成本。征收耕地保护补偿税是一种相对优越的补给耕地保护

专项财政资金的做法。一方面,国家以税收附加的形式征收耕地保护税,将这部分收入进行专项管理。指定将其用于补贴参与耕地保护的各个行为主体,体现了耕地保护"全社会受益、全社会负担"的原则,有利于调动耕地保护参与者的积极性,使全社会成员均能认识到耕地资源所具备的广泛的社会价值和生态价值。另一方面,税收透明度较高,随着我国税费改革的深入推进和不断完善,清费立税是税费体制改革的必然趋势,设立耕地保护补偿税制符合国家税费改革的基本方向,使耕地保护补偿激励的财政资金筹集渠道受到法律的强制保护,有利于为耕地保护工作的顺利平稳实施提供有力的财政资金支持。

(二)发行国债

发行国债,是跨时期分配社会财富的做法,即相当于向未来借钱,并用未来的财政收入来还债。耕地保护工作是一项"功在当代,利在千秋"的民生工程,耕地资源所潜在的经济、社会和生态效益不仅有利于当代人的生产生活,更给后代子孙留下了宝贵的经济社会发展空间和自然资源财富。可见,耕地保护收益的周期较长,其外部效益也具有长期效应,后代人是耕地保护的主要受益者,将后代人所创造财富的一部分提前用于支付耕地保护的补偿激励,符合"谁受益,谁补偿"的利益原则,具备成本分摊的合理性。从财政的角度来看,是否发行国债主要受制于国家偿债能力和信用水平。目前,我国国债和银行呆账、坏账合计为 GDP 的 50%,属于安全范围,低于世界上大部分发达国家的债务水平,国债发行空间还比较宽松。另外,国债是一种财产保值增值的有效投资手段,具有高回报、低风险的特征,且不需缴纳利息税,对广大投资者具有较强的吸引力,是迅速积聚财政资金的有效方法。随着我国社会经济的稳步发展,人民生活水平与收入水平同步增长,人民投资需求也随之增强,国债已成为备受国民青睐的理想投资产品。于此同时,近年来,中国在国际上的政治经济地位不断上升,中国国家信用等级也有所提升,中国国债在国内和世界上投资市场上均存在广泛需求。综上所述,我国目前不仅存在发行国债的空间,且市场需求潜力巨大,通过发行国债为耕地保护补偿激励筹集资金不失为一种可行的办法。

（三）土地出让金

土地出让金是指各级政府土地管理部门将土地使用权出让给土地使用者，按规定向受让人收取的土地出让的全部价款。准确地说，土地出让金是土地使用权的交易价格，其价格高低取决于土地市场的供求关系。1994年，我国实行分税制后，土地出让金作为地方财政的固定收入全部划归地方所有。城市化和工业化的快速推进形成了一轮紧接着一轮的用地需求浪潮，供需矛盾不断推高土地出让金的数额，为政府特别是省级以下各级地方政府集聚了一笔巨额的可支配财力。实际上，由于土地资源的不可再生性，依靠土地资源出让金累计地方财力的做法既有悖于"代际公平性"——代际之间利益关系公平性，又有损于土地资源使用的有效性。土地出让金既然来源于土地资源，其使用理应回归到土地资源的保护与持续开发利用上，将一定比例的土地出让金作为耕地保护的补偿激励资金符合《国有土地使用权出让收支管理办法》（财综〔2006〕68号）中有关土地出让收入的使用管理规定。同时，土地使用者在土地开发过程中取得土地增值收益，地方财政也由于土地出让金而得到补给。使用土地出让金作为耕地保护的补偿激励资金符合"谁受益，谁补偿"的基本原则。在社会对于耕地保护意识尚不普遍，对耕地保护的意义和重要性尚未深入时，要通过税收和发行国债的方式补给耕地保护的补偿激励资金难度较大，土地出让金是目前较为实际的补偿资金来源。当然，随着人们耕地保护意思的觉醒，后备建设用地资源将更加稀缺，土地出让金总量必会呈现出减少之势，此时，耕地补偿资金的主要补给资金源则转变为包括税收和国债收入在内的其他财政收入。

二、优化耕地保护受益单位的补偿资金筹集渠道

耕地保护行为具有显著的外部效应，优化耕地保护补偿激励资金的来源，是考虑从粮食安全、生态共享的角度，借助相关法律的权威力量，严格按照"谁受益，谁补偿"的原则，在耕地保护受益单位或个人的收入中按照一定的比例提取耕地保护补偿资金，让受益单位不再能够通过"搭便车"而免费享受耕地保护所产生的经济、社会、生态效益。受益单位的所缴纳的耕地保护补偿激励资金由耕地保护基金组织管理，且要求严格落实耕地保护资

金的"专款专用",将从受益单位计提的耕地保护资金完全用于补给该地区耕地保护工作的各项支出。

(一)粮食安全保障补偿金

耕地保护工作的难易程度受耕地区域差异影响因素较大,耕地赤字区域(一般是经济发展水平较高、人口集中度较大的中心城市地带)的粮食安全保障在很大程度上依赖于周边地区(一般是经济发展水平相对落后、人口集中度较低的周边郊区农村)。尽管粮食供给地区直接从事农业生产的农民能够通过粮食交易获得补偿激励,然而,一方面,粮食价格受市场因素影响,更多地体现的是粮食本身的市场价值;另一方面,我国粮食价格并不完全受市场供需机制的调节,国家处于社会安全的考虑时常干预粮食的市场价格,使其粮食价格偏离粮食本身的价值。农业属于相对低效率的行业,农民从事农业生产是耕地保护的直接参与者,其保护耕地的行为不能直接通过粮食交易中所得的微薄利润来衡量。农民从事农业生产,放弃了选择从事能给自己带来更多收益的非农行业,给予农民相应的耕地保护补偿是对其机会成本的弥补,而其他从事非农行业的受益单位或个人在获得高收入的同时,又获得了粮食安全保障,理应从其收入中提取一定的比例作为耕地保护补偿资金。

(二)生态环境保护补偿金

近年来,体验农家生活、游览田园风光成为新兴的旅游项目,许多城郊农村地区成为短途旅游的热门景点,农家旅游市场的兴起吸引众多旅游商家竞相参与开发农村旅游市场,以餐饮、住宿为主要经营业务的"农家乐"也应运而生,为众商家带来的客观的商业利润。然而,游览田园风光、体验田园生活乐趣皆源于农业生产活动,是农地资源农用所产生的外部生态效益向商业效益的转化,而众多从这项新兴旅游项目中获益的"农家乐"商家却并非农业生产者,真正参与耕地保护的农民从中获益甚少,甚至由于游客的增加导致其农作物受损,使其农业收入降低。按照"谁受益,谁补偿"的原则,要保证耕地生产效益向商业利润的长期转化,受益商家理应从其收入中提取一部分作为生态环境保护补偿资金,以补偿农民农业收入不足,为其从事新一轮的农业生产提供有力的成本支持,从而形成耕地保护的有效激励,使农村田园景色得以长期维护,以保证商家从耕地外部生态效益中长期获益。

三、优化耕地保护补偿激励资金的社会筹集渠道

从耕地价值测算结果来看,耕地资源的社会价值超过耕地资源的生态价值和经济产出价值,然而,人们在享受耕地资源社会价值时却并没有为自己所获得的效用价值付出相应的成本。优化耕地保护补偿激励资金的社会渠道是通过激发人们的耕地保护意识,使其通过社会捐赠、社会公益等方式参与到耕地保护中,为耕地保护工作做贡献,具体方式可以是纯公益性质的社会捐助,也可以是受利益因素激发的彩票购买的方式。

（一）接受社会捐助

目前,随着城市化和工业化的迅速推进,耕地资源日益稀缺,耕地资源所蕴涵的巨大经济效益、社会效益和生态效益开始显现。世人对耕地资源安全的担忧情绪也开始凸显,加上政府部门相关政策方针和宣传舆论的正确导向,耕地资源的保护已经逐步成为世人关注的热点。耕地保护资金的筹集可以仿效《中国 21 世纪议程——林业行动计划》,通过接受社会捐助为耕地保护筹集补偿资金。接受社会捐助可以通过公益部门收集耕地保护的资金,资金的来源主要是接受国际组织、外国政府、单位、个人和国内单位、个人的捐助或援助。资金的用途在尊重捐助者意愿的基础上,对国内与耕地保护相关的工作进行资金补给。社会捐助依赖于公众对社会安全和环境改善的重视程度,在未来具有很大的潜力,可以适当减轻政府的财政负担,是一种切实可行的收集耕地保护补偿激励资源的办法。从国内对耕地资源安全的担忧情绪来看,随着人们生活水平的提高和收入状况的好转,要在国内筹集耕地保护补偿激励资金的社会捐赠款项是完全可能的。从国外的角度,耕地保护的外部效应并不受地域的局限,中国耕地保护所能显现出来的社会效益和生态效益对世界粮食安全与生态安全也是有益的,特别是对于中国的邻近国家,比如俄罗斯和日本,它们对于中国的生态环境治理就相当在意。因此,接受一些国际组织和外国政府的捐助或援助也是有可能的。

（二）发行"耕地保护彩票"

彩票事业是发展社会公益事业的有效筹资途径,彩票是一种非常典型的"取之于民、用之于民"的聚财方式,有着"取之不尽,用之不竭"的聚财优势。发行彩票并不意味着随意集资,它是受国家法律的保护和约束的。彩票发行的审批权集中在国务院,任何地方政府和部门均无权批准发行彩票,彩票发行一般是根据需要不定期发行,不需要太多成本,可以很好地解决资金不足的问题,发行彩票已经成为国家筹集公共事业资金的一种重要手段。目前,我国批准发行的彩票有福利彩票和体育彩票两者,随着时间的推移,福利彩票和体育彩票的发行方式不断更新,规模不断扩大,有力地促进了福利事业和体育事业的发展。耕地保护工作具有强烈的溢出效应,是关于民生的长期工作,因此,耕地保护工作具有明显的公益性质。耕地保护工作与其他社会公益事业相似,需要长期大量的资金支持,可以借鉴福利事业和体育事业的彩票集资方式,借助国家在福彩和体彩发行监管中的有益经验,以发行"耕地保护彩票"的方式为耕地保护工作提供长期资金支持。"耕地保护彩票"的发行除了可以在很大程度上缓解耕地保护资金的短期,同时也不失为一种有效的宣传手段,人们通过对彩票的关注,而渐渐开始关注或者深入了解耕地保护问题,从侧面增加人们参与耕地保护的社会意识,使更多的人投入到耕地保护的行列当中。

第三节　完善耕地保护资金管理制度

耕地保护资金是由政府、受益单位和社会共同筹资,按照耕地的经济价值、社会价值和生态价值,根据不同农田质量的差别制定的不同标准,向承担耕地保护责任的单位和农户发放一定数额补偿,用于弥补耕地保护机会成本的一项创新制度。耕地保护资金的有效管理是发挥其功能的前提和基础,因此建立严格的耕地保护资金管理机制是保障其顺利运行的必然要求。

一、完善耕地保护项目程序

根据耕地保护的实际,严格程序。比如成都市耕地保护基金的管理就是按照程序划分为 7 个步骤:第 1 步,国土资源部门将第二次全国土地调查中明确的农村土地权属界线、耕地和园地自然分块界线套合在正射影像图上作为工作底图;第 2 步,乡镇政府及村组,在国土资源、农业部门指导下,以农户为基本单位组织实测后,将承包地块落实到工作底图上并编号,绘成"鱼鳞图";第 3 步,国土资源部门结合"鱼鳞图"和第二次全国土地调查成果,进行内业数据处理,形成耕地保护基金基础台账和拟公示图纸;第 4 步,乡镇政府组织村民小组公示耕地保护基金基础台账和载明农户姓名、地块位置、地块编号、地类及面积等内容的确权图纸;第 5 步,经公示,村民无异议并签字后,农业部门据此发放《农村土地承包经营权证》;第 6 步,区(市、县)国土资源部门根据《农村土地承包经营权证》,代表政府与农户签订《耕地保护合同》,会同农村商业银行为农户建立耕地保护基金账户,配发耕地保护卡(金融卡);第 7 步,市财政部门根据各区(市、县)汇总形成的分户数据,将耕地保护基金划转至区(市、县)国土资源局在农村商业银行设立的耕地保护基金专户,农村商业银行通过耕地保护卡(金融卡)分户发放。①

二、严格耕地保护资金使用范围

耕地保护资金有限应该专款专用,应用于与耕地保护相关的项目之中。耕地保护资金的使用范围包括:第一,拟定实施耕地特殊保护、耕地占补平衡、土地整理和复垦。第二,依据土地利用总体规划及专项规划,推进基本农田保护、土地开发、土地整理和土地复垦监督等工作;第三,拟定基本农田保护区的技术和方法,制定基本农田保护管理制度和措施;第四,对已批准的各类建设项目涉及占用耕地的占补平衡措施的审核和监督检查工作;第五,依据耕地数量变化情况的监测结果,对耕地总量减少的地区,提出限期采取补足措施的建议,并监督实施和组织验收。

三、严格把关验收工作

把检查验收机制作为重要的纠偏机制,促进耕保资金制度的不断完善。

---

① 参见陈宁、蒋美生、罗杰、杜杰灵、臧翀:《耕地保护补偿机制的探索和实践——成都市实施耕地保护基金制度的调研报告》,《国土资源通讯》2011 年第 15 期。

一是发挥群众监督作用,坚持实行公示制度,拓宽了群众投诉的渠道。二是聘请外部专家作为第三方,对耕保资金发放情况进行了调查评估。三是定期组织多部门联合检查和随机调研走访。四是重视并采纳农村产权制度改革专家组、律师工作组、律师服务团对农村产权制度改革工作的意见。①

四、健全审批和支付管理制度

对耕地保护资金严格按照资金预算文件要求、通过规范的审批程序后拨付。较大的资金项目,国土部门要会同农业部门实地察看后按工程进度拨付资金。切实加大直接支付的范围,对建设安装工程、大宗物资、材料和设备等属于政府采购范围的支出,严格按规定实行政府采购;直接补贴农民的资金,基本实现"一本通"支付,确保补助资金及时足额兑现给农民。对农业综合开发、扶贫、造福工程等支农项目,实行专项报账制管理,严格按规定履行报账职责并实行专账核算。同时严格审核各种凭证的真实性、合法性和完整性,对不符合规定的坚决不予报账或拨付资金,并按规定完整保存财政支农专项资金报账资料,确保相关账簿、记账凭证、完税凭证及其他有关资料完整。

第四节　构建与完善耕地保护的监测服务体系

一、优化耕地保护监测服务体系的基本方向

（一）注重耕地土壤质量的监测服务

现行耕地保护制度的政策目标与制度内容都侧重于数量保护,但是在耕地数量保护难度越来越大的情况下,增加农作物的产量,应当依靠耕地质量的保护和提高。因此,在下一阶段的工作目标上,必须把耕地质量作为一个独立的系统进行专门保护。根据成都市实施的耕地保护的补偿资金的标准:基本农田的补贴标准为 400 元/亩·年,对一般耕地的补贴标准为 300

---

① 参见陈宁、蒋美生、罗杰、杜杰灵、臧翊:《耕地保护补偿机制的探索和实践——成都市实施耕地保护基金制度的调研报告》,《国土资源通讯》2011 年第 15 期。

元/亩·年。若将耕地保护基金制度进一步推广到全省,应避免采用"一刀切"的统一补偿标准,而应该根据耕地等级实行梯度式的给付方式,耕地保护激励机制也倾向于耕地的质量保护。必须通过完善现有土壤监测网络,增加监测内容,改进监测手段,做好耕地质量动态变化趋势预测预报工作。另外,耕地质量标准是判断耕地质量状况以及管理和执法的科学依据。具体说来,有如下方面:①耕地质量监测基准,即制定判断耕地质量状况的监测基准;②耕地质量管制标准,指制定需要进行耕地管制的限度值;③耕地质量整治标准,制定的需要整治的土地在整治后所应实现的标准。

(二)监测服务内容与农业生产相结合

耕地保护的最终落脚点体现在农业生产条件的提高上,耕地保护经济补偿的监测内容需以服务农业生产为基本方向。近年来,由于基本农田重用轻养的现象严重,耕地质量监管缺乏有效手段,造成基本农田土壤肥力呈下降趋势,耕层变浅、耕性变差、保水保肥和抗灾能力降低等现象使农业生产条件严重退化。耕地保护经济补偿监测不能只注重耕地的产能,更要注重耕地的可持续利用,监测内容需与农业生产相结合,在参照2006年全国农业技术推广服务中心组织制定的《全国耕地土壤监测技术规程》的基础上重点监测农业生产概况、剖面特征、作物种类、产量、施肥量、土壤养分等有关参数。以农业生产为核心的监测服务内容有助于耕地培肥措施和配套基础设施的建设,对土、水、肥三个资源的优化配置和综合开发利用,提升耕地土壤基础地力,使农业投入和产出达到最佳效果,增强耕地持续高产稳产能力。

(三)合理布局各个监测服务点

保障国家粮食安全是耕地保护工作最根本的目的,以经济补偿作为激励,鼓励农民积极参与耕地保护工作也应从粮食安全问题出发,因此,耕地保护经济补偿的监测服务点的布局也应与农业生产相结合,重点监测粮、棉、油等作物产区。自2003年起,四川就开始了优势农产品区域的布局工作,根据最适生态原则和比较效益原则,以优化品质结构为切入点,通过规划引导、政策扶持和项目支撑等措施,加大培育优势农产品和优势产区的力度,逐步缩小了次适宜区和非适宜区生产规模,把优势农产品和大宗农产品向最适宜区和适宜区集中,有效解决了结构调整中产品雷同和产业趋同的问题,增强优势农产品的市场竞争力。同时,四川采取一种优势农产品确定一个发展思路、选择一批龙头企业、推广一套实用技术、制定一套扶持措施的办法,进行重点培育,扶优扶强。重点实施了优质水稻、双低油菜、专用玉米、优质柑橘、名优茶叶、精细蔬菜、优质蚕桑、优质棉花8个优势农产品区域布局规划和攀西地区绿色产业发展规划。因此,在省内布局耕地保护的监测服务店应与推进全省优势农产品区域布局相吻合,重点保障优势区域的农民从耕地保护工作中获得补偿激励,以提高优势区域耕地利用效率。以补偿激励督促农产品优势区域的形成和优势农产品的扩张,最终达到进一步优化农业生产力布局、加强农业基础建设、发挥农业区域比较优势的目的。

(四)耕地保护补偿资金监管的制度服务

补偿资金的安全是耕地保护的激励机制的前提。耕地保护的经济补偿资金来源广泛,容易导致资金界定不明确、不科学,使耕地保护专项资金在管理和核算口径上产生较大差异,从而进一步导致耕地保护的专项资金流失,甚至出现专项资金被挤占、挪用等行政失范行为。四川建立耕地保护资金监管的制度服务可以借鉴我国在过去"支农"专项资金管理工作中吸取经验和教训,创新耕地保护补偿资金的监管制度,为耕地保护激励机制的顺利实施保驾护航。首先,必须要明确耕地保护经济补偿资金的使用范围、分配和拨付渠道、监管方式、预算编制、预算执行等各个环节的具体规范和约束制度,逐步建立科学合理、层次清晰、分工明确、覆盖全面的经济补偿资金监管体系。其次,四川在实施补偿资金监管过程中,建议大力推行专家评审制度和耕地保护经济补偿资金公式制度,建立公平、公正、规范的补偿资金分配制度。再次,为切实保障耕地保护工作各项相关制度的执行,省政府及各市(州)、县级政府必须加大补偿资金的整合力度,统筹安排耕地保护经济补偿资金的使用,严格按照补偿资金使用绩效的评价指标体系,开展专项资金绩效考评试点,从而在全省逐步形成激励并重、奖惩结合、奖罚分明的补偿资金使用考核机制。

二、耕地保护监测体系的服务内容

(一)耕地土壤质量监测服务

农民对于耕地质量的相关知识十分匮乏,为在全省范围内实现耕地保护激励机制的公正化、透明化,各地应积极利用耕地质量监测成果,在耕地土壤改良、种植业结构调整、测土配方施肥、无公害农产品生产基地建设等方面进行了多方位、多层次的应用,降低农民改良耕地土壤质量的难度,帮助农民获得更高级别的经济补偿资金,形成耕地保护的良性激励环境。耕地土壤质量的监测服务首先必须确保耕地质量检测数据的可靠性、稳定性,由各市(州)政府行政主管部门指定符合资质的实体单位来进行耕地质量监测。其次,须确保耕地质量监测指标的科学性以及监测体系的规范性和合法性。具体可以参考和借鉴基本农田认证的方法,将这两项工作同时开展、平行推进,在全面开展土地质量评级的基础上,结合多年来在土壤调查、土壤测试、耕作、植物营养与施肥等方面取得的大量资料,并将各市(州)研究实践的土壤质量检测成果进行汇总,建立覆盖全省耕地资源土壤特征的数据库和信息系统。同时,可以通过完善的计算机模型模拟,掌握和反映土壤肥力变化、肥料投入结构等,做到信息收集、分析、整理、汇总、交流、反馈的规范化,为宏观决策调控提供及时、可靠、综合性的服务。

(二)耕地生态环境的监测服务

耕地生态环境的监测是农村生态监测系统的重要组成部分,建立和完善耕地生态环境监测服务体系,重在为农民提供先进的农业生产环境测评技术,帮助农民实时监测农业耕种生态状况,并针对具体情况实施改良,以达到耕地质量保护的目标。四川建立耕地生态环境监测需充分考虑耕地生态类型的特殊性和生态评价指标的完整性。生态环境指标应包括:(1)污染源监测,包括点污染源、面源污染源与流动污染源监测;(2)水环境监测,包括水文水质同步监测、渔业水质监测、污染带监测、河口水质监测与富营养化监测;(3)农业生态系统,包括库区农业环境、库区新垦土地利用、河口土壤盐渍化、土壤潜育化监测;(4)陆生生态系统,包括森林资源及古树名木监测、陆生动物监测、陆生植物监测;(5)水生生态系统,包括渔业资源、鱼类和珍稀水生动物、浮游和底栖生物群落监测;(6)局地气候系统,包括常规气候监测、立体气象专项观测。① 另外,建立耕地生态环境监测系统应注重采用科学的土壤、水、空气中典型污染物快速检测技术和遥感反演的监测方法,研究适于水体污染源监控、可应用于环境置换的无线传感器网络系统等。

(三)农作物肥力监测服务

在全省范围内的耕地保护区必须逐步建立和完善主要农作物平衡施肥技术体系,包括新肥料研发中心、区域性肥料试验示范中心等基本的机构与组织建设,制定一整套较为完善的肥料投入技术规范,通过调优肥料结构、调精肥料品种、调高肥料利用率,减少施肥用工,提高施肥效益、作物产量和品质。在全省建立和完善肥料质量的监督管理机制,禁止使用未经国家或省级农业部门登记的化学或生物肥料;鼓励使用有机肥;同时对肥料施用结构中有机肥所占比例作出明确的规定。另一方面,运用综合措施,改良川西和川北地带的中低产田,为农民改良土地肥力提供支持。中低产田改造是提高耕地质量的首要措施,要大力修复塘坝,完善排灌设施,提高抗旱排涝能力。另外,由于四川地域差异明显,要因地制宜调整布局生态工程建设,逐步退耕还林、退田还湖。一是大力调整农业产业结构。建立合理的作物布局、复种指数、间套作和轮作模式。二是通过推行秸秆还田、提高绿肥生产量、积造农家肥等具体措施,增加有机肥的投入。三是通过推广配方施肥技术,实行有机无机相结合,氮磷钾平衡,微量元素因缺补缺的施肥机制。重点做好配方的优化、定向配方和定向供应工作,提高平衡施肥的精度,保证其增产增收和培肥改土效果。

三、耕地保护监测服务技术的优化

(一)耕地质量监测技术的标准化

耕地质量监测技术标准化是耕地保护监测工作的前提。为确保耕地质量监测工作顺利开展,需真正做到"五统一",即统一技术规程、统一试验方法、统一调查表格、统一检测方法、统一报告编写。首先,耕地质量监测须严

① 参见葛鸿铭.:《生态监测的环境意义与评价规范》,《绿色科技》2011 年第 8 期。

格按照 2006 年全国农业技术推广服务中心组织制定的《土壤监测规程》和《耕地质量验收技术章程》中所制定的 19 个农业行业标准进行严格监测。其次,须继续加强标准的宣传贯彻,为进一步规范监测工作、严格操作程序奠定坚实的基础。再次,加强耕地质量监测人员的技术培训,据统计,四川从事耕地质量监测工作的土肥技术人员非常有限。要切实提高监测人员技术水平,须积极加强耕地质量监测工作的人员队伍建设,四川农业技术推广服务中心可加强对监测人员的技术培训与指导,扎实有效地为推进耕地质量监测工作提供保障。在具体实施细则上,本书从管理服务的角度提出以下几点建议:

第一,监测点主要设在基本农田保护区内的商品粮棉油基地、优质农产品基地、出口创汇产品基地及城市郊区永久性蔬菜基地内。监测地块的选择应充分考虑当地优势农产品布局、主要耕作制度、土壤类型、生态环境、农户管理水平等因素,尽量远离城镇、村庄、公路,并确保长期不被占用。

第二,科学分配各级政府的质量监测工作。具体方案,本书认同《江苏省耕地质量监测管理办法》的相关规定:县级农技中心负责监测样品的采集;市级土肥站(农技中心)负责监测样品的分析化验;省级监测点的土壤、植株和肥料样品应在通过省级计量认证的指定化验室进行。省级监测点样品分析化验过程中必须加入参比样品进行质量控制;分析化验完成后,监测样品必须在指定化验室保存一定的时间,以便对异常分析结果进行校验。四川可以借鉴江苏省的成功经验,在分析四川具体土壤监测工作的前提下,尽快出台《四川省耕地质量监测管理办法》,为进一步落实耕地质量保护工作提供政策依据。

第三,地监测工作主要为政府耕地质量保护和指导农民科学施肥服务。通过对耕地质量的动态监测,定期向省政府和各市(州)政府提供耕地质量现状及变化趋势预测预警报告,为政府耕地质量保护宏观决策和指导农民合理施肥提供科学依据。同时也可为优势农产品生产规划布局、农业综合开发、中低产田改良、耕地质量建设、肥料产业发展等提供基础资料。①

---

① 参见《江苏省耕地质量监测管理办法》苏农业[2008]59号。

（二）土壤环境监测技术的多样化

耕地土壤环境监测技术是支持耕地保护环境监测系统的必要支撑，土壤环境监测技术的多样化对于优化耕地土壤环境监测系统具有非常重要的意义。目前，可用于土壤环境监测的技术方法有：

1. 主成分分析法。主成分分析法也称主分量分析，旨在利用降维的思想，把多指标转化为少数几个综合指标。在用统计方法研究多变量问题时，变量太多会增加计算量和分析问题的复杂性，主成分分析法可在进行定量分析的过程中，使涉及的变量变少，而所得到的信息量得到保留。

2. 模糊分析法。美国教授 L.A.Zadeh 1965 年提出了模糊集合概念，由于模糊集合能够对一些模糊、无法确定的影响因素给予精确界定，模糊数学得到了广泛的应用。模糊评价是对模糊现象（可能性、不确定性）的系统评价，常采用的模糊评价法有模糊综合评价法、模糊聚类评价法等。介于此，模糊分析法能够较好地对土壤环境质量各个级别原本很模糊的边界给予精确界定，可针对土壤监测建立土壤环境监测的模糊分析方法。

3. 指数评价法。指数评价体系（exponential Evaluation Method）是运用多个指标，通过多方面地对一个参评单位进行评价的方法。其基本思想是通过选择多个指标，并根据各个指标的不同权重进行综合评价。近年来，这一方法在环境评价中得到了广泛的应用，并有了很大的发展。早期国外应用的指数法有美国的 NWF 环境质量指数和加拿大的"总环境质量指数"（EQI）等，目前最常用的是综合指数法（Comprehension Index 或简写 CI），此法可以体现生态环境评价的综合性、整体性和层次性。[①]

4. 灰色系统分析法。灰色系统理论是中国学者邓聚龙教授于1982年创立的，是一种研究少数据、贫信息不确定性问题的新方法。灰色系统理论以部分信息已知，部分信息未知的小样本、贫信息不确定性系统为研究对象，主要通过对部分已知信息的生成、开发，提取有价值的信息，实现对系统运行行为、演化规律的正确描述和有效监控。由于环境系统具有多目标、多

① 参见刘昌蓉：《基于 GIS 的泸定县土地生态环境质量评价》，《成都理工大学》2008 年第 5 期。

层次、多变量的特征,并且这些变量之间,各个变量与周围环境之间存在着错综复杂的物质、能量和信息变换,人们从外界获得的环境系统提供的信息是不完全的,要进行环境质量评价可以应用灰色系统的理论和方法加以解决。①

四、耕地保护资金的监测服务

（一）耕地保护经济补偿资金监测的主要内容

1. 补偿资金到位率。资金到位率主要反映补偿资金是否按期拨付,是一个时效性极强的监测指标。耕地保护经济补偿资金是用于补偿参与耕地保护而产生的各项成本的专项资金。补偿资金到位率的监测应该是从上至下的全覆盖监测,即省级财政部门监测中央财政下拨的补偿资金的到位率、地市级财政部门监测省级财政下拨的补偿资金的到位率。

2. 补偿资金利用率。补偿资金利用率是考核补偿资金按照规定的耕地保护目标审核标准下,补偿资金的发放比例。发放耕地保护经济补偿资金的目的在于激励广大公众积极参与耕地保护,耕地保护目标是否按规定目标完成是测试补偿资金利用率的重要依据。对补偿资金利用率的监测需严格执行耕地保护目标的相关规定并对其进行审核。

3. 补偿资金滞留率。从我国"三农"专项资金的运行现状发现,专项资金下拨速度缓慢,资金滞留情况严重。耕地保护经济补偿资金的发放效率直接影响受偿者下期是否继续参与耕地保护工作的决策结果。四川推广使用耕地保护基金制度必须坚决杜绝补偿资金被滞留的现象。对耕地保护经济的补偿资金滞留率的监测目的在于提高财政部门的办事效率,做到补偿资金的及时如数下拨。

4. 补偿资金挪用率。补偿资金挪用率是将补偿资金挪作他用的资金与用于耕地保护经济补偿的资金的比值,挪用率越高说明补偿资金被挪用的情况越严重。② 该监测指标是反映地方政府行政失范的重要指标,政府

---

① 参见李柞泳:《环境质量评价原理与方法》,化学工业出版社2004年版,第183页。

② 参见李连华:《"三农"资金监管效率开合标准及其改进》,《中国农业会计》2011年第8期。

的行政规范是耕地保护激励机制得以实施的前提条件,补偿资金的"专款专用"是激励机制的激励作用的根本动力,必须重视补偿资金的挪用率的监测。

(二)优化耕地保护经济补偿资金监测服务体系的路径

1. 加强耕地保护经济补偿资金的约束工作。虽然成都市在 2008 年率先针对耕地保护补偿基金出台了《成都市耕地保护基金使用管理办法》,对耕地保护资金的使用、管理和监督作出了具体的条文规定,但作为市级政府文件,缺乏权威性稳定性,难以保证监督效果。对此,在全省范围内推广实施耕地保护基金制度应加强耕地保护经济补偿资金的约束工作,把补偿资金的应用政策目标、申请程序、评价标准、支付方式、考核方法等都以法律的形式固定下来,使耕地保护经济补偿资金的监管工作法制化和常规化。

2. 建立上下一体的全流程的资金监控体系。① 由于耕地保护经济补偿资金所涉及的部门和管理层次较多,难以促成各个部门和管理层次间的监管协调,无法形成有效的管理合力。优化耕地保护经济补偿资金的监测服务体系须建立严密无缝的自上而下的监督链条,实施一级查一级的纵向监管。与此同时,必须建立和完善补偿资金监管的信息渠道,降低由于信息不对称所产生的监管成本,切实提高资金监管的效率,及时追回流失资金。

3. 增强预算编制透明度,强化执行监督。要增强预算本身的透明度,使预算支出落实到每一个补偿项目和每项支出的每一类、款、项上。② 在实行补偿项目管理的基础上,结合各项补偿资金使用情况加以分析,合理确定同类用款单位或同类项目的支出标准,作为预算编制与审核的参考;要尽量减少人员经费的比重,使预算能够真实反映资金的最终用途,提高预算编制的严肃性、权威性。

4 建立补偿资金的测算、营运机制。③ 依据是耕地保护总量平衡的监测

① 参见李连华:《"三农"资金监管制度的国际经验借鉴》,《财会月刊》2009 年第 12 期。
② 参见吴开宇:《关于加强农业专项资金监管的思考》,《中国农业会计》2007 年第 10 期。
③ 参见姜勇:《建立和完善环境资源区域补偿制度的对策初探》,《环境科技》2008 年第 10 期。

结果科学测算补偿资金,建立补偿资金的划拨、分配、使用等一整套的制度。重点是建立补偿资金的转移支付渠道,主要可以采取上级财政直接代扣、划转或由下级财政直接支付的操作方式。各级政府应当将补偿资金纳入区域耕地保护专项资金的财政资金管理机制当中,将补偿资金专项用于耕地保护的激励当中。

5. 开设补偿资金实名制账户,定期逐户清查。为全省所有参与耕地保护的受偿主体设立补偿资金实名制账户,将耕地保护的经济补偿资金全部实行由金融机构统一办理发放。在全省范围内逐步实现"一卡通"网络与补偿资金发放网络对接,形成一个全省统一平台,使省、市(州)、县各级财政部门都能在同一平台上共享补偿资金发放数据信息,掌握基层实际发放情况。[①] 另外,在网络信息化尚不健全的区域,省财政厅级各市(州)、县财政局应该有计划、有重点地以乡镇为单位,组织财政干部逐村逐户开展全面清查,对补偿资金的发放情况逐一核对,力争检查面达到百分之百。[②]

第五节 构建与完善耕地保护激励机制的社会监督制度

一、加强耕地保护工作的宣传教育工作

宣传教育工作是全省乃至全国经济建设、社会发展的需要。国家的改革建设发展需要宣传,国家重大的方针、政策需要让人民了解。同样,四川耕地保护激励机制的开展和实施需要通过宣传的方式,把中央政府和省政府关于耕地保护方面的改革举措传达给社会公众,尤其是让直接面对耕地生产资料的农民群众了解相关补偿政策。通过宣传教育工作把正确、先进的政策思想传达给社会公众,引导公众树立正确的耕地保护理念,保障耕地保护工作的可持续性。加强在耕地资源可持续利用方面的宣传、教育,鉴于人地关系紧张的严峻形势以及耕地资源的极端重要性,以法规建设切实保

---

① 参见夏保名:《强化涉农资金监管的几点建议》,《中国财政》2011 年第 6 期。
② 参见张立宝:《加强农业财政资金监督管理的建议》,《财政监督》2010 年第 3 期。

护与有效利用耕地资源,并通过相应的宣传教育后以使其有效地深入人心。①

四川各市(州)、县政府宣传部要采取切实可行的措施来增强国民对耕地资源价值的认知,激励广大公民经济参与耕地保护,积极为耕地保护经济补偿工作贡献力量。在有关耕地保护经济补偿的法律普及教育中,要特别强调公民的知情权、申诉权、异议权,要规定和保障公众参与的权利、依法行使权力的效力,以及公民和社会团体参与耕地保护应该得到实体上和程序上的保障。② 公民的知情权是其参与耕地保护的前提和基础,政府不透明的暗箱操作和信息封锁容易滋生浪费、腐败及公共权力的"寻租"等失范行为,各乡镇组织应当通过广播、电视、报刊和网络等新闻媒体将公布耕地保护数量信息、耕地土壤污染状况等相关信息制度化,公开有关的耕地保护工作与补偿资金发放的管理信息和决策程序,提供环境法律、法规、政策、计划文件和其他的配套信息等。③ 政府的相关部门要通过建立听证制度、协商谈判、公布法律草案征求意见等多种形式,进一步拓宽信息时代公众参与的范围和途径,完善和保障公众参与耕地保护立法决策的程序,并使之具体化和制度化,实现耕地保护工作在政府与公众之间的良性互动。只有将公众参与的组织形式、方法、范围、效力、程序等制度以法律的形式确定下来,"人人自觉保护耕地资源,依法履行耕地保护的法律义务"以及"公众参与"才不是一句空话,耕地资源的可持续利用才能实现。具体提出以下几点建议:第一,加强农民群众的普法教育,增加农民群众的土地法制意识,让农民群众获知耕地保护的有关法律信息,掌握监督地方政府保护耕地的法律武器,积极参与监督;第二,结合土地督察制度的实施,设立区域性和全国性的违法违规占用耕地举报热线、电子信箱,鼓励新闻媒体积极参与监督地方政

---

① 参见蒋满元、唐玉斌:《论我国耕地资源的保护与利用》,《山东理工大学学报》2007年第23期。

② 参见普书贞、吴文良、陈淑封等:《中国流域资源生态补偿的法律问题与对策》,《中国人口·资源与环境》2011年第21期。

③ 参见普书贞、吴文良、陈淑峰、庞凤梅:《中国流域水资源生态补偿的法律问题与对策》,《中国人口·资源与环境》2011年第2期。

府保护和利用耕地的行为;第三,建立地方政府违法征(占)用耕地的群众举报奖励制度,用适当的经济手段激励社会公众广泛参与耕地保护监督。①

二、成立农民耕地保护组织加强群众监督

(一)成立农民耕地保护组织的必要性

农民耕地保护组织是属于农民阶级组织形式的一种。各国农村经济组织的实践证明,成功的农村经济组织不仅能够提高农民知识技能,而且有助于促进农业现代化,是增加农民生产收益、改善农民生活水平的重要组织载体。当前,在四川耕地保护形势严峻的背景下,农村成立耕地保护组织对促进耕地保护工作具有重要意义。农民对土地有最直接的了解,哪些土地属于高产田,哪些属于中产田,土地需要如何整理,土壤需要如何改良,最迫切需要哪种农业设施……农民参与耕地保护工作有利于耕地数量和质量的双保护。但是目前全省耕地保护工作的展开和实施仍被看作是一种政府行政行为,农民对耕地保护的认知程度较低,参与人数少、范围窄、程度浅。因此,要在全省范围内激发更多人参与耕地保护工作,迫切需要构建一套系统、科学的参与机制,按照尊重民意、因地制宜、循序渐进的原则,推进耕地保护的可持续开展。允许在省内成立农民耕地保护组织不仅可以提高农民参与耕地保护的积极性,还可以起到对各乡镇耕地保护工作的社会监督作用,提高土地流转失范行为的违规风险。

(二)农民耕地保护组织的具体形式

从国际借鉴上看,成立农民耕地保护组织可以有两种形式:第一种形式是借鉴德国土地管理联合会的经验,建立由土地所有者、使用者及相关利益人为主组成的耕地保护参加者联合会。第二种形式是以土地行政主管部门为主导,整合乡镇政府、村委会或党支部以及普通农民代表组成耕地保护管理中心,农民参与耕地保护工作主要是通过农民代表,农民的意志由农民代表来反映。比较而言,第二种组织形式是目前农民参与耕地保护比较可行

---

① 参见吴正红、燕新程:《经济快速发展时期我国耕地保护的困境与出路》,《华中师范大学学报》(人文社会科学版)2007年第11期。

的一种方式。因此,现阶段进行组织建设的基本任务是成立由农民代表组成的民间机构,与有关政府部门、村委、专家共同组成耕地保护联合会,共同决定耕地保护的所有事务。土地管理部门处于宏观调控地位,掌握宏观的土地整理政策导向、资金统筹、区域协调、执行督查等。联合会是耕地保护工作微观项目的决策者、立项规划者、工程招投标的组织者和工程施工的监督者,处于核心位置,按照民主平等的原则设定席位,每个席位有机会均等的发言权、表决权。农民组织处于基础环节,负责征集汇总农民意见建议,并向耕地保护联合会提出;协会由农民直接选举的代表组成。①

(三)成立农民耕地保护组织的路径思考

按照《土地管理法》第八条"农村和城市郊区的土地,除由法律规定属于国家所有的以外,都属于农民集体所有;宅基地和自留地、自留山,属于农民集体所有"。农民是耕地经营最为庞大的群体,是耕地保护计划成败的关键,只有充分考虑农民在耕地保护中的切身利益,才能保障耕地保护工作顺利有效实施。农民耕地保护组织是体现农民意志,保障其土地权益的农村经济组织。本书对于构建农民耕地保护组织提出以下几点建议:

1. 农民耕地保护组织必须能够激励农民的生产积极性。按照交易费用理论,任何一项交易的达成,实际上都是交易双方关于彼处之间进行资源重组和转让条件的合约谈判,由于交易双方往往会在合约谈判中产生冲突,从而产生交易费用。当附着于物品上的权利能向交易者表达正确的激励时,便能有效地引导资源的再配置。农民耕地保护组织是农民组织化生产新形式之一,农民以耕地保护组织为媒介参与农村土地决策,促进农业大生产和农产品规模经营,就是在市场经济条件下与众多利益集团进行交易,参与社会资源再配置。而引导资源合理配置的首要因素便是附着于物品上的激励,因此,农民耕地保护组织必须以明确界定生产资源、生产产品、生产收益的产权为前提。

2. 农民耕地保护组织必须适应市场经济发展的客观要求。自农村实

---

① 参见王瑷玲:《农民参与土地整理的现状与愿望调查研究》,《山东农业大学学报》(社会科学版)2007年第3期;高明秀:《和谐社会背景下土地整理农民参与机制研究》,《资源与产业》2008年第5期。

行家庭联产承包责任制后,政府实质上已经将农业生产经营权利再度交到农户手上,农户可以自主地进行生产要素组合、组织生产过程并把产品推向市场,也就是农户在农业生产前、中、后的过程中具有完整的处置权。然而,随着农村市场经济的深入推进,农户家庭的小生产已经不能适应农产品的大市场。所谓大市场,在代表着更加丰厚的收益的同时也意味着更多的风险,仅凭单个农户的技术能力和生产经验已经无法应对市场上所显现的和隐藏的风险,于是,鲜有农户愿意承担风险、扩大生产。建设耕地保护组织必须要克服这一弊端,充分利用组织优势,引进农业生产科技,不断积累生产营销经验,创新组织管理机制,随时掌握市场信息,推进农业产业化生产和经营。

3. 农民耕地保护组织必须选择适当的着力点。由于市场经济在我国各个地区的发展程度具有明显差异,特别是对于地域更广、区域特征更为明显的农村地区,市场经济的影响力度就更加相去甚远。因此,在不同的农村区域建设农村经济组织必须根据当地农村经济发展的现状,充分考虑各种政治、社会乃至历史习俗因素,选择适当的着力点,保证农村经济组织的健康发展。在东部市场经济比较发达的地区或在大城市郊县的农村地区,受市场经济影响的程度较深,大多数农民都是"理性的经济人",经济因素可以成为这类地区农民耕地保护组织建设的着力点。在相对偏远的农村地区,由于受市场经济影响程度较弱,农民大多数保留了计划经济时代的效能示范和合作精神,对经济利益关系不敏感,在这类地区则应该利用这一社会精神优势形成当地农民耕地保护组织发展的着力点。

三、做好耕地保护的行政管理与监督

(一)行政监管在耕地保护中的迫切性

我国耕地保护实行的是中央—省级—市级—县级垂直的耕地保护体制。自上而下的垂直耕地保护体制表明了我国耕地保护制度中较长的委托—代理链。在四川耕地保护的具体管理和实施过程中,省地方政府委托人,各市(州)、县基层政府是代理人。然而,农户是耕地保护政策最终实施者,因此,在基层的委托—代理链中,各市(州)、县基层政府再次充当了委

托人,而农户是代理人。可见,各市(州)、县基层政府在四川耕地保护链条中占有重要地位。

信息不完全和不对称是委托—代理问题的最大隐患。作为代理人的市(州)、县基层政府,与委托人——省政府之间是行政隶属关系,保护耕地是省级政府赋予的行政职能和法律义务。市(州)、县基层政府的耕地保护责任和义务具有一定的强制性且无激励性。省级政府基于经济持续发展和社会稳定,通常倾向于积极建立耕地保护体系。市(州)、县基层政府却往往基于本地区经济发展的需要,加速城市化,甚至"以地生财",将耕地保护的责任和义务抛之脑后。从经济学角度分析,作为"理性人"的地方政府,总期望以最小的经济代价获取较大的收益,因此,在省、市(州)耕地保护的体系中,容易出现省级政府和各市(州)、县基层政府的经济博弈现象:第一,市(州)、县基层政府弃省级政府耕地保护目标于不顾,全力发展经济,从而受到省级政府的责罚;第二,市(州)、县基层政府在省级耕地保护目标中寻找政策缝隙,在经济发展同时适时进行耕地保护,这使全省耕地保护绩效大打折扣;第三,市(州)、县基层政府在耕地保护目标实现的同时,实现经济发展,这样省级政府的耕地保护目标顺利完成,同时,市(州)、县基层政府经济发展目标也得以实现。在城市化和工业化经济不断发展的环境下,耕地保护和经济发展看似相互冲突,实则不然。在省级政府和各市(州)、县基层政府的经济博弈中,前两种是各市(州)、县基层政府的逆向选择行为,而后一种使两者均实现目标最大化。由于现行耕地保护体系因行政、监督、激励等机制不完善,耕地保护体系中委托—代理问题变得尤为突出。

(二)严格执行耕地保护责任目标考核体系

我国每 5 年对地方耕地保护责任目标落实情况进行考核,根据《2006—2010 年省级政府耕地保护责任目标考核工作方案》(国土资发[2011]101 号),具体考核内容包括:①耕地保有量及变化情况;②基本农田保护面积及变化情况;③耕地占补平衡与基本农田占用补划落实情况;④耕地保护责任落实和制度建设情况;⑤耕地等级与耕地质量建设情况。由于耕地保护的激励机制还在探索当中,耕地保护的经济补偿问题未列入耕地保护责任目标的考核内容当中。

随着四川耕地保护的激励机制的不断完善,经济补偿制度的实施情况理应成为耕地保护绩效考核重要内容,具体包括补偿资金的发放对象考核,补偿资金是否足额、及时发放,补偿资金的激励成效考核等等。在考核过程中,应该充分结合我国耕地保护总量动态平衡的耕地保护目标,根据各市(州)、县基层政府所承担的耕地保护任务的差异,因地制宜,科学的制定和实施不同的干部考核体制。在耕地数量保护的考核方面,对具有优先利用土地的区域以经济指标考核为主,政府可放宽人口和产业的管制约束,适当扩大用地供给和环境容量的指标分配,促进其加快工业化和城市化发展,但是要提出更高的经济产出规模和发展效率的要求,为全区域发展积累更多的财富。对限制发展区域以生态维持和环境保护的指标为主,要实行严格的土地和投资控制,政府可通过建立生态补偿政策和财政转移支付等方式,对其进行补偿,增加其生态和环境维护费用,重点用于公共服务设施、生态环境建设和旅游开发扶持,以缩小当地居民的生活福利与其他区域的差距。① 在耕地质量保护的考核方面,必须要严格考核标准,重点核查农用地分等定级中耕地等级评定、耕地地力调查与质量评价、补充耕地后培肥改良、土地整治及国家级基本农田保护示范区建设、中低产田改造和耕地土壤改良、耕地等级和耕地质量监测工作开展等情况,了解补充耕地质量评定、新增千亿斤粮食综合生产能力田间工程建设等情况。另外,主张出台具体的耕地质量补偿标准,制订《耕地占补平衡质量评价标准》和《耕地占补平衡验收办法》,明确耕地占补平衡验收的程序、内容和方法。②

(三)加强耕地流转中的行政监督

农村土地流转是指农村家庭承包的土地通过合法的形式,保留承包权,将经营权转让给其他农户或其他经济组织的行为。农村土地流转是农村经济发展到一定阶段的产物,通过土地流转,可以开展规模化、集约化、现代化的农业经营模式。党中央在 2009 年中央一号文件中也进一步强调了建立健

---

① 参见陆效平、孙伟:《区域土地利用的效率与公平及其政府职能》,《国土资源科技管理》2007 年第 5 期。

② 参见刘敏、张雪霞、秦强:《我国耕地法律制度研究》,《国土资源导刊》2007 年第 6 期。

全土地承包经营权流转市场的重要性和紧迫性。从四川近年来的探索实践来看,完善农村土地承包经营权流转制度,鼓励农民流转土地承包经营权,对于推进农村土地规模经营,提高农业比较收益,发展现代农业具有重要意义。

在四川继续推进耕地流转的过程中,国土管理部门必须加强对流转工作的监管,确保流转不突破用途管制和耕地保护红线。根据主体功能区规划定位,科学布局农业用地区、城镇建设用地区和自然生态环境保护区,优化完善全省土地利用总体规划,实行耕地分级保护,即在对全省耕地进行质量普查的基础上,按土地质量和综合生产能力对耕地进行等级划分,实行耕地的分级保护。具体行政监督改革可包含以下几方面内容:一是与各市(州)、县基层政府和农业部门明晰权责、齐抓共管。要利用土地整理平台,主动介入前期规划实施工作,将监管关口前移,严格落实农地用途管制,确保落地项目符合土地利用总体规划。二是进一步完善土地管理模式,建立全程的信息公开制度,鼓励各市(州)、县基层政府根据实际情况探索听证、座谈多种形式支持农民参与政府土地管理决策。落实动态巡查责任,加大巡查力度。对土地流转中所涉及的土地资源的违法行为要做到及时发现、制止有效、查处到位。有条件的地方可以探索聘用村级国土协管员、发放举报奖励等方式,调动村组和农民的监管积极性。三是对流转中的非农建设要加强监管。对流转项目附属设施占用耕地要严格办理农用地转用手续。对于流转后搞“观光农业”、占用耕地搞非农业建设的,省政府职能机关必须严格监管,依法查处。四是做好调查研究。加强对土地流转过程中的违法违规行为分析总结,探索治本之策,确保其在法律政策框架内有序推进。各市(州)、县基层政府国土资源管理部门要认真履行职责,加大执法监察力度,对将农地非法流转用于非农业建设的,要依法予以坚决制止和查处,确保农村土地制度改革法律政策框架内有序运行,维护国家正常的土地管理秩序。① 五是建立监督与救济机制,成立由农民代表、各市(州)、县基层政府人大代表和省级政府代表等多方组成的相对独立的监督委员会,将地

---

① 参见雷颂平、周德锋、杨怀宇:《规范农地流转保护耕地资源》,《资源与人居环境》2009 年第 8 期。

方政府土地管理决策行为纳入行政复议和行政诉讼范围之内。建议允许在四川恢复设立农民协会,使之成为表达农民意愿、反映农民诉求、参与征地谈判的合法组织,并为农民提供社会康复、社会辅导、社会支持与维权等社会服务,以实现和保障农民的"上诉权"。①

---

① 参见杜伟、黄敏、黄善明:《农村土地流转的理论研究综述与改革思路》,《四川师范大学学报》(社会科学版)2010年第7期。

参考文献

1.《马克思恩格斯全集》第 34 卷,人民出版社 2008 年版。

2.《资本论》第 3 卷(下),人民出版社 1975 年版。

3. 马若孟(RamonH.Myers)著,史建云译:《中国农民经济:河北和山东的农民发展,1890~1949)》,江苏人民出版社 1999 年版。

4. 萨伊:《政治经济学概论》,商务印书馆 1972 年版。

5. 舒尔茨:《改造传统农业》,商务印书馆 2003 年版。

6. 威廉·伯恩斯坦著,李曜译:《有效资产管理》,上海财经大学出版社 2004 年版。

7. 威廉·配第:《经济著作选集》,商务印书馆 1981 年版。

8. 亚当·斯密:《国民财富的性质和原因的研究上卷》,商务印书馆 1972 年版。

9. 伊利等:《土地经济学原理》,商务印书馆 1982 年版。

10. 约翰·伊特维尔、默里·米尔盖特、彼得·纽曼:《新帕尔格雷夫经济学大辞典》,经济科学出版社 1996 年版。

11. RobertA. Strong 著,刘雪岩、赵丹丹、陈锋等译:《投资管理实务》,清华大学出版社 2006 年版。

12. 爱德勒著,郝庆华、薛笙译:《六大观念》,三联书店 1991 年版。

13. 保罗·萨缪尔森、威廉·诺德豪斯:《经济学》,华夏出版社 1999 年版。

14. 大卫·李嘉图:《政治经济学及赋税原理》,华夏出版社 2005 年版。

15. 德姆塞茨:《财产权力与制度变迁》,法律出版社 1999 年版。

16. 杜尔哥:《关于财富的形成和分配的考察》,华夏出版社 2007 年版。

17. 冯·维塞尔:《自然价值》,商务印书馆 1987 年版。

18. 科斯等:《财产权利与制度变迁》,上海三联书店 1994 年版。

19. 理查德·A.马斯格雷夫:《财政理论与实践》,中国财政经济出版社 2003 年版。

20. 博登海默：《法理学——法律哲学与法律方法》，中国政法大学出版社 2004 年版。

21. 柯武刚、史漫飞：《制度经济学》，商务印书馆 2000 年版。

22. 朱永恒：《耕地生态质量评价理论与方法研究》，安徽人民出版社 2007 年版。

23. 朱琴芬：《新制度经济学》，华东师范大学出版社 2006 年版。

24. 周勇、聂艳：《土地信息系统理论·方法·实践》，化学出版社 2005 年版。

25. 中国农科院农业资源与区划所：《耕地质量演变趋势研究：国家级耕地土壤检测数据整理》，中国农业科学技术出版社 2008 年版。

26. 张鸣：《投资管理》，东北财经大学出版社 2001 年版。

27. 杨雄胜：《投资管理学》，首都经济贸易大学出版社 2006 年版。

28. 吴承明、董志凯：《中华人民共和国经济史》，社会科学文献出版社 2010 年版。

29. 王万茂、韩桐魁：《土地利用规划学》，中国农业出版社 2002 年版。

30. 王明扬：《英国行政法》，中国政法大学出版社 1987 年版。

31. 王礼先、王瑞斌：《林业生态工程学》，中国林业出版社 1998 年版。

32. 王金南：《中国与 OECD 的环境经济政策》，中国环境科学出版社 1997 年版。

33. 世界资源研究所、国际环境与发展研究所编，中国科学院国家计划委员会、自然资源综合考察委员会译：《世界资源 1986》，能源出版社 1987 年版。

34. 石玉林等编著：《中国宜农荒地资源》，科学技术出版社 1985 年版。

35. 任勇、冯东方、俞海：《中国生态补偿理论与政策框架设计》，中国环境科学出版社 2008 年版。

36. 潘义勇：《产权经济学》，暨南大学出版社 2008 年版。

37. 潘明才等：《中国争睹工作实物与探索》，中国大地出版社 2009 年版。

38. 农业部农村经济研究中心当代农业史研究室：《中国农业人波折的教训》，中国农业出版社 1996 年版。

39. 卢现祥：《新制度经济学》，武汉大学出版社 2004 年版。

40. 刘书楷等：《土地经济学》，中国农业出版社 2004 年版。

41. 刘连泰：《国际人权宪章与我国宪法的比较研究》，法律出版社 2006 年版。

42. 刘黎明、林培：《土地资源学》，中国农业大学出版社 2002 年版。

43. 李柞泳：《环境质量评价原理与方法》，化学工业出版社 2004 年版。

44. 李文华、欧阳志云、赵景柱：《生态系统服务功能研究》，气象出版社 2002 年版。

45. 李金昌：《生态价值论》，重庆大学出版社 1999 年版。

46. 国家农用地分等定级评估办公室、国土资源部土地整理重点实验室：《中国耕地质量保护研究进展》，地质出版社 2007 年版。

47. 程信和：《房地产法学》，中国人民公安大学出版社 2003 年版。

48. 毕宝德：《土地经济学》，中国人民大学出版社 2001 年版。

49. 李珍贵：《美国土地征用制度》，中国大地出版社 2002 年版。

50. 张效军：《耕地保护区域补偿机制研究》，南京农业大学学位论文，2006 年。

51. 刘永湘：《中国农村土地产权制度创新论》，四川大学学位论文，2000 年。

52. 雍新琴：《耕地保护经济补偿机制》，华中农业大学学位论文，2010 年。

53. 朱红波：《中国耕地资源安全》，华中农业大学学位论文，2006 年。

54. 牛海鹏：《耕地保护的外部性及其经济补偿》，华中农业大学学位论文，2010 年。

55. 尤艳馨：《我国国家生态补偿体系》，河北工业大学学位论文，2007 年。

56. 任浩：《征地制度中低价补偿标准的》，中国农业大学学位论文，2003 年。

57. 马驰：《构建我国区域间耕地保护补偿机制探讨》，河海大学学位论文，2009 年。

58. 鞠正山：《PSR 框架下 1991—2001 年第全国土地利用/覆被时空变化特征研究》，中国农业大学学位论文，2003 年。

59. 刘昌蓉：《基于 GIS 的泸定县土地生态环境质量评价》，成都理工大学学位论文，2008 年。

60. 艾大宾、廉伟：《影响我国耕地有效保护的诸因素及对策探讨》，《国土与自然资源研究》2001 年第 3 期。

61. 包纪祥、姜爱民：《耕地保护：现状，情况，特点与原因分析》，《湖北社会科学》1998 年第 5 期。

62. 布斯特·布朗：《谁来养活中国人？》，《世界观察》1994 年第 5 期。

63. 蔡林梅：《浅论我国耕地保护政策中的耕地总量动态平衡制度》，《广东土地科学》2006 年第 3 期。

64. 蔡玉梅、任国柱：《中国耕地数量的区域变化及调控研究》，《地理学与国土研究》1998 年第 3 期。

65. 蔡运龙、霍雅勒：《耕地非农化的供给驱动》，《中国土地》2002 年第 7 期。

66. 蔡运龙、霍雅勤：《中国耕地价值重构方法一案例研究》，《地理学报》2006 年第 10 期。

67. 曹幼非：《选基金经理重在适合》，《大众理财》2007 年第 5 期。

68. 曾令秋、杜伟、黄善明：《对土地价格"剪刀差"现象的经济学思考》，《中国农村经济》2006 年第 4 期。

69. 常金海、刘建军：《当前农地流转中存在的主要问题及成因分析——以潍坊市为例》，《理论学刊》2005 年第 1 期。

70. 陈桂坤、张蕾娜、程锋等：《数量质量并重管理的耕地保护政策研究》，《中国土地科学》2009 年第 12 期。

71. 陈桂坤、程锋等：《补充耕地数量质量按等级折算研究进展》，《资源与产业》2009 年第 11 期。

72. 陈会广、吴沅箐、鸥名豪：《耕地保护补偿机制构建的理论与思路》，《南京农业大学学报》(社会科学报)2009 年第 3 期。

73. 陈健、吴群、郑明媚等:《矢量 CA 支持下的耕地补偿空间决策模型研究》,《中国土地科学》2007 年第 10 期。

74. 陈丽、曲福田、师学义:《耕地资源社会价值测算方法探讨》,《资源科学》2006 年第 6 期。

75. 陈丽、曲福田、师学义:《耕地资源社会价值测算方法探讨——以山西柳林县为例》,《资源科学》2006 年第 11 期。

76. 陈利根:《国外(地区)土地用途管制特点及对我国的启示》,《现代经济探讨》2002 年第 3 期。

77. 陈美球、邓爱珍、周丙娟、肖明:《资源禀赋对农户耕地保护意愿的实证分析》,《农村经济》2007 年第 6 期。

78. 陈美球、冯黎妮、周丙娟、邓爱珍:《农户耕地保护性投入意愿的实证分析》,《中国农村观察》2008 年第 5 期。

79. 陈美球:《我国城市化进程中土地管理的完善》,《中国城市经济》2000 年第 3 期。

80. 陈旻、方斌、葛雄灿:《耕地保护区域经济补偿的框架研究》,《资源产业经济》2009 年第 4 期。

81. 陈明健、阙雅文:《农地的环境保育及粮食安全效益评估》,《台湾土地金融季刊》2000 年第 37 期。

82. 陈霞:《国外农村土地城市化的比较研究》,《科技进步与对策》2000 年第 6 期。

83. 陈秀欣:《耕地保护补偿机制建设初探》,《中国土地》2011 年第 9 期。

84. 陈印军、黄诗铿:《耕地总体质量提高重于面积增减数量平衡》,《农业信息探索》1999 年第 2 期。

85. 陈印军、肖碧林、陈京香:《我国耕地"占补平衡"与土地开发整理效果分析与建议》,《中国农业资源与区划》2010 年第 1 期。

86. 成婧:《我国耕地资源流失的原因及耕地保护对策研究》,《山东国土资源》2006 年第 9 期。

87. 程杰:《发达国家保护耕地政策的启示》,《中国农村科技》2008 年第 3 期。

88. 崔邢涛、许皞、薛保民等:《耕地质量占补均衡评价方法探讨》,《河北农业大学学报》2004 年第 11 期。

89. 崔秀珍、吴国梁:《新时期我国耕地资源总量动态平衡的维持与可持续利用的途径》,《安徽农业科学》2006 年第 2 期。

90. 丁成日:《美国土地开发权转让制度及其对中国耕地保护的启示》,《中国土地科学》2008 年第 22 期。

91. 杜伟、黄敏、黄善明:《农村土地流转的理论研究综述与改革思路》,《四川师范大学学报》(社会科学版)2010 年第 7 期。

92. 杜习瑞、张树哲等:《几种证券投资分析方法的比较》,《证券广场》2007 年第 1 期。

93. 杜潇、王秋兵、李玉芳:《现行土地利用总体规划的问题与建议》,《辽宁农业职业技术学院学报》2006 年第 3 期。

94. 段文枝:《国外土地征用制度的比较及借鉴》,《世界农业》2001 年第 11 期。

95. 范筱:《我国耕地质量总体偏低》,《农产品市场周刊》2010 年第 1 期。

96. 范译文:《对耕地保护理论与实践的思考》,《北京交通管理干部学院学报》2004 年第 2 期。

97. 方斌、倪绍祥、邱文娟:《耕地保护异地补充的经济补偿的思路与模式》,《云南师范大学学报》2009 年第 1 期。

98. 方松梅、王为农:《成本快速上升背景下的农业补贴政策研究》,《管理世界》2009 年第 9 期。

99. 方贤雷、邓映之、杜文玲:《美国的耕地保护制度经验及对我国耕地保护的启示》,《中国商界》2010 年第 3 期。

100. 冯文利、史培军、陈丽华等:《美国农地保护及其借鉴》,《中国国土资源经济》2007 年第 5 期。

101. 付邦道、郑新奇:《再论耕地总量动态平衡》,《中国土地科学》2004 年第 4 期。

102. 傅伯杰:《美国土地适宜性评价的进展》,《自然资源学报》1987 年第 2 期。

103. 高明秀:《和谐社会背景下土地整理农民参与机制研究》,《资源与产业》2008 年第 5 期。

104. 高素萍、李美华、苏万揩:《森林生态效益现实补偿费的计量》,《林业科学》2006 年第 42 期。

105. 葛鸿铭:《生态监测的环境意义与评价规范》,《绿色科技》2011 年第 8 期。

106. 龚向和、邓炜辉:《国家保障民生义务的宪政分析》,《河北法学》2009 年第 6 期。

107. 龚向和、邓炜辉:《论农民宪法权利平等保护的国家义务》,《河南省政法管理干部学院学报》2009 年第 6 期。

109. 郭风芝:《土地资源安全评价的几个理论问题》,《山西财经大学学报》2004 年第 26 期。

109. 何格:《耕地总量失衡的经济学分析》,《云南农业大学学报》2007 年第 11 期。

110. 洪朝辉:《论社会权利的"贫困"——中国城市贫困问题的根源与治理路径》,《当代中国研究》2002 年第 4 期。

111: 洪辉、杨庆媛、陈展图:《论主体功能区的耕地保护——基于农地发展权转移视角》,《农村经济》2009 年第 5 期。

112. 黄富祥、康慕宜、张新时：《退耕还林还草过程中的经济补偿问题探讨》，《生态学报》2002 年第 4 期。

113. 黄广宇、蔡运龙：《城市边缘带农地流转驱动因素及耕地保护对策》，《福建地理》2002 年第 1 期。

114. 黄宗煌：《现阶段农地保育的经济效益分析》，《农业金融论坛》1991 年第 25 期。

115. 黄宗乐：《土地征收补偿法上若干问题之研讨》，《台大法学论丛》1992 年第 1 期。

116. 霍雅勤、蔡运龙、王瑛：《耕地对农民的效用考察及耕地功能分析》，《中国人口·资源与环境》2004 年第 3 期。

117. 霍雅勤、蔡运龙：《耕地资源价值评价与重建》，《干旱区资源与环境》2003 年第 5 期。

118. 姜爱林、包纪祥等：《耕地概念的界定与耕地质量评价的新方法初探》，《中国地质矿产经济》1999 年第 5 期。

119. 姜广辉、孔祥斌、张凤荣、李翠珍、郑红斌：《耕地保护经济补偿机制分析》，《中国土地科学》2009 年第 7 期。

120. 姜广辉、孔祥斌、张凤荣等：《耕地保护经济补偿机制分析》，《中国土地科学》2009 年第 7 期。

121. 姜贵君：《证券投资基本分析与技术分析应用》，《金融投资》2006 年第 9 期。

122. 姜勇：《建立和完善环境资源区域补偿制度的对策初探》，《环境科技》2008 年第 10 期。

123. 蒋满元、唐玉斌：《论我国耕地资源的保护与利用》，《山东理工大学学报》2007 年第 4 期。

124. 蒋满元：《我国耕地资源现状及可持续利用的理性选择分析》，《农村经济》2005 年第 9 期。

125. 雷仕凤、钟水映：《征地补偿的困境与对策》，《中国改革》2005 年第 6 期。

126. 雷颂平、周德锋、杨怀宇：《规范农地流转保护耕地资源》，《资源与人居环境》2009 年第 8 期。

127. 李晨溪：《土地用途管制研究进展》，《决策 & 信息》2008 年第 47 期。

128. 李传健：《农业补贴与土地资源价值的实现》，《实事求是》2007 年第 1 期。

129. 李翠珍、孔祥斌、孙宪海：《北京市耕地资源价值体系及价值估算方法》，《地理学报》2008 年第 3 期。

130. 李殿安：《关于农村基本经营制度和耕地保护制度的思考和建议》，《农村经营管理》2009 年第 8 期。

131. 李光禄、侣连涛：《土地征用补偿制度的完善》，《山东科技大学学报》（社会科学版）2002 年第 1 期。

132. 李广东、邱道持、王平：《耕地保护机制建设的机理，特征与挑战探讨》，《中国农学通报》2010 年第 11 期。

133. 李宏：《完善我国耕地保护制度的研究》，《特区经济》2004 年第 11 期。

134. 李佳、南灵：《耕地资源价值内涵及测算方法研究》，《干旱区资源与环境》2010 年第 9 期。

135. 李连华：《"三农"资金监管效率开合标准及其改进》，《中国农业会计》2011 年第 8 期。

136. 李连华：《"三农"资金监管制度的国际经验借鉴》，《财会期刊》2009 年第 12 期。

137. 李明秋、赵伟霞：《耕地资源的价值体系及其经济补偿机制研究》，《江西农业学报》2010 年第 9 期。

138. 李相一：《关于耕地"占补平衡"的探讨》，《中国土地科学》2003 年第 1 期。

139. 李秀彬：《中国近 20 年第来耕地面积的变化及其政策启示》，《自然资源学报》1999 年第 4 期。

140. 李湛、韩甜甜：《我国基金经理绩效考核方案设计》，《会计之友》2007 年第 5 期。

141. 李忠夏：《论宪法平等权的内涵》，《安徽警官职业学院学报》2007 年第 2 期。

142. 李子田、郝瑞彬：《土地整理与生态环境保护》，《农机化研究》2007 年第 6 期。

143. 梁留科、吴次芳、曹新向：《土地生态系统演化的时间观》，《华北农学报》2002 年第 4 期。

144. 林庶民：《耕地利用效益时空差异：基于山东省的实证研究》，《内蒙古农业大学学报》2007 年第 2 期。

145. 刘慧芳：《论我国农地地价的构成与量化》，《中国土地科学》2000 年第 3 期。

146. 刘丽、王正立：《世界主要国家的土地征用补偿原则》，《国土资源情报》2004 年第 1 期。

147. 刘敏、张雪霞、秦强：《我国耕地法律制度研究》，《国土资源导刊》2007 年第 6 期。

148. 刘毅华：《我国耕地数量变化研究的回顾——进展及问题》，《土壤》2003 年第 3 期。

149. 刘永湘、杨继瑞、杨明洪：《农村土地所有权价格与征地制度改革》，《中国软科学》2004 年第 4 期。

150. 娄文龙：《国外土地利用规划制度比较及其借鉴》，《浙江国土资源》2004 年第 11 期。

151. 卢峰：《集体土地征收与农地转用审批》，《湖南公安高等专科学校学报》2006

年第 3 期。

152. 陆迁:《实现耕地总量动态平衡的思路与对策》,《西北农林科技大学学报》(社会科学版)2003 年第 4 期。

153. 陆文彬、吴群、郭贯成、倪芙莉:《我国耕地变化及其成因研究——从耕地保护的体制与政策角度分析》,《资源调查与评价》2007 年第 2 期。

154. 陆效平、孙伟:《区域土地利用的效率与公平及其政府职能》,《国土资源科技管理》2007 年第 5 期。

155. 马文博、李世平:《我国耕地保护经济补偿机制初探》,《乡镇经济》2008 年第 12 期。

156. 牛海鹏、许传阳等:《耕地保护经济补偿的接受和给付主体分析》,《资源科学》2011 年第 3 期。

157. 牛海鹏、张安录、李明秋:《耕地利用效益体系与耕地保护的经济补偿机制重构》,《农业现代化研究》2009 年第 3 期。

158. 农肖肖、何政伟、吴柏清:《ARCGIS 空间分析建模在耕地质量评价中的应用》,《水土保持研究》2009 年第 2 期。

159. 欧名豪、宗臻铃、董元华等:《区域生态重建的经济补偿办法探讨》,《南京农业大学学报》2000 年第 23 期。

160. 潘明才:《人多地少怎么办? 透视韩国农地保护制度》,《中国土地》2001 年第 11 期。

161. 普书贞、吴文良、陈淑封等:《中国流域资源生态补偿的法律问题与对策》,《中国人口资源与环境》2011 年第 21 期。

162. 钱文荣:《试论我国农地利用及保护中的市场缺陷与政府不足》,《浙江社会科学》2000 年第 9 期。

163. 强真、朱道林、毕继业:《农用地转用生态补偿价格评估理论初探》,《中国国土资源经济》2002 年第 2 期。

164. 任丹丽:《论集体经济组织的所有权主体地位》,《理论界》2006 年第 6 期。

165. 邵琛霞:《现阶段耕地资源的保护》,《城乡建设》2003 年第 12 期。

166. 邵景安:《农用地分等定级研究进展》,《成都大学学报》(自然科学版)2002 年第 9 期。

167. 沈守愚:《论设立农地发展权的理论基础和重要意义》,《中国土地科学》1998 年第 1 期。

168. 宋茂华:《传统农业的特征及其现代化改造——读舒尔茨《改造传统农业》的思考》,《襄樊学院学报》2009 年第 3 期。

169. 粟晓玲、康绍忠等:《内陆河流域生态系统服务价值的动态估算方法与应用》,《生态学报》2006 年第 26 期。

170. 孙海冰:《农户对耕地外部效益支付意愿的实证分析》,《中国农业资源与区划》2010 年第 4 期。

171. 孙海兵、张安录:《农地的外部效益与补偿》,《生态经济》2006 年第 4 期。

172. 孙海兵、张安录:《农地外部效应保护研究》,《中国土地科学》2006 年第 20 期。

173. 孙海兵:《农户对耕地外部效益支付意愿的实证分析》,《中国农业资源与区划》2010 年第 4 期。

174. 谭斌:《土地整理如何保护农民承包权——对一起因土地整理引发的行政诉讼案件的思考》,《中国土地》2005 年第 6 期。

175. 谭荣、曲福田、郭忠兴:《中国耕地非农化对经济增长贡献的地区差异分析》,《长江流域资源与环境》2005 年第 3 期。

176. 谭术魁、张红霞:《基于数量视角的耕地保护政策绩效评价》,《中国人口·资源与环境》2010 年第 4 期。

177. 谭永忠、吴次芳、牟永铭:《20 世纪 90 年第代浙江省耕地非农化过程分析》,《地理科学》2004 年第 24 期。

178. 唐建:《基本农田保护——问题与对策》,《中国土地》2004 年第 7 期。

179. 田春、李世平:《论耕地资源的生态效益补偿》,《农业现代化研究》2009 年第 1 期。

180. 田光进、周全斌、赵晓丽:《中国新开垦耕地资源空间分布特征及生态背景研究》,《资源科学》2002 年第 6 期。

181. 童江欣、陈向春:《农用地转用审批对耕地保护的缺陷分析》,《国土资源》2006 年第 4 期。

182. 万朝林:《失地农民权益流失与保障》,《经济体制改革》2003 年第 6 期。

183. 万军、张惠远、葛察忠等:《广东省生态补偿机制研究》,《生态补偿机制与政策设计国际研讨会论文集》,2006 年。

184. 汪阳洁、姜志德、王继军:《耕地保护制度供给实施绩效差异研究》,《公共管理学报》2010 年第 3 期。

185. 汪阳洁、张静:《基于区域发展视角的耕地保护政策失灵及对策选择》,《中国人口·资源与环境》2009 年第 1 期。

186. 王爱学、赵定涛:《西方公共产品理论回顾与前瞻》,《江淮论坛》2007 年第 4 期。

187. 王瑷玲:《农民参与土地整理的现状与愿望调查研究》,《山东农业大学学报》(社会科学版)2007 年第 3 期。

188. 王波:《云南省农用地分等成果在基本农田保护中的应用研究》,《云南农业大学学报》2009 年第 1 期。

189. 王宏利:《我国基本农田保护的补偿机制研究》,《生产力研究》2011 年第 4 期。

190. 王洪波、程锋:《正本清源，看耕地质量》，《中国土地》2011 年第 4 期。

191. 王静:《土地用途管制与区域土地资源可持续利用浅析》，《中国人口·资源环境》2001 年第 4 期。

192. 王礼茂:《资源安全的影响因素与评估指标》，《自然资源学报》2002 年第 17 期。

193. 王淑珍:《论农村土地产权制度与耕地保护》，《理论前沿》2004 年第 18 期。

194. 王树功、周永章:《大都市群（圈）资源环境一体化与区域可持续发展研究》，《中国人口·资源与环境》2002 年第 3 期。

195. 王万茂、但承龙:《农用土地分等，定级和估价的理论与方法探讨》，《中国农业资源与区划》2001 年第 4 期。

196. 王万茂:《规划的本质与土地利用规划多维思考》，《中国土地科学》2002 年第 1 期。

197. 王永红:《就全面强化土地整理复垦开发工作答记者问》，《资源与人居环境》2008 年第 10 期。

198. 王雨濛:《耕地利用的外部性分析与效益补偿》，《农业经济问题》2007 年第 3 期。

199. 吴次芳、谭永忠:《制度缺陷与耕地保护》，《中国农村经济》2002 年第 7 期。

200. 吴大放、刘艳艳等:《我国耕地数量，质量与空间变化研究综述》，《热带地理》2010 年第 3 期。

201. 吴殿廷、虞孝感、查良松等:《日本的国土规划与城乡建设》，《地理学报》2006 年第 61 期。

202. 吴东旭:《现阶段中国耕地的现状，分类及保护措施》，《产业与科技论坛》2009 年第 5 期。

203. 吴静:《耕地保护中的市场机制》，《合作经济与科技》2006 年第 9 期。

204. 吴开宇:《关于加强农业专项资金监管的思考》，《中国农业会计》2007 年第 10 期。

205. 吴克宁、赵玉领、吕巧灵等:《基于等级折算的宜农未利用地方等及应用》，《资源科学》2007 年第 9 期。

206. 吴相匡:《21 世纪谁能养活中国》，《新疆农垦经济》1997 年第 2 期。

207. 吴泽斌、刘卫东、罗文斌、汪友结:《我国耕地保护的绩效评价及其省际差异分析》，《自然资源学报》2009 年第 10 期。

208. 吴泽斌、刘卫东:《共同但有区别责任原则在中国耕地保护中的应用》，《中国土地科学》2010 年第 9 期。

209. 吴泽斌、刘卫东:《论耕地保护的非对称利益冲突》，《资源科学》2010 年第 7 期。

210. 吴正红、燕新程：《经济快速发展时期我国耕地保护的困境与出路》，《华中师范大学学报》（人文社会科学版）2007年第11期。

211. 夏保名：《强化涉农资金监管的几点建议》，《中国财政》2011年第6期。

212. 夏早发、雷春：《关于如何界定耕地概念的研究》，《中国土地科学》1999年第5期。

213. 向昀、任健：《西方经济学界外部性理论研究介评》，《经济评论》2002年第3期。

214. 肖海峰、李鹏：《美国，欧盟和日本粮食生产能力保护体系及其对我国的启示》，《研究视角》2004年第11期。

215. 肖坚：《完善生态环境税收补偿制度》，《税收征纳》2007年第11期。

216. 肖玉、谢高地、鲁春霞等：《稻田生态系统气体调节功能及其价值》，《自然资源学报》2004年第5期。

217. 萧景楷：《农地环境保育效益之评价》，《水土保持研究》1999年第3期。

218. 谢高地、鲁春霞、冷允法等：《青藏高原生态资产的价值评估》，《自然资源学报》2003年第18期。

219. 谢高地、肖玉、鲁春霞：《生态系统服务研究进展，局限和基本范式》，《植物生态学报》2006年第30期。

220. 熊鹰、王克林、郭娴：《湖南省耕地数量动态变化与经济发展关系研究》，《地理与地理信息科学》2003年第5期。

221. 徐梦洁、陈慧中等：《耕地总量动态平衡评价模型初探》，《资源科学》2009年第31期。

222. 杨帆：《统筹耕地数量与质量》，《北京观察家》2011年第3期。

223. 杨景胜：《韩国怎样管理和保护耕地》，《河南土地资源》2005年第9期。

224. 杨瑞珍：《论中国耕地资源永久利用的战略地位与作用》，《地域研究与开发》1996年第15期。

225. 姚寿福：《四川省耕地资源变化与经济增长的计量分析》，《四川理工学院学报》（社会科学版）2011年第3期。

226. 殷海善、刘军芳：《优质耕地永久保护》，《山西农业科学》2010年第4期。

227. 尹红：《美国与欧盟的农业环保计划》，《中国环保产业》2005年第3期。

228. 雍新琴、张安录：《耕地保护经济补偿主体与对象分析》，《安徽农业科学》2010年第38期。

229. 于光祥：《证券投资基金绩效评估模型及其实证应用》，《华东经济管理》2003年第10期。

230. 俞奉庆、蔡运龙：《耕地资源价值的探讨》，《中国土地科学》2003年第3期。

231. 俞奉庆、蔡运龙：《耕地资源价值重构与农业补贴》，《中国土地科学》2004年第 18 期。

232. 郧文聚、张蕾娜、王洪波:《保红线:量化约束也有质量要求》,《中国国土资源报》2009 年第 4 期。

233. 臧俊梅、王万茂、陈茵茵:《农地发展权价值的经济学分析》,《经济体制改革》2008 年第 4 期。

234. 翟文侠、黄贤金:《我国耕地保护政策运行效果分析》,《中国土地科学》2003 年第 4 期。

235. 张飞、孔伟、陈传明:《我国耕地保护中政府行为特征分析》,《金陵科技学院学报》(社会科学版)2007 年第 6 期。

236. 张凤荣、孔祥斌等:《耕地概念与新一轮土地规划耕地保护区划定》,《中国土地》2006 年第 1 期。

237. 张凤荣:《占补平衡的质量保证措施和考核办法》,《中国土地》2003 年第 10 期。

238. 张宏军:《外部性的发生机制及其治理途径》,《湖北教育学院学报》2009 年第 5 期。

239. 张吉献、秦明周、张启珍、卢红岩:《我国耕地保护制度的经济学分析》,《地域研究与开发》2010 年第 4 期。

240. 张杰:《产权安排与经济效率》,《理论学习》2001 年第 4 期。

241. 张立宝:《加强农业财政资金监督管理的建议》,《财政监督》2010 年第 3 期。

242. 张全景、欧名豪、王万茂:《中国土地用途管制制度的耕地保护绩效及其区域差异研究》,《中国土地科学》2008 年第 9 期。

243. 张士功、邱建军、陈佑启、唐华俊:《1949 年第以来我国耕地资源的时空变化研究》,《科技导报》2006 年第 4 期。

244. 张术环:《浅谈国外征地补偿的方式和原则》,《农业经济》2007 年第 6 期。

245. 张效军、欧名豪、高艳梅:《耕地保护区域补偿机制研究》,《中国软件科学》2007 年第 12 期。

246. 张效军、欧名豪、高艳梅:《耕地保护区域补偿机制之价值标准探讨》,《中国人口·资源与环境》2008 年第 5 期。

247. 张效军、欧名豪、李景刚:《我国耕地保护制度变迁及其绩效分析》,《社会科学》2007 年第 8 期。

248. 张效军、欧名豪、李景刚等:《对构建耕地保护区域补偿机制的设想》,《农业现代化研究》2006 年第 27 期。

249. 张效军、欧名豪、望晓东:《耕地保护区域补偿机制之面积标准探讨》,《安徽农业科学》2008 年第 36 期。

250. 张馨元:《土地用途管制》,《经济与法》2009 年第 3 期。

251. 张叶:《试论生态效益与经济效益的统一》,《生态经济》1998 年第 1 期。

252. 张元红:《我国耕地保护的现状,症结与出路》,《中国科技论坛》1998 年第 1 期。

253. 张增祥、杨存建、田光进:《给予多元空间数据的中国生态环境综合评价和分析》,《遥感学报》2003 年第 1 期。

254. 赵华甫、张凤荣:《耕地保护方向待转——从单一功能到多功能的演变交替》,《中国土地》2010 年第 10 期。

255. 赵荣钦、黄爱民、秦明周:《农田生态系统功能及其评价方法研究》,《农业系统科学与综合研究》2003 年第 19 期。

256. 赵学涛:《发达国家的农地保护》,《河南土地资源》2004 年第 8 期。

257. 赵学涛:《发达国家农地保护的经验和启示》,《国土资源情报》2004 年第 6 期。

258. 甄霖、闵庆文、李文华等:《海南省自然保护区生态补偿机制初探》,《资源科学》2006 年第 11 期。

259. 郑娟尔:《耕地保护的多层次性与制度创新》,《城乡建设》2004 年第 12 期。

260. 周建国:《我国农地发展权的制度缺失与建构》,《行政论坛》2010 年第 3 期。

261. 周尚意等:《基于 GIS 的农用地连片性分析及其在基本农田保护规划中的应用》,《农业工程学报》2008 年第 7 期。

262. 朱德举:《台湾耕地保护政策的演变》,《国土资源情报》2004 年第 1 期。

263. 朱红波:《我国耕地保护政策运行效果与效率分析》,《地理与地理信息科学》2007 年第 6 期。

264. 朱礼龙:《耕地总量动态平衡的相关问题研究》,《华中农业大学学报》(社会科学版)2004 年第 1 期。

265. 朱新华、梁亚荣:《耕地保护制度中的利益冲突与公共政策选择》,《海南大学学报》(社会科学版)2008 年第 5 期。

266. 邹爱华:《被征地农民的补偿权与社会保障权》,《政法论坛》2009 年第 3 期。

267. Turner M G, Gardner R H. *Quantitative methods in Landscape Ecology*. Springer-Verlag, New York, 1991.

268. Richard Able Musgrave. *The theory of public finance: A study of public economy* (1st Edition), McGraw-Hill, 1959.

269. Ricardo, D. *On the principle of Political Economy and Taxation*, Cambridge: Cambrige University Press, 1951.

270. Pearce DW, Moran D. *The Economic Value of Biodiversity*. Cambridge: Earthscan Publications, 1994.

271. Musgrave.R.and Peacock.A.(eds).*Classics in the theory of Public Finance*.London: Macmillan, 1958.

272. Mosak,J.*On the interpretation of the fundamental equation of value theory.*In studies in Mathematical Econometrics.Ed.O.Lange,Chicago：University of Chicago Press,1942.

273. Marshall.A.*Principle of Economics 8th edn.*London：Macmillan,1920,1890.

274. Hicks,J.R.*Revision of Demand Theory.*London：Oxford University Press,1939.

275. Eric J. Heikkila, *The Economic of Planning Rutgers*, Center for Urban Policy Research,The Stated University of New Jersey,2000.

276. Westman W.,"How much are nature's services worth?",*Science*, Vol.197,1977.

277. Tumer K.,"Economics and wet land management",*Ambio*,Vol.20,1991.

278. Silberberg.E.,"A revision of comparative statics methodology in economics,or,how to do comparative statics on the back of an envelope",*Journal of Economoc Theory*, Vol. 7,1974.

279. Samuelson.Paul,"The Pure Theory of Public Expenditure",*Review of Economics and Statistics*,Vol.36,1954.

280. Nikolakaki P.A.,"GIS site-selection process for habitat creation：estimating connectivity of habitat patches",*Landscape and Urban Planning*,2004.

281. Lori Lynch & Wesley N.Musser,"A Relative Efficiency Analysis of Farmland Preservation Programs",*Land Economics*,Vol.77,2001.

282. Kaldor.N.,"Welfare propositions in economics and interpersonal comparisons of utility",*Economic Journal*,Vol.49,1939.

283. Joshua Duke & Lori Lynch,"Gauging support for innovative farmland preservation techniques",*Policy Sciences*,Vol.40,2007.

284. James M.Buchanan,"An Economic Theory of Clubs",*Economica*,New Series,Vol. 32,1965.

285. Hong Yang,Xiubin Li,"Cultivated Land and Food Supply in China",*Land Use Policy*,Vol.17,2000.

286. Hicks,J.R.,"Consumers's surplus and index-numbers",*Reviews of Economic Studies*,Vol.9,1982.

287. GuyGarrod & Ken Willis,"The amenity value of woodland in Great Britain：A compariasion of estimates",*Evironmental & Resource Economics.*Vol.1,1992.

288. Fama. Eugene & Michael C. Jensen, "Organizational forms and investment decisions",*Journal of Financial Economics*,Vol.5,1985.

289. Dumanski J, Pieri C., "Land quality indicator：research plan", *Agriculture Ecosystems & Environment*,Vol.81,2000.

290. DeGroot,Rudolf S.,Matthew A,"A Typology for The Classification,Description and Valuation of Ecosystem Fuctions,Goods and Services",*Ecological Economics*,Vol.41,2002.

291. Couclelis H.,"From Cellular Automata to Urban Models: New Principles for Model Development and Implementation",*Environment and Planning*,Vol.24,1997.

292. Costanza,R."The value of the world's ecosystem services and antural capital",*Nature*,Vol.387,1997.

293. Costanza R,d'Arge R,de Groot R,et al,"The value of the world's ecosystem services and nature capital",*Nature*,Vol.387,1997.

294. Beasley S D,Workman W G,WilliamsN A."Estimating Amenity Values of Urban Fringe Farmland: A Contingent Valuation Approach",*Growth and Change*,Vol.17,1986.

295. Alchian,Armen A.,"Some Economics of Property Rights",*Politico*,Vol.30,1965.

296. Alan T."Ackerm an Principle of Compensation in Eminent Domain",*Michigan Bar Journal*.Vol.12,1994.